맨
처음
토익
실력편

RC

맨 처음 토익 실력편 RC

지은이 다락원 토익연구소
펴낸이 정규도
펴낸곳 ㈜다락원

초판 1쇄 발행 2022년 6월 20일
초판 2쇄 발행 2024년 1월 12일

책임 편집 홍인표
디자인 윤지영, 윤현주

◪다락원 경기도 파주시 문발로 211
내용 문의 (02)736-2031 내선 551
구입 문의 (02)736-2031 내선 250~252
Fax (02)732-2037
출판 등록 1977년 9월 16일 제406-2008-000007호

ISBN 978-89-277-8024-3 14740
ISBN 978-89-277-0997-8 14740 (set)

http://www.darakwon.co.kr
다락원 홈페이지를 방문하시면 상세한 출판 정보와 함께 MP3 자료 등의
다양한 어학 정보를 얻으실 수 있습니다.

맨 처음 토익

실력편

RC

다락원

머리말

해마다 많은 분들이 목표하는 점수를 달성하기 위해 시험에 응시합니다. 학생들은 취업을 목표로, 직장인들은 승진 등 다양한 사내에서의 필요에 의해서, 수험생들은 시험 응시 자격 기준을 획득하기 위해서 등 그 목적 또한 매우 다양합니다.

응시 목적에 따라 목표하는 점수 또한 다양합니다. 공무원 시험이나 여러 가지 자격증 시험에 응시하기 위해 요구되는 점수인 700점 정도일 수도 있고, 취업을 위해 만점에 가까운 점수가 필요한 수험자들도 있을 것입니다.

기본적으로 영어 실력이 뛰어난 사람들은 어렵지 않게 원하는 점수를 받을 수 있을 것입니다. 하지만 그렇지 못한 사람들에게 목표하는 점수를 달성하는 것은 쉽지 않은 일입니다. 빨리 목표하는 점수를 얻고 토익에서 졸업한다면 더할 나위 없이 좋겠지만, 안타깝게도 기대한 만큼 성적이 오르지 않는 것이 현실입니다.

토익 기본서 학습을 통해 기본기를 갖추고 있는 학습자들은 실전 대비를 위해 다음 단계의 교재를 학습해야 합니다. 실제 시험에 출제되는 난이도의 문제를 풀고 관련된 내용을 학습하면서 자신의 실력을 높여야 하기 때문입니다. 실력의 향상은 점수의 상승으로 이어지고, 점수의 상승을 통해 자신감을 갖게 됩니다. 이러한 수준을 달성하게 되면, 실전모의고사를 반복해서 풀면서 고득점을 목표로 할 수 있을 것입니다.

〈맨처음 토익 실력편〉 시리즈는 이와 같이 토익의 기본기를 다진 학습자들이 한 단계 어려운 난이도의 내용을 학습함으로써 자신의 실력을 높여 실제 시험에 대비할 수 있도록 하기 위해 개발된 교재입니다.

- 토익에 출제되는 지문 유형에 따라 필수적인 학습 내용이 빠짐없이 정리되어 있어, 실제 시험에서 출제되는 모든 유형의 지문에 대비할 수 있습니다.
- 반드시 알아야 하는 문법 사항들이 알기 쉽게 정리되어 있기 때문에 토익 시험에 대비하는 것뿐만이 아니라 기본적인 문법 실력을 키울 수 있습니다.
- 필수적인 내용을 학습한 다음, 실제 시험에 출제될 가능성이 높은 예상 적중 문제를 풀어 보면서 학습한 내용이 시험에서 어떻게 출제되는지 파악할 수 있습니다.
- 교재의 마지막에 1회분의 Actual Test가 수록되어 있어서, 교재를 모두 학습하고 난 후 자신의 실력이 얼마나 향상되었는지 측정해볼 수 있습니다.

이 책과 함께 토익의 실력을 한 단계 업그레이드 함으로써 여러분이 목표로 하는 점수를 하루빨리 달성할 수 있기를 바랍니다.

다락원 토익연구소

목차

Unit에 대한 소개

유닛에서 다루게 될 유형의 학습 포인트
를 제시하고, 예제를 통해 유형 분석 및
풀이 전략을 설명하고 있습니다.

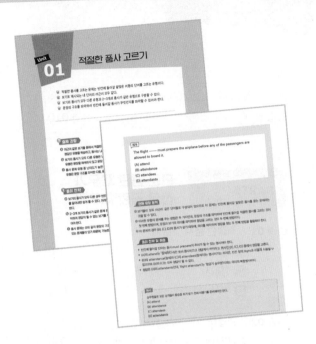

문법 학습

Part 5·6에서는 필수 문법 사항이 정리되어 있으
며, Check-up Quiz를 통해 학습한 문법 사항을
정리할 수 있습니다.

핵심 표현 익히기

Part 7의 각 유닛에서 학습하게 되는 지문 유형
과 관련된 핵심 표현들이 정리되어 있습니다.

지문 유형 연습

Part 7의 각 유닛에서 학습하게 되는 지문 유형과
관련된 간단한 문제들을 풀어 보면서 예상 적중
문제를 풀기 위한 준비를 할 수 있습니다.

예상 적중 문제

실제 토익 시험에 출제되는 유형의 문제를 풀어 본 다음,
문제 해설을 통해 풀이 과정을 학습할 수 있습니다. 또한
MORE & MORE 코너를 통해 예상 적중 문제와 관련된
문제들을 추가로 풀어 볼 수 있습니다.

유닛 연습 문제

유닛에서 학습한 유형의 문제들로 구성된 토익 실전 문제
를 풀어 보면서 학습한 내용을 잘 이해하고 있는지 점검할
수 있습니다. 뿐만 아니라 학습한 내용이 실제 시험에서
어떻게 출제되는지 파악할 수 있습니다.

파트 실전 문제 연습

각 파트가 끝날 때마다, 파트별 실전 모의고사를 풀
어 볼 수 있습니다. 파트별로 학습한 내용을 다시 한
번 점검하면서 실제 시험에 익숙해질 수 있습니다.

Actual Test

교재의 마지막 부분에는 1회분의 Actual Test가
수록되어 있습니다. 실제 시험과 같은 난이도의
문제들을 풀어 보면서, 자신의 실력이 어느 정도
인지 확인할 수 있습니다.

토익 시험 소개

토익(TOEIC)은 Test of English for International Communication의 약자로서, 영어를 모국어로 사용하지 않는 사람이 국제 환경에서 생활을 하거나 업무를 수행할 때 필요한 실용 영어 능력을 평가하는 시험입니다. 현재 한국과 일본은 물론 전 세계 약 60개 국가에서 연간 4백만 명 이상의 수험생들이 토익에 응시하고 있으며, 수험 결과는 채용 및 승진, 해외 파견 근무자 선발 등 다양한 분야에서 활용되고 있습니다.

시험 구성

구성	PART	내용		문항 수	시간	배점
Listening Comprehension	1	사진 묘사		6	100문제	45분	495점
	2	질의-응답		25			
	3	대화문		39			
	4	담화문		30			
Reading Comprehension	5	단문 공란 채우기		30	100문제	75분	495점
	6	장문 공란 채우기		16			
	7	독해	단일 지문	29			
			복수 지문	25			
Total				200문제	120분	990점

출제 분야

토익의 목적은 일상 생활과 업무 수행에 필요한 영어 능력을 평가하는 것이기 때문에 출제 분야도 이를 벗어나지 않습니다. 비즈니스와 관련된 주제를 다루는 경우라도 전문적인 지식을 요구하지는 않으며, 아울러 특정 국가나 문화에 대한 이해도 요구하지 않습니다. 구체적인 출제 분야는 아래와 같습니다.

일반적인 비즈니스 (General Business)	계약, 협상, 마케팅, 영업, 기획, 회의 관련
사무 (Office)	사내 규정, 일정 관리, 사무 기기 및 사무 가구 관련
인사 (Personnel)	구직, 채용, 승진, 퇴직, 급여, 포상 관련
재무 (Finance and Budgeting)	투자, 세금, 회계, 은행 업무 관련
생산 (Manufacturing)	제조, 플랜트 운영, 품질 관리 관련
개발 (Corporate Development)	연구 조사, 실험, 신제품 개발 관련
구매 (Purchasing)	쇼핑, 주문, 선적, 결제 관련
외식 (Dining Out)	오찬, 만찬, 회식, 리셉션 관련
건강 (Health)	병원 예약, 진찰, 의료 보험 업무 관련
여행 (Travel)	교통 수단, 숙박, 항공권 예약 및 취소 관련
엔터테인먼트 (Entertainment)	영화 및 연극 관람, 공연 관람, 전시회 관람 관련
주택 / 법인 재산 (Housing / Corporate Property)	부동산 매매 및 임대, 전기 및 가스 서비스 관련

응시 방법

시험 접수는 한국 TOEIC 위원회 웹사이트(www.toeic.co.kr)에서 온라인으로 할 수 있습니다.
접수 일정 및 연간 시험 일정 등의 정보 또한 이곳에서 확인이 가능합니다.

시험 당일 일정

수험생들은 신분증과 필기구(연필 및 지우개)를 지참하고 고사장에 입실해야 합니다. 입실 시간은 오전 시험의 경우
9시 20분, 오후 시험의 경우 2시 20분까지입니다.

	시간	
오전	9:30 – 9:45	**오리엔테이션**
오후	2:30 – 2:45	답안지에 이름, 수험 번호 등을 표시하고 직업이나 응시 횟수 등을 묻는 설문에 응합니다.
오전	9:45 – 9:50	**휴식**
오후	2:45 – 2:50	5분간의 휴식 시간 동안 화장실을 이용할 수 있습니다.
오전	9:50	**입실 마감**
오후	2:50	50분부터 출입을 통제하므로 늦어도 45분까지는 고사장에 도착하는 것이 좋습니다.
오전	9:50 – 10:05	**신분증 검사**
오후	2:50 – 3:05	LC 시험 시작 전에 감독관이 신분증을 검사하고 답안지에 확인 서명을 합니다. RC 시험 시간에는 감독관이 돌아다니면서 다시 한 번 신분증을 검사하고 확인 서명을 합니다.
오전	10:05 – 10:10	**파본 검사**
오후	3:05 – 3:10	받은 문제지가 파본이 아닌지 확인한 후 문제지에 수험 번호를 적고 답안지에 문제지 번호를 적습니다. 파본이 확인되더라도 시험이 시작되면 문제지를 교체해 주지 않으므로 이때 문제지를 빨리, 제대로 확인하는 것이 중요합니다.
오전	10:10 – 10:55	**LC 문제 풀이**
오후	3:10 – 3:55	45분 동안 LC 문제를 풉니다.
오전	10:55 – 12:10	**RC 문제 풀이**
오후	3:55 – 5:10	75분 동안 RC 문제를 풉니다.

성적 확인

TOEIC 홈페이지에 안내된 성적 발표일에 인터넷 홈페이지와 어플리케이션을 통해 성적을 확인할 수 있습니다. 성적
표 발급은 시험 접수 시에 선택한 방법으로, 즉 우편이나 온라인으로 이루어집니다.

학습 플랜

〈맨처음 토익 RC 실력편〉은 토익 RC의 실력을 높일 수 있도록 20일 동안 학습할 수 있는 분량으로 구성하였습니다. 아래에 제시된 플랜에 따라 학습을 마치고 나면 자신의 실력이 향상된 것을 확인하실 수 있을 것입니다.

추천 학습 플랜

1일	2일	3일	4일	5일
PART 5 · 6 빈칸 채우기 ·Unit 01 적절한 품사 I. 명사 II. 형용사 III. 부사	·Unit 02 연결어 I. 명사절 접속사와 부사절 접속사 II. 등위접속사와 상관접속사	·Unit 02 연결어 III. 관계사 Unit 01–02 연습 문제	·Unit 03 동사 I. 수 일치 II. 시제 III. 태	·Unit 04 준동사 I. to부정사 II. 동명사

6일	7일	8일	9일	10일
·Unit 04 준동사 III. 분사 ·Unit 03–04 연습 문제	·Unit 05 기타 문법 사항 I. 전치사 II. 대명사	·Unit 05 기타 문법 사항 III. 비교급과 최상급 IV. 가정법	·Unit 06 적절한 어휘 I. 명사 어휘 II. 동사 어휘	·Unit 06 적절한 어휘 III. 형용사 및 부사 어휘 ·Unit 05–06 연습 문제

11일	12일	13일	14일	15일
·Part 5 · 6 실전 문제 연습	**PART 7 독해** ·Unit 01 이메일 / 편지	·Unit 02 문자 메시지 / 온라인 채팅 ·Unit 01–02 연습 문제	·Unit 03 공지 / 회람	·Unit 04 기사 / 안내문

16일	17일	18일	19일	20일
·Unit 03–04 연습 문제	·Unit 05 광고	·Unit 06 양식 및 기타 ·Unit 05–06 연습 문제	·Part 7 실전 문제 연습	Actual Test

〈맨처음 토익 RC 실력편〉을 마치고…

▶ 〈맨처음 토익 RC 실력편〉을 며칠 만에 학습했나요?

> 시작일 _____   완료일 _____

▶ 학습 플랜대로, 또는 본인이 세운 학습 진도표에 맞춰 학습을 끝내지 못했다면 문제점은 무엇인가요? 또한, 문제점은 어떻게 해결할 것인가요?

> 문제점 _____

> 해결 방안 _____

실제 자신의 학습 진도를 매일매일 기록하고, 보다 효과적인 토익 학습 일정을 계획해 보세요. 가능한 한 30일 이내에 이 책을 끝내는 것을 목표로 하세요. 학습 기간이 길어지면 도중에 포기해 버리기 쉽기 때문에, 학습 일수는 최대한 40일을 넘기지 않도록 하세요.

1일	2일	3일	4일	5일
시작	시작	시작	시작	시작
끝	끝	끝	끝	끝

6일	7일	8일	9일	10일
시작	시작	시작	시작	시작
끝	끝	끝	끝	끝

11일	12일	13일	14일	15일
시작	시작	시작	시작	시작
끝	끝	끝	끝	끝

16일	17일	18일	19일	20일
시작	시작	시작	시작	시작
끝	끝	끝	끝	끝

21일	22일	23일	24일	25일
시작	시작	시작	시작	시작
끝	끝	끝	끝	끝

26일	27일	28일	29일	30일
시작	시작	시작	시작	시작
끝	끝	끝	끝	끝

31일	32일	33일	34일	35일
시작	시작	시작	시작	시작
끝	끝	끝	끝	끝

36일	37일	38일	39일	40일
시작	시작	시작	시작	시작
끝	끝	끝	끝	끝

PARTS
5·6

단문 공란 채우기
장문 공란 채우기

▶ PART 5는 문장에 포함되어 있는 빈칸에 들어가야 하는 표현을 네 개의 보기 중에서 고르는 문제들로 구성된다.

▶ 문제 유형은 크게 어휘 문제와 문법 문제로 구분할 수 있으며, 문법 문제는 다시 문법적인 사항을 묻는 문제와 품사 및 어형을 묻는 문제로 구분된다.

▶ 101번부터 130번까지 총 30문항이 출제되는데, PART 7의 문제 풀이 시간을 확보하기 위해서는 PART 5의 모든 문제를 10분 이내에 풀 수 있도록 연습해 두어야 한다.

▶ PART 6의 문제 구성은 PART 5와 유사하지만, 이러한 문제들이 하나의 지문 안에 포함되어 있다는 점에서 차이가 있다.

▶ 131번부터 146번까지 총 16문항으로 이루어지는 PART 6는 3개의 문법/어휘 문제와 하나의 문장 삽입 문제로 구성된다. 5분 이내에 PART 6의 모든 문제를 풀 수 있도록 연습해 두어야 한다.

01 적절한 품사 고르기

- 적절한 품사를 고르는 문제는 빈칸에 들어갈 알맞은 어형의 단어를 고르는 유형이다.
- 보기로 제시되는 네 단어의 어근이 모두 같다.
- 보기의 품사가 모두 다른 유형과 2~3개의 품사가 같은 유형으로 구분할 수 있다.
- 문장의 구조를 파악하여 빈칸에 들어갈 품사가 무엇인지를 파악할 수 있어야 한다.

? 출제 경향

ⓐ 어근이 같은 보기들 중에서 적절한 단어를 고르는 문제이다. Unit 01에서는 명사, 형용사, 부사가 정답인 유형을 학습하고, 동사는 Unit 04에서 학습한다.

ⓑ 보기의 품사가 모두 다른 유형은 난이도가 낮은 유형이므로 반드시 정답을 맞춰야 한다. 이러한 유형은 문장을 해석하지 않고 문장 구조만 파악해도 풀 수 있다.

ⓒ 품사 문제 유형 중 난이도가 높은 유형인 2-3개 보기의 품사가 같은 문제도 출제된다. 이러한 유형은 문장 구조를 파악한 다음, 품사가 같은 보기들 중에서 정답을 골라야 한다.

! 풀이 전략

ⓐ 보기의 품사가 모두 다른 경우 빈칸 앞뒤의 품사를 파악하여 어떠한 품사가 정답이 되어야 하는지를 알아내면 쉽게 풀 수 있다. 이러한 문제는 문장을 해석하지 않고 문장 구조를 파악하여 풀도록 한다.

ⓑ 2-3개 보기의 품사가 같은 문제 유형의 경우, ⓑ와 같이 먼저 빈칸에 들어갈 품사가 무엇인지 파악하여 정답이 될 수 없는 보기를 제외한다. 그런 다음 문법적인 지식이나 해석을 통해 문제를 풀어야 한다.

ⓒ 품사 문제는 ⓑ와 같이 문장의 구조만 정확히 파악하면 빈칸에 들어가야 할 품사를 쉽게 찾을 수 있는 문제들이기 때문에, 가능한 한 빠르게 문제를 풀어서 시간을 아낄 수 있도록 해야 한다.

The flight ------- must prepare the airplane before any of the passengers are allowed to board it.

(A) attend
(B) attendance
(C) attendees
(D) attendants

문제 유형 분석

❶ 보기들이 모두 어근이 같은 단어들로 구성되어 있으므로 이 문제는 빈칸에 들어갈 알맞은 품사를 묻는 문제라는 것을 알 수 있다.

❷ 이러한 유형의 문제를 푸는 방법은 두 가지인데, 문장의 구조를 파악하여 빈칸에 들어갈 적절한 품사를 고르는 것이 첫 번째 방법이며, 문장과 보기의 의미를 파악하여 정답을 고르는 것이 두 번째 방법이다.

❸ 이 문제의 경우 (B), (C), (D)의 품사가 같기 때문에, 의미를 파악하여 정답을 찾는 두 번째 방법을 활용해야 한다.

풀이 전략 및 해설

● 빈칸에 들어갈 단어는 동사 must prepare의 주어가 될 수 있는 명사여야 한다.

● (A)의 attend는 '참석하다'라는 뜻의 동사이므로 정답에서 제외하고, 명사인 (B), (C), (D) 중에서 정답을 고른다.

● (B)의 attendance(참석)와 (C)의 attendees(참석자)는 명사이기는 하지만, 빈칸 앞의 flight과 어울려 사용될 수 없으므로 (B)와 (C)는 모두 정답이 될 수 없다.

● 정답은 (D)의 attendants인데, 'flight attendant'는 '항공기 승무원'이라는 의미의 복합명사이다.

해석

승무원들은 모든 승객들이 탑승을 허가 받기 전에 비행기를 준비해야만 한다.

(A) attend
(B) attendance
(C) attendees
(D) attendants

어휘 flight attendant 승무원 prepare ~을 준비하다 passenger 승객 board 탑승하다

> ▶ 명사는 주어 자리, 목적어 자리, 보어 자리에 사용된다.
> ▶ 빈칸 바로 앞에 관사, 소유격이 있으면 명사가 정답이다.
> ▶ 자주 출제되는 복합명사를 외워 두어야 한다.

❶ 명사의 역할

명사는 문장에서 주어, 목적어, 보어 역할을 한다. 그러므로 빈칸의 위치가 문장의 주어, 목적어, 보어 자리인 경우에는 명사가 정답인 경우가 많다.

(1) 명사가 주어의 역할을 하는 경우

The **supervisors** are making the new schedules for next week.
감독관들은 다음 주를 위한 새로운 일정을 만들고 있다.

(2) 명사가 목적어의 역할을 하는 경우

❶ 동사의 목적어

Mr. Phillips repaired the **copier** and got it to work properly again.
Phillips 씨가 복사기를 수리해서 다시 올바르게 작동하게 했다.

❷ 전치사의 목적어

Shoes are currently on sale at **the department store**. 백화점에서 현재 신발이 할인 판매 중이다.

❸ 준동사의 목적어

Who has the authority in this office to sign **the contract**?
이 사무실에서 계약서에 서명할 권한을 갖고 있는 사람은 누구인가요?
→ 'the contract'가 to부정사인 'to sign'의 목적어 역할을 하고 있다.

(3) 명사가 보어의 역할을 하는 경우

❶ 주격 보어

Mr. Hyde is the **director** of the Sales Department. Hyde 씨는 영업부장이다.

❷ 목적격 보어

Mr. Jones considers Janet the top **employee** in his department.
Jones 씨는 Janet을 그의 부서에서 최고의 직원이라고 생각한다.

 빈칸에 들어갈 알맞은 말을 고르세요.   정답 및 해설 p.002

1. Some ------- have been standing outside the facility the entire day.
   (a) protesting
   (b) protestors
   (c) protested

2. To receive ------- from your supervisor to purchase the item, you must give him a good reason to buy it.
   (a) approval
   (b) approve
   (c) approved

❷ 명사의 자리

빈칸이 관사나 소유격 뒤에 있으면 명사가 와야 하는 자리이다.

(1) 관사 + 명사

An **increase** in interest rates is expected next week.
다음 주에 이자율의 상승이 예상된다.

(2) 소유격 + 명사

Ted's **competitiveness** enabled him to land many new customers.
Ted의 경쟁력으로 인해 그는 많은 신규 고객들을 확보할 수 있었다.

> **Tip**
> '관사/소유격'과 '명사' 사이에 형용사가 올 수 있다.
> the extensive research 광범위한 연구
> his creative idea 그의 창의적인 아이디어

❸ 복합명사

복합명사는 '명사 + 명사'의 형태로서 하나의 단어처럼 취급한다. 자주 출제되는 복합명사를 암기해 두면 빠르게 문제를 풀 수 있다.

▶ **대표적인 복합명사**

account number 계좌번호	keynote speaker 기조연설자
advertising campaign 광고 캠페인	meeting agenda 회의 안건
assembly line 조립 라인	office supplies 사무 용품
attendance rate 참석률	performance evaluation 업무 평가
bank transaction 은행 거래	production facility 생산 시설
benefits package 복리후생제도	production method 생산 방식
board meeting 이사회	quality requirements 품질 요건
business expense 사업 경비	reimbursement form 상환 양식
contingency plan 비상 대책	safety inspection 안전 검사
customer satisfaction 고객 만족	sales promotion 판매 촉진
deadline extension 마감 기한 연장	sales representative 판매 직원
enrollment form 등록 양식, 신청서	tourist attraction 관광지
interest rate 이자율	travel itinerary 여행 일정표
job applicant 구직자	worker productivity 직원 생산성

 빈칸에 들어갈 알맞은 말을 고르세요.

정답 및 해설 p.002

3. Farmers have suffered the ------- of their crops due to a drought for the past two years.
  (a) lose
  (b) loss
  (c) lost

4. Ms. Peters said that the interviewee impressed her more than any job ------- had.
  (a) apply
  (b) applying
  (c) applicant

PART 5

예상적중문제 01 빈칸에 들어갈 가장 알맞은 보기를 고르세요.

By approving changes to ------- methods, Mr. Yamada made his factory workers much more efficient.

(A) produce

(B) produced

(C) productivity

(D) production

문제 해설

▶ 동사인 (A)의 produce는 '방식'이라는 뜻의 명사인 methods를 목적어로 취하기에 의미상 적절하지 않다.

▶ (B)의 produced를 과거분사로 볼 경우 이는 '생산된'이라는 뜻인데, '생산된 방식의 변경을 승인한다'라는 의미는 자연스럽지 못하다.

▶ 명사인 (C)와 (D) 중에서 정답을 골라야 하는데, '생산 방식'이라는 의미의 복합명사인 'production method'를 완성시키는 (D)가 정답이 된다. 이와 같이 복합명사를 암기해 두어야 풀 수 있는 문제들이 출제되므로, 복합명사들을 외워 두어야 한다.

해석

생산 방식의 변경을 승인함으로써, Yamada 씨는 공장 직원들이 훨씬 더 효율적으로 작업하도록 만들었다.

(A) produce

(B) produced

(C) productivity

(D) production

어휘

production method
생산 방식

efficient 효율적인, 효과적인

productivity 생산성

 **MORE & MORE**

정답 p.002

밑줄 친 부분이 올바르면 ○, 그렇지 않으면 ×에 표시하세요.

❶ Some companies <u>produce</u> goods by using advanced technology. (○ | ×)

❷ Mr. Jacobs <u>produced</u> several prototypes to show to potential customers. (○ | ×)

❸ The <u>productivity</u> of the employees increased during the last three months. (○ | ×)

Dr. Mercer has made substantial progress in her ------- of the new disease which she discovered.

(A) analysis

(B) analyst

(C) analysts

(D) analyze

문제 해설

▶ 빈칸 앞에 대명사의 소유격인 her가 있으므로 빈칸에는 명사가 와야 한다. 따라서 동사인 (D)의 analyze는 정답에서 제외하고 명사인 (A), (B), (C) 중에서 정답을 골라야 한다.

▶ (A)의 analysis는 '분석'이라는 의미이며, (B)와 (C)의 analyst는 '분석가'라는 의미이다.

▶ 의미상 '분석'이라는 뜻의 analysis가 빈칸에 오기에 적절하므로 정답은 (A)이다.

해석

Mercer 박사는 자신이 발견한 새로운 질병의 분석에 있어서 실질적인 발전을 이루었다.

(A) analysis
(B) analyst
(C) analysts
(D) analyze

어휘
substantial 실질적인
progress 발전, 진보
analysis 분석
analyst 분석가
analyze 분석하다

MORE & MORE

정답 p.002

밑줄 친 부분이 올바르면 ○, 그렇지 않으면 ×에 표시하세요.

❶ The scientist contacted an <u>analyst</u> to look carefully at the results.   (○ | ×)

❷ The goods must be <u>analyze</u> to make sure that there are no faults.   (○ | ×)

❸ A close <u>analysis</u> of the data should show that the theory is incorrect.   (○ | ×)

Taylor Fashions hopes to introduce its newest ------- of clothing in the summer months.

(A) line

(B) liner

(C) lining

(D) lined

문제 해설

▶ 빈칸 바로 앞에 형용사의 최상급인 newest가 있지만, 그 앞에 대명사의 소유격 its가 있으므로 '소유격 + 명사' 문제라는 것을 파악해야 한다. 명사인 (A)와 (B) 중에서 정답을 고르도록 한다.

▶ line은 동사로 '줄을 서다', 혹은 '줄을 세우다', 또는 '안감을 대다'라는 의미로도 사용된다. 명사로는 '선'이라는 의미 외에 '제품군' 혹은 '(상품의) 종류'라는 의미를 갖는다. 따라서 이 문제의 정답은 '제품군'이라는 의미로 사용된 (A)의 line이다.

▶ line이라는 단어가 상당히 많은 의미를 지니고 있기 때문에 line을 단순히 '줄' 혹은 '선'이라는 의미로만 알고 있으면 틀리기 쉬운 문제이다.

▶ (B)의 liner는 '여객선', '정기선'이라는 의미이므로 정답이 될 수 없다.

해석

Taylor Fashions는 여름 동안에 최신 의류 제품군을 소개할 수 있기를 희망한다.

(A) line

(B) liner

(C) lining

(D) lined

어휘
introduce 소개하다
line 줄, 선; 제품군; 줄을 서다; 안감을 대다
liner 정기선, 여객선

 **MORE & MORE**

정답 p.002

밑줄 친 부분이 올바르면 ○, 그렇지 않으면 ×에 표시하세요.

❶ Thousands of people <u>lined</u> the streets for the parade.　　　　(○ | ×)

❷ There is a long <u>lining</u> of people waiting for tickets.　　　　(○ | ×)

❸ The <u>liner</u> is transporting goods across the ocean now.　　　　(○ | ×)

예상적중문제 04 빈칸에 들어갈 가장 알맞은 보기를 고르세요.

Mr. Jackson rewrote the ------- and submitted it to Ms. Carter before the five o'clock deadline.

(A) propose

(B) proposed

(C) proposal

(D) proposition

🔍 문제 해설

▶ 빈칸에는 관사 the와 어울리면서 rewrote의 목적어가 될 수 있는 단어가 들어가야 한다. 따라서 명사인 (C)와 (D) 중에서 정답을 고른다.

▶ (C)의 proposal은 일반적인 제안, 제안서, 혹은 결혼 승낙을 얻기 위한 프로포즈 등을 나타낼 때 사용되는 단어이고, (D)의 proposition은 (사업 파트너에게 하는) 사업상의 제안, 공식적인 제안, 또는 법률 개정안 등을 지칭할 때 쓰이는 단어이다.

▶ 따라서 둘 중 보다 자연스러운 문맥을 완성시키는 것은 (C)의 proposal이다.

🔒 해석

Jackson 씨는 제안서를 다시 작성하여 마감 시한인 5시 정각이 되기 전에 Carter 씨에게 제출했다.

(A) propose

(B) proposed

(C) proposal

(D) proposition

어휘
rewrite 다시 쓰다
proposal 제안서
submit 제출하다
deadline 기한

MORE & MORE

정답 p.002

밑줄 친 부분이 올바르면 ○, 그렇지 않으면 ×에 표시하세요.

❶ Mr. Jenkins's <u>propose</u> was quickly accepted by everyone on the team. (○ | ×)

❷ The <u>proposition</u> that rates would increase was considered unlikely. (○ | ×)

❸ The director <u>proposal</u> that they meet to discuss the contract. (○ | ×)

Ⅱ 형용사

▶ 빈칸 앞뒤에 빈칸에 들어갈 말의 수식을 받는 명사가 있으면 형용사가 정답이다.
▶ 빈칸 앞에 be동사나 get, become 등이 있는 경우 보어로 올 수 있는 형용사가 정답이다.
▶ 자주 출제되는 형용사의 관용표현을 암기해 두어야 한다.

❶ 형용사의 역할

형용사는 명사를 수식하거나 보어의 역할을 한다. 따라서 빈칸이 명사를 수식하거나 보어 자리일 경우에는 형용사를 정답으로 고려해야 한다.

(1) 명사 수식

There is **heavy** competition for the service contract with Taylor, Inc.
Taylor 주식회사와의 용역 계약에 치열한 경쟁이 있다.

(2) 보어 역할

❶ **주격 보어**: 2형식 동사인 「be동사, become, get, remain」 등은 주격 보어를 취한다.

The weather is getting **warmer**; however, it is still too cold to have the concert outside.
날씨가 점점 온화해지고 있다; 하지만, 여전히 야외에서 콘서트를 하기에는 너무 춥다.

❷ **목적격 보어**: 5형식 동사인 「consider, find, keep, make」 등은 목적격 보어를 취한다.

The company made it **simple** to apply for the job. 그 회사는 일자리에 지원하는 것을 단순화시켰다.

❷ 형용사의 자리

(1) 명사 앞: 일반적으로 형용사는 명사 앞에 위치한다.

Due to the **poor** weather, most of the activities will take place indoors rather than outdoors.
좋지 않은 날씨 때문에, 대부분의 활동들이 야외가 아니라 실내에서 이루어질 것이다.

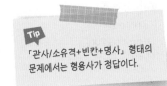

Tip
「관사/소유격+빈칸+명사」 형태의 문제에서는 형용사가 정답이다.

(2) 명사 뒤: 아래의 경우에는 형용사가 명사의 뒤에 위치한다.

❶ –able/–ible로 끝나는 형용사

Speak with someone **available** in the Marketing Department.
마케팅부의 가능한 사람과 이야기하세요.

Check-up Quiz 빈칸에 들어갈 알맞은 말을 고르세요.
정답 및 해설 p.003

1. The city council has decided to construct a community center in the ------- lot on Third Street.
   (a) vacancy
   (b) vacant
   (c) vacantly

2. The machinist has become quite ------- thanks to years of hard work.
   (a) skill
   (b) skillful
   (c) skillfully

② –thing으로 끝나는 명사를 수식하는 경우

The chef will prepare something **delicious** for her guests.
요리사가 손님들을 위해 맛있는 것을 준비할 것이다.

③ 길이, 넓이 등의 의미를 가진 명사를 수식하는 경우

The newest skyscraper is more than 300 meters **high**. 최신 고층 빌딩은 300미터가 넘는 높이이다.

❸ 주의해야 할 형용사의 쓰임

(1) 형태는 비슷하지만 의미가 다른 형용사

beneficial 유익한, 이로운	beneficent 친절한, 베푸는
confident 자신감 있는, 확신하는	confidential 기밀의
considerable 상당한	considerate 사려 깊은
dependent 의지하는, 의존하는	dependable 믿을 수 있는
economic 경제의	economical 절약하는, 경제적인
favorite 가장 좋아하는	favorable 우호적인
reliable 믿을 만한	reliant 의존적인
successful 성공한, 성공의	successive 연속적인

(2) 동사와 형태가 같은 형용사

abstract 图 추상하다, 발췌하다 图 추상적인	alternate 图 교대하다 图 교체의, 우회의
animate 图 활기를 띠게 하다 图 활기 있는	appropriate 图 충당하다 图 적합한, 적절한
complete 图 완성하다 图 완전한	complicate 图 복잡하게 하다 图 복잡한
deliberate 图 숙고하다 图 신중한	secure 图 안전하게 하다; 확보하다 图 안전한
separate 图 분리하다 图 분리된	subject 图 당하게 하다 图 영향 받기 쉬운

The two men **alternated** job duties throughout the day. 두 사람은 하루 종일 업무를 교대했다. [동사]
They used an **alternate** route to get downtown. 그들은 도심에 가기 위해 우회로를 이용했다. [형용사]

The board of managers is **deliberating** over the issue. 관리자 위원회는 그 문제에 대해 숙고하고 있다. [동사]
He drives slowly and in a very **deliberate** manner. 그는 매우 신중한 자세로 천천히 운전한다. [형용사]

 Check-up Quiz 빈칸에 들어갈 알맞은 말을 고르세요.

정답 및 해설 p.003

3. The city gives out many brochures about the activities ------- to do there.
(a) availing
(b) availed
(c) available

4. Judy is making a ------- effort to be sure everyone is pleased with the seating arrangements.
(a) deliberate
(b) deliberated
(c) deliberately

Mr. Richards reported a ------- increase in the production of his work crew last quarter.

(A) drama

(B) dramatism

(C) dramatic

(D) dramatically

🔍 문제 해설

▶ 관사와 명사 사이에 빈칸이 있으므로 빈칸은 형용사 자리이다.

▶ 보기 중에서 형용사는 (C)뿐이므로 정답은 (C)이다.

▶ 적절한 품사를 고르는 문제에서 이와 같이 보기에 정답이 될 수 있는 품사가 하나뿐인 경우에는 문장의 구조를 파악하는 것만으로도 정답을 쉽게 찾을 수 있다.

> **묘·수·풀·이**
>
> 형용사형 어미에는 「-al, -able, -ant, -ent, -ful, -ible, -ic, -ive, -ous」 등이 있다.

🔒 해석

Richards 씨는 지난 분기에 직원들의 생산량이 극적으로 증가했다고 보고했다.

(A) drama

(B) dramatism

(C) dramatic

(D) dramatically

어휘

dramatic 극적인

production 생산(량)

crew 승무원; 직원

dramatism 극화, 각색

정답 p.003

밑줄 친 부분이 올바르면 ○, 그렇지 않으면 ×에 표시하세요.

❶ There are still tickets for tomorrow night's performance of the <u>drama</u> available. (○ | ×)

❷ Her <u>dramatism</u> performance in the play was applauded by the critics. (○ | ×)

❸ The manager sighed <u>dramatically</u> when he heard the bad news. (○ | ×)

예상적중문제 06 빈칸에 들어갈 가장 알맞은 보기를 고르세요.

The CEO ordered ------- revisions to be made to the report before officially submitting it.

(A) extend

(B) extensive

(C) extending

(D) extends

🔍 문제 해설

▶ 빈칸이 형용사 자리인데, 05번 문제와는 다르게 형용사 역할을 할 수 있는 (B)와 (C)의 의미를 구분하여 문제를 풀어야 한다.

▶ (B)의 extensive는 형용사로서 '광범위한'이라는 뜻이며, (C)의 extending은 분사로서 '확장하는', '뻗어 있는'이라는 뜻이다.

▶ 빈칸 뒤의 명사 revision(수정) 앞에 사용되기에 의미상 적절한 단어는 형용사인 (B)의 extensive이다.

📝 해석

대표 이사는 보고서를 공식적으로 제출하기에 앞서 보고서의 광범위한 수정을 주문했다.	**어휘**
(A) extend	extensive 넓은, 광범위한
(B) extensive	revision 수정, 개정
(C) extending	officially 공식적으로
(D) extends	extend 넓히다, 확장하다

MORE & MORE

정답 p.003

밑줄 친 부분이 올바르면 ○, 그렇지 않으면 ×에 표시하세요.

① The CEO agreed to an <u>extend</u> in the negotiations with the rival company.   (○ | ×)

② There is a fence <u>extending</u> from the building all the way to the road.   (○ | ×)

③ Ms. Thompson hopes to <u>extends</u> her stay at the hotel by three nights.   (○ | ×)

The city expects to spend a ------- amount of money repairing local roads after the big storm.

(A) considerate

(B) considered

(C) considerable

(D) considering

문제 해설

▶ 빈칸이 관사와 명사 사이에 있으므로 형용사를 정답으로 골라야 한다.

▶ 이 문제의 경우 보기가 모두 형용사 자리에 올 수 있으므로 각 보기의 뜻을 정확이 알고 있어야 풀 수 있는 문제이다.

▶ 문맥상 '상당한 액수의 금액'이라는 의미가 되어야 하므로 (C)의 considerable이 정답이 된다.

▶ '사려 깊은'이라는 뜻의 형용사인 (A)의 considerate와 의미를 잘 구분해야 한다.

해석

시는 큰 폭풍이 지나간 후 지방 도로를 복구하는 데 상당한 액수의 금액이 사용될 것으로 예상한다.

(A) considerate

(B) considered

(C) considerable

(D) considering

어휘

considerable 막대한, 상당한
considerate 사려 깊은

정답 p.003

밑줄 친 부분이 올바르면 ○, 그렇지 않으면 ×에 표시하세요.

❶ She was <u>considerate</u> enough to assist the intern in finishing the project.　　(○ | ×)

❷ Mr. Richards is <u>considered</u> one of the top engineers at the company.　　(○ | ×)

❸ <u>Considering</u> the difficulties involved in the assignment, we did an acceptable job.　　(○ | ×)

PART 5

예상적중문제 08 빈칸에 들어갈 가장 알맞은 보기를 고르세요.

Drivers had to take ------- routes when there was a massive car accident on Highway 34 last night.

(A) alternate

(B) alter

(C) alternated

(D) alters

문제 해설

▶ 빈칸은 명사인 routes를 수식할 수 있는 형용사가 와야 하는 자리이므로, 동사인 (B)와 (D)는 정답에서 제외된다.

▶ alternate는 동사의 형태와 형용사의 형태가 같은 단어인데, 동사로 사용되는 경우에는 '번갈아 들다' 혹은 '대체하다'라는 뜻으로 사용되고, 형용사로 사용되는 경우에는 '대체하는'이라는 뜻으로 사용된다.

▶ 그러므로 빈칸 뒤의 routes와 어울려 '우회로' 혹은 '예비 도로'라는 뜻을 완성시키기 위해서는 (A)의 alternate가 들어가야 한다.

해석

지난밤 34번 고속도로에서 대규모 자동차 사고가 있었을 때 운전자들은 예비 도로를 이용해야 했다.

(A) alternate

(B) alter

(C) alternated

(D) alters

어휘
alternate route
우회로, 예비 도로
massive 대규모의
alter 변경하다

MORE & MORE

정답 p.003

밑줄 친 부분이 올바르면 O, 그렇지 않으면 ×에 표시하세요.

❶ Do not <u>alter</u> any of the instructions, or there will be a problem.　　(O | ×)

❷ The two men are <u>alternated</u> their duties so that they do not get bored.　　(O | ×)

❸ The computer programs sometimes <u>alters</u> the personal information of people.　　(O | ×)

III 부사

① 부사의 역할과 위치

부사는 동사, 형용사, 다른 부사, 구, 절을 수식하는 역할을 한다. 부사는 다른 품사를 꾸며주는 역할을 하기 때문에, 부사를 삭제하더라도 완전한 문장이 성립된다

(1) 동사를 수식하는 경우

① 「주어 + 부사 + 동사」

We tried so many methods until one **finally** worked.
우리는 마침내 효과를 보기까지 정말로 많은 방법들을 시도했다.

② 「be동사 + 부사 + –ing/p.p.」 또는 「be동사 + –ing/p.p. + 부사」

The company is **presently** accepting applications. 현재 회사에서 지원서를 받고 있다.

Traffic is moving **slowly** on the roads since it is rush hour.
러시아워이기 때문에 차량들이 도로에서 천천히 움직이고 있다.

cf. 부사가 '자동사'나 '타동사 + 목적어'를 수식할 경우에는 뒤에 위치한다.

The clock sounds **hourly** as it announces the time. [자동사 + 부사]
그 시계는 시각을 알려 주기 위해 매 시간마다 소리를 낸다.

Percy worked all night so that he finished the work **on time**. [타동사 + 목적어 + 부사]
Percy는 밤새 일을 해서 제때에 일을 끝냈다.

(2) 형용사나 다른 부사를 수식하는 경우

부사가 형용사나 다른 부사를 수식할 때에는 형용사와 부사 앞에 위치한다.

I'm **very** sorry your order has not yet arrived. [형용사 수식]
귀하의 주문이 아직 도착하지 않아서 대단히 죄송합니다.

Thank you **so** much for the assistance you provided at the fundraiser last weekend. [부사 수식]
지난주 모금 행사에서 도움을 주신 것에 대해 대단히 감사합니다.

 빈칸에 들어갈 알맞은 말을 고르세요.

정답 및 해설 p.004

1. Andrea Dawkins ------- arrives at the office twenty minutes early.

   (a) consistent
   (b) consistency
   (c) consistently

2. After three weeks of hard work, Ms. Vernon ------- finished the project.

   (a) final
   (b) finally
   (c) finalize

(3) 준동사를 수식하는 경우

부사가 to부정사, 분사, 동명사를 수식할 때에는 앞에 위치한다.

By **constantly** <u>changing</u> your password, we can help keep the problem from happening.

지속적으로 암호를 변경함으로써, 문제가 발생하는 것을 막을 수 있다. [동명사 수식]

❷ 주의해야 하는 부사

(1) 형태가 비슷한 부사

close 가까이에	closely 면밀히	late 늦게	lately 최근에
hard 열심히	hardly 거의 ~않다	most 가장 많이	mostly 대개
high 높게	highly 상당히, 매우	near 가까이에	nearly 거의

Ms. Robinson moved downtown last week, so she lives **close** to the subway station now.

Robinson 씨는 지난주에 시내로 이사해서, 이제 그녀는 지하철역에서 가까운 곳에 산다.

Ms. Warner plans to go over the material **closely** before she gives her speech.

Warner 씨는 연설하기 전에 자료를 면밀히 검토할 것이다.

(2) 형용사와 부사의 형태가 같은 경우

early 형 이른 부 일찍	hard 형 단단한, 어려운 부 열심히
far 형 먼 부 멀리	late 형 늦은 부 늦게
fast 형 빠른 부 빠르게	long 형 긴 부 오랫동안

Mr. Sanders will be **late** for the meeting because of a traffic jam. [형용사]

Owens 씨는 교통혼잡 때문에 회의에 늦을 것이다.

I would like permission to pay my next month's rent two days **late**. [부사]

다음 달 임대료를 이틀 늦게 내는 것에 대한 허락을 구하고 싶습니다.

(3) 강조의 의미를 가진 부사들

very / too / just / almost / terribly / exceptionally / incredibly 등

Everyone in the audience was **very** pleased with the performance. 모든 청중은 공연을 매우 만족스러워 했다.

Mr. Byrne is **exceptionally** talented at his job. Byrne 씨는 자신의 업무에 특별하게 재능이 있다.

 빈칸에 들어갈 알맞은 말을 고르세요. 정답 및 해설 p.004

3. You need to have a great attitude and be able to work -------.
(a) hard
(b) hardly
(c) harden

4. She has been working on two projects at the same time -------.
(a) late
(b) later
(c) lately

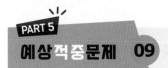

예상적중문제 09 빈칸에 들어갈 가장 알맞은 보기를 고르세요.

The speaker at the conference spoke ------- about the need to make changes in the financial industry.

(A) force

(B) forced

(C) forceful

(D) forcefully

문제 해설

▶ 문장 구조를 분석해 보면, 빈칸이 없더라도 완전한 문장임을 알 수 있다.

▶ 빈칸에 들어갈 단어는 앞의 동사인 spoke를 꾸미는 역할을 해야 하므로 부사인 (D)의 forcefully가 정답이다.

▶ 이 문제에서 볼 수 있는 것과 같이 부사가 자동사를 수식할 때에는 동사의 뒤에 위치할 수 있다.

해석

연설자는 학회에서 금융산업에 변화를 주어야 할 필요에 대해 힘주어 발언했다.

(A) force

(B) forced

(C) forceful

(D) forcefully

어휘

conference 학회, 회의

forcefully 힘을 넣어

industry 산업

 **MORE & MORE**

정답 p.004

밑줄 친 부분이 올바르면 ○, 그렇지 않으면 ×에 표시하세요.

❶ It is not right to try to <u>force</u> people to do activities they are not interested in.　　(○ | ×)

❷ When she pushed <u>forced</u> on the door, it finally became unstuck and opened.　　(○ | ×)

❸ The manager is capable of speaking in a <u>forceful</u> voice in order to get people to listen.　(○ | ×)

Lucas ------- prepared the seating arrangements for the company's end-of-the-year banquet.

(A) swift

(B) swifter

(C) swiftly

(D) swiftest

문제 해설

▶ 문장 구조 상 필수적인 문장 성분들은 빠진 것이 없다. 그리고 빈칸에는 동사 prepared(준비하다)를 수식할 수 있는 부사가 들어가야 한다.

▶ 따라서 정답은 부사인 (C)의 swiftly(신속하게)이다.

▶ (A)의 swift(신속한)는 형용사이며, (B)와 (D)는 각각 swift의 비교급, 최상급 형태이다.

▶ 이 문제와 같이 빈칸이 주어와 동사 사이에 있을 경우에는 부사가 정답이다.

해석

Lucas는 회사 송년회를 위한 좌석 배치를 신속하게 준비했다

(A) swift

(B) swifter

(C) swiftly

(D) swiftest

어휘
arrangement 배치
banquet 연회
swift 신속한

MORE & MORE

정답 p.004

밑줄 친 부분이 올바르면 O, 그렇지 않으면 ×에 표시하세요.

❶ The <u>swifter</u> you work, the earlier you can finish for the day. (O | ×)

❷ The men in the race can run very <u>swift</u>. (O | ×)

❸ Jack is the <u>swiftest</u> of the two people running in the race. (O | ×)

Mr. Simmons anticipates that the final proposal will arrive from LTR, Inc. -------.

(A) short

(B) shorts

(C) shorter

(D) shortly

🔍 **문제 해설**

▶ 문장을 살펴보면 빠져 있는 문장 성분이 없기 때문에 빈칸에는 수식어가 들어가야 한다는 것을 알 수 있다.

▶ 또한 빈칸의 위치를 고려해 볼 때, 피수식어를 뒤에서 수식하는 것은 주로 부사의 경우이므로 빈칸에는 will arrive를 수식할 수 있는 (D)의 shortly(곧, 즉시)가 들어가야 한다. 따라서 정답은 (D)이다.

▶ 부사가 자동사인 arrive 뒤에 위치하고 있는데, 자동사 뒤에 수식어구인 'from LTR'이 있는 형태이다.

ℹ️ **해석**

Simmons 씨는 LTR 사로부터 최종 제안서가 곧 도착할 것이라고 기대하고 있다.

(A) short

(B) shorts

(C) shorter

(D) shortly

어휘
anticipate 예상하다, 기대하다
proposal 제안, 제안서

정답 p.004

밑줄 친 부분이 올바르면 ○, 그렇지 않으면 ×에 표시하세요.

❶ The meeting was the <u>short</u> one of the month in the Sales Department.   (○ | ×)

❷ I will be able to assist the customer <u>shortly</u>.   (○ | ×)

❸ Bill is the <u>shorter</u> of the two men standing over there.   (○ | ×)

The three candidates for the open position in the Personnel Department are ------- qualified.

(A) equal

(B) equally

(C) equality

(D) equalize

문제 해설

▶ 빈칸은 뒤에 있는 과거분사인 qualified를 수식할 수 있는 부사가 와야 하는 자리이다.

▶ 보기 중에서 부사는 (B)의 equally뿐이므로 정답은 (B)이다.

▶ 'be동사 + 빈칸 + p.p.' 형태의 문제에서 빈칸은 부사가 와야 하는 자리임을 알아 두자.

해석

인사과의 공석에 지원한 세 명의 지원자들은 자격을 동등하게 갖추고 있다.

(A) equal

(B) equally

(C) equality

(D) equalize

어휘

candidate 후보자

qualified 적임의

separately 따로따로

eagerly 간절히

equally 동등하게

MORE & MORE

정답 p.004

밑줄 친 부분이 올바르면 ○, 그렇지 않으면 ×에 표시하세요.

❶ Both individuals should perform an <u>equal</u> amount of work on the project.　　　　(○ | ×)

❷ The <u>equality</u> of the law was called into question by the judge.　　　　(○ | ×)

❸ The numbers are slowly <u>equalize</u> for all of the competitors.　　　　(○ | ×)

Questions 13-16 refer to the following memo.

To: All Employees, Customer Service Department
From: Esmerelda Blanco
Subject: Software Upgrade
Date: November 12

The software upgrade we were promised will take place tomorrow morning at 9:00. Mr. Stallings from Computer Solutions, Inc. assured me it ------- no longer than three hours to complete.
13.

During that time, our entire computer system will be down. It is highly likely you will receive calls from customers between the hours of 9:00 and 12:00. -------. Then, let them know that our Web site should be ------- after noon.
14.　　　　**15.**

If any customers complain excessively, please transfer them to me, and I will speak with them. We don't want to upset anyone, especially any regular customers ------- might have an urgent need to log on to our Web site.
16.

13. (A) has required
    (B) is requiring
    (C) will require
    (D) was requiring

14. (A) Kindly inform them about the upgrade.
    (B) Do not respond to their inquiries.
    (C) Advise them to log on to the Web site.
    (D) Find out for me what the problem is.

15. (A) functions
    (B) functional
    (C) functioned
    (D) functionalize

16. (A) which
    (B) when
    (C) why
    (D) who

13 ▶ 빈칸 앞의 it이 가리키는 것은 'the software upgrade'인데, 앞 문장을 보면 이 작업은 내일(tomorrow) 진행될 예정이다. 따라서 빈칸에는 미래 시제인 (C)가 와야 한다.

14 ▶ 빈칸 앞의 내용을 보면 '컴퓨터 시스템이 다운될 것', 그리고 '고객들(customers)로부터 전화를 받게 될 것'이므로, 이어지기에 의미 상 적절한 것은 '업데이트에 대해 친절하게 안내하라'는 내용의 (A)이다.

15 ▶ 빈칸은 주어인 Web site의 보어 자리이므로 동사인 (D)는 정답에서 제외된다. 주어가 3인칭 단수이므로 복수 명사인 (A)의 functions도 정답이 될 수 없다.
▶ 정답은 '작동되는'이라는 의미의 형용사인 (B)의 functional이다.

16 ▶ 빈칸 뒤에 주어가 빠진 절이 이어지고 있으므로, 주격관계대명사를 묻는 문제이다.
▶ 빈칸 앞의 선행사가 사람인 customers이므로 정답은 (D)의 who이다.

🔍 해석

수신: 고객 서비스 부서 전 직원
발신: Esmerelda Blanco
제목: 소프트웨어 업데이트
날짜: 11월 12일

예정되었던 소프트웨어 업데이트가 내일 오전 9시에 실시될 것입니다. Computer Solutions 주식회사의 Stallings 씨는 업데이트가 완료되기까지 3시간 이상 걸리지 않을 것이라고 장담했습니다.

이 시간 동안 전체 컴퓨터 시스템이 다운될 것입니다. 9시부터 12시까지 고객들로부터 전화를 받게 될 가능성이 높습니다. **업데이트에 대해 친절히 안내해 주십시오.** 그리고 나서 12시 이후에 웹사이트가 정상적으로 작동할 것이라는 사실을 알려 주십시오.

고객들이 과도하게 항의를 하는 경우, 저에게 전화를 돌려 주시면 제가 이야기를 나누겠습니다. 어떤 사람도, 특히 급하게 웹사이트에 접속해야 할 수도 있는 단골 고객들을 기분 나쁘게 만들고 싶지 않습니다.

13. (A) has required
(B) is requiring
(C) will require
(D) was requiring

14. (A) 업데이트에 대해 친절히 안내해 주십시오.
(B) 질문에 대답하지 마십시오.
(C) 웹사이트에 접속하라고 알려 주십시오.
(D) 문제가 무엇인지는 저한테 물어보십시오.

15. (A) functions
(B) functional
(C) functioned
(D) functionalize

16. (A) which
(B) when
(C) why
(D) who

어휘 assure 확언하다, 장담하다   highly 매우   excessively 과도하게   transfer 옮기다; 전화를 돌리다   upset 화나게 하다
regular customer 단골 고객   urgent 긴급한

💡 **MORE & MORE**

정답 p.004

밑줄 친 부분이 올바르면 ○, 그렇지 않으면 ×에 표시하세요.

❶ Many establishments <u>was requiring</u> their employees to arrive early in the morning.　(○ | ×)

❷ The computer program <u>functioned</u> exactly as it was supposed to.　(○ | ×)

❸ This is the town <u>which</u> the governor of the state was born.　(○ | ×)

연결어

- 연결어 문제는 절과 절을 연결하기에 자연스러운 접속사나 관계사를 고르는 유형이다. 단, 등위접속사의 경우 단어와 단어, 구와 구도 연결할 수 있다.
- 명사절은 문장에서 주어, 목적어, 보여 역할을 하며, 부사절은 수식어 역할, 관계사절은 형용사의 역할을 한다.
- 짝을 이루어 사용되는 상관접속사는 모두 암기해 두어야 한다.
- 관계대명사와 관계부사의 종류와 역할을 이해해야 한다.

? 출제 경향

ⓐ 명사절 접속사 문제는 that, if, whether, 의문사 중에서 적절한 것을 고르는 문제가 출제된다.

ⓑ 부사절 접속사의 경우 문맥을 파악하여 적절한 접속사를 고를 수 있어야 한다. 또한, 의미가 같은 부사절 접속사와 전치사 중에서 정답을 고르는 문제도 출제된다.

ⓒ 등위접속사 문제는 빈칸 앞뒤의 내용을 연결하기에 적절한 것을 고르는 문제가 출제된다.

ⓓ 상관접속사 문제의 경우 both와 and, neither와 nor처럼 서로 짝을 이루는 단어를 묻는 문제들이 출제된다.

ⓔ 관계대명사의 종류와 격을 구분하는 문제, 관계대명사와 관계부사를 구분하는 문제 등이 출제된다.

! 풀이 전략

ⓐ 빈칸 뒤의 내용이 문장 성분을 모두 갖추고 있다면 이는 명사절 접속사(that, if, whether, what 등)나 부사절 접속사(because, when, after, if, although 등)를 고르는 문제이다. 문맥을 파악하여 적절한 접속사를 고를 수 있어야 한다.

ⓑ 등위접속사(and, but, or, so 등)는 절과 절을 연결할 수 있을 뿐만 아니라 구와 구, 단어와 단어를 모두 연결할 수 있다. 연결되는 대상들의 형태와 품사는 같아야 한다.

ⓒ 상관접속사 문제를 풀기 위해서는 「not A but B, not only A but also B, both A and B, either A or B, neither A nor B」와 같은 상관접속사를 모두 암기하고 있어야 한다.

ⓓ 관계대명사 문제의 경우 선행사를 파악하는 것이 가장 중요하다. 또한, 빈칸 뒤의 문장 성분들 중에서 주어와 목적어 둘 중 어느 것이 없는지를 파악해야 한다.

Since he received the vaccine for that disease, he is now immune to it ------- cannot become sick from it.

(A) but

(B) and

(C) or

(D) for

문제 유형 분석

❶ 보기들이 모두 접속사이므로 빈칸에 들어갈 알맞은 연결어를 묻는 문제라는 것을 알 수 있다.

❷ 이러한 문제를 풀기 위해서는 전체적인 문장 구조를 이해하는 것이 가장 중요한데, 그 이유는 문장의 구조를 이해하면 연결어에 의해 무엇이 연결되어 있는지를 파악할 수 있기 때문이다.

❸ 각 연결어의 정확한 의미와 용법을 알고 있어야 문제를 풀 수 있다.

풀이 전략 및 해설

● 빈칸이 포함된 절만 살펴 보면, 'he is now immune to it'과 '(he) cannot become sick from it'이라는 두 개의 절로 이루어져 있다.

● 따라서 문법적으로 정답이 될 수 있는 보기는 (A)의 but(그러나), (B)의 and(그리고), 그리고 (C)의 or(혹은)이다.

● for가 등위접속사로 사용될 때에는 for 앞에 콤마가 있어야 한다. 그러므로 (D)는 정답에서 제외된다.

● '면역력이 있다'와 '병에 걸리지 않는다'는 원인과 결과의 관계인데, 이러한 두 의미를 연결시키기에 적절한 등위 접속사는 (B)의 and이다.

해석

그는 해당 질병에 대한 백신을 접종했기 때문에, 지금은 그에 대한 면역력이 있으며 그 병에 걸리지 않는다.

(A) but

(B) and

(C) or

(D) for

어휘 vaccine 백신 disease 질병 immune 면역성의

I 명사절 접속사와 부사절 접속사

❶ 명사절 접속사

명사절은 문장에서 주어, 목적어, 보어 역할을 한다. 명사절 접속사에는 that, if, whether, 의문사, 복합관계대명사가 있다.

(1) that

It is necessary **that** you learn to use a computer nowadays. [문장의 진주어]
요즘에는 컴퓨터 사용법을 배우는 것이 필요하다.

We notice **that** you are currently living in Boston. [동사 notice의 목적어]
우리는 당신이 현재 보스턴에 거주한다는 것을 알고 있다.

The problem is **that** a copier is not working properly. [be동사의 보어]
문제는 복사기가 제대로 작동하지 않는다는 것이다.

(2) whether / if

whether나 if로 시작하는 명사절은 '~인지 아닌지'라는 의미이다. if가 이끄는 명사절은 타동사의 목적어로만 사용될 수 있다.

Ms. Moore asked **if (= whether)** Steve could complete the project on time.
Moore 씨는 Steve가 제시간에 프로젝트를 끝낼 수 있는지 물어 보았다.

(3) 의문사 / 복합관계대명사

❶ 의문대명사(who, what, which) + 불완전한 절

Ms. Roberts wants to know **who** will be the keynote speaker of the conference.
Roberts 씨는 학회의 기조연설자가 누구일지 알고 싶어 한다.

❷ 의문형용사(whose, what, which) + 명사 + 불완전한 절

Ms. Owens can't decide **which** clothes to wear. Owens 씨는 어떤 옷을 입을지 결정하지 못한다.

❸ 의문부사(when, where, why, how) + 완전한 절

She explained **how** we should fill out the form. 그녀는 우리가 양식을 작성하는 법을 설명해 주었다.

❹ 복합관계대명사(whoever, whatever, whichever) + 불완전한 절

Please use **whatever** equipment is in the laboratory. 연구실에 있는 장비는 어떠한 것이라도 사용해 주세요.

 Check-up Quiz 빈칸에 들어갈 알맞은 말을 고르세요. 정답 및 해설 p.005

1. The engineers who worked on the building believe ------- it has some faults.
(a) that
(b) which
(c) what

2. Mr. Devlin can't remember ------- rental car agency he normally uses.
(a) which
(b) how
(c) where

❷ 부사절 접속사

부사절 접속사는 문장에서 수식어 역할을 하며, 시간, 원인, 이유, 목적, 결과, 조건, 양보 등의 의미를 나타낸다. 문맥을 파악하여 적절한 접속사를 고를 수 있어야 한다.

의미	접속사		
시간	when ~할 때 since ~이래로	while ~하는 동안 until ~할 때까지	before / after ~ 전에 / ~ 후에 as soon as ~하자마자
이유	because, since, as ~ 때문에		now that ~이므로
조건	if ~이라면 on condition that ~라는 조건 하에	unless ~이 아니라면	as long as ~하는 한 in case ~에 대비하여, ~한 경우
양보	though, although, even though 비록 ~일지라도		
목적	so that ~, in order that ~ ~할 수 있도록		
결과	so/such ~ that... 매우 ~해서 …하다		

You had better take the job if they offer it to you. 그들이 제안한다면 당신은 일자리를 받아들이는 것이 좋다.

Although there was no money in the budget, funding for the project was approved.
예산이 없었음에도 불구하고, 프로젝트를 위한 자금이 승인되었다.

❸ 접속사와 전치사의 구분

접속사는 절 앞에 사용되며 전치사는 명사구 앞에 사용된다. 빈칸 뒤를 보고 접속사를 써야 할지 전치사를 써야 할지 구분할 수 있어야 한다.

의미	접속사	전치사
시간	while	during, for
이유	because, since	because of, due to
양보	although, even though	despite, in spite of

Although the experiment will be difficult, we need to complete it by tomorrow. [접속사 + 명사절]
실험이 어려울 것임에도 불구하고, 우리는 내일까지 그것을 완료해야 할 필요가 있다.

In spite of the high price, Ms. Kelly bought the necklace. [전치사 + 명사구]
비싼 가격에도 불구하고, Kelly 씨는 그 목걸이를 구입했다.

She is updating her résumé **because** she plans to look for a new job. [접속사 + 명사절]
그녀는 새로운 직업을 찾을 계획이기 때문에 그녀의 이력서를 업데이트하고 있다.

Peter's personal finances are troubling **because of** his recent purchases. [전치사 + 명사구]
Peter의 개인적인 자금 사정은 그의 최근의 구매 때문에 문제를 겪었다.

 Check-up Quiz 빈칸에 들어갈 알맞은 말을 고르세요.

정답 및 해설 p.005

3. ------- the company lands a new contract soon, it is likely to declare bankruptcy.
   (a) Because
   (b) If
   (c) Unless

4. The library was closed so that the damage it suffered ------- the storm could be repaired.
   (a) during
   (b) when
   (c) while

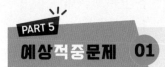
The concert will continue as planned ------- it rains or not this coming Saturday evening.

(A) whether

(B) despite

(C) otherwise

(D) however

문제 해설

▶ 빈칸 뒤에 완전한 절이 이어지므로 빈칸에는 접속사가 와야 하는데, 보기 중에서 접속사는 (A)의 whether뿐이다.

▶ 문장을 해석해 보면 '비가 오든 오지 않든 콘서트가 예정대로 진행될 것이다'라는 의미가 완성되어야 한다. 따라서 양보의 의미를 나타낼 수 있는 (A)의 whether가 정답이라는 것을 다시 한 번 확인할 수 있다.

▶ 접속사 whether는 '~인지 아닌지'라는 조건의 의미를 나타낼 수도 있고, 이 문제와 같이 '~이든 아니든'이라는 양보의 의미를 나타낼 수도 있다. 또한 whether는 if와 마찬가지로 or not과 잘 어울려서 사용된다.

해석

이번 주 토요일 저녁에 비가 오든 오지 않든 콘서트는 계획대로 진행될 것이다.

(A) whether

(B) despite

(C) otherwise

(D) however

어휘

despite ~에도 불구하고

otherwise 그렇지 않으면

MORE & MORE

정답 p.005

밑줄 친 부분이 올바르면 ○, 그렇지 않으면 ×에 표시하세요.

❶ Despite the bad weather, Ms. Chambers arrived at her office on time.　　　(○ | ×)

❷ Please be careful on your trip; otherwise, you might have an accident.　　　(○ | ×)

❸ However Mr. Rodgers resigned his position, Ms. Watson was given a promotion.　(○ | ×)

------- the temporary employee excelled so much at his job, he was offered permanent employment at the firm.

(A) Because

(B) Consequently

(C) Although

(D) In other words

문제 해설

▶ 빈칸이 포함된 절은 문장 성분을 모두 갖추고 있으므로 접속사를 정답으로 골라야 한다. 따라서 부사인 (B)와 전치사구인 (D)는 정답에서 제외된다.

▶ '업무에 뛰어나다'는 점과 '정규직 제안을 받았다'라는 의미는 원인과 결과의 관계로 볼 수 있다. 따라서 의미상 '원인'의 의미를 나타내는 (A)의 because(~ 때문에)가 정답이다.

▶ (B)의 consequently는 '따라서' 혹은 '그 결과로'라는 의미의 부사인데, 이를 이용하여 위 문장을 바꾸어 쓰면 'The temporary employee excelled so much at his job, and, consequently, he was offered permanent employment at the firm.'과 같이 쓸 수 있다.

해석

그 임시직 사원은 업무에 있어서 매우 뛰어났기 때문에, 회사의 정규직 제안을 받았다.

(A) Because

(B) Consequently

(C) Although

(D) In other words

어휘

temporary employee
임시직 사원

excel 뛰어나다

permanent employment
정규직

MORE & MORE

정답 p.005

밑줄 친 부분이 올바르면 ○, 그렇지 않으면 ×에 표시하세요.

❶ There was heavy rain all day; <u>consequently</u>, the picnic was not canceled. (○ | ×)

❷ <u>Although</u> products made by Davidson, Inc. are becoming more popular, they are still hard to find. (○ | ×)

❸ You really messed up; <u>in other words</u>, you made a mistake and are in trouble. (○ | ×)

------- the materials arrive from our supplier by tomorrow, we'll have to shut down one of the assembly lines.

(A) Because

(B) However

(C) Therefore

(D) Unless

문제 해설

▶ 빈칸은 완전한 절을 이끌고 있으므로 접속사가 와야 하는 자리이다. 따라서 (A)와 (D) 중에서 정답을 고른다.

▶ 주절의 내용처럼 '조립 라인 하나가 중지'되려면 '재료가 도착하지 않아야' 할 것이다. 따라서 '~하지 않는다면'이라는 의미의 접속사인 (D)의 unless가 정답이 된다.

▶ (B)의 however와 (C)의 therefore는 접속 부사인데, 접속 부사가 문장의 맨 앞에 사용될 경우에는 뒤에 콤마가 있어야 한다.

해석

내일까지 공급업체로부터 재료가 도착하지 않으면, 우리는 조립 라인 중 하나를 중지시켜야 할 것이다.

(A) Because

(B) However

(C) Therefore

(D) Unless

어휘

material 재료, 자료

shut down
폐쇄하다, 작동을 중지하다

assembly line 조립 라인

정답 p.005

밑줄 친 부분이 올바르면 ○, 그렇지 않으면 ×에 표시하세요.

❶ The assembly line is running all day <u>because</u> the company has several orders to fill. (○ | ×)

❷ It is possible that the meeting will be postponed; <u>however</u>, we will try to avoid that. (○ | ×)

❸ <u>Therefore</u> she lacks enough money, she cannot buy a new car. (○ | ×)

------- a customer provides two forms of picture ID, the bank will open an account for that person immediately.

(A) However

(B) In other words

(C) As much

(D) As long as

🔍 문제 해설

▶ 빈칸에는 두 개의 절을 연결할 수 있는 접속사가 들어가야 한다.

▶ (A)의 however는 접속 부사인데, 빈칸 뒤에 콤마가 없으므로 정답에서 제외된다.

▶ (B)의 in other words는 '즉', '다시 말해서'라는 의미의 부사구이며, (C)는 '그만큼', '그 정도'라는 의미의 관용 표현으로 모두 정답이 될 수 없다.

▶ 정답은 접속사 역할을 할 수 있는 (D)의 as long as이다. as long as는 '~하는 한'이라는 뜻으로, so long as로도 바꾸어 쓸 수 있다.

🔍 해석

고객이 사진이 부착된 서류 두 장을 제출하기만 하면, 은행에서는 즉시 그 사람에게 계좌를 개설해 줄 것이다.

(A) However

(B) In other words

(C) As much

(D) As long as

어휘

account 계좌

immediately 즉시

as long as ~하기만 하면

정답 p.005

밑줄 친 부분이 올바르면 O, 그렇지 않으면 ×에 표시하세요.

❶ The election will be tomorrow; <u>however</u>, Mr. Thomas does not expect to vote.   (O | ×)

❷ There has been no rain this summer; <u>in other words</u>, the crops will not grow well.   (O | ×)

❸ For <u>as long in</u> I can remember, Ms. Hampton has lived in that house.   (O | ×)

❶ 등위접속사의 종류와 역할

등위접속사에는 and, but, or, so, for, nor, yet 등의 접속사들이 있으며, 등위접속사 앞뒤의 품사나 형식은 서로 같아야 한다. 즉, 등위접속사는 단어와 단어, 구와 구, 절과 절을 연결할 수 있다.

> **cf.** 등위접속사 so와 for는 절과 절만을 연결할 수 있다.

> **Tip**
> **등위접속사의 수 일치**
> and로 연결된 주어는 복수로 취급하고, or로 연결된 주어는 or 뒤의 주어에 수 일치시킨다.

(1) 단어와 단어를 연결하는 경우

The picnic **and** the events were held indoors due to the rain.
비가 내려서 소풍과 행사가 실내에서 진행되었다.

(2) 구와 구를 연결하는 경우

None of the employees **but** all of the interns signed up for the weekend event.
직원들은 아무도 하지 않았지만 모든 인턴들은 주말 행사에 등록했다.

(3) 절과 절을 연결하는 경우

June will attend graduate school in the fall, **or** she will look for a job.
June은 이번 가을에 대학원에 다니거나, 일자리를 구할 것이다.

> **cf.** 접속부사는 부사이지만 두 문장을 연결하는 역할을 한다. 접속부사는 부사이므로 「접속사 + 접속부사,」, 「; + 접속부사,」, 「. + 접속부사,」 형태로 사용된다.

therefore 그러므로	however 그러나	otherwise 그렇지 않으면
instead 대신에	moreover 게다가	consequently 그 결과
besides 게다가	nevertheless 그럼에도 불구하고	as a result 그 결과

Gas prices are rising these days; **however,** bus fares are not increasing.
요즘 유가가 상승하고 있다; 하지만, 버스 요금은 오르지 않고 있다.

I love seafood. **Nevertheless,** I don't want to dine at Pier 48 tonight.
나는 해산물을 좋아한다; 그럼에도 불구하고, 나는 오늘 밤 Pier 48에서의 저녁 식사에 가고 싶지 않다.

 Check-up Quiz 빈칸에 들어갈 알맞은 말을 고르세요. 　　　　　정답 및 해설 p.006

1. The computer system failed ------- required a complete overhaul by the technician.
(a) and
(b) so
(c) for

2. Other problems are that the firm is nearly bankrupt ------- that several top employees have resigned.
(a) and
(b) or
(c) but

❷ 상관접속사

상관접속사 문제는 출제 빈도가 매우 높기 때문에 정확한 형태와 의미를 알고 있어야 한다.

both A and B A와 B 둘 다	**not A but B** A가 아니라 B
either A or B A와 B 중에서 어느 하나	**neither A nor B** A도 아니고 B도 아닌
not only A but (also) B A뿐만 아니라 B도 역시	**A as well as B** B뿐만 아니라 A도 역시

Both the bridge **and** the highway are closed for construction.
교량과 고속도로 모두 공사로 인해 폐쇄되었다.

Not only the local sports team **but also** the biggest company is having financial problems.
지역의 스포츠 팀뿐만 아니라 가장 큰 회사도 재정적인 문제를 갖고 있다.

Either you call the client tonight, **or** you visit her in person tomorrow.
당신은 오늘 밤에 고객에게 전화를 하거나 내일 직접 그녀에게 방문하세요.

Neither the marketing team **nor** the sales team attended the seminar.
세미나에는 마케팅 부서와 영업 부서가 모두 참석하지 않았다.

> **Tip**
> **상관접속사의 수 일치**
> 「both A and B」는 복수로 취급한다.
> 나머지 상관접속사는 모두 B에 수를
> 일치시킨다.

❸ 구접속사

두 개 이상의 단어가 연결어의 역할을 할 경우 이를 구접속사라고 부른다. 아래에 정리되어 있는 예문을 통해 구접속사의 종류와 의미를 알아보도록 하자.

as soon as ~하자마자	**as long as** ~하기만 하면
as far as ~까지, ~한도 내에서	**as if** 마치 ~인 것처럼
in case ~할 경우에 대비하여	**now that** ~이기 때문에

You may use the company credit card **as long as** you do not spend too much money.
당신은 너무 많은 돈을 쓰지만 않는다면 회사 신용 카드를 사용할 수 있다.

Give me your phone number **in case** I need to call you.
연락할 필요가 있을 경우에 대비하여 당신의 전화번호를 알려 주세요.

The firm will hire no more new employees **now that** Mr. Burgess has started working there.
Burgess 씨가 그곳에서 근무하기 시작했기 때문에 그 회사는 더 이상 새로운 직원을 고용하지 않을 것이다.

Check-up Quiz 빈칸에 들어갈 알맞은 말을 고르세요.

정답 및 해설 p.006

3. ------- Mr. Smith nor Ms. Burns knew the person who attended the meeting.
   (a) Both
   (b) Either
   (c) Neither

4. Your supervisor should have a complete list of the awards ------- recommendation forms.
   (a) as long as
   (b) as well as
   (c) as far as

The security cameras did not detect an intruder, ------- did the alarms go off at night.

(A) nor

(B) so

(C) but

(D) and

문제 해설

▶ 빈칸 앞의 절은 '감시 카메라가 침입자를 감지하지 못했다'는 의미이며 빈칸 뒤는 '야간에 경보기가 울렸다'라는 의미이다.

▶ 침입자를 감지하지 못했다면 경보기가 울리지 '않았다'는 내용이 되어야 한다. 따라서, 정답은 and의 의미와 not의 의미를 동시에 가지고 있는 (A)의 nor가 된다.

▶ nor 뒤에서는 주어와 동사의 위치가 서로 바뀌기 때문에, 빈칸 다음에 the alarms라는 주어 앞에 동사 did가 있다는 점을 통해서도 정답이 nor임을 알 수 있다.

묘·수·풀·이

부정어가 문장의 맨 앞에 위치하는 경우, 주어와 동사의 위치가 바뀔 수 있다.

Never <u>did</u> he call the office again.
그는 사무실에 다시 연락하지 않았다.

Seldom <u>has</u> anyone been as skilled as Mr. Marsh.
Marsh 씨만큼 능숙했던 사람은 흔치 않다.

해석

감시 카메라들은 침입자를 감지하지 못했고, 야간에 경보기들도 울리지 않았다.

(A) nor

(B) so

(C) but

(D) and

어휘

detect 감지하다, 발견하다

intruder 침입자

alarm 경보기

go off 울리다

MORE & MORE

정답 p.006

밑줄 친 부분이 올바르면 ○, 그렇지 않으면 ×에 표시하세요.

❶ Mr. Parker decided to apply for a new job, <u>but</u> he disliked his current one. (○ | ×)

❷ Neither Jeff <u>and</u> Sarah was able to complete the assignment. (○ | ×)

❸ They went shopping at the market <u>and</u> bought several items there. (○ | ×)

------- did the company's earnings go up last year, but its profits also rose by more than 30%.

(A) Neither

(B) Not only

(C) Nor

(D) Not yet

문제 해설

▶ 'A뿐만 아니라 B도'라는 의미의 not only A but also B라는 표현을 알아야 풀 수 있는 문제이다. 정답은 (B)이다.

▶ not only A but also B에서 only는 merely, simply, just 등의 비슷한 말로 바꾸어 쓸 수 있으며, also는 생략될 수도 있다.

▶ 이 문제에서 볼 수 있는 것과 같이, not only 뒤에 절이 올 경우 주어와 동사의 위치가 뒤바뀐다.

해석

작년에 회사의 소득이 증가했을 뿐만 아니라, 이익도 30% 이상 상승했다.

(A) Neither

(B) Not only

(C) Nor

(D) Not yet

어휘
earning 소득
profit 이익

 **MORE & MORE**

정답 p.006

밑줄 친 부분이 올바르면 ○, 그렇지 않으면 ×에 표시하세요.

❶ <u>Not only</u> is Mr. Christie the CEO, but he's also the owner of the company.　　　(○ | ×)

❷ Neither Matthew <u>nor</u> Jenny intends to purchase tickets for the concert.　　　(○ | ×)

❸ The contract will be awarded to either ERP, Inc. <u>nor</u> Jackson Consulting.　　　(○ | ×)

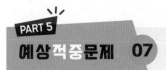

PART 5

예상적중문제 07 빈칸에 들어갈 가장 알맞은 보기를 고르세요.

Contestants can choose ------- a variety of prizes or a cash award if they win the contest.

(A) neither

(B) so

(C) such

(D) either

문제 해설

▶ 보기에 상관접속사의 구성 요소가 있을 경우에는 문장에 and, or, nor 등의 접속사가 있는지 먼저 확인한다.

▶ 문장에 접속사 or가 있으므로 'either A or B'라는 표현이 사용될 수 있는지 해석해 본다.

▶ 'either A or B'는 'A와 B 중에서 하나'라는 의미인데, '상품과 상금 중에서 하나를 선택할 수 있다'는 의미로 사용될 수 있으므로 정답은 (D)이다.

해석

참가자들은 대회에서 우승하면 다양한 상품이나 상금 중에서 하나를 선택할 수 있다.

(A) neither

(B) so

(C) such

(D) either

어휘
contestant 참가자, 경쟁자
variety 다양함
award 상, 상금

 MORE & MORE

정답 p.006

밑줄 친 부분이 올바르면 ○, 그렇지 않으면 ×에 표시하세요.

❶ There are <u>such</u> many problems with the proposal that it must be redone.　　(○ | ×)

❷ Sue is <u>so</u> an intense person that she is always trying to improve herself.　　(○ | ×)

❸ Joe will visit <u>either</u> the cafeteria and the lounge before he returns here.　　(○ | ×)

PART 5
예상적중문제 08 빈칸에 들어갈 가장 알맞은 보기를 고르세요.

------- the country's largest manufacturer and its biggest law firm are protesting the increase in taxes.

(A) Either

(B) Both

(C) Neither

(D) Each

문제 해설

▶ 보기가 모두 상관접속사를 구성하는 요소들이기 때문에, 문장에서 접속사를 찾은 다음 보기에서 정답을 골라야 한다.

▶ 문장에 접속사 and가 있는데, 보기 중에서 and와 짝을 이룰 수 있는 것은 (B)의 both이다.

▶ 해석을 통해서도 풀 수 있는데, 'the country's largest manufacturer(국내 최대의 제조업체)'와 'its biggest law firm (국내 최대의 법률 사무소)'이 and로 연결되어 있다

▶ 따라서 빈칸에는 '둘 다', '양쪽 모두'라는 의미를 완성시키는 (B)의 both가 들어가야 한다는 것을 알 수 있다.

해석

국내 최대의 제조업체와 법률 사무소는 양쪽 모두 세금 인상에 항의하고 있다.

(A) Either

(B) Both

(C) Neither

(D) Each

어휘

manufacturer 제조업체

law firm 법률 사무소

protest 항의하다

MORE & MORE

정답 p.006

밑줄 친 부분이 올바르면 ○, 그렇지 않으면 ×에 표시하세요.

❶ Mr. Simmons can speak <u>either</u> French and Spanish.   (○ | ×)

❷ <u>Neither</u> David Thomas or Peter Crisp will give the keynote speech.   (○ | ×)

❸ <u>Each</u> of the attendees at the event paid a registration fee.   (○ | ×)

III 관계사

정답 포인트
▶ 빈칸 앞에 선행사로 사용된 명사가 보이면 관계대명사가 정답이다.
▶ 선행사에 따라 적절한 관계대명사를 골라야 한다.
▶ 주격/목적격 관계대명사 뒤에는 불완전한 절, 소유격 관계대명사와 관계부사 뒤에는 완전한 절이 온다.

① 관계대명사

(1) 관계대명사의 종류

관계대명사의 종류에는 주격, 소유격, 목적격이 있으며, 선행사에 따라 아래와 같이 구분된다.

선행사	주격	소유격	목적격
사람	who / that	whose	who(m) / that
사물	which / that	whose	which / that

cf. what은 선행사를 포함하고 있는 관계대명사이다. 따라서 빈칸 앞에 선행사가 있을 경우 what은 정답이 될 수 없다.

(2) 관계대명사의 생략

「목적격 관계대명사」와 「주격관계대명사 + be동사」는 생략할 수 있다.

① 목적격 관계대명사

She will take the medicine **(that)** her doctor gives her. 그녀는 의사가 준 약을 복용할 것이다.

② 주격관계대명사 + be동사

Some of the decisions **(which were)** made by the new CEO were highly irregular.
신임 최고경영자에 의해 내려진 몇 가지 결정들은 상당히 비정상적이었다.

(3) 전치사 + 관계대명사

전치사 뒤에 목적격관계대명사가 오는 형태로서, 관계대명사가 전치사의 목적어 역할을 한다. '빈칸 + 관계대명사' 형태로 관계대명사 앞에 오기에 적절한 전치사를 묻는 문제가 출제된다.

The doctor showed the visitors the room **in which** he performs surgery.
= The doctor showed the visitors the room **which** he performs surgery **in**.
= The doctor showed the visitors the room **that** he performs surgery **in**.
의사는 방문객들에게 그가 수술을 실시하는 공간을 보여 주었다.

The doctor showed the visitors the room ~~in that~~ he performs surgery. (×)
→ 「전치사 + 관계대명사 that」 형태로는 쓸 수 없다.

 빈칸에 들어갈 알맞은 말을 고르세요.

정답 및 해설 p.006

1. Mr. Haught hired the engineer ------- appeared more intelligent than the others.
   (a) whose
   (b) who
   (c) whom

2. The plane will land at the nearest airport due to the onboard emegency ------- suddenly happened.
   (a) who
   (b) what
   (c) that

(4) 관계대명사의 계속적 용법

관계대명사 앞에 콤마(,)가 있는 형태를 「관계대명사의 계속적 용법」이라고 한다. 이 경우 관계대명사절은 선행사를 수식하는 것이 아니라 추가적으로 설명하는 역할을 한다.

Kate will attend a meeting**, which** will be held next Thursday.
Kate는 회의에 참석할 것인데, 그 회의는 다음 주 목요일에 열릴 것이다.

cf. 계속적 용법에서는 관계대명사 that을 사용할 수 없다.

Daniel lost a wallet~~, that~~ was presented to him by his wife. (×)
Daniel은 그의 아내에게서 선물 받은 지갑을 분실했다.

❷ 관계부사

관계부사는 접속사와 부사의 역할을 동시에 하며, 「전치사 + 관계대명사」로 바꾸어 쓸 수 있다. 선행사에 따라 적절한 관계부사를 고르는 문제가 출제된다.

의미	관계부사	예
장소	where (= in/at/on which)	the place where, the site where, the city where…
시간	when (= in/at/on which)	the time when, the day when, the year when…
이유	why (= for which)	the reason why
방법	how (= in which)	the way 또는 how

The game will be played on Friday at 6:00, the time **when** the most people can attend.
경기는 금요일 6시에 시작될 것인데, 그 때는 대부분의 사람들이 참석할 수 있는 시간이다.

They are having dinner at La Fiesta, the place **where** they met for the first time.
그들은 La Fiesta에서 저녁 식사를 하고 있는데, 그곳은 그들이 처음으로 만났던 곳이다.

Please explain the reason **why** you cannot attend the staff meeting tomorrow.
당신이 내일 직원 회의에 참석할 수 없는 이유를 설명해 주세요.

Mr. Jones will tell us **how** he could convince the investors.
Jones 씨가 어떻게 투자자들을 설득했는지 알려 줄 것이다.

cf. 관계부사 how는 the way와 함께 쓰이지 않는다.

Mr. Jones will tell us **the way** he could convince the investors. (○)

Mr. Jones will tell us ~~the way how~~ he could convince the investors. (×)
→ the way와 how를 함께 쓸 수는 없다.

Tip
관계사 문제에서 빈칸 뒤에 불완전한 절이 오면 관계대명사, 빈칸 뒤에 완전한 절이 오면 관계부사를 정답으로 고른다.

Check-up Quiz 빈칸에 들어갈 알맞은 말을 고르세요.

정답 및 해설 p.006

3. The charity organization, ------- helps stray and lost dogs, needs to expand its building.

(a) which
(b) that
(c) what

4. The applicant wants to find out ------- he can contact the head of the Accounting Department.

(a) what
(b) how
(c) which

Several of the employees ------- had met their sales quotas of the year were eligible for bonuses.

(A) who

(B) which

(C) whose

(D) whom

문제 해설

▶ 보기가 관계대명사로 구성되어 있으므로 문장 구조를 파악하여 적절한 관계대명사를 선택한다.

▶ 빈칸 뒤에 동사가 있으므로 주격 관계대명사를 묻는 문제임을 알 수 있다. 따라서 소유격 관계대명사인 (C)와 목적격 관계대명사인 (D)는 정답에서 제외된다.

▶ 선행사가 사람인 employees이므로 정답은 (A)의 who이다.

해석

연간 판매 할당량을 충족시킨 몇몇 직원들은 보너스를 받을 자격이 있었다.

(A) who

(B) which

(C) whose

(D) whom

어휘
meet 충족시키다
quota 할당량
eligible 자격이 있는

 MORE & MORE

정답 p.007

밑줄 친 부분이 올바르면 ○, 그렇지 않으면 ×에 표시하세요.

① This is the report <u>which</u> Mr. Anderson finished recently.　　　　　　(○ | ×)

② Nobody is sure yet <u>whose</u> going to attend the picnic.　　　　　　(○ | ×)

③ To <u>whom</u> should the information be sent by e-mail?　　　　　　(○ | ×)

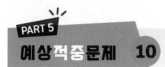
예상적중문제 **10** 빈칸에 들어갈 가장 알맞은 보기를 고르세요.

One of the problems with the assembly line ------- has been discovered is that some of the machinery is unsafe.

(A) what

(B) where

(C) which

(D) how

문제 해설

▶ 이 문제의 경우, 문장의 전체 구조를 파악해야 빈칸에 들어갈 알맞은 관계사를 찾을 수 있다.

▶ 문장의 주어는 is이고 주어는 discovered까지이며, with the assembly line은 one of the problems를 수식하고 있는 전치사구이다.

▶ 빈칸에는 has been discovered를 이끌며 one of the problems를 수식할 수 있는 관계대명사가 들어가야 한다. 따라서 정답은 (C)이다.

▶ (B)의 where와 (D)의 how는 관계부사이므로 정답이 될 수 없다.

▶ (A)의 what은 선행사를 포함하고 있는 관계대명사인데, 이 문장에서는 one of the problems라는 선행사가 있으므로 (A)도 정답이 될 수 없다.

해석

조립 라인에서 발견된 문제점들 중 하나는 몇몇 기계 장치들이 안전하지 않다는 것이다.

(A) what

(B) where

(C) which

(D) how

어휘
assembly line 조립 라인
machinery 기계 장치
unsafe 안전하지 않은

MORE & MORE

정답 p.007

밑줄 친 부분이 올바르면 O, 그렇지 않으면 ×에 표시하세요.

❶ Paulson Electronics is the company <u>what</u> created an energy-efficient light bulb. (O | ×)

❷ Moline is the name of the city <u>where</u> the new factory will be built. (O | ×)

❸ Please explain <u>how</u> the device is supposed to operate. (O | ×)

The terms of the contract, ------- both sides agreed were fair, took more than one month to negotiate.

(A) that

(B) how

(C) when

(D) which

문제 해설

▶ 관계대명사의 계속적 용법 문제이다.

▶ 빈칸에는 the terms of the contract를 선행사로 받으면서 계속적 용법으로 사용될 수 있는 관계대명사가 들어가야 한다.

▶ 선행사가 사물이므로 that과 which 중에서 정답을 고르면 되는데, 관계대명사 that은 계속적 용법에서는 사용될 수 없다. 따라서 정답은 (D)의 which이다.

해석

계약 조건은, 양측 모두 이를 공평하다고 동의했는데, 협상하는 데 1개월 이상이 걸렸다.

(A) that

(B) how

(C) when

(D) which

어휘
term 조건
contract 계약
negotiate 협상하다

MORE & MORE

정답 p.007

밑줄 친 부분이 올바르면 ○, 그렇지 않으면 ×에 표시하세요.

① The new office, <u>that</u> is on the third floor, has a nice view of the park.　　　(○ | ×)

② Nobody remembers <u>how</u> the deliveryman arrived with the package yesterday.　　　(○ | ×)

③ This is the time <u>when</u> most employees finish work for the day.　　　(○ | ×)

The festival is going to take place in the same park ------- it has been held for the past fifteen years.

(A) which

(B) where

(C) that

(D) what

문제 해설

▶ 주어진 문장은 'The festival is going to take place in the same park.'라는 문장과 'It has been held in the same park for the past fifteen years.'라는 문장이 연결된 것이다.

▶ 두 문장의 공통적인 부분, 즉 in the same park를 관계대명사로 연결시킬 경우, 이는 in which로 표현할 수 있다.

▶ 보기 중에서 in which의 역할을 할 수 있는 것은 관계부사인 (B)의 where이므로 정답은 (B)이다.

▶ 만약 빈칸 앞에 in이 있다면 which, 문장의 끝에 in이 들어가 있는 경우에는 which나 that도 정답이 될 수 있다.

해석

축제는 지난 15년 동안 열렸던 곳과 같은 공원에서 개최될 예정이다.

(A) which

(B) **where**

(C) that

(D) what

어휘
take place 개최되다
hold 개최하다

MORE & MORE

정답 p.007

밑줄 친 부분이 올바르면 ○, 그렇지 않으면 ×에 표시하세요.

❶ The fine <u>which</u> the man paid cost around $50. (○ | ×)

❷ The movie <u>that</u> recently came out is expected to be a big hit. (○ | ×)

❸ Poor customer service is the reason <u>what</u> the company is losing money. (○ | ×)

Questions 13-16 refer to the following advertisement.

Beta Home Cleaning – We're the Best!

If you're tired of trying to keep your house clean, then call Beta Home Cleaning. Let us clean your house for you. At Beta Home Cleaning, we hire the ------- employees. They will
13.
visit your home and clean ------- as if it were their own. They will mop, dust, vacuum, and
14.
do everything else that is necessary.

Our rates are low, but the quality of our service is high. Call Beta Home Cleaning at 684-3092 and set up a meeting with us. We will visit your home and give you a price estimate.
-------. Stop wasting time cleaning your home. -------, let the experts handle it.
15.   **16.**

---

13. (A) diligent

(B) diligently

(C) more diligent

(D) most diligent

14. (A) it

(B) its

(C) they

(D) them

15. (A) We hope you like how we cleaned your place.

(B) This consultation is completely free of charge.

(C) We will do this right after we clean your home.

(D) If you're not satisfied, we'll give you a refund.

16. (A) However

(B) Instead

(C) Moreover

(D) Additionally

13 ▶ 지문의 제목과 첫 두 문장을 통해, 이 글은 Beta 홈 클리닝이라는 청소업체에 대한 광고임을 알 수 있다. 따라서 빈칸이 들어 있는 문장 역시 '최고의 직원들을 보유하고 있다'는 강조의 의미를 나타내는 것이 자연스럽다.

    ▶ 정답은 형용사 diligent의 최상급 형태로 employees를 수식할 수 있는 (D)의 most diligent이다.

14 ▶ 빈칸에는 앞서 언급된 your home을 대신할 수 있는 대명사가 들어가야 한다. 따라서 3인칭 단수를 지칭하는 (A)의 it이 정답이다.

15 ▶ 빈칸은 '집에 방문하여 청소 견적을 계산해 주겠다'는 내용의 뒤에 위치하고 있다. 그러므로 '이 상담은 무료이다'라는 내용의 (B)가 이어지는 것이 가장 자연스럽다. 이처럼 보기에 대명사가 있을 경우 그 대명사가 지칭하는 것이 있는지를 본문에서 찾아 보아야 한다.

16 ▶ 빈칸 앞에 있는 문장은 '집을 청소하느라 시간을 낭비하지 말라'는 의미이며, 빈칸 뒤에 있는 문장은 '전문가가 처리하도록 해라'라는 의미이다.

    ▶ 따라서 보기 중에 이 두 가지 의미를 가장 자연스럽게 연결시킬 수 있는 단어는 (B)의 instead이다.

ℹ️ **해석**

Beta 홈 클리닝 – 저희가 최고입니다!

여러분들의 집을 청소하는 데 지치셨다면, Beta 홈 클리닝으로 전화하세요. 저희가 여러분들의 집을 청소해 드립니다. Beta 홈 클리닝에서, 저희는 가장 부지런한 직원들을 고용하고 있습니다. 그들은 여러분의 가정에 방문하여 여러분을 위해 마치 그곳이 자신들의 집인 것처럼 청소를 해 드릴 것입니다. 그들은 걸레질, 먼지 제거, 진공청소기 청소, 그리고 필요한 모든 것을 합니다.

가격은 저렴하지만, 우리의 서비스는 우수합니다. 684-3092로 Beta 홈 클리닝에 전화하셔서 저희와 만날 일정을 잡으세요. 저희가 댁으로 방문하여 견적을 계산해 드립니다. **이 상담은 완전히 무료입니다.** 집을 청소하며 시간을 낭비하지 마세요. 대신에, 전문가들이 처리하도록 하세요.

---

13. (A) diligent
(B) diligently
(C) more diligent
(D) most diligent

14. (A) it
(B) its
(C) they
(D) them

15. (A) 우리가 귀하의 집을 청소해 드린 것을 귀하가 마음에 들어 하기를 바랍니다.
(B) 이 상담은 완전히 무료입니다.
(C) 우리는 귀하의 집을 청소한 직후에 이것을 할 것입니다.
(D) 귀하가 만족하지 못하셨다면, 우리는 환불을 해 드리겠습니다.

16. (A) However
(B) Instead
(C) Moreover
(D) Additionally

어휘 mop 걸레질하다　dust 먼지를 털다　vacuum 진공청소기로 청소하다　rate 가격　estimate 견적　expert 전문가
handle 처리하다

정답 p.007

밑줄 친 부분이 올바르면 ○, 그렇지 않으면 ×에 표시하세요.

① Cindy worked more <u>diligent</u> than any of the other employees.　(○ | ×)

② Mr. Powers promised the accountants he would speak to <u>they</u> later.　(○ | ×)

③ The deal didn't happen; <u>however</u>, we're optimistic about the company's future.　(○ | ×)

Part 5 문장을 읽고 빈칸에 들어갈 가장 적절한 말을 고르세요.

1. Nobody remembers ------- the blueprints for Beachside Tower were put after Mr. Thompson reviewed them.
   (A) how
   (B) where
   (C) when
   (D) that

2. Mr. Klein was the most qualified person for the job, ------- the company offered the position to him.
   (A) if
   (B) because
   (C) so
   (D) however

3. Martinsville experienced ------- rainfall last night, so that caused the Ermine River to flood.
   (A) heavy
   (B) heavily
   (C) heave
   (D) heaviest

4. ------- for McDowell's end-of-the-year gala are proceeding well since James Masters took control.
   (A) Prepare
   (B) Preparing
   (C) Preparations
   (D) Prepared

5. All employees must receive ------- from their supervisor before they can go on vacation.
   (A) approve
   (B) approval
   (C) approving
   (D) approved

6. Ms. Martin and Mr. Thomas will attend the awards ceremony, ------- Ms. Stetson does not have time to go.
   (A) so
   (B) or
   (C) yet
   (D) and

7. Thanks to Julie's ------- observations, the problem with the machine was detected.
   (A) close
   (B) closing
   (C) closest
   (D) closely

8. Ms. Walker became ------- when she forgot a part of her speech at the conference.
   (A) embarrass
   (B) embarrassed
   (C) embarrassment
   (D) embarrassing

9. The ------- is going to take a look at the car's engine as soon as his break is over.
(A) mechanic
(B) mechanism
(C) mechanical
(D) mechanics

10. Heavy snow fell for three days; -------, cars could not drive on most of the roads in the city.
(A) as a result
(B) moreover
(C) because
(D) nevertheless

11. Protesters will not be permitted on the site ------- construction on the building has begun.
(A) soon
(B) during
(C) after
(D) later

12. The ------- appeared wrong, so the engineer added the numbers together again.
(A) calculate
(B) calculations
(C) calculated
(D) calculating

13. The ------- number of people attending the political rally could not be determined by anyone.
(A) precise
(B) precisely
(C) precision
(D) preciseness

14. Residents are requested to call the emergency number ------- they have any fires or accidents to report.
(A) whether
(B) and
(C) in case
(D) which

15. There are ------- problems with the contract, so the lawyers must make changes to it.
(A) number
(B) numerical
(C) numerous
(D) numbers

16. Employees with less than a year of work experience may not go on business trips ------- a supervisor gives them permission.
(A) otherwise
(B) since
(C) unless
(D) despite

Part 6 지문을 읽고 빈칸에 들어갈 가장 적절한 말을 고르세요.

Questions 17-20 refer to the following e-mail.

To: Carol Hooper <carolh@goldenrod.com>
From: Harold Weaver <harold_weaver@dailyherald.com>
Subject: Important News
Date: October 12

Dear Ms. Hooper,

-------. You will no longer receive the *Daily Herald* on Saturdays and Sundays. -------, it will
  17.   **18.**
arrive at your home each day of the week starting on October 14.

Please be aware that our ------- archives are available to all of our subscribers online. You can
                                   19.
now read articles that date back to 1933, the year the *Daily Herald* was established. Simply
click here to start reading.

If you ------- any problems regarding delivery or anything else, please contact me by e-mail or
      20.
by calling 555-9122. We hope you continue to enjoy reading our newspaper.

Regards.

Harold Weaver

Subscription Manager, *Daily Herald*

17. (A) We will be canceling your subscription
    at once.
  (B) You are welcome to start receiving
    our newspaper.
  (C) We thank you for your interest in
    working with us.
  (D) Your request to alter your subscription
    has been received.

18. (A) As soon as
  (B) With respect to
  (C) Instead
  (D) Consequently

19. (A) complete
  (B) completion
  (C) completely
  (D) completes

20. (A) regard
  (B) encounter
  (C) remove
  (D) appear

Questions 21-24 refer to the following memo.

To: Staff, Sales Department
From: Sal Marino, Supervisor, Sales Department
Subject: Transfers

It has come to my attention that some of you are interested in transferring to other locations. If you wish ------- that, please let me know by the end of the week. -------. Some of them are
     21.   **22.**
in this state, but most are in other states. There are three open slots in our foreign branches as well.

If you request a transfer, there is no guarantee you will receive one. You will be ------- against
                                                                        23.
other employees who request the same post. I will write a letter of ------- if you need me to do
                                                                                24.
so.

21. (A) do
    (B) to do
    (C) doing
    (D) having done

22. (A) There are a few openings in other branches.
    (B) The only spots available are in domestic offices.
    (C) They are available on a first-come, first-served basis.
    (D) That is why the deadline has been extended.

23. (A) racing
    (B) attempting
    (C) trying
    (D) competing

24. (A) recommend
    (B) recommended
    (C) recommendation
    (D) recommending

03 동사

- 동사 문제는 빈칸에 들어갈 알맞은 형태의 동사를 고르는 문제이다.
- 보기로 제시되는 네 단어는 하나의 동사를 여러 형태로 변형한 것이다.
- 문장의 구조를 파악하는 것이 중요하다. 문장 구조의 파악을 통해 주어를 찾고, 주어와 동사의 관계를 파악할 수 있어야 한다.
- 동사의 형태를 고르는 문제를 풀 때에는 「수 일치, 시제, 태」를 고려해야 한다.

? 출제 경향

ⓐ 적절한 동사의 형태를 고르는 문제의 경우, 한 동사의 여러 형태가 보기로 제시된다는 점에서 서로 다른 네 개의 동사가 보기로 주어지는 동사 어휘 문제와 구분된다.

ⓑ 동사의 형태를 고르는 문제는 주어와 동사의 「수 일치를 묻는 문제」, 동사의 적절한 「시제를 묻는 문제」, 그리고 「능동태와 수동태 문제」로 구분할 수 있다.

ⓒ 「수 일치, 시제, 태」 각각의 문법 사항을 개별적으로 묻기도 하지만, 세 가지 문법 사항을 모두 고려해서 정답을 골라야 하는 경우가 많다.

! 풀이 전략

ⓐ 가장 먼저 문장의 구조를 파악하여 빈칸이 동사 자리인지를 파악해야 하는데, 관계대명사절을 이용하는 등의 길고 복잡한 문장이 출제되는 경우가 많다. 따라서 문장의 구조를 파악하는 데 주의를 기울여야 한다.

ⓑ 수 일치의 경우 주어가 단수인지 복수인지를 구분할 수 있어야 한다. 특히 ⓐ에서 설명한 것처럼 주어 뒤에 관계대명사절과 같은 수식어구가 있는 경우에는 동사를 일치시켜야 하는 주어가 무엇인지를 파악하는 것이 중요하다.

ⓒ 동사의 형태를 묻는 유형은 하나의 문제에서 수 일치, 시제, 태를 모두 묻는 경우가 많다. 따라서 이러한 문제를 풀 때 「수 일치 → 시제 → 태」 순서로 세 가지 문법 사항을 순차적으로 고려하면서 정답을 고르는 연습을 해 두어야 실수를 줄일 수 있다.

예제

More than $2 million in merchandise was ruined when the warehouse ------- damage during last week's storm.

(A) suffers
(B) suffered
(C) suffering
(D) was suffering

문제 유형 분석

❶ 보기가 동사 suffer의 여러 가지 형태로 이루어져 있으므로 suffer의 알맞은 형태를 묻는 문제임을 알 수 있다.

❷ 동사의 형태를 묻는 문제가 출제되면, 가장 먼저 주어가 무엇인지 확인한 다음 주어에 맞는 동사를 찾아야 한다.

❸ 그리고 이차적으로 해당 문장이 능동태 문장인지 수동태 문장인지, 그리고 문장에서 어떤 시제가 사용되고 있는지를 파악하여 정답을 찾도록 한다.

풀이 전략 및 해설

● when으로 시작하는 부사절의 주어인 the warehouse에 어울리는 동사를 찾아야 한다. 따라서 동사가 아닌 (C)는 정답에서 제외된다.

● the warehouse는 3인칭 단수인데, (A), (B), (D)는 모두 3인칭 단수와 함께 사용될 수 있다.

● 주절의 동사가 과거 시제인 was ruined이므로 시제의 일치 원칙에 따라 부사절 내에서도 과거 시제가 사용되어야 한다.

● 보기 중에서 과거 시제는 (B)의 suffered이므로 정답은 (B)이다.

해석

지난주 폭우가 내렸던 동안 창고가 피해를 입었을 때 200만 달러 이상의 제품이 파손되었다.
(A) suffers
(B) suffered
(C) suffering
(D) was suffering

어휘 merchandise 상품, 제품 ruin 파손시키다 warehouse 창고 suffer (고통 등을) 받다, (좋지 않은 일을) 겪다

I 수 일치

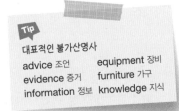

> ▶ 단수주어에는 단수동사, 복수주어에는 복수동사를 쓴다.
> ▶ 불가산명사, 고유명사, 준동사, 명사절은 단수주어로 취급한다.
> ▶ 수 일치를 고려할 때 주어 뒤의 수식어구를 제외해야 한다.

정답 포인트

① 단수로 취급하는 주어

불가산명사, 고유명사, to부정사, 동명사, 명사절 주어는 단수로 취급한다.

Stress is not harmful in itself. [stress = 불가산명사]
스트레스는 본래 해로운 것이 아니다.

Selling merchandise abroad **is** something Mr. Anderson hopes to do. [selling = 동명사]
해외에 상품을 판매하는 것은 Anderson 씨가 하고 싶어 하는 일이다.

Tip
대표적인 불가산명사
advice 조언   equipment 장비
evidence 증거   furniture 가구
information 정보 knowledge 지식

② 복수로 취급하는 주어

가산복수명사와 and로 연결된 주어는 복수로 취급한다.

Peter and Greg, who both know Matt, **are** discussing the issue right now.
Peter와 Greg은, 둘 다 Matt을 알고 있는데, 그들은 지금 문제를 논의하는 중이다.

③ 주의해야 할 수 일치

(1) there is, there are 구문
there is/are 구문은 「there + be동사」 뒤의 명사에 수를 일치시킨다.

There is no cost for local residents to use the public library.
지역의 주민들이 공공도서관을 이용하는 데 비용이 발생하지 않는다.

There are all kinds of luxuries in this apartment. 이 아파트에는 온갖 종류의 사치품들이 있다.

(2) 수식어구 제외
주어와 동사 사이의 수식어구를 제외하고 수 일치를 해야 한다.

The choice (to expand the number of branches) **was** reconsidered.
다수의 지점으로 확장하려는 선택은 재검토었다.

→ 수식어구 마지막에 있는 명사인 branches를 보고 동사가 were일 것이라고 착각해서는 안 된다.

 Check-up Quiz 빈칸에 들어갈 알맞은 말을 고르세요.   정답 및 해설 p.011

1. Once Hampton Electronics ------- into the empty space, the Rockville Mall will have no more vacancies.

(a) move
(b) moves
(c) moving

2. Many schools in the local area ------- their computer facilities.

(a) has upgraded
(b) have upgraded
(c) having upgraded

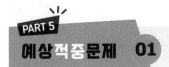
Mr. Thompson is reluctant to approve the project since there ------- little money left in this year's budget.

(A) is

(B) are

(C) has

(D) have

🔍 문제 해설

▶ 「there + be동사」 구문으로, be동사인 (A)와 (B) 중에서 정답을 고르면 된다.

▶ 일치시켜야 하는 주어는 빈칸 뒤의 'little money'인데, 이는 불가산명사이다.

▶ 불가산명사는 단수 주어로 취급하기 때문에 단수 동사인 (A)의 is가 정답이 된다.

묘.수.풀.이

• 불가산명사 앞
  a little 약간 있는 / little 거의 없는

• 가산명사 앞
  a few 약간 있는 / few 거의 없는

🔍 해석

Thompson 씨는 올해의 예산에 자금이 거의 남지 않았기 때문에 그 프로젝트를 승인하는 것을 주저하고 있다.

(A) is

(B) are

(C) has

(D) have

어휘

reluctant 주저하는

approve 승인하다

budget 예산

MORE & MORE

정답 p.011

밑줄 친 부분이 올바르면 ○, 그렇지 않으면 ×에 표시하세요.

❶ Ms. Midas, one of the managers, <u>are</u> meeting with a customer now. (○ | ×)

❷ Everyone on the work team <u>has</u> to attend the training session. (○ | ×)

❸ Almost nobody <u>have</u> registered for this weekend's seminar. (○ | ×)

All of the employees in the office ------- expected to follow the official regulations listed in the employee handbook.

(A) is

(B) are

(C) has

(D) have

문제 해설

▶ 빈칸 앞의 'in the office'는 수식 어구이며, 문장의 주어는 'all of the employees'이다.

▶ 문장의 주어가 복수이므로, 복수동사인 (B)와 (D) 중에서 정답을 고른다.

▶ 주어인 all of the employees가 '기대를 하는' 것이 아니라 '기대를 받는'이라는 수동의 의미가 되어야 하므로 expected 앞에 be동사가 필요하다. 따라서 정답은 (B)의 are이다.

해석

사무실의 모든 사람은 직원 안내서에 나열되어 있는 공식적인 규정들을 준수하기로 되어 있다.

(A) is

(B) are

(C) has

(D) have

어휘
regulation 규정
handbook 안내서
official 공무상의

 MORE & MORE

정답 p.011

밑줄 친 부분이 올바르면 ○, 그렇지 않으면 ×에 표시하세요.

❶ Several employees at Jackson International <u>is</u> working on a new project. (○ | ×)

❷ Mr. Worthy <u>has</u> received the forms that were mailed to him. (○ | ×)

❸ All of the applicants <u>have</u> been contacted by the interview committee. (○ | ×)

Handling complaints from customers ------- employees to be both patient and understanding.

(A) requiring

(B) require

(C) requirement

(D) requires

🔍 **문제 해설**

▶ 빈칸은 문장의 동사 자리이므로 동명사인 (A)와 명사인 (C)는 정답에서 제외한다.

▶ 주어는 동명사인 Handling인데, 동명사 주어는 단수로 취급한다.

▶ 따라서 정답은 단수 동사인 (D)의 requires이다.

> **묘.수.풀.이**
>
> 빈칸 바로 앞의 명사가 복수형이라고 해서 무조건 복수형 동사를 정답으로 골라서는 안 된다.

🔒 **해석**

고객의 불만을 처리할 때 직원들은 인내심과 이해심을 모두 가지고 있어야 한다.

(A) requiring

(B) require

(C) requirement

(D) requires

어휘

handle 다루다

complaint 불만

patient 인내심이 있는, 참을성이 있는

정답 p.011

밑줄 친 부분이 올바르면 ○, 그렇지 않으면 ×에 표시하세요.

❶ We intend to <u>move</u> into the new building by the end of the month. (○ | ×)

❷ To <u>moving</u> during the winter months can be difficult due to the weather. (○ | ×)

❸ The customer was asked <u>to move</u> her vehicle by one of the staffers. (○ | ×)

▶ 반복적 행위 및 변하지 않는 사실을 나타내는 문장의 경우 현재 시제가 정답이다.
▶ 확실하게 과거를 나타내는 표현이 있으면 과거 시제가 정답이다.
▶ already, yet, once, since 등 완료 시제와 어울리는 표현이 있으면 완료 시제가 정답이다.

❶ 단순 시제

(1) 현재 시제: 현재 상황, 반복적 행위, 변하지 않는 사실

Pam told us that she **rides** her bike to work every day. [every day: 반복적 행위]
Pam은 우리에게 그녀가 매일 자전거를 타고 출근한다고 말했다.

(2) 과거 시제: 과거의 동작이나 상황 및 사실

She told us that the Library of Congress **opened** in 1800. [in 1800: 과거]
그녀는 우리에게 미 국회 도서관이 1800년에 개관했다고 말했다.

(3) 미래 시제: 미래의 동작이나 상황

The company **is going to release** some new products next week. [next week: 미래]
그 회사는 다음 주에 몇 개의 신제품을 출시할 것이다.

❷ 진행 시제

(1) 현재진행 시제: am/are/is + –ing

The upgraded telephone network system **is being installed** now. [now: 현재 시점]
지금 업그레이드된 전화 시스템이 설치되고 있다.

(2) 과거진행 시제: was/were + –ing

I **was going** on a business trip at this time last year. [at this time last year: 과거 시점]
작년 이맘때쯤 나는 출장 중이었다.

(3) 미래진행 시제: will be + –ing

Ms. Jones **will be meeting** with her client at 2:00 P.M. tomorrow. [at 2:00 P.M. tomorrow: 미래 시점]
내일 오후 2시에 Jones 씨는 그녀의 고객과 만나고 있을 것이다.

 빈칸에 들어갈 알맞은 말을 고르세요. 정답 및 해설 p.012

1. The engineers ------- about the new procedures at yesterday's workshop.
(a) is taught
(b) are taught
(c) were taught

2. This Wednesday at 2:00 P.M., Dr. George Wilson ------- a lecture in the auditorium.
(a) giving
(b) gave
(c) will be giving

❸ 완료 시제

(1) 현재완료 시제: have/has p.p.

I **have been** away from home <u>for three weeks</u>. ['계속'의 의미]
나는 3주 동안 집을 떠나 있다.

(2) 과거완료 시제: had p.p.

Ms. Robson **had** already **finished** her assignment <u>when her boss arrived</u>. ['완료'의 의미]
Robson 씨는 그녀의 상사가 도착했을 때 이미 그녀의 업무를 끝낸 상태였다.

(3) 미래완료 시제: will have p.p.

Some shoppers **will have arrived** at the store <u>by the time</u> it opens. ['완료'의 의미]
몇몇 쇼핑객들은 문을 열 때쯤이면 상점에 도착해 있을 것이다.

> **Cf.** 미래완료 시제는 'by + 미래 시점', 'by the time + 현재 시제'와 함께 사용된다.

❹ 시제 일치의 예외

(1) 시간/조건의 부사절

시간이나 조건의 부사절에서는 현재 시제가 미래 시제를 대신한다.

The passengers will get on the train when it **arrives** at the station. [시간의 부사절]
열차가 역에 도착하면 승객들이 탑승할 것이다.

(2) 주장, 요구, 명령, 제안의 동사

주절의 동사가 주장, 요구, 명령, 제안 등의 의미를 나타내는 경우, 종속절의 동사 자리에는 「should + 동사원형」 형태가
들어간다. 이때 조동사 should는 생략이 가능하다.

▶ **주장, 요구, 명령, 제안 등의 의미를 나타내는 동사**

insist 주장하다	suggest 제안하다	propose 제안하다
ask 요청하다	recommend 추천하다	indicate 지시하다

Someone **suggested** that the company (should) **give** its employees performance bonuses.
누군가 회사에서 직원들에게 성과급을 지급할 것을 제안했다.

David **insisted** that the salespeople (should) **be** more polite when dealing with customers.
David는 영업사원들이 고객을 대할 때 더 예의 바르게 대해야 한다고 주장했다.

Ms. Deacon **recommended** that the seminar (should) **be** held on Friday rather than on the
weekend. Deacon 씨는 주말보다는 금요일에 세미나를 개최할 것을 권했다.

 Check-up Quiz 빈칸에 들어갈 알맞은 말을 고르세요.

정답 및 해설 p.012

3. Marcus will agree to the proposal if one of his demands ------- met.

(a) is
(b) will be
(c) be

4. James Walker was clearly upset when his manager insisted that he ------- overtime.

(a) work
(b) worked
(c) will work

According to the itinerary, Mr. Kennedy's upcoming flight to Toronto ------- a two-hour layover in Chicago.

(A) included

(B) has included

(C) includes

(D) is including

문제 해설

▶ 현재 일정표상의 사실을 나타내는 표현이 되어야 하기 때문에 현재 시제가 와야 한다. 따라서 정답은 (C)의 includes이다.

▶ '현재의 사실'을 표현해야 하기 때문에 현재진행형인 (D)의 is including은 적절한 시제가 될 수 없다.

해석

일정표에 따르면 다음 번 Kennedy 씨의 토론토 비행 일정에는 시카고에서의 2시간 대기가 포함되어 있다.

(A) included

(B) has included

(C) includes

(D) is including

어휘

itinerary 여행 일정표

upcoming 다가오는

layover 경유, 단기 체류

 MORE & MORE

정답 p.012

밑줄 친 부분이 올바르면 ○, 그렇지 않으면 ×에 표시하세요.

❶ Ms. Murphy is <u>included</u> her personal information in case someone wants to contact her. (○ | ×)

❷ The vendor <u>has included</u> some additional items in the package. (○ | ×)

❸ The list of contestants <u>is including</u> both James Greene and Deanna Morris. (○ | ×)

The charity auction, which has been held for twelve years, ------- more than three million dollars for cancer research last weekend.

(A) has raised

(B) raised

(C) will raise

(D) to raise

문제 해설

▶ 빈칸은 문장의 동사 자리이므로 to부정사인 (D)는 정답에서 제외된다.

▶ 문장의 맨 뒤에 과거를 의미하는 표현인 last weekend가 있으므로 과거 시제인 (B)의 raised가 정답이다.

▶ 빈칸 앞에 현재완료 시제인 has been held가 있지만, 이는 자선 행사를 설명하는 관계사절의 동사일 뿐이므로, 빈칸에 들어 갈 동사의 시제를 여기에 일치시켜 (A)를 정답으로 고르는 실수를 해서는 안 된다.

해석

12년 동안 열려 온 자선 경매 행사에서, 지난 주말 3백만 달러 이상의 금액이 암 연구를 위해 모금되었다. (A) has raised (B) raised (C) will raise (D) to raise	**어휘** charity auction 자선 경매 cancer 암 research 연구 raise 모금하다

MORE & MORE

정답 p.012

밑줄 친 부분이 올바르면 ○, 그렇지 않으면 ×에 표시하세요.

① The group <u>has raised</u> a large amount of money in the past three months.　(○ | ×)

② Mr. Wright hopes <u>will raise</u> enough money to conduct the research.　(○ | ×)

③ <u>To raise</u> money for charity is the primary objective of the new organization.　(○ | ×)

PART 5 예상적중문제 **06** 빈칸에 들어갈 가장 알맞은 보기를 고르세요.

Ever since the company opened its doors six years ago, it ------- its revenues every single quarter of operation.

(A) increases

(B) is increasing

(C) has increased

(D) was increasing

🔍 **문제 해설**

▶ 문장 맨 앞의 (ever) since라는 표현에 유의하면 정답을 쉽게 찾을 수 있다.

▶ 접속사 since가 시간의 의미를 나타내는 경우에는 '~ 이후로' 혹은 '~ 이래로'라는 뜻으로 사용되기 때문에, 빈칸에는 과거부터 현재까지의 의미를 나타내는 현재완료형이 들어가야 자연스러운 문장이 완성된다.

▶ 보기 중에서 현재완료의 형태는 (C)의 has increased이므로 정답은 (C)이다.

🔍 **해석**

그 기업은 6년 전에 창업한 이후로, 매 영업 분기마다 수익을 증가시켰다.

(A) increases

(B) is increasing

(C) has increased

(D) was increasing

어휘

revenue 수익

quarter 분기

operation 사업, 영업

 **MORE & MORE**

정답 p.012

밑줄 친 부분이 올바르면 ○, 그렇지 않으면 ✕에 표시하세요.

❶ As the temperature <u>increases</u>, many people started going to the beach. (○ | ✕)

❷ The stock market <u>is increasing</u> nearly every day because of the economy. (○ | ✕)

❸ The prices of gold and silver <u>was increasing</u> a lot several years ago. (○ | ✕)

The proposal is subject to the approval of Mr. Jefferson, so it is recommended that no work on it ------- yet.

(A) start

(B) starts

(C) starting

(D) to start

문제 해설

▶ '추천하다', 혹은 '권하다'라는 의미의 recommend가 that절과 함께 '~해야 한다는 점을 권하다'라는 의미로 사용될 때에는 that절의 동사는 'should + 동사원형'의 형태가 되어야 한다.

▶ 이때 should는 생략되는 경우가 많기 때문에, 빈칸에는 should start나 start가 들어 갈 수 있다.

▶ 보기 중에서 이러한 형태를 만족시키는 것은 (A)의 start 밖에 없으므로 정답은 (A)이다.

해석

제안서는 Jefferson 씨의 승인을 받아야 하므로, 아직 그에 대한 어떠한 업무도 시작하지 않을 것을 권고한다.

(A) start

(B) starts

(C) starting

(D) to start

어휘
proposal 제안, 제안서
be subject to ~을 받아야 하는
recommend 추천하다

 MORE & MORE

정답 p.012

밑줄 친 부분이 올바르면 ○, 그렇지 않으면 ×에 표시하세요.

❶ According to the schedule, the first speech <u>starts</u> in twenty minutes. (○ | ×)

❷ The intern has <u>starting</u> to work on organizing the files. (○ | ×)

❸ Peter Davis should <u>to start</u> his research by speaking with someone in HR. (○ | ×)

III 태

정답
포인트
▶ 동사 문제를 풀 때에는 '수 일치', '시제', '태'를 모두 고려해서 정답을 찾아야 한다.
▶ 문장에 목적어가 없으면 수동태가 정답일 가능성이 높다.
▶ 4형식과 5형식의 수동태를 이해하고 있어야 한다.

❶ 능동태와 수동태

능동태는 '주어가 어떠한 행위를 하는 것'을 의미하며, 수동태는 '주어가 어떠한 행위를 당하는 것'을 의미한다.

능동태	The CEO approved the project. 최고경영자는 프로젝트를 승인했다.
수동태	The project was approved by the CEO. 프로젝트가 최고경영자에 의해 승인되었다.

❷ 3형식 문장의 수동태

(1) 조동사가 포함된 경우: 조동사 + be + 과거분사

The reservation office <u>will contact</u> you tonight. 예약 사무실에서 오늘 밤에 당신에게 연락할 것이다.

→ You **will be contacted** by the reservation office tonight.
당신은 오늘 밤에 예약 사무실로부터 연락을 받을 것이다.

(2) 진행형의 수동태: be동사 + being + 과거분사

Mr. Sanders <u>is purchasing</u> a new home now. Sanders 씨는 지금 새 집을 구매하는 중이다.

→ A new home **is being purchased** by Mr. Sanders now. 새 집이 Sanders 씨에 의해 구매되고 있다.

(3) 완료형의 수동태: have동사 + been + 과거분사

Janet <u>has received</u> a job offer. Janet은 채용 제안을 받아들였다.

→ A job offer **has been received** by Janet. 채용 제안이 Janet에 의해 받아들여졌다.

cf. be동사 대신 get을 이용해 수동태를 만들 수 있다. get을 이용한 수동태 표현은 '상태'보다 '동작'의 의미를 강조한다.

Marty **got hired** by one of the top accounting firms in the city.
Marty는 시에서 가장 좋은 회계 기업들 중 한 곳에 고용되었다.

The problem will **get explained** by Ms. Hampton at the meeting.
그 문제는 회의에서 Hampton 씨에 의해 설명될 것이다.

 빈칸에 들어갈 알맞은 말을 고르세요. 정답 및 해설 p.012

1. Any speech lasting more than five minutes will be ------- so that others can speak.

(a) interrupt
(b) interrupting
(c) interrupted

2. The event has ------- due to the severe weather that is approaching.

(a) canceled
(b) be canceled
(c) been canceled

③ 4형식 문장의 수동태

Ms. Lucas **gave** me permission to do work over the weekend.
Lucas 씨는 내가 주말에 근무하는 것을 허락해 주었다.

→ I **was given** permission to do work over the weekend by Ms. Lucas. [간접목적어를 주어로 사용]
나는 Lucas 씨로부터 주말에 근무하는 것에 대해 허락을 받았다.

→ Permission to work over the weekend **was given** to me by Ms. Lucas. [직접목적어를 주어로 사용]
주말에 근무하는 것에 대한 허가가 Lucas 씨로부터 나에게 주어졌다.

④ 5형식 문장의 수동태

(1) 명사나 형용사가 목적격 보어인 경우

The committee members elected Mr. Perry the new president.
위원회 구성원들은 Perry 씨를 새로운 위원장으로 선출했다.

→ Mr. Perry **was elected** the new president by the committee members.
Perry 씨는 위원회 구성원들에 의해 새로운 위원장으로 선출되었다.

(2) to부정사가 목적격 보어인 경우

Mr. Jenkins told Samantha to work harder. Jenkins 씨는 Samantha에게 더 열심히 일하라고 말했다.

→ Samantha **was told** to work harder by Mr. Jenkins.
Samantha 씨는 Jenkins 씨로부터 더 열심히 일하라는 말을 들었다.

⑤ by 이외의 전치사를 사용하는 수동태

be associated with ~와 연관되다	be absorbed in ~에 몰두하다
be delighted with ~을 기뻐하다	be engaged in ~에 종사하다
be pleased with ~을 기뻐하다	be interested in ~에 관심이 있다
be satisfied with ~에 만족하다	be involved in ~에 관여하다
be disappointed at ~에 실망하다	be exposed to ~에 노출되다
be surprised at ~ 에 놀라다	be related to ~에 연관되다
be concerned about ~을 걱정하다	be devoted to ~에 헌신하다
be worried about ~을 걱정하다	be dedicated to ~에 헌신하다

Nobody **was interested in** the guest speaker program. 초청 연사 프로그램에 아무도 관심이 없었다.

The people who lived in the area **were exposed to** radiation. 그 지역에 살던 사람들은 방사능에 노출되었다.

 빈칸에 들어갈 알맞은 말을 고르세요. 정답 및 해설 p.012

3. Ms. Walters ------- the ticket at approximately 2:30 in the afternoon.

(a) giving
(b) was given
(c) give

4. The pipes are covered with rust since they were exposed ------- water.

(a) to
(b) in
(c) with

Mr. Wagner, one of the company's managers, ------- with the employee of the month award in July.

(A) presents

(B) was presented

(C) has presented

(D) will present

문제 해설

▶ 문장의 주어는 3인칭 단수인 Mr. Wagner인데, 보기가 모두 3인칭 단수에 사용될 수 있다.

▶ 시제를 나타내는 표현 in July가 과거나 미래의 시점을 의미할 것이므로 현재형인 (A)와 완료형인 (C)는 정답이 될 수 없다.

▶ 문장의 의미를 파악해 보면 Wagner 씨가 상을 '받는다'는 의미이므로 수동태인 (B)가 정답이 된다.

묘.수.풀.이

「동사 + A + 전치사 + B」 형태의 수동태는 숙어처럼 외워 두어야 한다.

• present A with B (A에게 B를 수여하다)
  → A be presented with B

• attribute A to B (A를 B의 탓으로 돌리다)
  → A be attributed to B

• remind A of B (A에게 B를 상기시키다)
  → A be reminded of B

해석

회사의 매니저 중 한 명인 Wagner 씨에게 7월의 우수 사원상이 수여되었다.

(A) presents

(B) **was presented**

(C) has presented

(D) will present

어휘

award 상

present 수여하다

MORE & MORE

정답 p.013

밑줄 친 부분이 올바르면 ○, 그렇지 않으면 ×에 표시하세요.

❶ The manager always <u>presents</u> the employee of the month with a certificate.　　(○ | ×)

❷ Sue Cowling <u>has presented</u> the new workers with their ID cards last week.　　(○ | ×)

❸ We <u>will present</u> Mark Hampton with a retirement gift at his party two days ago.　　(○ | ×)

Productivity at the plant has risen each month ever since Mr. Evans ------- the supervisor.

(A) was appointed

(B) has appointed

(C) is being appointed

(D) will have been appointed

문제 해설

▶ 문맥상 Evans 씨가 관리자로 '임명된' 이후로 생산성이 증가했다는 의미가 되어야 한다.

▶ 즉 Evans 씨는 관리자로서 임명된 '대상'이기 때문에, 빈칸에는 appoint(지명하다, 지목하다)를 이용한 수동태 형식이 들어가야 한다.

▶ 문장의 동사가 현재완료인 'has risen' 이므로, '~이후로'라는 의미의 (ever) since의 부사절에는 과거 시제가 사용되어야 한다.

▶ 따라서 '수동태'와 '과거 시제'를 동시에 만족시키는 (A)의 was appointed가 정답이다.

해석

Evans 씨가 관리자로 임명된 이후로 공장의 생산성이 매달 상승했다.

(A) was appointed

(B) has appointed

(C) is being appointed

(D) will have been appointed

어휘

productivity 생산성

plant 공장, 시설

supervisor 관리자, 감독자

appoint 임명하다

정답 p.013

밑줄 친 부분이 올바르면 ○, 그렇지 않으면 ×에 표시하세요.

❶ Janet Stephens <u>has appointed</u> the manager of the entire department by Mr. Waldorf.　（ ○ | × ）

❷ We heard that Jeff Sanders <u>is being appointed</u> to a new position at headquarters.　（ ○ | × ）

❸ Kerry Jones <u>will have been appointed</u> the CEO sometime last week.　（ ○ | × ）

A workshop at the conference ------- on the best ways to retain outstanding employees.

(A) is conducting

(B) was conducting

(C) is being conducted

(D) has conducted

문제 해설

▶ workshop(워크숍)은 진행하는 주체가 아니라 진행되는 대상이기 때문에, 빈칸에는 수동태 형식이 들어가야 한다.

▶ 보기 중에서 수동태 형식을 나타내고 있는 것은 (C)의 is being conducted뿐이므로 (C)가 정답이다.

▶ 참고로 (C)는 현재진행형과 수동태가 결합되어 있는 형태이다.

해석

학회에서는 우수한 직원들을 보유할 수 있는 최선의 방법에 대한 워크숍이 진행되고 있다.

(A) is conducting

(B) was conducting

(C) is being conducted

(D) has conducted

어휘

workshop 연수회, 워크숍

conference 회의, 학회

retain 유지하다

outstanding 우수한

MORE & MORE

정답 p.013

밑줄 친 부분이 올바르면 ○, 그렇지 않으면 ✕에 표시하세요.

❶ The company is conducting some tests on its newest products. (○ | ✕)

❷ The scientists was conducting an experiment in the lab late last night. (○ | ✕)

❸ Dr. Roberts has conducted ten successful tests with his newest medication. (○ | ✕)

Dr. Watson was ------- by three members of his staff when he attended the meeting.

(A) accompany

(B) accompanying

(C) accompanied

(D) accompanies

문제 해설

▶ 동사 accompany(동반하다, 수반하다)의 알맞은 형태를 묻는 문제이다.

▶ 빈칸 앞에 be동사가 있으므로 빈칸에는 현재분사인 accompanying이나 과거분사인 accompanied가 들어갈 수 있다.

▶ 빈칸 뒤에 전치사 by가 있으므로, 둘 중에서 빈칸에 들어갈 말은 수동태 문장을 완성시키는 (C)의 accompanied임을 알 수 있다.

해석

Watson 박사는 회의에 참석했을 때 세 명의 직원들과 함께 왔다.

(A) accompany

(B) accompanying

(C) accompanied

(D) accompanies

어휘

staff 직원

attend 참석하다

accompany 동반하다,
~와 함께 가다

MORE & MORE

정답 p.013

밑줄 친 부분이 올바르면 ○, 그렇지 않으면 ×에 표시하세요.

➊ Someone usually <u>accompany</u> Mr. Marson when he goes on business trips. (○ | ×)

➋ Who is the individual <u>accompanying</u> Ms. Hampton to the theater? (○ | ×)

➌ Mr. Jackson plans to <u>accompanies</u> the accountants to the workshop. (○ | ×)

Questions 12-15 refer to the following memo.

To: All staff
From: Judy Smith, HR Department
Re: ID Cards

-------. Everyone needs to visit the HR Department to have a picture -------. After you do
   12.   **13.**
that, you will receive your card the next day. You don't need to schedule a time to visit.

------- come when you have free time. Ask to speak to me or Rose Summers, my assistant.
  14.

You will use your card to gain entrance to the facility. It will also ------- as a key and will let
                                                            15.
you into areas you are permitted to have access to. Please do not lose your card after you

receive it.

12. (A) Please submit your registration forms
     at once.
   (B) We are changing the passwords on
     the computers.
   (C) The new ID cards are finally ready.
   (D) The facility is going to close early
     today.

13. (A) take
   (B) taken
   (C) took
   (D) taking

14. (A) Solely
   (B) Apparently
   (C) Simply
   (D) Repeatedly

15. (A) function
   (B) utilize
   (C) reveal
   (D) control

12 ▶ 첫 번째 문단을 보면 인사과에서 사진을 찍고 나서, 다음 날 신분증을 수령하라는 안내를 하고 있다.

▶ 이러한 내용 앞에 올 수 있는 문장은 '새 신분증이 준비되었다'는 내용의 보기 (C)이다.

13 ▶ 문맥상 '사진을 찍기 위해 인사과에 방문해야 한다'는 의미가 되어야 한다.

▶ 문장의 have는 사역동사로서 '~를 시키다'라는 의미이고, 목적어 자리에는 picture라는 '대상'이 있다.

▶ 사진은 '찍는 주체'가 아니라 '찍히는 대상'이므로 빈칸에는 taken이 들어가서 '사진이 찍히다'라는 의미가 완성되어야 한다. 그러므로 정답은 take의 과거완료형인 (B)의 taken이다.

14 ▶ 빈칸 앞 문장에서 '방문 시간을 정할 필요가 없다'고 했으므로, 해당 문장은 '한가할 때 오면 된다'는 의미가 되어야 한다.

▶ 보기 중에서 그러한 의미로 come을 수식할 수 있는 부사는 (C)의 simply(그저, 그냥)뿐이므로 (C)가 정답이다. simply 와 같은 뜻인 just 등과 같은 부사도 정답이 될 수 있을 것이다.

15 ▶ 빈칸 뒤의 as에 유의하면 쉽게 정답을 찾을 수 있다.

▶ '~로서 기능하다'라는 표현은 function as로 나타낸다. 따라서 정답은 (A)의 function이다.

💡 **해석**

받는 사람: 전 직원
보내는 사람: Judy Smith, 인사과
제목: 신분증

드디어 새 신분증이 준비되었습니다. 모든 직원은 사진을 찍기 위해 인사과에 방문하셔야 합니다. 사진을 찍은 다음, 여러분은 다음 날 신분증을 받게 될 것입니다. 방문할 시간을 정할 필요는 없습니다. 시간이 날 때 그냥 오시면 됩니다. 저에게 말씀하시거나 제 보조 사원인 Rose Summers 에게 말씀해 주세요.

여러분은 시설에 입장할 때 신분증을 사용하게 될 것입니다. 이것은 또한 열쇠의 역할을 할 것이어서, 이것이 있으면 허가 받은 구역 에 출입할 수 있습니다. 신분증을 수령하신 후에 분실하지 않도록 해 주세요.

- -

12. (A) 등록 양식을 즉시 제출해 주세요.
    (B) 우리는 컴퓨터들의 암호를 변경하는 중입니다.
    (C) 드디어 새 신분증이 준비되었습니다.
    (D) 공장은 오늘 일찍 문을 닫을 예정입니다.

13. (A) take
    (B) taken
    (C) took
    (D) taking

14. (A) Solely
    (B) Apparently
    (C) Simply
    (D) Repeatedly

15. (A) function
    (B) utilize
    (C) reveal
    (D) control

어휘 ID card 신분증   simply 그냥   assistant 보조   facility 시설   permit 허가하다   access 출입하다

🔆 **MORE & MORE**

정답 p.013

밑줄 친 부분이 올바르면 ○, 그렇지 않으면 ×에 표시하세요.

❶ This picture appears to have been <u>taken</u> more than ten years ago.   (○ | ×)

❷ All you need to do is <u>simply</u> insert your money into the slot.   (○ | ×)

❸ More people than ever are <u>utilizing</u> the facilities at the campground.   (○ | ×)

준동사

- 준동사란 동사가 명사, 형용사, 부사의 역할을 할 수 있도록 동사의 형태를 변형한 것을 말한다. 이러한 준동사에는 「to부정사, 동명사, 분사」가 있다.
- to부정사는 명사, 형용사, 부사의 역할, 동명사는 명사의 역할, 그리고 분사는 형용사의 역할을 한다.
- 준동사는 동사가 아니기 때문에 동사 자리에 올 수 없다. 따라서 준동사가 정답인 문제의 경우 문장에 동사가 있다.
- to부정사나 동명사의 경우 관용표현을 암기해 두어야 한다.

❓ 출제 경향

ⓐ 적절한 품사를 고르는 문제와 마찬가지로 보기의 어근이 모두 같다. 보기는 준동사만으로 구성될 수도 있고, 명사, 동사, 준동사가 모두 제시될 수도 있다.

ⓑ 준동사는 동사에서 파생되었기 때문에 동사의 성질을 가지고 있다. 따라서 동명사의 경우 명사와 동명사를 구분하는 문제가 출제된다.

ⓒ to부정사는 to부정사의 역할을 묻는 문제, 분사의 경우 현재분사와 과거분사를 구분하는 문제가 출제된다.

ⓓ to부정사와 동명사를 구분하는 문제, 관용표현을 묻는 문제, 그리고 분사구문을 묻는 문제도 출제된다.

❗ 풀이 전략

ⓐ 준동사가 정답인 문제의 경우에는 to부정사, 분사, 그리고 동명사 중 어느 것이 정답으로 가장 적절한지 판단해야 한다. 따라서, 「부정사를 목적어로 취하는 동사」와 「동명사를 목적어로 취하는 동사」를 구분하여 암기해 두어야 한다.

ⓑ 수식을 받는 명사와 분사와의 관계가 능동이면 현재분사, 수동이면 과거분사를 정답으로 고른다.

ⓒ 관용표현을 묻는 문제도 출제되기 때문에 반드시 암기해 두어야 한다. 또한, 분사구문의 개념과 역할도 학습해 두어야 한다.

RTP, Inc. hopes ------- to several countries in Asia in the following quarter.

(A) expand

(B) to expand

(C) expanding

(D) expanded

문제 유형 분석

❶ 보기들이 동사 expand와 expand에서 파생된 준동사들로 구성되어 있다.

❷ 보기에 동사와 준동사가 섞여 있으므로, 빈칸이 동사 자리인지 준동사 자리인지를 파악한다.

❸ 이 문제의 경우 빈칸 앞에 동사가 있으므로, 동사는 정답이 될 수 없다. 따라서 적절한 준동사를 정답으로 고르도록 한다.

풀이 전략 및 해설

● 빈칸 앞에 문장의 동사인 hopes가 있으므로, 빈칸은 준동사가 와야 하는 자리이다.

● 빈칸은 동사 hope의 목적어 역할을 할 수 있는 준동사가 와야 하는 자리이다. 따라서 과거분사인 (D)의 expanded는 정답이 될 수 없다.

● 동사 hope는 to부정사를 목적어로 취하는 동사이므로 정답은 to부정사인 (B)의 to expand이다.

● (C)를 현재분사로 볼 경우 목적어 역할을 할 수 없기 때문에 오답이며, 동명사로 볼 경우에도 hope의 목적어로 사용될 수 없다.

● (A)의 expand는 동사이므로 정답이 될 수 없다. expand를 원형부정사로 볼 수도 있지만, hope는 원형부정사를 목적어로 취하는 동사가 아니다.

해석

RTP 주식회사는 다음 분기에 아시아의 몇몇 국가로 사업을 확장시키는 것을 원한다.

(A) expand

(B) to expand

(C) expanding

(D) expanded

어휘 expand 확대시키다　quarter 분기　numerical 숫자의　massive 부피가 큰

I to부정사

❶ to부정사의 용법

to부정사는 'to + 동사원형' 형태로서 문장에서 명사, 형용사, 부사의 역할을 한다.

(1) 명사적 용법

to부정사가 명사적 용법으로 쓰인 경우 문장에서 주어, 목적어, 보어 역할을 한다.

It is necessary **to arrange** the boxes in the warehouse at times. [주어]
가끔씩 창고의 상자들을 정리할 필요가 있다.

→ 밑줄 친 'It'은 가주어이며, to부정사구가 진주어이다.

Ms. Sullivan wants **to get** an MBA from a top university. [목적어]
Sullivan 씨는 최고의 대학교에서 MBA를 받기를 원한다.

My plan is **to fly** to Tokyo this evening. [보어]
나의 계획은 오늘 저녁에 도쿄로 비행하는 것이다.

(2) 형용사적 용법

to부정사가 형용사적 용법으로 쓰인 경우에는 명사를 수식하는 역할을 하거나 보어 역할을 한다.

It's almost time for the meeting **to begin.** 회의가 시작할 때가 되었다. [명사 수식]

You are **to report** to the conference room at once. 당신은 즉시 회의실에 보고해야 한다. [보어]

(3) 부사적 용법

to부정사가 부사적 용법으로 쓰인 경우, 목적, 원인, 이유, 결과의 의미를 나타낼 수 있다.

❶ 목적 (~하기 위해서)

to 앞에 in order나 so as가 생략되어 있는 것으로 볼 수 있다.

Percy will study hard (in order) **to pass** the exam. Percy는 시험에 합격하기 위해서 열심히 공부할 것이다.

She is learning Chinese (so as) **to be** able to communicate with people in Hong Kong.
그녀는 홍콩에서 사람들과 의사소통을 할 수 있기 위해서 중국어를 공부하고 있다.

 빈칸에 들어갈 알맞은 말을 고르세요. 정답 및 해설 p.013

1. All employees must get parking passes -------
   to park in the employee parking lot.
   (a) in order
   (b) how
   (c) so

2. ------- expenditures, some individuals were
   stopped from going on business trips.
   (a) Reduce
   (b) Reduced
   (c) To reduce

② 이유 (~하여, ~하다니)

감정을 표현하는 형용사(glad, delighted, pleased, surprised 등) 뒤에 to부정사가 사용될 경우, 이는 '이유'를 나타낸다.

Everyone was <u>delighted</u> **to meet** the celebrity. 모두 유명인사를 만나서 기뻤다.

I would be <u>glad</u> **to carry** your bags for you. 내가 당신을 위해 당신의 가방을 들어 준다면 기쁠 것이다.

→ 기꺼이 당신의 가방을 들어 주겠다.

③ 결과 (~해서 …하다)

live, grow up, awake와 같이 주어의 의지로 조절할 수 없는 의미의 동사 뒤에, 혹은 완료나 이동의 의미를 가진 동사 뒤에 to부정사가 사용되면 '~해서 …하다'라는 결과의 의미로 사용된다. to 앞에 only가 사용되기도 한다.

Her sons all <u>grew up</u> **to be** successful businessmen. 그녀의 아들들은 모두 자라서 성공한 사업가가 되었다.

We drove to the shopping mall <u>only</u> **to find** out that it was closed for the day.
우리는 운전해서 쇼핑몰에 갔지만 그날 영업을 하지 않는다는 것을 알게 되었다.

② to부정사를 목적어로 취하는 동사

afford 여유가 되다	agree 찬성하다	aim ~할 작정이다
desire 바라다	expect 기대하다	hesitate 망설이다
hope 희망하다	learn 배우다	manage 가까스로 해내다
plan 계획하다	pretend ~인 체하다	promise 약속하다
refuse 거절하다	want 원하다	wish 바라다

Some employees **pretended to be** working hard at their desks.
몇몇 직원들은 책상에서 열심히 일하는 체했다.

Don't **hesitate <u>to call</u>** if there are any problems. 문제가 있으면 전화하는 것을 망설이지 마세요.

③ to부정사를 목적격보어로 취하는 동사

advise A to B A에게 B하라고 충고하다	allow A to B A가 B하는 것을 허락하다
ask A to B A에게 B할 것을 요구하다	enable A to B A가 B할 수 있게 하다
force A to B A가 B하도록 강요하다	remind A to B A가 B할 것을 상기시키다

It is volunteers like you that **allow** us at the Buxton Foundation **<u>to help</u>** others.
귀하 같은 자원봉사자들이 Buxton 재단의 우리가 다른 사람들을 도울 수 있게 해 줍니다.

Ted's competitiveness **enabled** him **<u>to land</u>** many new customers.
Ted의 경쟁력으로 인해 그는 많은 신규 고객들을 확보할 수 있었다.

Check-up Quiz 빈칸에 들어갈 알맞은 말을 고르세요.

정답 및 해설 p.013

3. The laser enables the machine ------- even tiny pieces precisely.

(a) cut
(b) to cut
(c) cutting

4. Ms. Martin's business trip ended when the buyer refused ------- on the price.

(a) negotiate
(b) negotiating
(c) to negotiate

The invention of the telephone allowed people ------- with others who were far away from them.

(A) communicate

(B) to communicate

(C) communicating

(D) communication

문제 해설

▶ 빈칸은 동사 allow의 목적격보어가 와야 하는 자리이므로 동사인 (A)는 정답에서 제외된다.

▶ 동사 allow는 to부정사를 목적격보어로 취하므로 정답은 (B)이다.

▶ 'allow A to B'는 'A가 B하는 것을 허락하다'라는 의미로서, 이 문장은 '전화기의 발명으로 멀리 떨어진 사람들과의 커뮤니케이션이 가능하게 되었다'라고 해석된다.

해석

전화기의 발명으로 인하여 사람들은 그들에게서 먼 곳에 있는 다른 사람들과 통신할 수 있게 되었다.

(A) communicate

(B) to communicate

(C) communicating

(D) communication

어휘
communicate 통신하다
invention 발명
discovery 발견
establishment 설립

MORE & MORE

정답 p.014

밑줄 친 부분이 올바르면 ○, 그렇지 않으면 ×에 표시하세요.

❶ It is necessary to <u>communicate</u> well with one's employees. (○ | ×)

❷ Many people prefer <u>communicating</u> online to talking on the telephone. (○ | ×)

❸ <u>Communication</u> with the region was lost due to the typhoon. (○ | ×)

예상적중문제 02 빈칸에 들어갈 가장 알맞은 보기를 고르세요.

Ms. Harper managed ------- several new contracts on her trip to three European countries.

(A) securing

(B) secured

(C) to secure

(D) had secured

문제 해설

▶ 빈칸 앞에 동사가 있으므로 동사인 (D)는 정답에서 제외한다.

▶ manage는 to부정사를 목적어로 취하는 동사이다. 따라서 정답은 (C)이다.

▶ 이와 같이 to부정사를 목적어로 취하는 동사를 알고 있어야 풀 수 있는 문제들이 출제되므로, to부정사와 동명사를 목적어로 취하는 동사들을 구분해서 외워 두어야 한다.

해석

Harper 씨는 유럽 3개국 출장에서 새로운 계약을 몇 건 성사시킬 수 있었다.

(A) securing

(B) secured

(C) to secure

(D) had secured

어휘
manage to ~을 겨우 해내다
secure 확보하다; 고정시키다
secure a contract
계약을 성사시키다

MORE & MORE

정답 p.014

밑줄 친 부분이 올바르면 ○, 그렇지 않으면 ×에 표시하세요.

❶ The sailors are <u>securing</u> the sails because of the coming storm.　　　　(○ | ×)

❷ David will <u>secured</u> the material so that it does not get blown away.　　　　(○ | ×)

❸ Percy thought he <u>had secured</u> a contract with the developer, but he was wrong.　　　　(○ | ×)

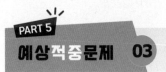
Nate Riker surprised everyone when he turned down the chance ------- and to transfer to another location.

(A) promote

(B) to promote

(C) promoting

(D) to be promoted

🔎 문제 해설

▶ 이 문제는 빈칸에 들어갈 promote(승진시키다)의 알맞은 형태를 묻고 있는데, 병렬구조를 알고 있으면 정답을 쉽게 찾을 수 있다.

▶ and에 의해 두 개의 수식어구가 연결되어 있는 형태이므로, and 다음에 to부정사가 이어지고 있다는 점을 생각해 보면 빈칸에도 to부정사가 들어가야 한다.

▶ 그런데 문맥상 '(남을) 승진을 시킬 수 있는 기회'가 아니라 '(본인이) 승진할 기회'라는 의미가 완성되어야 하기 때문에, 빈칸에는 수동의 의미를 나타내는 표현이 들어가야 한다.

▶ 보기 중에서 이러한 두 가지 조건을 만족시키는 것은 (D)의 to be promoted뿐이므로 (D)가 정답이다.

🔒 해석

Nate Riker는 그가 승진이 되어 다른 지역으로 전근 가는 기회를 거절했을 때 모두를 놀라게 했다.

(A) promote

(B) to promote

(C) promoting

(D) to be promoted

어휘
turn down ~을 거절하다
transfer 전근을 가다
promote 승진시키다

MORE & MORE

정답 p.014

밑줄 친 부분이 올바르면 ○, 그렇지 않으면 ×에 표시하세요.

① Sarah hopes her <u>promote</u> to manager will result in a higher salary.   (○ | ×)

② The marketers are planning <u>to promote</u> the new product on television.   (○ | ×)

③ <u>Promoting</u> new products is often necessary to increase sales.   (○ | ×)

예상적중문제 04 빈칸에 들어갈 가장 알맞은 보기를 고르세요.

After the weather improves, road crews will work ------- the fallen trees from the streets.

(A) to remove

(B) removing

(C) remove

(D) have removed

문제 해설

▶ 빈칸 앞에 동사인 will work이 있으므로 동사인 (C)와 (D)는 정답에서 제외된다.

▶ 문맥상 '나무를 치우기 위해' 인부들이 작업을 할 것이라는 의미가 완성되어야 한다.

▶ 따라서 빈칸에는 '목적'의 의미를 나타낼 수 있는 to부정사가 들어가야 하므로 정답은 (A)의 to remove이다.

해석

날씨가 좋아진 이후에, 도로 작업반은 거리에 쓰러진 나무들을 치우기 위해 작업을 할 것이다.

(A) to remove

(B) removing

(C) remove

(D) have removed

어휘
crew 작업반
remove 제거하다

MORE & MORE

정답 p.014

밑줄 친 부분이 올바르면 ○, 그렇지 않으면 ×에 표시하세요.

① The Carter family is planning on <u>removing</u> some trees from their yard.　　(○ | ×)

② It is difficult to <u>remove</u> some stains from clothing.　　(○ | ×)

③ Workers <u>have removed</u> all of the tables and chairs from the conference room last night.　　(○ | ×)

▸ 동명사는 동사의 성질과 명사의 성질을 모두 가지고 있다.
▸ 빈칸 앞에 동명사를 목적어로 취하는 동사가 있으면 동명사가 정답이다.
▸ 동명사의 관용표현과 전치사 to 뒤에 동명사가 오는 표현을 알고 있어야 한다.

❶ 동명사의 역할

동명사는 '동사원형 + -ing' 형태로서 명사의 역할을 한다. 따라서 문장에서 주어, 목적어, 보어로 사용된다.

Working overtime was unavoidable due to the increase in orders. [주어]
주문의 증가 때문에 야근을 피할 수 없었다.

Paul always enjoys **discussing** matters with colleagues. [동사의 목적어]
Paul은 언제나 동료들과 토론하는 것을 좋아한다.

Susan came up with a feasible plan for **reducing** expenditures. [전치사의 목적어]
Susan은 지출을 줄이는 것을 위한 실현 가능한 계획을 생각해 냈다.

One of my favorite activities is **visiting** museums during my free time. [보어]
내가 가장 좋아하는 것들 중 하나는 여가 시간에 박물관에 가는 것이다.

❷ 동명사의 특징

동명사는 동사로부터 만들어진 것이기 때문에, 동사처럼 목적어를 취하거나 부사의 수식을 받을 수 있다.

(1) 목적어를 취함

동명사는 동사에서 파생되었기 때문에 목적어를 취할 수 있지만 명사는 동사에서 파생되지 않았기 때문에 목적어를 취할 수 없다.

After **touring** the museum, everyone is going to take a short break for lunch.
박물관을 견학한 후, 모두 점심 식사를 위한 짧은 휴식을 취할 것이다.

→ the museum이 동명사의 목적어 역할

(2) 부사의 수식을 받음

명사는 형용사의 수식을 받지만, 동명사는 동사에서 파생된 것이므로 형용사가 아닌 부사의 수식을 받을 수 있다.

Mr. Martin's practice of **working** excitedly on new projects is very appealing.
새 프로젝트와 관련하여 열성적으로 일하는 Martin 씨의 행동은 매우 인상적이다.

→ 부사인 excitedly가 동명사를 수식

 빈칸에 들어갈 알맞은 말을 고르세요.   정답 및 해설 p.014

1. Our profit margin will increase when we become more efficient at ------- products in the future.

(a) manufacture
(b) to manufacture
(c) manufacturing

2. ------- assistance is something everyone should do when there is a problem.

(a) Request
(b) Requesting
(c) Requested

❸ 동명사를 목적으로 취하는 동사

admit 인정하다	avoid 피하다	consider 고려하다
defend 방어하다	deny 부인하다	enjoy 즐기다
finish 끝내다	mention 언급하다	mind 꺼리다
miss 놓치다	postpone 연기하다	practice 연습하다

Mr. Jarvis **postponed** taking the exam until he was fully prepared.
Jarvis 씨는 완전히 준비될 때까지 시험 보는 것을 연기했다.

Have you **finished** writing the report yet? 보고서 작성을 아직 끝내지 못했나요?

cf 1. 동명사와 to부정사를 모두 목적어로 취할 수 있는 동사 (의미 차이 없음)

begin 시작하다	continue 계속하다	love 좋아하다	like 좋아하다	prefer 선호하다

cf 2. 동명사와 to부정사를 모두 목적어로 취할 수 있는 동사 (의미 차이 있음)

forget + to부정사 ~할 것을 잊다	forget + 동명사 ~했던 것을 잊다
remember + to부정사 ~할 것을 기억하다	remember + 동명사 ~했던 것을 기억하다
try + to부정사 ~하려고 노력하다	try + 동명사 시험 삼아 해보다

❹ 동명사의 관용표현

be busy –ing ~하느라 바쁘다	keep –ing 계속 ~하다
cannot help –ing ~할 수밖에 없다	be worth –ing ~할 가치가 있다
feel like –ing ~을 하고 싶다	on[upon] –ing ~하자마자

Mr. Carter **kept** looking at the report. Carter 씨는 계속해서 보고서를 살펴보았다.

❺ 전치사 to + 동명사

be dedicated to –ing ~에 헌신하다	contribute to –ing ~에 공헌하다
be committed to –ing ~에 전념하다	look forward to –ing ~을 고대하다
be used to –ing ~하는 데 익숙하다	lead to –ing ~하는 결과를 가져오다

I **am looking forward to** working with you as soon as possible.
나는 당신과 가능한 한 빨리 함께 일하게 되기를 고대하고 있습니다.

 빈칸에 들어갈 알맞은 말을 고르세요. 정답 및 해설 p.014

3. Visitors to the museum are reminded regularly to avoid ------- pictures of the exhibits.
   (a) to take
   (b) taking
   (c) taken

4. Everyone in the office is looking forward to ------- work early on Friday.
   (a) leave
   (b) be leaved
   (c) leaving

The CEO believes ------- large amounts of money can help lab workers make important breakthroughs.

(A) invested

(B) investing

(C) investment

(D) invests

문제 해설

▶ 빈칸은 동사 believes의 목적어 자리이므로 동사인 (A)와 (D)는 정답에서 제외된다. 분사는 명사의 역할을 할 수 없으므로 (A)를 과거분사로 볼 경우에도 정답에서 제외된다.

▶ (C)의 investment는 명사이므로, 명사구인 'large amounts of money'가 전치사 없이 바로 이어질 수 없다.

▶ 정답은 동명사인 (B)의 investing인데, 동명사는 동사의 성질도 가지고 있어서 목적어를 취할 수 있다.

해석

대표 이사는 막대한 자금을 투자하면 연구원들이 획기적인 발전을 이룰 수 있을 것으로 생각한다.

(A) invested

(B) investing

(C) investment

(D) invests

어휘
lab 실험실
breakthrough 큰 발전
invest 투자하다

MORE & MORE

정답 p.015

밑줄 친 부분이 올바르면 ○, 그렇지 않으면 ✕에 표시하세요.

❶ The fund <u>invested</u> some money in precious metals recently. (○ | ✕)

❷ Janet made a good <u>investment</u> by purchasing some land near the beach. (○ | ✕)

❸ Mr. Carter and his colleagues <u>invests</u> in a number of foreign companies. (○ | ✕)

Few of the attendees at the job fair showed any interest in ------- in the manufacturing industry.

(A) work

(B) working

(C) works

(D) worker

문제 해설

▶ 전치사 in 다음에 명사나 동명사가 뒤따라야 한다는 것을 알고 있다고 하더라도, 보기들이 모두 명사와 동명사로 이루어져 있기 때문에 상대적으로 난이도가 높은 문제이다.

▶ 이러한 유형의 문제를 풀 때에는 문장의 의미 파악해야 하는데, 내용상 참석자들이 제조업 분야에서 '일하는 것'에 흥미를 보이지 않았다는 의미가 되어야 가장 자연스러운 문장이 완성되므로 정답은 동명사인 (B)의 working이다.

▶ (A)의 work이나 (C)의 works는 단지 '일' 자체를 가리키는 표현이며, 특히 이 문장의 경우 빈칸에 들어갈 명사는 in the manufacturing industry라는 구의 수식을 받고 있기 때문에, 만약 이들이 정답이 되기 위해서는 관사가 필요하다.

▶ (D)의 worker는 '직원', '노동자'라는 뜻으로 문맥상 어울리지 않으며, 마찬가지 이유로 관사를 필요로 한다.

해석

취업 박람회에 참석한 사람들 중에서 제조업 분야에서 근무하는 데 관심을 보인 사람들은 거의 없었다.

(A) work

(B) working

(C) works

(D) worker

어휘

attendee 참석자
job fair 취업 박람회

MORE & MORE

정답 p.015

밑줄 친 부분이 올바르면 ○, 그렇지 않으면 ×에 표시하세요.

❶ <u>Work</u> hard every day is important to most people. (○ | ×)

❷ Because the device <u>works</u> so well, it will be popular with customers. (○ | ×)

❸ The company needs to hire another <u>worker</u> to help the receptionist. (○ | ×)

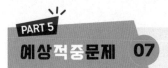
Most of the lawyers at the firm prefer ------- their lunch hour at noon rather than later in the day.

(A) taking

(B) to be taken

(C) taken

(D) take

문제 해설

▶ prefer(선호하다, 더 좋아하다)는 to부정사와 동명사 모두를 목적어로 취할 수 있는 동사이다. 과거분사인 (C)와 동사인 (D)는 정답에서 제외된다.

▶ 빈칸에는 taking 혹은 to take가 들어갈 수 있는데, 보기를 살펴보면 (A)에 동명사인 taking만 제시되어 있으므로 정답은 (A)이다. 참고로, 「prefer A to B」 형태로 사용될 경우 perfer는 동명사를 목적어로 취한다.

▶ (B)는 to부정사의 형태이기는 하지만 수동태이기 때문에 정답이 될 수 없다.

해석

회사의 대부분의 변호사들은 오후 늦은 시간보다 정오에 점심 식사하는 것을 더 좋아한다.

(A) taking

(B) to be taken

(C) taken

(D) take

어휘
lawyer 법률가; 변호사
prefer 선호하다

 MORE & MORE

정답 p.015

밑줄 친 부분이 올바르면 ○, 그렇지 않으면 ×에 표시하세요.

❶ The test to be taken sometime in the next few days. 　　　　(○ | ×)

❷ The game taken more than three hours to finish. 　　　　(○ | ×)

❸ You can feel free to take some samples if you want. 　　　　(○ | ×)

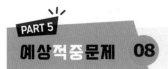
------- a heavy crane at a construction site requires a great deal of concentration.

(A) Operate

(B) Operation

(C) Operated

(D) Operating

문제 해설

▶ requires가 문장의 동사이므로 빈칸에는 주어를 완성시킬 수 있는 단어가 들어가야 한다.

▶ 보기 중에서 주어 역할을 할 수 있는 것은 명사인 (B)와 동명사인 (D)이다.

▶ 빈칸 뒤에 'a heavy crane at a construction site'가 빈칸에 들어갈 단어의 목적어 역할을 하고 있는데, (B)의 operation 은 명사이기 때문에 목적어를 취할 수 없다. 정답은 동명사인 (D)의 operating이다.

해석

공사 현장에서 대형 기중기를 조작하는 것은 상당한 집중력을 필요로 한다.

(A) Operate

(B) Operation

(C) Operated

(D) Operating

어휘

crane 크레인, 기중기

construction site 공사 현장

concentration 집중

operate 조작하다, 운전하다

MORE & MORE

정답 p.015

밑줄 친 부분이 올바르면 ○, 그렇지 않으면 ×에 표시하세요.

❶ The doctors hope to <u>operate</u> on the patient this evening. (○ | ×)

❷ <u>Operation</u> on the patient is risky but necessary to make him better. (○ | ×)

❸ The engineer <u>operated</u> the machinery without any problems. (○ | ×)

Ⅲ 분사

▶ 분사는 문장에서 형용사의 역할을 할 수 있다. 그러므로 형용사 자리에는 분사가 올 수 있다.
▶ 능동의 관계는 현재분사로, 수동의 관계는 과거분사로 나타낸다.
▶ 분사구문을 완성시키기에 적절한 분사를 고를 수 있어야 한다.

❶ 분사

분사는 「동사원형 + -ing」, 「동사원형 + -ed」 형태로서, 문장에서 형용사의 역할을 한다.

(1) 명사 수식

The **shipping** company promised to deliver the items by tomorrow morning.
운송 회사는 내일 아침까지 물품을 배송할 것을 약속했다.

(2) 보어

The newly released product made customers **disappointed** due to its design.
새로 출시된 제품은 디자인 때문에 소비자들을 실망시켰다.
→ 동사 made의 목적격 보어 역할

❷ 현재분사와 과거분사

분사 문제는 분사와 피수식어의 관계를 파악해야 풀 수 있다. 분사의 수식을 받는 명사와 분사의 관계가 '능동'인 경우에는 현재분사가, '수동'인 경우에는 과거분사가 사용되어야 한다.

(1) 현재분사: 수식 받는 명사와 분사의 관계가 '능동'인 경우

Several people **attending** the conference have not paid the registration fee yet.
학회에 참석한 몇몇 사람들은 아직도 등록비를 지불하지 않았다.
→ '사람들'이 '참석했다'는 의미

(2) 과거분사: 수식 받는 명사와 분사의 관계가 '수동'인 경우

Mark gave a **prepared** speech in front of 200 people. Mark는 200명의 사람들 앞에서 준비된 연설을 했다.
→ '연설'이 '준비되었다'는 의미

 빈칸에 들어갈 알맞은 말을 고르세요.   정답 및 해설 p.015

1. Mr. Stephens applied to work at a ------- firm before he graduated from college.

(a) consults
(b) consulting
(c) consulted

2. ------- files may take up to three working days to be copied and sent to individuals.

(a) Request
(b) Requesting
(c) Requested

❸ 분사구문

분사구문은 부사절의 접속사를 삭제하고 중복되는 주어를 생략한 다음 부사절의 동사를 분사로 바꿔서 만든다. 분사구문은 시간, 원인, 조건, 양보와 같은 의미의 부사구의 역할을 한다.

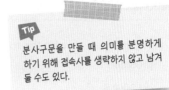

Tip
분사구문을 만들 때 의미를 분명하게 하기 위해 접속사를 생략하지 않고 남겨 둘 수도 있다.

~~Because they are~~ portable, laptops are convenient for many people.

→ **Being** portable, laptops are convenient for many people.
　　휴대할 수 있어서, 노트북 컴퓨터는 많은 사람들에게 편리하다.

cf. 완료분사구문

분사구문의 시제가 주절의 시제보다 앞서는 경우에는 「having + p.p.」의 형태가 된다. 이것은 완료 시제의 동사인 「have/has/had p.p.」에서 'have/has/had'를 분사로 변형한 것이라고 생각하면 이해하기 쉽다.

~~Although she had~~ been offered the job, Ms. Martinez decided to reject it.

→ **Having** been offered the job, Ms. Martinez decided to reject it.
　　일자리를 제안 받았지만, Martinez 씨는 거절하기로 결정했다.

❹ 주의해야 하는 분사

원래 동사의 의미를 제대로 알고 있어야 현재분사와 과거분사의 차이를 구분할 수 있다. 아래의 단어들과 예문을 통해 현재분사와 과거분사의 의미 차이를 확인하도록 하자.

advancing 전진하는 – advanced 진전된	developing 발전하는 – developed 발전된
disappointing 실망시키는 – disappointed 실망한	embarrassing 당황시키는 – embarrassed 당황한
increasing 증가하는 – increased 늘어난	involving 관련시키는 – involved 관련된
pleasing 기쁘게 하는 – pleased 기쁜	surprising 놀라운, 놀라게 하는 – surprised 놀란
satisfying 만족시키는 – satisfied 만족한	shocking 충격적인 – shocked 충격을 받은, 놀란

Winning the game was **satisfying** to the players. 경기의 승리는 선수들을 만족시켰다.

Everyone was **satisfied** with the delicious meal. 맛있는 식사에 모두 만족했다.

The **advancing** soldiers moved into the enemy's territory. 전진하는 군인들은 적의 영토로 이동했다.

The usage of **advanced** technology has helped the company. 발전된 기술의 사용은 회사에 도움이 되었다.

Check-up Quiz　빈칸에 들어갈 알맞은 말을 고르세요.　정답 및 해설 p.015

3. The ------- sales numbers for the first quarter resulted in Mr. Jenkins getting promoted.
　(a) surprises
　(b) surprising
　(c) surprised

4. ------- transferring abroad, Ms. Young needs a few days before she can make her decision.
　(a) Considered
　(b) Consideration
　(c) Considering

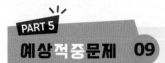
예상적중문제 09 빈칸에 들어갈 가장 알맞은 보기를 고르세요.

The man ------- with the foreman on the factory floor is the company's newest vice president.

(A) spoke

(B) speaks

(C) spoken

(D) speaking

문제 해설

▶ is가 문장 전체의 동사이므로, 빈칸에는 the man을 수식할 수 있는 단어가 들어가야 한다.

▶ the man과 speak의 관계를 생각해 보면, 이 둘은 능동의 관계임을 알 수 있다.

▶ 주어와 분사가 능동의 관계일 때에는 현재분사가 정답이다. 따라서 정답은 (D)의 speaking이다.

해석

작업 현장에서 공장장과 이야기를 나누고 있는 남자는 회사의 신임 부사장이다.

(A) spoke

(B) speaks

(C) spoken

(D) speaking

어휘

foreman 공장장

factory floor 작업 현장

vice president 부사장

MORE & MORE

정답 p.016

밑줄 친 부분이 올바르면 ○, 그렇지 않으면 ×에 표시하세요.

❶ Once the CEO has spoken, then Mr. Lewis will give his presentation. (○ | ×)

❷ The two CEOs spoke with each other in person at the luncheon. (○ | ×)

❸ Ms. Duncan is speaks to the board of directors about a major problem. (○ | ×)

Employees can receive permission to use a company car by submitting a ------- application to Ms. Morris.

(A) write

(B) written

(C) writing

(D) writes

🔍 문제 해설

▶ 문장 구조 상 빠져있는 부분이 없으므로, 빈칸에는 수식어가 들어가야 한다는 것을 알 수 있다.

▶ 따라서 빈칸에는 명사인 application을 수식할 수 있는 형용사가 들어가야 하는데, application(신청서)은 '작성되는 것' 이기 때문에 현재분사가 아닌 과거분사의 수식을 받아야 한다.

▶ 보기 중에서 write의 과거분사 형태는 (B)의 written이다.

🔒 해석

직원들은 Morris 씨에게 서면 신청서를 제출함으로써 회사 차량 사용을 위한 허가를 받을 수 있다.

(A) write
(B) written
(C) writing
(D) writes

어휘
permission 허가
submit 제출하다
application 신청서, 지원서

정답 p.016

밑줄 친 부분이 올바르면 O, 그렇지 않으면 ×에 표시하세요.

❶ Please <u>write</u> your name by using a pen with blue or black ink. (O | ×)

❷ You must provide a <u>writing</u> excuse if you are absent for more than two days. (O | ×)

❸ Larry <u>writes</u> in his diary almost every night of the week. (O | ×)

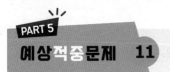
All online purchases ------- after 2:00 in the afternoon will not be shipped to customers until the following day.

(A) make

(B) making

(C) made

(D) were made

문제 해설

▶ will not be shipped가 문장 전체의 동사이므로 in the afternoon까지가 주어이다. 따라서 빈칸부터 in the afternoon 까지는 all online purchases를 수식할 수 있는 의미가 되어야 한다.

▶ 직접적으로 수식을 받는 명사인 purchases와 동사인 make는 수동의 관계이다.

▶ 따라서 make는 과거분사가 되어야 하므로 정답은 (C)의 made이다.

해석

오후 2시 이후에 이루어진 모든 온라인 구매는 익일에 고객에게 발송될 것이다. (A) make (B) making (C) made (D) were made	**어휘** online purchase 온라인 구매, 인터넷 구매 ship 선적하다, 발송하다

MORE & MORE

정답 p.016

밑줄 친 부분이 올바르면 ○, 그렇지 않으면 ×에 표시하세요.

❶ Mr. Sellers is considering <u>make</u> Dave Mercer the next manager of the store.　　(○ | ×)

❷ <u>Making</u> pancakes does not take very long to do.　　(○ | ×)

❸ Complaints about the service and the food <u>were made</u> by angry customers.　　(○ | ×)

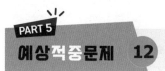
------- a monthly bill that was incorrect, Ms. Kline called the gas company to file a protest.

(A) Received

(B) Receiving

(C) Having received

(D) To be received

문제 해설

▶ 분사구문 문제로서, 먼저 주절의 주어인 Ms. Kline과 보기의 동사 receive의 관계를 파악한다.

▶ 주절의 주어인 Ms. Kline과 보기의 동사 receive의 관계가 능동이므로 (B)와 (C) 중에서 정답을 고른다.

▶ 분사구문의 내용은 '잘못된 월별 고지서를 받은 것'인데, 이는 주절의 내용인 '가스 회사에 이의를 제기한 것' 보다 먼저 발생한 사건이다.

▶ 분사구문의 시제가 주절의 시제보다 앞서기 때문에 완료분사구문 형태인 (C)가 정답이 된다.

해석

잘못된 월별 고지서를 받았기 때문에, Kline 씨는 가스 회사에 이의를 제기하기 위해 전화했다.

(A) Received

(B) Receiving

(C) **Having received**

(D) To be received

어휘
bill 고지서
incorrect 부정확한, 맞지 않는
protest 이의

MORE & MORE

정답 p.016

밑줄 친 부분이 올바르면 ○, 그렇지 않으면 ×에 표시하세요.

❶ According to my records, the package was <u>received</u> yesterday morning. (○ | ×)

❷ It is important to <u>receiving</u> the documents from the courier at once. (○ | ×)

❸ The ambassador expects to be <u>received</u> in an appropriate manner. (○ | ×)

Questions 13-16 refer to the following article.

CHANDLER (April 11)—Organizers of the recently concluded Chandler Spring Festival called this year's three-day event the best ever. According to them, ------- topped 10,000
13.
each day, meaning that more people visited the festival than in any of the previous ten years.

Jason Slater, one of the organizers, stated, "-------. Most attendees said they had a great
14.
time. We also had more rides, games, and booths than before."

Preparations for next year's festival are ------- underway. Mr. Slater said he hopes to add
15.
musical performances to the event. He also wants to add a charity auction ------- raise
16.
money for the local homeless shelter.

13. (A) approval
(B) attendance
(C) participation
(D) submission

15. (A) already
(B) very
(C) quite
(D) much

14. (A) We hope everyone comes to the festival this weekend.
(B) The weather caused too many problems this time.
(C) It was unfortunate how some people felt.
(D) We're extremely pleased with this year's festival.

16. (A) helping
(B) help
(C) will help
(D) to help

13 ▶ 빈칸 뒤의 top이라는 동사는 '(수치가) ~을 넘다'라는 의미이다.

▶ 빈칸 앞의 문장을 보면 올해의 행사가 역대 최고였다는 내용이 있다.

▶ 따라서 빈칸에는 '참석자'라는 뜻인 (B)의 attendance가 들어가는 것이 가장 적절하다.

14 ▶ 빈칸 바로 뒤 문장은 대부분의 축제 참가자들이 즐거운 시간을 보냈다는 내용이다.

▶ 따라서 '축제에 대단히 만족하고 있다'는 내용의 (D)가 빈칸에 오는 것이 가장 자연스럽다.

15 ▶ 문맥상 준비가 이미 이루어지고 있다는 내용이 되어야 하므로 정답은 (A)의 already이다.

16 ▶ 문장의 동사는 wants이므로 빈칸은 준동사 자리이다. 따라서 동사인 (B)와 (C)는 정답에서 제외된다.

▶ 빈칸부터 문장의 끝까지는 자선 경매를 추가하려는 목적을 설명하는 부사구이므로, to부정사인 (D)를 정답으로 골라야 한다.

해석

챈들러 (4월 11일)—최근에 끝난 챈들러 봄 축제의 주최자들은 올해 3일간의 행사가 역대 최고였다고 말했다. 그들에 따르면 1일 참석자 수가 10,000명을 넘었는데, 이는 이전 10년 동안 어떤 축제보다도 많은 사람들이 축제를 방문했다는 점을 의미한다.

주최자들 중 한 명인 Jason Slater는 **"우리는 올해의 축제에 대단히 만족하고 있습니다.** 대부분의 참석자들은 즐거운 시간을 보냈다고 했습니다. 또한 예전보다 더 많은 놀이기구, 게임, 그리고 부스도 마련되었습니다."라고 말했다.

내년 축제를 위한 준비가 이미 이루어지고 있다. Slater 씨는 행사에 음악 공연을 추가하고 싶다고 말했다. 또한 역내 노숙자 쉼터 기금을 모금하기 위한 자선 경매 행사도 추가되기를 원하고 있다.

---

13. (A) approval
(B) attendance
(C) participation
(D) submission

14. (A) 이번 주 축제에 모두들 참가해 주시기 바랍니다.
(B) 이번에는 날씨가 너무 많은 문제를 일으켰습니다.
(C) 몇몇 분께서 그렇게 느끼셨다니 유감이었습니다.
(D) 우리는 올해의 축제에 대단히 만족하고 있습니다.

15. (A) already
(B) very
(C) quite
(D) much

16. (A) helping
(B) help
(C) will help
(D) to help

어휘 organizer 조직자   recently 최근에   conclude 마치다, 끝내다   top (수치 등이) ~을 넘다   booth 부스, 작은 공간
preparation 준비   underway 진행 중인   musical performance 음악 공연   charity auction 자선 경매
raise money 모금하다   shelter 대피처, 쉼터

MORE & MORE

정답 p.016

밑줄 친 부분이 올바르면 ○, 그렇지 않으면 ×에 표시하세요.

❶ Do not forget to <u>submission</u> the application form before January 3.　　　　(○ | ×)

❷ Doug was <u>quite</u> surprised to learn that he had won the contest.　　　　(○ | ×)

❸ Being eager to <u>helping</u> others is a sign that a person has a generous spirit.　　　　(○ | ×)

Part 5 문장을 읽고 빈칸에 들어갈 가장 적절한 말을 고르세요.

1. Jennifer Thomas will ------- to the Indonesian office on the fifth of October.
   (A) transferred
   (B) transferring
   (C) have transferred
   (D) be transferred

2. Now that the economy is improving, more companies ------- hiring new employees.
   (A) begin
   (B) were begun
   (C) will begin
   (D) are begun

3. There was such a long wait at the bank that many of the customers ------- upset.
   (A) become
   (B) became
   (C) have become
   (D) are becoming

4. Attendees must confirm their plans ------- the event at least 12 hours before it begins.
   (A) attend
   (B) attended
   (C) to attend
   (D) will attend

5. The man ------- with the airline agent in the corner is working as a tour guide for Kennedy Tours.
   (A) speaks
   (B) speaking
   (C) spoken
   (D) is speaking

6. By the time October arrives, Mr. Wallace ------- more than twenty new machines of his own design.
   (A) patented
   (B) has patented
   (C) was patenting
   (D) will have patented

7. Ratings for many television networks are declining as many customers ------- other entertainment options.
   (A) select
   (B) selected
   (C) will select
   (D) are selected

8. Even though Mary arrived on time at six thirty, everyone ------- eating dinner without her.
   (A) starts
   (B) had started
   (C) is starting
   (D) will have started

9. Susan had her proudest moment at the company when she ------- the employee of the year award.
   (A) receives
   (B) received
   (C) is receiving
   (D) was received

10. The proposal to meet with Whitfield, Inc. by Karen West ------- by Mr. Rice by this time tomorrow.
    (A) will be approving
    (B) has been approved
    (C) should be approved
    (D) will have been approving

11. While Lambda Manufacturing has little iron left at its factories, a huge shipment of it ------- this Friday.
    (A) arrive
    (B) has arrived
    (C) will be arriving
    (D) will be arrived

12. Although the international market is thriving now, the domestic one ------- from low sales.
    (A) suffered
    (B) suffer
    (C) is suffered
    (D) is suffering

13. According to the survey, more than forty percent of the company's employees are dissatisfied ------- their working conditions
    (A) at
    (B) in
    (C) on
    (D) with

14. Mr. Rogers will have been out of the country for three weeks by the time he ------- home on Monday.
    (A) returns
    (B) is returning
    (C) will return
    (D) will be returning

15. By this time next week, all of the applications for the available positions -------.
    (A) will submit
    (B) are submitted
    (C) are being submitted
    (D) will have been submitted

16. Ms. Stanford and her research team ------- their objective when Jasper, Inc. began to manufacture the device they had invented.
    (A) meet
    (B) meets
    (C) meeting
    (D) met

Part 6 지문을 읽고 빈칸에 들어갈 가장 적절한 말을 고르세요.

Questions 17-20 refer to the following letter.

October 11

Dear Ms. Peterman,

I am writing this letter on behalf of Duane Stewart. Duane has been an employee at my company for five years. -------. He has already been ------- three times, which has never
                  17.   **18.**
happened that quickly.

Duane is a diligent worker who cares about getting positive -------. He gets along well with his
                                       19.
colleagues, all of whom like and respect him. I'm going to miss Duane a lot, but I understand he wants to move back to his hometown. I strongly recommend that you hire him. You will not
------- it.
20.

Sincerely,

Mary Cahill

Owner, Cahill Industries

---

17. (A) I hope that he remains here until he retires soon.
　　(B) During that time, he has done an outstanding job.
　　(C) We are encouraged that he wants to keep working here.
　　(D) He has requested a transfer to another department.

18. (A) promote
　　(B) promotion
　　(C) promoting
　　(D) promoted

19. (A) results
　　(B) consequences
　　(C) effects
　　(D) concerns

20. (A) propose
　　(B) regret
　　(C) consider
　　(D) demand

Questions 21-24 refer to the following e-mail.

To: Lisa Schroeder <lisa_s@davenport.com>
From: Carl Hamilton <carlhamilton1@xtp.com>
Subject: Information Request
Date: April 19

Dear Ms. Schroeder,

It was a pleasure meeting you at the convention in Boise last week. The services your company provides are intriguing. My supervisors believe ------- we at the XTP Corporation
21.
could benefit from them. I am therefore ------- that you provide us with more detailed
22.
information about your company and its services.

-------. We would also like to receive a price list if ------- is available. Should you have any
23.   **24.**
questions, please do not hesitate to contact me by phone at (408) 523-8313.

I look forward to hearing from you.

Sincerely,

Carl Hamilton

---

21. (A) what
    (B) which
    (C) that
    (D) how

22. (A) request
    (B) requesting
    (C) requested
    (D) requests

23. (A) Could you please send me any brochures or pamphlets you have?
    (B) When can you perform another product demonstration for us?
    (C) Which of our services are you the most likely to inquire about?
    (D) How long will it take the information you sent us to arrive?

24. (A) one
    (B) another
    (C) each
    (D) the other

기타 문법 사항

☝ 기타 문법 사항으로는 전치사, 대명사, 비교급과 최상급, 그리고 가정법과 관련된 사항들을 학습한다.

☝ 이들 중 가장 출제 빈도가 높은 것은 전치사이다. 전치사의 종류, 구 전치사, 전치사의 관용표현을 학습해 두어야 한다.

☝ 대명사, 비교급과 최상급, 가정법은 많이 출제되는 문법 사항들은 아니지만, 기본적인 개념은 알아 두어야 한다.

? 출제 경향

ⓐ 전치사 문제의 경우 빈칸 뒤의 명사에 따라 적절한 전치사를 고르는 문제가 출제된다. 또한, 전치사의 관용표현, 구 전치사를 묻는 문제들도 출제된다.

ⓑ 대명사의 경우 대명사의 격을 묻는 기본적인 문제뿐만 아니라 재귀대명사의 용법과 부정대명사와 같은 문제도 출제된다.

ⓒ 비교급과 최상급의 경우 문맥에 맞는 비교급이나 최상급을 고르는 문제가 기본적인 유형이다.

ⓓ 가정법의 경우 올바른 동사의 형태를 묻는 문제가 주로 출제된다.

! 풀이 전략

ⓐ 전치사 문제의 경우 의미와 용법에 따라 전치사를 구분하여 정리해 두어야 한다. 예를 들어, 시간을 나타내는 전치사의 경우 '기간'을 의미하는 어구 앞에 사용되는 전치사와 '시점'을 의미하는 어구 앞에 사용되는 전치사들을 구분해야 한다.

ⓑ 대명사 문제의 경우에는 대명사의 격을 묻는 문제가 출제되는데, 난이도가 낮은 문제인 만큼 반드시 맞춰야 하므로 기본적인 문법 사항일지라도 확실히 학습해 두어야 한다.

ⓒ 비교급과 최상급 문제의 경우 기본적인 사항들 이외에도 원급 비교, 비교급과 최상급의 강조와 같은 내용들도 출제되므로 이러한 문법 사항들도 학습해 둘 필요가 있다.

ⓓ 가정법 문제의 경우 기본적으로 가정법 과거/과거완료/미래 구문의 형태를 확실히 알고 있어야 한다. 또한, if가 생략되는 경우 가정법의 도치에 대해서도 알아 두어야 한다.

예제

Everyone agreed that the fourth design was ------- than all of the other designs at the contest were.

(A) impressive
(B) impressively
(C) more impressive
(D) the most impressive

문제 유형 분석

❶ 보기를 살펴보면 보기들이 impressive의 원급, 비교급, 최상급으로 이루어졌음을 알 수 있다.

❷ 이러한 문제를 풀기 위해서는 기본적으로 어떤 경우에 비교급이 사용되고 어떤 경우에 최상급이 사용되는지를 알고 있어야 한다.

❸ 아울러 원급을 필요로 하는 여러 가지 표현들에 대한 이해도 필요하다.

풀이 전략 및 해설

● 빈칸 다음의 than에 유의하면 비교적 쉽게 정답을 찾을 수 있다.

● than은 비교급에 사용되는 단어이므로, 빈칸에는 impressive의 비교급, 즉 (C)의 more impressive가 들어가야 한다.

● (D)의 the most impressive는 최상급인데, 최상급은 보통 전치사 of(~중에서)나 in(~ 안에서)과 함께 사용된다.

해석

모든 사람은 네 번째 디자인이 대회의 다른 모든 디자인들보다 더 인상적이라는 데 동의했다.

(A) impressive
(B) impressively
(C) more impressive
(D) the most impressive

어휘 contest 경쟁, 대회 impressive 인상적인

I 전치사

❶ 전치사의 종류

(1) 시간을 나타내는 전치사

'기간'과 함께 사용되는 전치사와 '시점'과 함께 사용되는 전치사들을 구분해 보도록 하자.

❶ for, during, within, over, throughout + 기간

All returns must be made **within** five days of the purchase of the items.
모든 반품은 물품을 구매한 지 5일이 내에 이루어져야만 한다.

cf. for vs. during (~ 동안)

for 다음에는 숫자로 표현된 기간이, during 다음에는 일반 명사로 표현된 기간이 온다.

Jonathan stayed there **for** 5 days. Jonathan은 5일 동안 그곳에서 머물렀다.

→ '5 days'라는 숫자로 표현된 기간 앞이기 때문에 전치사 for가 사용됨

Jonathan stayed there **during** summer vacation. Jonathan은 여름 휴가 동안 그곳에서 머물렀다.

→ 'summer vacation'이라는 일반 명사로 표현된 기간 앞이기 때문에 전치사 during이 사용됨

❷ by, until, before, since + 시점

The report needs to be in Mr. Simmons's hands **before** noon.
보고서는 정오 이전까지는 Simmons 씨가 가지고 있어야 한다.

cf. by vs. until (~까지)

by는 특정 시점 이전까지 어떠한 행동이나 상황이 '발생'한다는 의미이며, until은 특정 시점까지 어떠한 행동이나 상황이 '계속'된다는 의미이다.

She is not going to finish her assignment **by** the deadline.
그녀는 마감시까지 그녀의 과제를 끝내지 못할 것 같다.

→ '~까지 끝내다'라는 기한을 의미

Passengers should not wait **until** the last moment to arrive at the airport.
승객들은 공항에 도착하는 것을 마지막 순간까지 미루지 않는 것이 좋다.

→ '~까지 계속하다'라는 의미

빈칸에 들어갈 알맞은 말을 고르세요.

정답 및 해설 p.020

1. The workers are busy repairing the damage suffered ------- the storm.
   (a) for
   (b) during
   (c) in

2. Mr. Roberts said that you are allowed to use the guest parking lot ------- next week.
   (a) by
   (b) until
   (c) of

(2) 장소를 나타내는 전치사

① at: 특정 지점 앞

해당 장소가 특정한 지점을 의미하는 경우에는 전치사 at이 사용된다.

The guard desk is located **at** the front of the building. 안내 데스크는 건물의 앞에 위치해 있다.

② in: 넓은 장소나 공간 앞

해당 장소가 넓은 지역이나 공간을 의미하는 경우에는 in이 사용된다.

The Carter Company has more than 20 offices **in** Asia. [in + 넓은 지역]
Carter 사는 아시아에 20개 이상의 사무실을 보유하고 있다.

You can find more copy paper **in** the storeroom by room 204. [in + 공간]
당신은 204호실 옆의 창고에서 더 많은 복사 용지를 찾을 수 있다.

③ on: 경로나 표면 위

해당 장소가 경로나 표면 위를 의미하는 경우에는 on이 사용된다.

Fred put some of the books **on** his desk. Fred는 몇 권의 책을 책상 위에 두었다. [표면 위]

There are several gas stations **on** the road between Boulder and Denver. [경로]
볼더와 덴버 사이의 도로에 몇 개의 주유소가 있다.

② 구전치사

둘 이상의 단어가 모여서 하나의 전치사와 같은 역할을 하는 경우, 이를 구전치사라고 한다.

according to ~에 따르면	along with ~와 함께
because of (= due to, owing to) ~ 때문에	by means of ~의 도움으로
by way of ~을 경유하여; ~에 의해	except for ~을 제외하고
in addition to ~이외에	in front of ~의 앞에
in relation to ~에 관하여	in spite of (= despite) ~에도 불구하고
instead of ~ 대신에	on account of ~ 때문에
thanks to ~ 덕분에	with regard to ~와 관련해서

According to the brochure, visitors must pay $5 to enter the museum.
소책자에 따르면, 방문객들은 박물관에 입장하기 위해 5달러를 지불해야 한다.

Joseph was fired **because of** his mishandling of the accident.
Joseph은 사건을 잘못 처리한 것 때문에 해고되었다.

You need to take the stairs **instead of** the elevator right now. 지금은 승강기 대신 계단을 이용해야 한다.

빈칸에 들어갈 알맞은 말을 고르세요.

정답 및 해설 p.020

3. ------- our records, you have not paid your electricity bill for three months.

(a) Along with
(b) According to
(c) In addition to

4. We managed to increase our performance by 30% ------- the economic recession.

(a) in spite of
(b) on account of
(c) in relation to

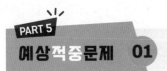
예상적중문제 01 빈칸에 들어갈 가장 알맞은 보기를 고르세요.

Electricity should be restored to the residents of the entire city ------- the next thirty-six hours.

(A) within

(B) through

(C) under

(D) whereby

문제 해설

▶ 빈칸 뒤에 명사구가 있으므로 빈칸은 전치사가 와야 하는 자리이다. 따라서 부사인 (D)는 정답에서 제외된다.

▶ 36시간 '이내에' 전기가 다시 공급되어야 한다는 의미의 문장이다. 따라서 '~이내에'라는 의미의 전치사인 (A)의 within이 정답이 된다.

▶ (C)의 under는 장소 앞에 사용되는 전치사이며, (B)의 through는 시간 앞에 사용될 수 있지만 '처음부터 끝까지'라는 뜻으로 사용되므로 의미상 적절하지 않다.

해석

앞으로 36시간 이내에 시 전체의 주민들에게 전기가 다시 공급되어야 한다.

(A) within

(B) through

(C) under

(D) whereby

어휘

electricity 전기

restore 복구하다

resident 주민

whereby 그것에 의하여

MORE & MORE

정답 p.020

밑줄 친 부분이 올바르면 ○, 그렇지 않으면 ×에 표시하세요.

❶ She made a purchase <u>through</u> the company's online store.   (○ | ×)

❷ The cat is hiding <u>under</u> the table in the kitchen.   (○ | ×)

❸ The scientist described the experiment <u>whereby</u> the new material was created.   (○ | ×)

All of the forms must be submitted to the HR Department ------- 5:00 P.M. on Friday.

(A) from

(B) within

(C) since

(D) by

문제 해설

▶ 빈칸 뒤에 '시각'을 의미하는 표현이 있으므로 '~ 이내에'라는 의미인 (B)의 within은 정답이 될 수 없다.

▶ 양식이 오후 5시까지 제출되어야 한다는 내용이 되어야 문장의 의미가 자연스러워진다.

▶ 따라서 '~까지'라는 의미인 (D)의 by가 정답이 된다.

해석

모든 양식들은 금요일 오후 5시까지 인사과에 제출되어야만 한다.

(A) from

(B) within

(C) since

(D) by

어휘

form 양식

submit 제출하다

MORE & MORE

정답 p.020

밑줄 친 부분이 올바르면 ○, 그렇지 않으면 ×에 표시하세요.

❶ The material must be submitted <u>since</u> this Thursday at 3:00 P.M.　　　　(○ | ×)

❷ Mr. Carpenter is planning to go <u>by</u> Ms. Stuart to the festival.　　　　(○ | ×)

❸ The instructions for assembly can be found <u>within</u> the box.　　　　(○ | ×)

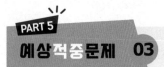
Mr. Kenmore was able to exceed his projected sales for the year ------- his having been ill in the hospital for two months.

(A) in spite of

(B) because of

(C) therefore

(D) mainly

문제 해설

▶ 빈칸 뒤의 'having been ill'은 동명사구이므로 빈칸은 전치사가 와야 하는 자리이다. 따라서 부사인 (C)의 therefore와 (D)의 mainly는 정답에서 제외된다.

▶ 빈칸 뒤의 내용은 '두 달 동안 입원해 있었다'는 것이며, 빈칸 앞의 내용은 '목표를 초과 달성했다'는 것으로서 서로 상반된다.

▶ 따라서 '~에도 불구하고'라는 뜻인 (A)의 in spite of가 정답이다.

해석

Kenmore 씨는 두 달 동안 병원에 입원해 있었음에도 불구하고 자신이 예상했던 올해의 판매 목표치를 초과 달성할 수 있었다.

(A) in spite of

(B) because of

(C) therefore

(D) mainly

어휘
exceed 초과하다
projected 예상된
mainly 주로

MORE & MORE

정답 p.020

밑줄 친 부분이 올바르면 ○, 그렇지 않으면 ×에 표시하세요.

❶ <u>Because of</u> Clifford was tired, he decided to leave the office early.   (○ | ×)

❷ The project will finish on time; <u>therefore</u>, the employees will all receive bonuses.   (○ | ×)

❸ The new law is supported <u>mainly</u> by people living in rural areas.   (○ | ×)

Dr. White intends to go to the consultation ------- two other members of his medical staff.

(A) along with

(B) with regard to

(C) by way of

(D) as soon as

🔍 **문제 해설**

▶ 빈칸 뒤에 명사구가 있으므로 접속사인 (D)의 as soon as는 정답에서 제외한다.

▶ 내용상 '다른 두 명의 의료진과 함께'라는 뜻이 완성되어야 하므로, '~와 함께'라는 뜻인 (A)의 along with가 정답이다.

▶ (B)의 with regard to는 '~와 관련해서', (C)의 by way of는 '~에 의해' 혹은 '~을 경유하여'라는 뜻이다.

📖 **해석**

White 박사는 그의 의료진에 있는 다른 두 명의 직원들과 함께 진찰을 가려고 한다.

(A) along with

(B) with regard to

(C) by way of

(D) as soon as

어휘

consultation 상담; 진찰
along with ~와 함께
with regard to ~에 관하여
by way of ~을 경유하여

 **MORE & MORE**

정답 p.020

밑줄 친 부분이 올바르면 ○, 그렇지 않으면 ×에 표시하세요.

❶ Carmen attended the concert <u>along with</u> several of her friends. (○ | ×)

❷ He will be flying to London <u>by way of</u> Paris. (○ | ×)

❸ I will let you know <u>as soon as</u> the e-mail arrives in my inbox. (○ | ×)

▶ 인칭대명사의 격을 구분할 수 있어야 한다.
▶ 빈칸에 앞에 나온 인물이나 사물을 반복해서 가리키는 대명사가 필요할 경우 재귀대명사가 정답이다.
▶ 대명사 문제에서 문장에 빠진 부분이 없으면 강조 용법의 재귀대명사가 정답이다.

❶ 인칭대명사

인칭대명사는 「주격 / 목적격 / 소유격 / 소유대명사」로 구분된다. 적절한 격의 인칭대명사를 선택하는 문제가 출제된다.

We hope that more employees will start taking public transportation. [주격 = 주어 자리]
우리는 더 많은 직원들이 대중 교통을 이용하시기를 바랍니다.

Ms. Chavez solved the problem in spite of **her** lack of knowledge. [소유격 = 명사 앞]
지식이 없음에도 불구하고, Chavez 씨가 그 문제를 해결했다.

His reserved manner makes **him** popular with his employees. [목적격 = 목적어 자리]
감정을 잘 드러내지 않는 자신의 방식 때문에, 그는 직원들에게 인기가 많다.

The book on the table is **mine**. [소유대명사 = 소유격 + 명사]
테이블 위에 있는 책은 내 것이다.

❷ 재귀대명사

'자기 자신'이라는 의미의 재귀대명사는 강조의 의미로 사용되는 경우 생략이 가능하나 목적어로 사용되는 경우에는 생략이 불가능하다.

(1) 강조 용법: 재귀대명사가 주어나 목적어를 강조하는 경우 (생략 가능)

The CEO spoke with the vice president **himself** about the ongoing problem.
최고경영자는 계속되는 문제에 대해 부사장과 직접 이야기를 나누었다.
→ 강조 용법으로 사용된 재귀대명사는 생략되어도 문장이 성립된다.

(2) 재귀 용법: 재귀대명사가 동사나 전치사의 목적어로 사용되는 경우 (생략 불가)

Jason introduced **himself** to the vice president of Shaker, Inc.
Jason은 Shaker 주식회사의 부사장에게 자신을 소개했다.
→ 재귀 용법으로 사용된 재귀대명사는 목적어이기 때문에, 생략될 경우 문장이 성립되지 않는다.

 Check-up Quiz 빈칸에 들어갈 알맞은 말을 고르세요.

정답 및 해설 p.020

1. Ms. Sanders was slightly injured when a car bumped into ------- while she was driving.
   (a) she
   (b) hers
   (c) herself

2. Betsy ------- was pleased with the results, but some others thought they could have done better.
   (a) she
   (b) her
   (c) herself

③ 부정대명사

부정대명사	의미
one / ones	(같은 종류의) 하나 / 여러 개
another / others	(언급된 것 이외의) 또 다른 하나 / 다른 것들
the other / the others	(정해진 것들 중) 나머지 하나 / 나머지 전부
each other / one another	둘 사이의 서로 / 셋 이상의 서로
some / any	긍정문에서의 몇몇 / 부정문, 의문문, 조건문에서의 몇몇

He liked the pizza at the restaurant, so he decided to order **another**.
그는 그 식당의 피자를 좋아해서, 하나 더 주문하기로 결정했다.

Some of the bars are made of gold, but **others** are platinum.
몇몇 막대들은 금으로 만들어졌지만, 다른 몇 개는 백금이다.

One of Mr. Kay's cars is in the shop, but **the other** is in working condition.
Kay 씨의 자동차 중 한 대는 정비소에 있지만, 다른 한 대는 작동되는 상태이다.

→ the other: Kay 씨가 소유한 자동차 두 대 중에서 나머지 한 대를 의미

The others who are not attending the meeting should do their regular duties.
회의에 참석하지 않는 나머지 사람들은 정상적인 임무를 수행해야 한다.

→ the others: 회의에 참석하지 않은 모든 사람들을 의미

Mark Sanders will play the piano and sing **some** of his hit songs.
Mark Sander는 피아노를 연주하고 자신의 히트곡을 부를 것이다.

When touring the museum, refrain from touching **any** of the exhibits.
박물관을 관람할 때, 어떠한 전시품도 만지지 말아 주세요.

cf. another / other / some / any는 부정형용사로도 사용된다.

Paul is working with the people from Detroit while **other** employees are talking to the London office. Paul은 디트로이트 출신의 사람들과 근무하지만 다른 직원들은 런던 사무실의 사람들과 이야기한다.

They would like to attend **some** shows this weekend. 그들은 이번 주말에 몇몇 쇼를 보러 가고 싶어 한다.

Check-up Quiz 빈칸에 들어갈 알맞은 말을 고르세요. 정답 및 해설 p.020

3. We hope that you continue volunteering with us at some of our ------- upcoming events.
(a) another
(b) other
(c) the other

4. The two managers often work with ------- to be more efficient.
(a) another
(b) one another
(c) each other

More and more factories are being automated, thereby causing some workers to lose ------- jobs.

(A) his

(B) her

(C) their

(D) its

문제 해설

▶ 보기가 모두 대명사의 소유격이므로, 대명사가 지칭하는 대상이 무엇인지를 파악하면 정답을 쉽게 고를 수 있다.

▶ some workers를 대신하는 대명사가 사용되어야 하므로 정답은 (C)의 their이다.

해석

점점 더 많은 공장이 자동화되고 있기 때문에 일부 노동자들이 일자리를 잃고 있다.

(A) his

(B) her

(C) their

(D) its

어휘

automate 자동화하다

thereby 따라서

정답 p.021

밑줄 친 부분이 올바르면 ○, 그렇지 않으면 ×에 표시하세요.

❶ Mr. Stephens said that he would solve the problem <u>his</u>. (○ | ×)

❷ Todd and Jeff, who work at the RT Company, value <u>their</u> friendship. (○ | ×)

❸ Gold is valued for <u>its</u> properties by many people. (○ | ×)

Because all of the other HR employees were busy at that moment, the director of the department conducted the last interview -------.

(A) her

(B) she

(C) hers

(D) herself

문제 해설

▶ 위 문장은 빈칸이 생략된다 할지라도 올바른 문장이다. 그러므로 빈칸에는 강조의 역할을 할 수 있는 대명사가 와야 한다.

▶ 재귀대명사인 (D)의 herself가 강조의 역할을 할 수 있다.

해석

그때 인사과의 다른 모든 직원들이 바빴기 때문에, 부서장이 직접 마지막 면접을 진행했다.

(A) her

(B) she

(C) hers

(D) herself

어휘

at that moment 그때

department 부서

conduct 집행하다

MORE & MORE

정답 p.021

밑줄 친 부분이 올바르면 ○, 그렇지 않으면 ×에 표시하세요.

❶ Ms. Campbell decided to work on the project <u>hers</u>.　　　　　(○ | ×)

❷ <u>Her</u> and Otis are going to go on a business trip to Berlin.　　　(○ | ×)

❸ If you ask me, <u>she</u> is the most qualified person for the job.　　　(○ | ×)

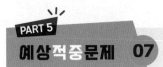

PART 5
예상적중문제 07 빈칸에 들어갈 가장 알맞은 보기를 고르세요.

Fred Thompson and Marcia Walker have been colleagues with ------- ever since 2012.

(A) another

(B) each other

(C) any other

(D) some others

문제 해설

▶ '서로 동료로 지내왔다'라는 의미가 만들어져야 자연스러운 문장이 완성된다.

▶ 문장의 주어인 Fred Thompson과 Marcia Walker 두 사람이 그 대상이 되므로, 빈칸에는 (B)의 each other가 들어가야 한다.

해석

2012년부터 Fred Thompson과 Marcia Walker는 서로 동료였다.

(A) another

(B) each other

(C) any other

(D) some others

어휘

colleague 동료

 **MORE & MORE**

정답 p.021

밑줄 친 부분이 올바르면 ○, 그렇지 않으면 ×에 표시하세요.

❶ Those two mechanics helped <u>any other</u> repair the broken motor.　　(○ | ×)

❷ <u>Another</u> problem with the design is that the wiring is too complicated.　　(○ | ×)

❸ The two men introduced themselves to <u>each other</u> when they first met.　　(○ | ×)

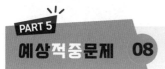

PART 5

예상적중문제 08 빈칸에 들어갈 가장 알맞은 보기를 고르세요.

We do not anticipate ------- problems, yet there are still unexpected events that can occur from time to time.

(A) each

(B) all

(C) any

(D) some

🔍 문제 해설

▶ 빈칸 뒤에 명사가 있으므로 올바른 부정형용사를 골라야 한다.

▶ 빈칸 뒤에 복수 명사가 있으므로 단수 명사 앞에 사용되는 (A)의 each는 정답에서 제외된다.

▶ 빈칸이 포함된 절이 부정문이므로, 의문문이나 부정문에 사용될 수 있는 부정형용사인 (C)의 any가 정답이다. (D)의 some은 긍정문에 사용된다.

🔐 해석

어떠한 문제도 예상하고 있지 않지만, 때때로 예상치 못한 사건들이 일어날 수 있다.

(A) each
(B) all
(C) any
(D) some

어휘

anticipate 예상하다
unexpected 예상하지 못한
from time to time 때때로

정답 p.021

밑줄 친 부분이 올바르면 ○, 그렇지 않으면 ×에 표시하세요.

❶ The teacher gave <u>each</u> of the students a handout when class started.　　(○ | ×)

❷ We managed to finish <u>all</u> of the work assignments before lunch.　　(○ | ×)

❸ Marcel does not have <u>some</u> friends here because he just moved to this city.　　(○ | ×)

Ⅲ 비교급과 최상급

❶ 원급

(1) 원급의 형태와 의미

'as + 형용사/부사의 원급 + as'의 형태로, '~만큼 …한'이라는 의미이다.

The new vehicle looks as stylish as last year's model does.
신형 자동차는 작년 모델만큼 멋져 보인다.

→ as + 형용사의 원급 + as

Mr. Henderson works as effectively as every other employee
in the office does.
Henderson 씨는 사무실의 다른 모든 직원들만큼 효율적으로 일한다.

→ as + 부사의 원급 + as

> **Tip**
> 원급 문제를 풀 때 빈칸 앞뒤의 'as'와
> 'as'가 없다고 생각하면, 빈칸에 형용사
> 와 부사 중 어느 것이 와야 하는지 쉽게
> 파악할 수 있다.

(2) 원급의 관용 표현

the same as A A와 같은 것	as ~ as possible 가능한 한 ~하게

This fruit tree is the same as the one growing in the garden across the street.
이 과일 나무는 길 건너편의 정원에서 자라는 나무와 같은 것이다.

I would like to receive the schedule for the event **as** swiftly **as possible**.
나는 가능한 한 빨리 행사 일정표를 받고 싶다.

❷ 비교급

(1) 비교급의 형태와 의미

'형용사/부사의 비교급 + than'의 형태로서 '~보다 …한'이라는 의미이다.

Matt's assignment is much harder than Lucy's. Matt의 과제가 Lucy의 것보다 훨씬 어렵다.

That documentary looks more interesting than the program I'm watching.
저 다큐멘터리는 내가 시청하고 있는 프로그램보다 더 재미있어 보인다.

빈칸에 들어갈 알맞은 말을 고르세요.   정답 및 해설 p.021

1. The contestant said the correct answer as
------- as she could and won the contest.

   (a) quick

   (b) quickly

   (c) quickest

2. Mr. Gregory requests that you deliver the
products ------- than the last time.

   (a) fast

   (b) as fast

   (c) faster

(2) 비교급 강조 부사: much, still, a lot, even, far 등

Mr. Mariano is **a lot older** than all of the others in the office.

Mariano 씨는 사무실의 다른 모든 사람들에 비해 훨씬 더 나이가 많다.

(3) 비교급의 관용표현

no more than 겨우 ~만큼, 단지	no less than ~만큼이나, 무려
no later than 늦더라도 ~까지는	no sooner than ~하자마자
the + 비교급, the + 비교급 ~할수록 더 …하다	

We request that you provide us with your credit card information **no later than** April 10.

늦어도 4월 10일까지 당신의 신용카드 정보를 제공해 주실 것을 요청합니다.

The older people get, **the more wisdom** most of them acquire.

사람들은 나이가 들수록, 그들의 대부분은 더 많은 지식을 얻는다.

❸ 최상급

(1) 최상급의 형태와 의미

'the/소유격 + 형용사/부사의 최상급' 형태로서 '가장 ~한'이라는 의미이다.

The consumer rating the company received this quarter was **the highest** that it has ever been.

이번 분기에 회사가 받은 소비자 평가 점수는 지금까지 받았던 것들 중 가장 높았다.

(2) 최상급 강조 부사: by far, ever, the very 등

Samuel is **by far the most diligent** person in his office. Samuel은 그의 사무실에서 정말로 가장 부지런한 사람이다.

(3) 최상급의 관용표현

at most 아무리 많아봐야	at least 최소한
at the earliest 아무리 빨라도	at the latest 아무리 늦어도

Please give us your résumé by this Friday **at the latest**.

아무리 늦더라도 이번 주 금요일까지 당신의 이력서를 보내 주세요.

Parker Consulting is opening an office in Gainesville, and **at least** 15 individuals will be employed there. Parker 컨설팅이 Gainesville에 사무실을 개설할 것이며, 그곳에 최소한 15명의 직원이 채용될 것이다.

 빈칸에 들어갈 알맞은 말을 고르세요.

정답 및 해설 p.021

3. Anyone interested in attending the trade show should register no ------- than June 15.

(a) late

(b) later

(c) latest

4. There are at ------- four available positions at the company that must be filled.

(a) less

(b) least

(c) latest

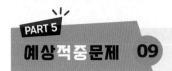

Ms. Duke is widely regarded as ------- individual at Kenmore Consulting, her present workplace.

(A) more as capable

(B) the most capable

(C) more capable

(D) capable as

문제 해설

▶ 비교급이 정답이 되려면 뒤에 than과 함께 비교 대상이 있어야 하는데, 이 문장에서는 없으므로 비교급인 (A)와 (C)는 정답이 아니다.

▶ 'be regarded as'는 '~라고 여겨진다'라는 의미로 사용된 동사구로서, 빈칸 앞의 as가 있다고 해서 무조건 원급비교 문제라고 생각해서는 안 된다. 따라서 (D)는 정답이 아니다.

▶ 정답은 capable의 최상급인 (B)의 the most capable이다.

해석

Duke 씨는 자신의 현 직장인 Kenmore 컨설팅에서 가장 유능한 직원으로 널리 인정받고 있다.

(A) more as capable

(B) the most capable

(C) more capable

(D) capable as

어휘

be regarded as
~으로 간주되다

capable 유능한, 능력 있는

workplace 직장, 일터

 **MORE & MORE**

정답 p.022

밑줄 친 부분이 올바르면 ○, 그렇지 않으면 ×에 표시하세요.

❶ Lisa is clearly <u>more as capable</u> at her position than Daniel is. (○ | ×)

❷ Nobody appears <u>more capable</u> of winning than Mr. Weston. (○ | ×)

❸ She <u>capable as</u> completed the work she was hired to do. (○ | ×)

예상적중문제 10 빈칸에 들어갈 가장 알맞은 보기를 고르세요.

The data must be collected at the same time every day to make sure that it is as ------- as possible.

(A) accurate

(B) accurately

(C) accuracy

(D) accurateness

문제 해설

▶ 빈칸 앞뒤에 as가 있으므로 원급 비교를 묻는 문제이다. 따라서 명사인 (C)와 (D)는 정답에서 제외된다.

▶ 원급 비교 문제를 풀 때에는 형용사와 부사의 원급 중에서 정답을 고르면 되는데, 이때 빈칸 앞뒤에 as가 없다고 생각하면 문제를 쉽게 풀 수 있다.

▶ as가 없다고 생각하면 빈칸은 앞에 있는 동사인 is의 보어가 와야 하는 자리임을 알 수 있다. 따라서 형용사인 (A)의 accurate이 정답이다.

▶ 'as ~ as possible'은 '가능한 한 ~하게'라는 의미로서 상당히 많이 사용되는 표현이다.

해석

데이터의 정확성을 확보하기 위해 데이터는 매일 같은 시간에 수집되어야 한다.

(A) accurate

(B) accurately

(C) accuracy

(D) accurateness

어휘

collect 수집하다

accurate 정확한

 **MORE & MORE**

정답 p.022

밑줄 친 부분이 올바르면 ○, 그렇지 않으면 ×에 표시하세요.

❶ It is important that everyone <u>accurately</u> record the time that they spend working. (○ | ×)

❷ On the test, <u>accuracy</u> is necessary as wrong answers will lose points. (○ | ×)

❸ Please <u>accurateness</u> calculate the distance from the Earth to the sun. (○ | ×)

The new video recorder is selling ------- better than anyone in the Marketing Department had predicted it would.

(A) very

(B) much

(C) lots

(D) so

문제 해설

▶ 비교급을 강조할 수 있는 부사를 고르는 문제이다.

▶ 비교급 강조에 사용될 수 있는 부사에는 'even, much, still, a lot, far' 등이 있다.

▶ 보기 중에서 이에 해당하는 부사는 (B)의 much이다.

해석

새 비디오 레코더는 마케팅 부서의 어떤 직원이 예측했던 것보다도 훨씬 많이 판매되고 있다.

(A) very

(B) much

(C) lots

(D) so

어휘
predict 예측하다
select 선택하다
oppose 반대하다

MORE & MORE

정답 p.022

밑줄 친 부분이 올바르면 ○, 그렇지 않으면 ✕에 표시하세요.

❶ There are <u>very</u> many people eager to purchase the company's products. (○ | ✕)

❷ He has a <u>lots</u> of contacts in the entertainment industry. (○ | ✕)

❸ This was <u>so</u> a wonderful play that I want to see it again soon. (○ | ✕)

예상적중문제 12 빈칸에 들어갈 가장 알맞은 보기를 고르세요.

Spending estimates for the coming year should be submitted to Mr. Robinson no ------- than 5:00 P.M. today.

(A) more

(B) less

(C) later

(D) longer

🔍 문제 해설

▶ 빈칸 뒤에 than이 있으므로 비교급이 정답인데, 보기가 모두 비교급이다.

▶ 비교급 관용표현에서 학습한 'no later than (아무리 늦어도, ~까지)'이 의미상 가장 적절하다. 정답은 (C)의 later이다.

▶ 이와 같은 관용표현들을 암기해 두면 문제를 빠르게 풀 수 있다.

🔒 해석

내년도 지출 견적서는 늦어도 오늘 오후 5시까지 Robinson 씨에게 제출되어야 한다.

(A) more

(B) less

(C) later

(D) longer

어휘

spending estimate
지출 견적서

submit 제출하다

no later than 아무리 늦어도

MORE & MORE

정답 p.022

밑줄 친 부분이 올바르면 ○, 그렇지 않으면 ×에 표시하세요.

❶ It is estimated that <u>more</u> than 5,000 people visited the festival yesterday.　　(○ | ×)

❷ It takes <u>less</u> time to cross the country now thanks to airplanes.　　(○ | ×)

❸ They are not willing to wait any <u>longer</u> than ten minutes.　　(○ | ×)

IV 가정법

> ▶ 가정법 구문의 if절의 동사를 보고, 주절의 동사를 고를 수 있어야 한다.
> ▶ if가 아닌 without이나 but for를 이용하여 가정법 문장을 만들 수 있다.
> ▶ if가 생략된 가정법 도치 구문을 가정법의 종류에 따라 구분할 수 있어야 한다.

❶ 가정법 과거

가정법 과거는 현재 사실과 반대되는 상황을 가정하는 의미이다.

> if + 주어 + 동사의 과거형, 주어 + 조동사의 과거형 + 동사원형

If you **knew** how to use this device, you **could work** more efficiently.
당신이 이 기기를 사용하는 법을 안다면, 당신은 더 효율적으로 일할 수 있을 텐데.

cf. 가정법 과거의 if절에서 be동사는 주어에 상관없이 were를 쓴다.

If I **were** you, I **would attend** the seminar held in Rome. 내가 당신이라면 로마에서 열리는 세미나에 참석할 텐데.

❷ 가정법 과거완료

가정법 과거완료는 과거의 사실과 반대되는 상황을 가정하는 의미이다.

> if + 주어 + had + p.p., 주어 + 조동사의 과거형 + have + p.p.

If the price of the shoes **had not doubled**, Sarah **would have purchased** them.
신발 가격이 두 배로 오르지 않았더라면, Sarah는 그것을 구매했을 텐데.

❸ 가정법 미래

가정법 미래는 미래에 발생할 가능성이 거의 없는 상황을 가정하는 의미이다.

> if + 주어 + should/were to + 동사원형, 주어 + 조동사의 원형 + 동사원형
> if + 주어 + should/were to + 동사원형, 명령문

If this pandemic **were to** end tomorrow, I **will go** on a trip overseas with my family.
이 전염병이 내일 끝난다면, 나는 가족들과 함께 해외여행을 갈 텐데.

If you **should have** any problems with your computer, **please call me**.
당신의 컴퓨터에 문제가 발생하면, 저에게 전화하세요.

 빈칸에 들어갈 알맞은 말을 고르세요. 정답 및 해설 p.022

1. If you ------ the manual closely, you would not have broken this camera.
   (a) read
   (b) had read
   (c) should read

2. If I were fluent in French, I ------ for a transfer to the Paris branch.
   (a) will apply
   (b) would apply
   (c) would have applied

④ Without(= But for) 가정법

if가 아닌 without, but for를 사용하여 가정법 문장을 만들 수 있다. 이때, without과 but for 뒤에는 명사(구)가 온다.

Without your donation, we could not **support** the charities.
여러분의 기부금이 없다면, 우리는 자선단체를 지원할 수 없을 것입니다.

> **cf.** without 가정법 문장을 아래와 같이 표현할 수도 있다.

Without the cloud computing service, it **could** not **be** possible to work everywhere. [가정법 과거]
→ **If it were not for** the cloud computing service, it **could** not **be** possible to work everywhere.
클라우드 서비스가 없다면, 우리가 어디에서나 일하는 것은 불가능할 것이다.

Without Mr. Houston, the negotiations **would have gone** poorly. [가정법 과거 완료]
→ **If it had not been for** Mr. Houston, the negotiations **would have gone** poorly.
Houston 씨가 없었다면, 협상이 좋지 않게 진행되었을 것이다.

⑤ 가정법 도치

If가 생략되는 경우에는 주어와 동사의 순서가 바뀌게 된다. 즉, 동사가 주어 앞으로 나온다.

가정법 과거	Were + 주어, 주어 + 조동사의 과거형 + 동사원형
가정법 과거완료	Had + 주어 + p.p., 주어 + 조동사의 과거형 + have + p.p.
가정법 미래	Should + 주어 + 동사원형, 주어 + 조동사의 원형 + 동사원형 Should + 주어 + 동사원형, 명령문

If I were in your situation, I would accept the job offer.
→ **Were I** in your situation, I would accept the job offer.
내가 당신의 상황이라면, 나는 그 일자리 제의를 수락할 텐데.

If Mr. Liu had invested in RCK, Inc., he would have made a large profit.
→ **Had Mr. Liu** invested in RCK, Inc., he would have made a large profit.
Liu 씨가 RCK 사에 투자했더라면, 그는 큰 이익을 보았을 텐데.

If you should forget your password, please contact Mr. Corner in the IT Department.
→ **Should you** forget your password, please contact Mr. Corner in the IT Department.
비밀번호를 잊어버릴 경우, IT 부서의 Corner 씨에게 연락하세요.

빈칸에 들어갈 알맞은 말을 고르세요.

정답 및 해설 p.022

3. ------- the players practiced hard for the game, they would have won the championship.
(a) If
(b) Were
(c) Had

4. If it had not been for her help, I ------- the report on time.
(a) have not submitted
(b) cannot submit
(c) could not have submitted

If Alice worked more diligently, she ------- more productive at her job.

(A) is

(B) will be

(C) has been

(D) would be

문제 해설

▶ 가정법 문제를 풀 때에는 동사의 형태를 보고 가정법의 종류를 파악해야 한다.

▶ if절의 동사가 과거형이므로 이 문장은 가정법 과거임을 알 수 있다.

▶ 가정법 과거 문장에서 주절의 동사는 '조동사의 과거형 + 동사원형'이므로 정답은 (D)이다.

해석

Alice가 더욱 근면하게 일한다면, 그녀는 자신의 일에서 보다 생산적일 것이다.

(A) is

(B) will be

(C) has been

(D) would be

어휘

diligently 근면하게

productive 생산적인

정답 p.023

밑줄 친 부분이 올바르면 O, 그렇지 않으면 ×에 표시하세요.

❶ That country <u>is</u> known to be a leading producer of copper and tin.　　　　(O | ×)

❷ The band <u>will be</u> in the city to perform three concerts next week.　　　　(O | ×)

❸ She <u>has been</u> working at Macro Systems for the past three months.　　　　(O | ×)

If the mayor had performed well during the televised debate, she ------- the election.

(A) can win

(B) will win

(C) has won

(D) would have won

문제 해설

▶ if절의 동사가 'had + p.p.'이므로 이 문장은 가정법 과거완료 형태이다.

▶ 가정법 과거완료 문장에서 주절의 동사는 '조동사의 과거형 + have + p.p.'의 형태가 되어야 한다.

▶ 따라서 정답은 (D)의 would have won이다.

해석

시장이 텔레비전 토론에서 잘했더라면, 그녀는 선거에서 승리했을 것이다.

(A) can win

(B) will win

(C) has won

(D) would have won

어휘
mayor 시장
perform 행하다
debate 토론

정답 p.023

밑줄 친 부분이 올바르면 ○, 그렇지 않으면 ×에 표시하세요.

① Irene thought she <u>can win</u> if she practiced hard before the contest.　　(○ | ×)

② The person who <u>will win</u> the lottery will receive more than two million dollars.　　(○ | ×)

③ Nobody <u>has won</u> the grand prize in the contest yet.　　(○ | ×)

The company could not precisely manufacture very small parts ------- its state-of-the-art equipment.

(A) as

(B) for

(C) without

(D) due to

문제 해설

▶ 주절의 동사가 'could + 동사원형'이므로 이는 가정법 과거 문장이다.

▶ 그런데 빈칸 뒤에 문장이 아닌 명사구가 있으므로, 빈칸에는 가정법 문장을 완성시킬 수 있는 전치사가 들어가야 한다.

▶ 정답은 (C)의 without으로서, without은 명사 앞에 사용되어 가정법 문장을 만들 수 있다.

▶ without을 대신하여 「but for / if it were not for / if it had not been for」 등이 사용될 수 있다.

해석

최신 장비가 없다면 회사는 매우 작은 부품들을 정밀하게 제조할 수 없을 것이다.

(A) as

(B) for

(C) without

(D) due to

어휘
precisely 정밀하게
state-of-the-art 최신의
equipment 장비, 도구

MORE & MORE

정답 p.023

밑줄 친 부분이 올바르면 ○, 그렇지 않으면 ×에 표시하세요.

❶ As the lecture, some of the students were not paying much attention. (○ | ×)

❷ The package was sent for Mr. Dobbins, a worker on the third floor. (○ | ×)

❸ Some offices closed early due to the power outage during the storm. (○ | ×)

PART 5

예상적중문제 16 빈칸에 들어갈 가장 알맞은 보기를 고르세요.

------- the bid not been competitive, the PWR Corporation would not have responded to the company making it.

(A) If

(B) Were

(C) Has

(D) Had

🔍 **문제 해설**

▶ 주절의 동사가 'would have p.p.' 형태이므로, 이 문장은 가정법 과거완료 문장이다.

▶ 빈칸에 if가 올 경우 동사가 'had + p.p.'여야 하는데, 위 문장을 보면 been 앞에 had가 보이지 않는다. 따라서 위 문장은 주어와 동사의 순서가 뒤바뀐 도치 문장임을 알 수 있다.

▶ 가정법 과거완료 문장에서는 had가 문장의 맨 앞으로 이동하므로 정답은 (D)이다.

ℹ️ **해석**

입찰 가격이 경쟁력이 있지 않았더라면, PWR 주식회사는 입찰한 업체에 응찰하지 않았을 것이다.

(A) If

(B) Were

(C) Has

(D) Had

어휘

bid 응찰; 가격 제안

competitive 경쟁력 있는

respond 대응하다

정답 p.023

밑줄 친 부분이 올바르면 ○, 그렇지 않으면 ×에 표시하세요.

❶ The customer will receive a discount <u>if</u> he spends more than $150.   (○ | ×)

❷ <u>Were</u> you not able to arrive on time, Jason would give the speech.   (○ | ×)

❸ <u>Has</u> anyone heard an update regarding the negotiations with Power T?   (○ | ×)

Questions 17-20 refer to the following article.

Westwood (August 10) – The Westwood Summer Festival is set to begin on Friday, August 11. The festival will be held ------- the shore of Lake Hamilton. The main site of the festival
17.
will be Hamilton Park. -------. But there will also be events held on the water.
18.

Westwood's mayor, Elaine O'Neil, said that she ------- thousands of people to attend. "We
19.
worked hard to organize this festival," she commented. "We hope it will be the best one yet." There will be many events with water themes, ------- swimming, fishing, boating, and
20.
water-skiing.

---

17. (A) along

(B) with

(C) between

(D) about

18. (A) Westwood will be hosting a festival for the first time in its history.

(B) This year, there will not be any fishing events held.

(C) Attendance at the festival will likely be very low.

(D) This is where it has been held for the past nine years.

19. (A) awaits

(B) expects

(C) intends

(D) imagines

20. (A) include

(B) to include

(C) included

(D) including

17 ▶ 문맥상 '축제가 Hamilton 호숫가를 따라 열릴 것이다'라는 의미가 완성되어야 한다. 그러므로 '~을 따라서'라는 의미의 전치사인 (A)의 along이 정답이다.

18 ▶ 빈칸 바로 앞에 Hamilton Park라는 장소가 언급되어 있다. 따라서 행사가 주로 개최되는 장소를 설명하고 있는 내용의 (D)가 이어지는 것이 가장 자연스럽다.
　　▶ 두 번째 문단에서 '축제에 수천 명의 사람들이 참여할 것(thousands of people to attend)'이라고 했고, '수영, 낚시, 보트타기, 그리고 수상 스키(swimming, fishing, boating, and water-skiing)가 포함된 행사가 있을 것이라고 하였으며, '이번 행사가 역대 최고가 되기를 바란다고(We hope it will be the best one)' 언급되어 있으므로 (A), (B), (C)는 모두 정답이 될 수 없다.

19 ▶ 빈칸 뒤에 있는 Elaine O'Neil 시장의 말, 'We worked hard to organize this festival'과 'We hope it will be the best one yet'에서 시장이 축제에 대해 큰 기대를 하고 있다는 점을 알 수 있다.
　　▶ 따라서 빈칸에 들어갈 알맞은 동사는 '기대하다'라는 의미인 (B)의 expects이다.

20 ▶ '~을 포함하여'라는 뜻은 전치사 including으로 나타낼 수 있다. 따라서 정답은 (D)의 including이다.
　　▶ including을 동사 include의 현재분사형으로 볼 수도 있지만 regarding, concerning 등과 같이 전치사로 분류하는 것이 일반적이다.

🔎 **해석**

웨스트우드 (8월 10일) – 웨스트우드 여름 축제가 8월 11일 금요일에 시작될 예정이다. 이 축제는 해밀턴 호숫가를 따라서 개최될 것이다. 축제의 주요 장소는 해밀턴 공원이 될 것이다. **이곳은 지난 9년 동안 축제가 개최되어 온 곳이다.** 하지만 수상에서도 행사들이 있을 것이다.

웨스트우드의 시장 Elaine O'Neil은 수천 명의 사람들이 참여할 것이 예상된다고 말했다. 그녀는 "우리는 이 축제를 준비하기 위해 열심히 일했습니다,"라고 말하며 "우리는 이번 행사가 역대 최고가 되기를 바랍니다."라고 말했다. 수영, 낚시, 보트 타기 그리고 수상 스키 등을 포함하는 물에서 하는 많은 행사가 있을 예정이다.

---

17. (A) along
　　(B) with
　　(C) between
　　(D) about

18. (A) 웨스트우드는 역사상 처음으로 축제를 개최할 것이다.
　　(B) 올해, 낚시 행사는 열리지 않을 것이다.
　　(C) 축제 참가자는 매우 적을 것 같다.
　　(D) 이곳은 지난 9년 동안 축제가 개최되어 온 곳이다.

19. (A) awaits
　　(B) expects
　　(C) intends
　　(D) imagines

20. (A) include
　　(B) to include
　　(C) included
　　(D) including

어휘 be set to ~하기로 예정되어 있다　　shore 해안, 호숫가　　attend 참석하다　　organize 조직하다　　comment 언급하다

밑줄 친 부분이 올바르면 ○, 그렇지 않으면 ×에 표시하세요.
① Several people are standing <u>between</u> the two trees in the park.　　　　(○ | ×)
② Everyone <u>awaits</u> the movie to be the biggest hit of the year.　　　　(○ | ×)
③ A one-year subscription also <u>include</u> access to the Web site.　　　　(○ | ×)

정답 p.023

적절한 어휘 고르기

- 의미상 적절한 명사, 동사, 형용사, 부사를 고르는 유형으로, Part 5에서 어휘 문제가 차지하는 비중은 매우 높다.
- 어휘 문제의 경우, 문법 문제와 반대로 품사는 같지만 어근이 다른 단어들이 보기로 제시된다.
- 문맥에 맞는 어휘를 정답으로 골라야 하므로, 학습할 때 단순히 어휘의 뜻만 암기하지 말고 예문을 통해 문장에서 어떠한 의미로 사용되는지를 알아 두어야 한다.

❓ 출제 경향

ⓐ 명사 어휘와 동사 어휘 문제는 문맥을 파악하여 의미상 가장 적절한 어휘를 고르는 문제뿐만 아니라, 「복합명사」, 「동사 + 명사」, 「동사 + 전치사」 형태의 연어(collocation)와 같이 한 단어처럼 사용되는 두 개의 단어들 중 하나를 빈칸으로 제시하는 문제도 출제된다.

ⓑ 형용사 어휘와 부사 어휘 문제는 의미가 서로 다른 형용사 혹은 부사들이 보기로 제시되며, 이들 중 문장의 의미를 가장 자연스럽게 만들어 주는 단어를 보기 중에서 골라야 한다. 의미가 서로 유사한 형용사 및 부사 중에서 가장 자연스러운 문맥을 완성시키는 어휘를 고르는 문제도 출제될 수 있다.

ⓒ 이러한 기본적인 문제 유형 외에도 reliant와 reliable과 같은 비슷한 형태의 형용사나 부사의 의미 차이를 묻는 문제도 출제될 수 있고, be reluctant to와 같이 형용사 어구를 묻는 문제도 출제될 수 있다.

❗ 풀이 전략

ⓐ 주어 자리에 오는 명사 문제는 동사의 의미를 파악하는 것이 정답의 단서가 될 수 있다. 그리고 복합명사는 하나의 단어처럼 외워 두어야 한다.

ⓑ 타동사 어휘 문제의 경우 목적어로 사용된 명사의 의미를 파악하는 것이 정답의 단서가 될 수 있다. 자동사 문제나 동사의 연어 문제의 경우 함께 사용되는 전치사가 정답의 단서이다.

ⓒ 형용사와 부사 어휘 문제 역시 우선적으로 단어의 정확한 의미를 알고 있어야 정답을 찾을 수 있다. 어근이 같은 형용사와 부사를 따로따로 공부하지 말고 함께 외워 두는 것이 훨씬 더 효과적이다.

The seminar scheduled for today has been changed to tomorrow evening to ------- the speaker's schedule.

(A) accommodate
(B) remove
(C) approve
(D) make

문제 유형 분석

① 보기들이 서로 다른 동사들로 이루어져 있으므로, 이 문제는 문맥상 적절한 의미의 동사를 묻는 문제이다.
② 이러한 유형의 문제를 풀기 위해서는 우선 자동사와 타동사 중 어느 것이 정답인지 파악해야 한다.
③ 빈칸 앞뒤를 보면서 동사의 연어 문제가 아닌지도 파악해 보아야 한다.

풀이 전략 및 해설

● 빈칸 뒤에 'the speaker's schedule'이라는 목적어가 있으므로 타동사를 정답으로 고르는 문제이다.
● 목적어의 의미가 정답의 단서인데, 주어진 문장은 '연사의 일정(speaker's schedule)에 OO하기 위해' 세미나 일정이 변경되었다는 의미가 되어야 한다. 따라서, 빈칸에 들어갈 알맞은 동사는 (A)의 accommodate(맞추다)이다.
● (B)의 remove는 '제거하다'라는 뜻이며, (C)의 approve는 '인정하다' 혹은 '승인하다'라는 의미로 이들은 문맥상 모두 정답이 될 수 없다.

해석

오늘로 계획되었던 세미나는 강연자의 일정에 맞추기 위해 내일 저녁으로 일정이 변경되었다.
(A) accommodate
(B) remove
(C) approve
(D) make

어휘 accommodate 편의를 제공하다; 수용하다; 맞추다 remove 제거하다 approve 승인하다

> 정답
> 포인트

▶ 형태는 비슷하지만 의미가 서로 다른 명사를 구분해 두어야 한다.
▶ 복합명사나 명사가 포함된 관용 표현 등을 많이 알고 있으면 빈칸 앞뒤의 명사를 보고 정답을
  고를 수 있다.
▶ 특정 전치사와 함께 사용되는 명사들을 알아 두면 전치사를 단서로 정답을 고를 수 있다.

❶ 주의해야 할 명사

advance 진전 – advancement 승진; 발전	applicant 지원자 – application 지원(서)
comment 논평 – commentary 해설	entry 참가 – entrance 출입구
estimate 견적서 – estimation 평가	identity 정체성 – identification 신분증
installation 설치 – installment 할부금	objective 목표 – objectivity 객관성
product 제품 – production 생산	use 사용 – usage 사용량

Neither **applicant** is acceptable for the position. 두 지원자 중 누구도 그 자리에 적합하지 않다.
We received your **application** in the mail yesterday. 우리는 어제 편지에 동봉된 당신의 지원서를 받았습니다.

❷ 「in + 명사 + of」 형태의 관용 표현

in celebration of ~을 축하하여	in charge of ~을 담당하여
in excess of ~을 초과하여	in honor of ~에게 경의를 표하여
in light of ~에 비추어, ~을 고려하여	in need of ~을 필요로 하는
in observance of ~을 기념하여	in reference of ~에 관하여
in search of ~을 찾아서	in spite of ~에도 불구하고
in terms of ~ 면에서	in the absence of ~이 없어서
in the course of ~ 동안	in token of ~의 표시로

We are **in need of** a larger budget for the coming year. 우리는 내년에 더 많은 예산을 필요로 한다.

The committee is **in search of** a qualified candidate for the supervisor's job.
위원회는 관리직에 자격을 갖춘 지원자를 찾고 있다.

The store will be closed tomorrow **in observance of** the national holiday.
상점은 국경일을 기념하여 내일 문을 닫을 것이다.

 Check-up Quiz 빈칸에 들어갈 알맞은 말을 고르세요.   정답 및 해설 p.023

1. Library patrons must show a form of ------- in order to be permitted to borrow material.
   (a) identity
   (b) identification
   (c) identified

2. Ms. Hampton recorded deals in ------- of $5 million with multiple clients during the past four months.
   (a) excess
   (b) total
   (c) appearance

❸ 복합명사

application form 지원서	assembly line 조립 라인
attendance record 출근 기록	business practice 사업상의 관행
communication skills 의사소통 기술	delivery charge 배송료
discount coupon 할인 쿠폰	employee productivity 직원 생산성
expiration date 만기일자	insurance policy 보험 정책
job opportunity 취업 기회	keynote speaker 기조연설자
office supplies 사무용품	production facility 생산 시설
safety procedure 안전 절차	sales figures 판매액
security guard 보안 요원	sick leave 병가

There is no **delivery charge** for purchases of more than $100.
100달러 이상의 구매에 대해서는 배송료가 없다.

Mr. Bender is responsible for ordering all **office supplies**.
Bender 씨가 모든 사무용품을 주문하는 일을 담당하고 있다.

Everyone at WTR, Inc. can take seven days of **sick leave** per year.
WTR 주식회사의 모든 사람은 연간 7일의 병가를 받을 수 있다.

❹ 특정 전치사와 어울려 사용되는 명사

to	access to ~에의 접근 pay attention to ~에 집중하다	contribution to ~에 대한 공헌	exposure to ~에 대한 노출
for	preference for ~에 대한 선호	qualification for ~에 대한 자격	request for ~에 대한 요구
of	a range of 다양한	a variety of 다양한	a series of 일련의
on	discussion on ~에 관한 논의	have an effect on ~에 영향을 주다	

Ms. Carter explained her **qualifications for** the position in the e-mail.
Carter 씨는 이메일에서 직책에 대한 그녀의 자격 요건을 설명했다.

Ms. Jackson made a **request for** a refund, but it was denied.
Jackson 씨는 환불을 요구했지만, 그것은 거부되었다.

The restaurant offers **a wide variety of** Italian foods. 그 식당은 다양한 이탈리아 음식을 판매한다.

 Check-up Quiz 빈칸에 들어갈 알맞은 말을 고르세요.

정답 및 해설 p.023

3. The first thing that the laboratory instructor did was explain all of the safety -------.
   (a) procedures
   (b) styles
   (c) ways

4. Many visitors at the museum have a ------- for tours led by an expert over self-guided tours.
   (a) time
   (b) portrayal
   (c) preference

Ms. Simmons is acquainted with the business ------- of people in several Asian countries.

(A) prohibitions

(B) practices

(C) editions

(D) conditions

문제 해설

▶ business라는 말과 가장 잘 어울리면서, 'be acquainted with(~을 잘 알고 있다)'라는 표현의 목적어로서 적절한 명사를 찾아야 한다.

▶ 정답은 (B)의 practices로서, business practice는 '사업상의 관행'이라는 의미로 사용되는 복합명사이다.

▶ (A)의 prohibitions는 '금지', (C)의 edition은 '판', 그리고 (D)의 conditions는 '상태'라는 의미이다.

해석

Simmons 씨는 여러 아시아 국가 사람들의 사업상 관행에 대해 잘 알고 있다.

(A) prohibitions

(B) practices

(C) editions

(D) conditions

어휘
be acquainted with ~을 잘 알고 있다
business practice 상관습
prohibition 금지
edition 판
condition 상태, 조건

MORE & MORE

정답 p.024

밑줄 친 부분이 올바르면 ○, 그렇지 않으면 ×에 표시하세요.

① There are several <u>prohibitions</u> that were announced by the government. (○ | ×)

② The company publishes new <u>editions</u> of its textbooks every three years. (○ | ×)

③ What are the <u>conditions</u> of the contract you are expected to sign? (○ | ×)

Security ------- will be called immediately if any unauthorized individuals are found in the facility.

(A) guards

(B) alarms

(C) warnings

(D) alerts

문제 해설

▶ 빈칸 앞에 명사가 있고 보기 또한 모두 명사이므로 복합명사를 묻는 문제이다.

▶ 빈칸 앞의 security라는 명사와 어울리면서 '허가받지 않은 사람(any unauthorized individuals)이 발견될 경우' 연락을 받게 될 사람이 누구인지 생각해 보면 정답이 (A)의 guards(경비원)라는 점을 쉽게 알 수 있다.

▶ (B)의 alarms는 '경보', (C)의 warnings는 '경고', 그리고 (D)의 alerts는 '경계 경보'라는 뜻이다.

해석

시설 내에서 허가받지 않은 사람들이 발견될 경우에는 즉시 보안 요원들에게 연락될 것이다.

(A) guards

(B) alarms

(C) warnings

(D) alerts

어휘
immediately 즉시
unauthorized 허가 받지 않은
individual 개인
security guard 보안 요원

정답 p.024

밑줄 친 부분이 올바르면 ○, 그렇지 않으면 ×에 표시하세요.

❶ The <u>alarms</u> on ambulances are used to tell motorists to get out of the way. (○ | ×)

❷ There are tornado <u>warnings</u> in several local areas because of the big thunderstorm. (○ | ×)

❸ Several <u>alerts</u> to the protestors were made over the loudspeakers. (○ | ×)

Janet Sanders is noted for her ------- to detail whenever she takes on a new job.

(A) regard

(B) sense

(C) consideration

(D) attention

문제 해설

▶ '새로운 일(a new job)을 맡을 때마다' 할 수 있는 것이 무엇인지 생각해 보고 정답을 찾도록 한다.

▶ (A)의 regard는 '관심', (B)의 sense는 '분별력', (C)의 consideration은 '고려', 그리고 (D)의 attention은 '주의'라는 뜻이다.

▶ 이중에서 전치사 to와 함께 사용될 수 있는 명사는 (D)의 attention이므로 정답은 (D)이다.

묘.수.풀.이

위 문제의 경우, '~에 주목하다', '~에 주의를 기울이다'라는 뜻을 가지고 있는 pay attention to라는 표현을 알고 있으면 명사 attention이 전치사 to와 자주 어울려 사용된다는 것을 확인할 수 있다.

해석

Janet Sanders는 새로운 일을 맡을 때마다 세심한 주의를 기울이는 것으로 유명하다.

(A) regard

(B) sense

(C) consideration

(D) attention

어휘

be noted for ~으로 유명하다
take on a job 일을 떠맡다
consideration 고려
attention 주의

MORE & MORE

정답 p.024

밑줄 친 부분이 올바르면 ○, 그렇지 않으면 ×에 표시하세요.

❶ Almost everyone at the law firm holds the senior lawyer in high regard. (○ | ×)

❷ The work cannot be completed sense funding has not been provided yet. (○ | ×)

❸ Which consideration is this train going to be traveling next? (○ | ×)

All new customers at the gardening center can attend a one-hour class on raising flowers free of -------.

(A) charge

(B) form

(C) method

(D) cash

문제 해설

▶ 전치사 of의 목적어로 사용되기에 적절한 의미의 명사를 고르는 문제이다.

▶ 문장을 해석해 보면 '무료로'라는 의미가 되어야 하므로 '요금'이라는 뜻의 명사인 (A)의 charge가 정답이 된다.

▶ 'free of charge'는 '무료로'라는 의미로서, at no cost, for free, no charge 등도 같은 의미의 표현이다.

해석

원예 용품점의 모든 신입 직원들은 한 시간 길이의 원예 수업을 무료로 들을 수 있다.

(A) charge

(B) form

(C) method

(D) cash

어휘

gardening center
원예 용품점

free of charge 무료의

cash 현금

MORE & MORE

정답 p.024

밑줄 친 부분이 올바르면 O, 그렇지 않으면 ×에 표시하세요.

❶ Each person is required to fill out a <u>form</u> in order to register for the conference.　　(O | ×)

❷ Please follow the <u>method</u> in the booklet to assemble the furniture.　　(O | ×)

❸ Fewer shoppers use <u>cash</u> when they want to pay for items these days.　　(O | ×)

II 동사 어휘

▶ 동사의 목적어가 제시된 경우에는 목적어로 사용된 명사의 의미를 파악하여 정답을 고른다.
▶ 동사와 어울려 사용되는 전치사가 있는 경우에는 이를 단서로 정답을 고른다.
▶ 의미가 비슷한 자동사와 타동사를 구분하여 목적어 유무에 따라 정답을 골라야 한다.

❶ 「동사 + 명사」 형태의 연어

arrange a meeting 회의를 준비하다	attach a file 파일을 첨부하다
catch a flight 비행기를 타다	certify a check 수표의 지급을 보증하다
close a contract 계약을 체결하다	close a speech 연설을 마치다
conduct an investigation 조사를 실시하다	deliver a speech 연설을 하다
draw a conclusion 결론을 이끌어 내다	fill a position 충원하다
hang up the phone 전화를 끊다	make an apology 사과하다
meet a deadline 마감 기일을 맞추다	place an order 주문을 하다
set a date 날짜를 정하다	take the initiative 주도권을 갖다
file a protest 이의를 제기하다	throw a party 파티를 열다

Harold **made an apology** to Emma for his rude comments.
Harold는 그의 무례한 발언에 대해 Emma에게 사과했다.

The police are **conducting an investigation** into the robbery at the jewelry store.
경찰은 보석상 강도 사건에 대해 조사를 실시하고 있다.

Take the initiative and don't wait for things to happen to you.
주도권을 가지도록 하고 당신에게 일어날 일들을 기다리지 마세요.

❷ 명사절을 목적어로 취하는 동사

'생각하다', 또는 '전달하다'라는 의미의 동사는 that절과 같은 명사절을 목적어로 취한다.

think 생각하다	believe 믿다	know 알고 있다	realize 인식하다
announce 발표하다	explain 설명하다	indicate 나타내다	show 보여주다

I think **that** the time you mentioned works well for me. 귀하가 언급한 시간은 저로서는 좋은 것 같습니다.

I believe **that** you are qualified for the job for which you applied.
저는 귀하가 지원한 직책에 적임자라고 생각합니다.

 빈칸에 들어갈 알맞은 말을 고르세요. 정답 및 해설 p.024

1. Ms. Carpenter was asked to ------ a meeting between Lex Randolph and Jason Stephens.

(a) arrange
(b) restore
(c) contain

2. A consumer group announced it will ------ a protest against Kinetico, a local vehicle manufacturer.

(a) file
(b) decide
(c) display

❸ 「동사 + 전치사」형태의 연어

account for ~을 설명하다; 차지하다	amount to (합계가) ~에 달하다
apply for ~에 지원하다	assist with ~을 돕다
benefit from ~로부터 이익을 얻다	bring about ~을 유발하다
call off ~을 취소하다	complain about ~에 대해 불평하다
comply with (= conform to) (규칙을) 따르다	cut down ~을 삭감하다
figure out ~을 이해하다	fill out (문서 등을) 작성하다
insist on ~을 강력히 요구하다	put out ~을 생산하다
qualify for ~의 자격을 얻다	resort to (= count on) ~에 의지하다

Several people volunteered to **assist with** the preparations for the party.
몇몇 사람들은 파티의 준비를 돕는 일에 자원했다.

The city **called off** the picnic due to the thundershowers in the area.
시에서는 지역에 내린 소나기 때문에 야유회를 연기했다.

Let's try to **figure out** how we can complete the work without exceeding our budget.
예산을 초과하지 않고 우리가 업무를 마무리할 수 있는 방법을 찾아보도록 하자.

❹ 자동사와 타동사의 구분

의미가 비슷한 자동사와 타동사를 구분해 두어야 한다. 타동사는 바로 뒤에 목적어가 올 수 있지만, 자동사는 목적어 앞에 전치사가 있어야 한다.

account 자 설명하다 – explain 타 ~을 설명하다	consist 자 구성되다 – comprise 타 구성하다
object 자 반대하다 – oppose 타 ~을 반대하다	participate 자 참가하다 – attend 타 ~에 참가하다
respond 자 응답하다 – answer 타 대답하다	rise 자 일어나다 – raise 타 일으키다
shrink 자 감소하다 – reduce 타 감소시키다	speak 자 말하다 – mention 타 언급하다

How many people will **participate** in the workshop? [자동사 + 전치사 + 목적어]
워크샵에는 얼마나 많은 사람들이 참가할 것인가요?

Julie and Steve plan to **attend** the concert this evening. [타동사 + 목적어]
Julie와 Steve는 오늘 저녁에 콘서트에 참석할 계획이다.

Please **respond** to all of the questions on the survey. [자동사 + 전치사 + 목적어]
설문지의 모든 질문에 응답해 주세요.

Kevin **answered** each question when it was asked. [타동사 + 목적어]
Kevin은 질문이 주어졌을 때 각각의 질문에 대답했다.

 Check-up Quiz 빈칸에 들어갈 알맞은 말을 고르세요. 정답 및 해설 p.024

3. Company employees are expected to ------- with the law during the course of their duties.
   (a) follow
   (b) comply
   (c) understand

4. The public relations team at DLD, Inc. ------- of four people with more than three decades of experience.
   (a) consists
   (b) considers
   (c) comprises

The head of the Accounting Department just ------- our request to acquire a computer monitor for every employee.

(A) agreed

(B) awarded

(C) approved

(D) applied

문제 해설

▶ 빈칸 뒤의 명사인 request는 '요청', '요구'라는 뜻의 명사로서, 이는 문장에서 목적어 역할을 하고 있다.

▶ 보기의 동사들 중에서 '요구'를 목적어로 취하기에 가장 적절한 의미의 동사는 '승인하다'라는 의미인 (C)의 approved이다.

▶ 이와 같이 동사 어휘 문제를 풀 때에는 동사의 목적어 역할을 하는 명사가 정답의 단서가 되는 경우가 많다.

해석

조금 전 회계부서 팀장이 전 직원에게 컴퓨터 모니터를 지급해 달라는 우리의 요구를 승인했다.

(A) agreed

(B) awarded

(C) approved

(D) applied

어휘

head 우두머리, 장

acquire 얻다, 확보하다

award 상; 상을 수여하다

approve 승인하다

 **MORE & MORE**

정답 p.025

밑줄 친 부분이 올바르면 ○, 그렇지 않으면 ×에 표시하세요.

❶ He closely <u>agreed</u> the dancers to see how they made various moves.　(○ | ×)

❷ Dennis was <u>awarded</u> a bonus for the work that he did on the Mayer Project.　(○ | ×)

❸ He <u>applied</u> for a position at the engineering firm but did not receive an interview.　(○ | ×)

All customers who spend more than $250 a month ------- for membership in the benefits program.

(A) apply

(B) receive

(C) involve

(D) qualify

문제 해설

▶ 빈칸에는 all customers를 주어로 하면서 전치사 for와 함께 사용되어 membership(회원 자격)을 목적어로 취할 수 있는 동사가 들어가야 한다.

▶ 정답은 (D)의 qualify인데, qualify for는 '~에 대한 자격을 얻다'라는 의미로 사용된다.

▶ 참고로 qualify for의 수동태 형태인 be qualified for(~할 자격이 있다, ~에 적격이다)도 자주 사용되는 표현이다.

해석

한 달에 250달러 이상을 소비하는 모든 고객들은 혜택 프로그램의 회원 자격을 얻는다.

(A) apply

(B) receive

(C) involve

(D) qualify

어휘

benefits program
혜택 프로그램

apply 적용하다

involve 연관시키다

qualify 자격을 얻다

MORE & MORE

정답 p.025

밑줄 친 부분이 올바르면 ○, 그렇지 않으면 ✕에 표시하세요.

① To <u>receive</u> for membership, please fill out this form in its entirety. (○ | ✕)

② I hope to <u>apply</u> for a patent on the invention I just made. (○ | ✕)

③ Peter will <u>involve</u> the man of the crime of stealing from his home. (○ | ✕)

PART 5

예상적중문제 07 빈칸에 들어갈 가장 알맞은 보기를 고르세요.

------- out the questionnaire and then mail it to the firm by using the enclosed envelope.

(A) Fill

(B) Register

(C) Sign

(D) Administer

문제 해설

▶ 내용상 '설문지(questionnaire)'를 작성해서 발송해 달라는 문장이 완성되어야 한다.

▶ 보기 중에 전치사 out과 함께 사용되어 '작성하다' 혹은 '내용을 기입하다'라는 의미를 완성시키는 동사는 (A)의 fill뿐이다.

▶ (B)의 register는 '등록하다', (C)의 sign은 '서명하다', 그리고 (D)의 administer는 '관리하다', 혹은 '운영하다'라는 뜻이다.

해석

설문지를 작성한 다음 동봉된 봉투를 사용하여 회사로 발송해 주세요.

(A) Fill

(B) Register

(C) Sign

(D) Administer

어휘
questionnaire 설문지
envelope 봉투
enclosed 동봉된
fill out 기입하다
register 등록하다
administer 관리하다

 **MORE & MORE**

정답 p.025

밑줄 친 부분이 올바르면 O, 그렇지 않으면 ×에 표시하세요.

① Do not forget to <u>sign</u> your name at the bottom of each page of the contract. (O | ×)

② Every visitor must <u>register</u> at the front desk and receive a visitor's badge. (O | ×)

③ The nurse will <u>administer</u> blood from the patient by using a needle. (O | ×)

The red light on the machine ------- that it is overheating and needs to be shut down at once.

(A) indicates

(B) guesses

(C) imagines

(D) portrays

🔍 문제 해설

▶ 빈칸 뒤에 that절이 목적어로 주어져 있으므로, that절을 목적어로 취할 수 있는 동사를 정답으로 고른다.

▶ 주어가 사물인 '적색등(the red light)'인데, 주어의 의미를 생각해 보면 의미상 가장 자연스러운 보기는 (A)의 indicates (가리키다, 나타내다)이다.

▶ (B)의 guesses(추측하다)와 (C)의 imagines(상상하다)는 주로 주어가 사람일 때 쓰이는 동사이며, (D)의 portrays는 '초상을 그리다' 혹은 '묘사하다'라는 뜻의 동사이다.

ℹ️ 해석

그 기계의 적색등은 기계가 과열되어 즉시 작동을 멈출 필요가 있다는 것을 나타낸다.

(A) indicates

(B) guesses

(C) imagines

(D) portrays

어휘

overheat 과열되다

shut down 멈추다

indicate 나타내다

imagine 상상하다

portray 묘사하다

MORE & MORE

정답 p.025

밑줄 친 부분이 올바르면 ○, 그렇지 않으면 ✕에 표시하세요.

❶ He often <u>guesses</u> what the weather will be like the following day.　　　　(○ | ✕)

❷ She <u>imagines</u> that the future of humanity is going to be mostly positive.　　(○ | ✕)

❸ Harold Cole is going to <u>portray</u> a villain in his next movie.　　　　(○ | ✕)

Ⅲ 형용사 및 부사 어휘

정답 포인트
> 형용사와 부사는 수식을 받는 단어의 의미를 파악하여 정답을 골라야 한다.
> 형용사가 주격보어로 사용될 경우에는 주어를, 목적격보어로 사용될 경우에는 목적어를 확인하여 적절한 의미의 형용사를 정답으로 고른다.

❶ 주의해야 할 형용사

(1) 「be + 형용사 + to부정사」 형태의 표현

be about to 막 ~하려고 하다	be apt to ~하는 경향이 있다
be bound to ~할 의무가 있다, 반드시 ~하다	be eager to ~을 하고 싶어 하다
be liable to ~할 것 같다	be likely to (↔ be unlikely to) ~할 것 같다 (↔ ~할 것 같지 않다)
be prone to ~하는 경향이 있다, ~하기 쉽다	be ready to ~할 준비가 되어 있다
be reluctant to ~하기를 꺼려하다	be supposed to ~하기로 되어 있다
be sure to 반드시 ~하다	be willing to 기꺼이 ~하다

The newest product **is bound to** become a bestseller on the market.
그 최신 제품은 시장에서 베스트셀러가 되어야 한다.

The software **is prone to** failing when it is used improperly.
이 소프트웨어는 적절하지 않게 사용될 때 작동을 멈추기 쉽다.

Visitors to the facility **are supposed to** sign in at the front desk.
시설에 방문한 사람들은 안내 데스크에서 서명을 해야 한다.

(2) 어근은 같지만 의미가 서로 다른 형용사

advisable 권할 만한	advisory 자문의
competent 유능한	competitive 경쟁력이 있는
comprehensive 포괄적인	comprehensible 이해할 수 있는
considerate 생각해 주는	considerable 상당한
respectable 존경할 만한	respective 각각의
sensitive 민감한	sensible 분별 있는

Please be **considerate** of other people's feelings. 다른 사람들의 감정을 생각해 주세요.

A **considerable** amount of time was wasted on the project. 상당히 많은 시간이 프로젝트에 낭비되었다.

 빈칸에 들어갈 알맞은 말을 고르세요.

정답 및 해설 p.025

1. Some customers are ------- to return purchased items more often due to the recent policy change.
(a) possible
(b) approached
(c) liable

2. The managers will discuss the ------- benefits of hiring each applicant for the position.
(a) respectable
(b) respective
(c) respecting

❷ 주의해야 할 부사

(1) 빈도부사

빈도부사는 일반적으로 조동사와 be동사의 뒤, 일반동사의 앞에 위치한다.

always 항상	usually 보통	often 자주	sometimes 가끔
seldom 좀처럼 ~않는	hardly 거의 ~않는	barely 거의 ~않는	never 전혀 ~않는

The sales team **seldom** eats lunch in the cafeteria. 영업부서는 좀처럼 구내 식당에서 점심 식사를 하지 않는다.

The mail is **usually** delivered before three in the afternoon. 편지는 대개 오후 세시 이전에 송달된다.

(2) 형용사와 부사의 형태가 같은 단어

clean 휑 깨끗한 甲 완전히	fair 휑 공정한 甲 상당히
fine 휑 훌륭한 甲 훌륭하게, 잘	flat 휑 평평한 甲 평평하게
free 휑 자유로운 甲 무료로	high 휑 높은 甲 높게
just 휑 공정한 甲 정확히; 바로; 꼭	late 휑 늦은 甲 늦게
pretty 휑 예쁜 甲 상당히	sharp 휑 날카로운 甲 정각에
sound 휑 건전한; 확실한; 충분한 甲 충분히	wide 휑 넓은 甲 완전히

If your application arrives too **late**, we will reject it. [형용사]
지원서가 너무 늦게 도착하면 받아들이지 않을 것이다.

The plane departed **late** due to a mechanical problem. [부사]
비행기는 기술적인 문제 때문에 늦게 출발했다.

(3) 형용사와 부사의 형태가 모두 –ly로 끝나는 단어: daily, early, leisurely 등

The **daily** earnings of employees have increased in the past five years. [형용사]
직원들의 일일 수입이 지난 5년 동안 증가했다.

Mr. Henderson reads two newspapers **daily**. [부사]
Henderson 씨는 매일 두 종류의 신문을 읽는다.

The **early** publication of the novel surprised people in the industry. [형용사]
그 소설의 초기 출판본은 업계의 사람들을 놀라게 했다.

Be sure to arrive **early** so that you can check in for your flight on time. [부사]
제시간에 당신의 비행을 위한 체크인을 할 수 있도록 반드시 일찍 도착하세요.

 빈칸에 들어갈 알맞은 말을 고르세요.

정답 및 해설 p.025

3. ------- anyone expressed interest in attending the seminar scheduled for the coming weekend.
(a) Hardly
(b) Almost
(c) Nearly

4. The invited attendees were advised to appear in the room by one o'clock -------.
(a) quite
(b) sharp
(c) fairly

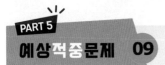

While some employees at Potter Research were unwilling to attend the expo, others were
------- to spend time there.

(A) eager

(B) rejected

(C) cautious

(D) reluctant

문제 해설

▶ 보기의 형용사 및 과거분사는 모두 빈칸에 들어갈 수 있는 형태이므로 문장을 해석해서 정답을 찾아야 한다.

▶ while이 이끄는 부사절은 직원들이 엑스포에 참가하는 것을 꺼린다는(unwilling to attend) 내용인데, while은 '~이지만'
이라는 의미의 접속사이다.

▶ 따라서 빈칸이 포함된 절은 'unwilling to'와 반대되는 의미가 되어야 하므로 '~하고 싶어 하다'라는 뜻을 완성시키는 (A)의
eager가 정답이 된다.

▶ be rejected to는 '~하는 것을 거절당하다', be cautious to는 '~을 조심하다', be reluctant to는 '~을 꺼려하다'라는
의미이므로, 모두 적절하지 않다.

해석

Potter 리서치의 몇몇 직원들은 엑스포에 참석하는 것을 꺼렸지만, 그곳에서 시간을 보내
고 싶어 하는 사람들도 있었다.

(A) eager

(B) rejected

(C) cautious

(D) reluctant

어휘

be unwilling to
~하는 것을 꺼리다

be eager to
~을 하고 싶어 하다, ~을 열망하다

 MORE & MORE

정답 p.026

밑줄 친 부분이 올바르면 ○, 그렇지 않으면 ×에 표시하세요.

❶ The customer <u>rejected</u> money from the bank in order to pay some bills. (○ | ×)

❷ Please be <u>cautious</u> when you are walking on icy sidewalks. (○ | ×)

❸ The manager was <u>reluctant</u> to refund the customer's money since he had no receipt. (○ | ×)

예상적중문제 10 빈칸에 들어갈 가장 알맞은 보기를 고르세요.

Susan Gregor is ------- interviewing one of the candidates for the open position in the Marketing Department now.

(A) currently

(B) repeatedly

(C) variously

(D) particularly

문제 해설

▶ 문장의 구조를 파악해 보면 빈칸을 제외한 동사의 형태는 현재진행형이므로 '지금'이라는 뜻의 currently가 의미상 가장 연관성이 높다는 것을 알 수 있다.

▶ 문장의 의미를 통해 문제를 풀어보더라도, '지원자 한 명과 _____ 면접을 보고 있다'는 내용을 완성시키기에 적절한 의미의 부사는 (A)의 currently이다.

모·수·풀·이

currently, now와 같이 '지금', '현재'라는 의미의 부사는 현재진행시제와 함께 사용된다.

해석

Susan Gregor는 현재 마케팅부의 공석에 지원한 사람들 중 한 명을 면접하고 있다.

(A) currently

(B) repeatedly

(C) variously

(D) particularly

어휘

candidate 지원자
open position 공석
repeatedly 반복해서
variously 다양하게
particularly 특히

MORE & MORE

정답 p.026

밑줄 친 부분이 올바르면 ○, 그렇지 않으면 ✕에 표시하세요.

① Someone was <u>repeatedly</u> ringing the doorbell at John's house.　　　　(○ | ✕)

② It appears that he <u>variously</u> caused a problem by not being careful.　　　(○ | ✕)

③ We are <u>particularly</u> eager to sell our products throughout Europe.　　　(○ | ✕)

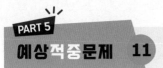

The interns ------- have enough time to complete all of the tasks assigned to them by their supervisor.

(A) stiffly

(B) barely

(C) quietly

(D) correctly

문제 해설

▶ 빈칸에는 동사 have를 수식하기에 적절한 의미의 부사가 들어가야 한다. 따라서 정답은 '거의 ~하지 않게'라는 의미의 부사인 (B)의 barely이다.

▶ (A)의 stiffly는 '완고하게', '뻣뻣하게'라는 의미이며, (C)의 quietly는 '조용하게', 그리고 (D)의 correctly는 '올바르게' 혹은 '정확하게'라는 뜻이다. 그러므로 이들은 모두 정답이 될 수 없다.

묘·수·풀·이

barely는 빈도부사인데, 빈도부사는 현재 시제와 함께 사용된다.

해석

인턴사원들에게는 상사가 그들에게 할당한 모든 업무들을 완수할 시간이 충분한 경우는 거의 없다.

(A) stiffly

(B) barely

(C) quietly

(D) correctly

어휘

intern 인턴사원
assign 할당하다

MORE & MORE

정답 p.026

밑줄 친 부분이 올바르면 ○, 그렇지 않으면 ×에 표시하세요.

❶ If the contestant <u>correctly</u> answers the question, she will win the game.　　(○ | ×)

❷ Eric is walking <u>stiffly</u> because he has a problem with his back.　　(○ | ×)

❸ You should be sure to speak <u>quietly</u> whenever you are in the library.　　(○ | ×)

PART 5

예상적중문제 12 빈칸에 들어갈 가장 알맞은 보기를 고르세요.

Mr. Jackson had ------- signed the transfer documents by the time Ms. Willington arrived at his office.

(A) soon

(B) already

(C) frequently

(D) since

문제 해설

▶ 문장을 해석해 보면, 'Willington 씨가 도착했을 때, Jackson 씨는 OO 양도 문서에 서명했다'는 의미가 되어야 한다.

▶ (A)의 soon은 '곧', (C)의 frequently는 '자주', 그리고 (D)의 since는 '~이래로'라는 뜻으로 모두 문맥상 적절하지 않다.

▶ 따라서 정답은 '이미'라는 뜻인 (B)의 already이다.

해석

Jackson 씨는 Willington 씨가 사무실에 도착했을 때 이미 양도 문서에 서명한 상태였다.

(A) soon

(B) already

(C) frequently

(D) since

어휘
sign 서명하다
transfer 전근; 양도

MORE & MORE

정답 p.026

밑줄 친 부분이 올바르면 ○, 그렇지 않으면 ×에 표시하세요.

① She promised to send the airline tickets to the customer <u>soon</u>.　　　　(○ | ×)

② <u>Since</u> it is snowing heavily, many people are still driving on the roads.　　　　(○ | ×)

③ Peter <u>frequently</u> attends meetings at the headquarters building.　　　　(○ | ×)

Questions 13-16 refer to the following manual.

Thank you for purchasing a new Sylvan 4500 Clothes Washer. ------- your clothes washer,
13.
be sure to do the following.

------- your clothes according to white, light, and dark colors. Put the clothes into the
14.
clothes washer, but do not fill it up more than three-quarters full. Then, select the water

temperature you want as well as the amount of time you would like to wash the clothes.

Add a proper amount of detergent and then close the lid. Hit the "Start" button. Be sure to

------- the clothes after the washing cycle is complete. -------.
15. **16.**

13. (A) Use
    (B) Used
    (C) To use
    (D) Using

14. (A) Separate
    (B) Fold
    (C) Consider
    (D) Install

15. (A) repeat
    (B) replay
    (C) remove
    (D) rewash

16. (A) One cycle lasts for approximately an hour.
    (B) Once that happens, you can put the clothes in the machine.
    (C) Then, return the item to the seller for repairs.
    (D) Your clothes should then be ready to wash.

13 ▶ 머리말 부분을 통해 이 지문이 clothes washer(세탁기)의 사용 설명서라는 것을 알 수 있다.

▶ 주어진 문장은 문맥상 '세탁기를 사용하기 위해서는 다음 사항을 따라야 한다'는 의미가 되어야 하므로 빈칸에는 '목적'의 의미를 나타내는 to부정사가 들어가야 한다.

▶ 따라서 정답은 (C)의 to use이다

14 ▶ according to white, light, and dark colors(흰색, 밝은 색, 그리고 어두운 색에 따라)라는 표현을 통해, 주어진 문장은 색깔별로 옷감을 분류하라는 내용이 되어야 한다.

▶ 보기 중에서 '분리하다' 혹은 '분류하다'라는 의미를 갖는 동사는 (A)의 separate이다.

15 ▶ after the washing cycle is complete라는 표현에 유의하여 세탁 과정이 끝난 후에 해야 할 일이 무엇인지 생각해 보면 정답을 찾을 수 있다.

▶ 세탁이 끝난 후에는 세탁기에서 옷감을 꺼내는 것이 자연스러운 행동이므로 빈칸에 들어갈 알맞은 말은 (C)의 remove(제거하다, 치우다)이다.

16 ▶ 빈칸은 지문의 가장 마지막에 위치해 있고, 지문에는 세탁기를 사용하여 세탁을 하는 전체 과정이 설명되어 있다.

▶ 그러므로 전체 세탁 과정에 걸리는 시간을 안내하고 있는 (A)가 빈칸에 오기에 가장 적절하다.

■ 해석

신형 Sylvan 4500 세탁기를 구매해 주셔서 감사합니다. 세탁기를 사용하기 위해서, 반드시 아래의 사항들을 실행하여 주세요.

옷들을 흰색, 밝은색, 그리고 어두운 색상에 따라 분류해 주세요. 옷들을 세탁기에 넣어 주시되, 4분의 3이 넘게 채우지 말아 주세요. 그리고 나서, 옷 세탁을 원하는 시간과 물의 온도를 선택해 주세요. 적절한 양의 세제를 넣고 뚜껑을 닫아 주세요. "시작" 버튼을 눌러 주세요. 세탁 과정이 끝난 후에는 옷들을 반드시 꺼내 주세요. **한 번의 세탁 과정은 대략 한 시간 정도 계속됩니다.**

13. (A) Use	15. (A) repeat
(B) Used	(B) replay
(C) To use	(C) remove
(D) Using	(D) rewash
14. (A) Separate	16. (A) 한 번의 세탁 과정은 대략 한 시간 정도 계속됩니다.
(B) Fold	(B) 이렇게 되면, 기기에 옷을 넣으실 수 있습니다.
(C) Consider	(C) 그리고 나서, 수리를 위해 판매자에게 물품을 반납하세요.
(D) Install	(D) 그러면 귀하의 옷들은 세탁할 준비가 될 것입니다.

어휘 clothes washer 세탁기   according to ~에 따라서   detergent 세제   lid 뚜껑

MORE & MORE

정답 p.026

밑줄 친 부분이 올바르면 ○, 그렇지 않으면 ✕에 표시하세요.

① Nobody knows how <u>to use</u> the new equipment properly.　　　　(○ | ✕)

② It is necessary for a mechanic to <u>install</u> the machinery.　　　　(○ | ✕)

③ The speaker asked the audience member to <u>repeat</u> his question.　　　　(○ | ✕)

Part 5 문장을 읽고 빈칸에 들어갈 가장 적절한 말을 고르세요.

1. The forklift experienced a ------- problem and would not work until it was repaired.
   (A) mechanical
   (B) damaged
   (C) powerful
   (D) broken

2. Traffic on the highway has been greater than expected, resulting in longer ------- times for many.
   (A) visiting
   (B) commuting
   (C) stalling
   (D) transporting

3. Although it rained ------- for three days, there was only a limited amount of flooding in the countryside.
   (A) heavily
   (B) sparsely
   (C) virtually
   (D) eventually

4. The attendant can provide directions for ------- who does not know where to go.
   (A) anyone
   (B) anything
   (C) anywhere
   (D) anytime

5. Only ------- personnel may enter the company's laboratories after working hours are over.
   (A) mysterious
   (B) illegal
   (C) authorized
   (D) unaccepted

6. Every department at the company ------- Accounting sent a representative to the meeting.
   (A) in addition
   (B) in spite of
   (C) along with
   (D) except for

7. The company's newest flashlight is capable of ------- targets more than three hundred meters away.
   (A) illuminating
   (B) reporting
   (C) affecting
   (D) resisting

8. The restaurant is in full ------- with all of the sanitary regulations, so it will not be fined by the inspector.
   (A) assumption
   (B) compliance
   (C) approval
   (D) obedience

9. To become ------- engineers, the students must study hard for the next four years.
(A) ineffective
(B) thoughtless
(C) proficient
(D) modern

10. Despite her best efforts, Tina's project ended in ------- when she was not given more money for her budget.
(A) suspense
(B) failure
(C) approval
(D) success

11. The conference has been ------- until July due to a lack of applicants at the current time.
(A) requested
(B) postponed
(C) removed
(D) canceled

12. In the upcoming election for mayor, Gilbert Rice has a greater advantage ------- Maya Yamagata.
(A) of
(B) over
(C) on
(D) for

13. The Porter Building is located on Main Street ------- the Robertson Tower and the city's main library.
(A) beneath
(B) besides
(C) between
(D) before

14. During the construction period, ------- to the building will be limited to the back door.
(A) access
(B) approach
(C) exit
(D) renovation

15. Imports to China were up during the last quarter ------- the sudden improvement in the country's economy.
(A) thanks
(B) on account
(C) owing
(D) due to

16. The marketing team came up with several ideas for new commercials at its ------- brainstorming session.
(A) late
(B) lately
(C) later
(D) latest

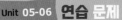

Part 6 지문을 읽고 빈칸에 들어갈 가장 적절한 말을 고르세요.

Questions 17-20 refer to the following letter.

March 21

Dear Mr. Morris,

I received your recent letter regarding the service our work crew provided at your home on March 11. -------. I am also glad you informed me of this matter.
       17.

Apparently, the work crew visited your home to install some tiles in your kitchen. However, they did a poor job and also broke a couple of your appliances. Something like that -------
                                           18.
before at my company.

I will immediately ------- the money you paid my company. In addition, if you wish, I will send
               19.
a new team to your home to reinstall the tiles. There will be no ------- for this.
                                                     20.

Please call me at 594-8743 anytime to schedule this work.

Sincerely,

Kevin Turner

Owner, Turner Interior

---

17. (A) I'm pleased you were satisfied with their work.
(B) I apologize for the problems they caused.
(C) I'm sure they did a wonderful job at your home.
(D) I know you waited a long time for them to arrive.

18. (A) has never happened
(B) have never happened
(C) will not be happening
(C) will not happen

19. (A) refund
(B) provide
(C) rebate
(D) exchange

20. (A) rate
(B) salary
(C) charge
(D) reservation

Questions 21-24 refer to the following e-mail.

To: customerservice@rawlston.com
From: tedsimpson@mymail.com
Re: George Bannister
Date: August 15

To Whom It May Concern,

Recently, I visited the Rawlston store located in the Dearborn Shopping Center. I had never been to your store before, so I was a bit lost when I walked in. Almost -------, George
21.
Bannister, a salesman there, came to help me. He was extremely polite and asked how he could ------- me. I showed him my list of items, and he found everything I needed.
22.

-------. I will definitely shop at Rawlston stores again in the future. I hope all of your
23.
employees are as ------- as Mr. Bannister is.
24.

Sincerely,

Ted Simpson

---

21. (A) immediate
    (B) immediateness
    (C) immediacy
    (D) immediately

22. (A) protect
    (B) assist
    (C) approve
    (D) interest

23. (A) I was impressed with the quality of service he provided.
    (B) Some of the items were those which I did not ask about.
    (C) I hope that you agree and refund my money.
    (D) This was my first and last visit to your store.

24. (A) respected
    (B) considered
    (C) attentive
    (D) humorous

> **PART 5**
> Directions: A word or phrase is missing in each of the sentences below. Four answer choices are given below each sentence. Select the best answer to complete the sentence. Then mark the letter (A), (B), (C), or (D) on your answer sheet.

1. Customers who want to make a cash ------- must fill out the proper form and show one type of picture ID.
   (A) withdraw
   (B) withdrawing
   (C) withdrew
   (D) withdrawal

2. Mr. Thompson, the manager at Dustin Bank, ------- to approve a loan for more than two million dollars last week.
   (A) is asking
   (B) was asked
   (C) will ask
   (D) has asked

3. A maintenance man appears regularly to make sure that all of the computers are operating -------.
   (A) apparently
   (B) properly
   (C) reservedly
   (D) sincerely

4. The economic recession hurt those involved in agriculture the ------- while sparing those in the tourism industry.
   (A) more
   (B) many
   (C) much
   (D) most

5. Cindy realized that she could obtain valuable on-the-job experience by working as a ------- in between semesters at school.
   (A) volunteer
   (B) volunteers
   (C) volunteered
   (D) volunteering

6. The Macon Corporation is known for selling high-end appliances and electronics as well as ------- types of products.
   (A) that
   (B) other
   (C) little
   (D) what

7. Unless the airplane lands within the next thirty minutes, most of the passengers will miss their ------- flights.
   (A) connect
   (B) connected
   (C) connecting
   (D) be connected

8. It is crucial that the funds ------- to each department so that they have enough money to operate.
   (A) distribute
   (B) distributing
   (C) to distribute
   (D) be distributed

9. Once her business trip concludes, Ms. Romanov is going to take some time off to visit her hometown to see some of her -------.
   (A) relation
   (B) relating
   (C) relatives
   (D) relatively

10. Everson Machinery is offering shipping discounts to some of its long-term customers to ------- them for their support over the years.
    (A) thank
    (B) thanks
    (C) thanking
    (D) thanked

11. The local manufacturer recorded an impressive growth rate ------- the popularity of several of its newest products.
    (A) however
    (B) such as
    (C) due to
    (D) around

12. Several of the stores in the shopping center reported that their sales had increased ------- during the spring months.
    (A) significantly
    (B) happily
    (C) fairly
    (D) possibly

13. Mr. Traveler intends ------- several new employees for positions that are going to become available in the next few months.
    (A) recruit
    (B) recruiting
    (C) will recruit
    (D) to recruit

14. The airline lost luggage belonging to several passengers, all of whom ------- that they required compensation.
    (A) asked
    (B) insisted
    (C) requested
    (D) purchased

15. Many people with silver memberships received free upgrades to the gold level ------- they made a certain number of purchases.
    (A) instead of
    (B) in spite of
    (C) with regard to
    (D) as soon as

16. The new café in the lobby of the Ermine Building is ------- with the businesspeople who are working there.
    (A) popular
    (B) expensive
    (C) empty
    (D) delicious

GO ON TO THE NEXT PAGE

17. The discovery of a large amount of gold in the region ------- in a large number of people moving to the area.

(A) resulting

(B) resulted

(C) was resulted

(D) has been resulting

18. All applicants must pay a nonrefundable $20 processing fee, or their ------- for membership will not be considered.

(A) apply

(B) applied

(C) application

(D) applying

19. The mortgage, which was for the amount of $250,000, was paid ------- by Mr. Johnson in only twelve years.

(A) in

(B) off

(C) at

(D) by

20. Hanley Consulting suggested that the firm conduct a(n) ------- of its customers to try to improve the quality of its service.

(A) questionnaire

(B) research

(C) experiment

(D) survey

21. If problems with the connection continue, ------- a computer specialist to look at the machine is important.

(A) contact

(B) contacted

(C) contacting

(D) contacts

22. Citizens are urged to report any ------- activities to the authorities as soon as they possibly can.

(A) suspicion

(B) suspicions

(C) suspicious

(D) suspiciously

23. The television ------- of the election campaigns for governor has proven to be very biased in favor of the challenger.

(A) channel

(B) documentary

(C) show

(D) coverage

24. Ms. Lattimore sends her children to daycare so that they can spend some time with others who are the same age as -------.

(A) they

(B) their

(C) them

(D) those

25. When Mr. Hooper returned to his office, his secretary informed him that Mr. Boylan ------- to set up a meeting.

(A) calls

(B) calling

(C) was called

(D) had called

26. ------- at most newspapers has declined in recent years on account of the influence of the Internet.

(A) Subscription

(B) Renewal

(C) Circulation

(D) Reporter

27. The government office requires a number of documents to be completed for the restaurant owner to get a business -------.

(A) license

(B) licensed

(C) licensing

(D) licenses

28. Despite being rejected by more than fifteen companies, Justin ------- determined to find a job in the entertainment industry.

(A) remained

(B) stopped

(C) considered

(D) abandoned

29. Ms. Peterson expects to receive a promotion to director sometime ------- the next six months.

(A) for

(B) within

(C) amongst

(D) between

30. All patients ------- their first visit to the clinic are required to fill out a number of forms about their medical history.

(A) making

(B) made

(C) will make

(D) make

GO ON TO THE NEXT PAGE

Directions: Read the texts that follow. A word, phrase, or sentence is missing in parts of each text. Four answer choices for each question are given below the text. Select the best answer to complete the text. Then mark the letter (A), (B), (C), or (D) on your answer sheet.

Questions 31-34 refer to the following e-mail.

To: Dan Schliemann <dan_s@woodward.com>
From: Anna Perkins <aperkins@woodward.com>
Subject: Next Week's Schedule
Date: May 11

Dear Mr. Schliemann,

-------. I told Brent Harmon, my supervisor, ------- I cannot work next Wednesday. I have a
  31.   **32.**
medical appointment that I made on that day. Mr. Harmon knew about it one month ago.

However, he ------- scheduled me to work on Wednesday. I spoke to Mr. Harmon about my
              33.
problem. He said I had to find a replacement worker. I believe he is being ------- unfair to me.
                                                                                       34.
He should not have scheduled me to work on that day to begin with. Since you are his boss, would you please speak with him? Thank you very much.

Sincerely,

Anna Perkins

31. (A) Thank you for giving me permission to take some time off.
    (B) I wonder if you have some time to meet this week.
    (C) My vacation is going to start next week on Wednesday.
    (D) I am writing to you regarding next week's schedule.

32. (A) what
    (B) which
    (C) that
    (D) how

33. (A) still
    (B) thus
    (C) yet
    (D) again

34. (A) presently
    (B) incredibly
    (C) approvingly
    (D) angrily

Questions 35-38 refer to the following article.

Beaumont (August 21) – The Beaumont Public Library is set to open its doors once again next Monday. After being closed for the past three months ------- renovations, the library is
35.
ready to start permitting visitors to enter. "We're very pleased with the changes made to the library," said Jeremy Davis, the head librarian. "We've got a lot more ------- for books and
36.
magazines."

-------. While some residents complained about the high cost, most of ------- supported
37.   **38.**
spending money to improve the facility. There will be a special reopening ceremony at the library on Monday at 9:00 A.M.

---

35. (A) undergo
  (B) to undergo
  (C) undergone
  (D) has undergone

36. (A) area
  (B) space
  (C) range
  (D) zone

37. (A) The city spent more than $1.2 million on the renovations.
  (B) All of the work was funded by an anonymous donor.
  (C) It is not yet known when the work is going to be completed.
  (D) The project was wholeheartedly supported by the community.

38. (A) they
  (B) their
  (C) them
  (D) theirs

GO ON TO THE NEXT PAGE

Questions 39-42 refer to the following notice.

NOTICE

The recent flooding after Hurricane Anne made landfall caused damage to several roads in the city. Work crews have repaired most of them, but a couple of the roads suffered major damage. -------. These roads ------- unsafe to drive on. Until it can be repaired, the part of
      39.   **40.**
Jackson Road next to Lake Sullivan is closed. And Sunset Lane by the beach is closed -------.
                                                                                        41.

The city hopes to repair both roads within the next five days. ------- on the repair work will be
                                                               42.
made daily on the city's Web site. Please consult it or call 631-4385 for more information.

---

39. (A) Traffic on them is therefore moving slowly.
   (B) No work has been done on them yet.
   (C) They should be fixed by the end of the day.
   (D) The hurricane was not as bad as expected.

40. (A) consider
   (B) are considering
   (C) considered
   (D) are considered

41. (A) as well
   (B) on top of
   (C) around
   (D) as per

42. (A) Updates
   (B) Contracts
   (C) Construction
   (D) Data

To: Catherine Sellers <csellers@homemail.com>
From: Bud Landis <bud_landis@peterson.com>
Re: Offer of Employment
Date: November 11

Dear Ms. Sellers,

The hiring committee was extremely ------- with your interview last week. As such, we have
43.
decided to offer you the position of manager of the Accounting Department at Peterson, Inc.
We would like for you to start working here no ------- than December 1.
44.

Your starting salary will be $78,000 per year, and you will receive two weeks of paid vacation
annually. I have ------- a contract to this e-mail. It describes all of the other benefits that you
45.
will receive if you accept this position. -------. Please call me at 731-0538 if you have anything
46.
you would like to discuss regarding the contract or your new position.

Sincerely,

Bud Landis

Vice President, Peterson, Inc.

43. (A) aware
    (B) reserved
    (C) decided
    (D) impressed

44. (A) late
    (B) later
    (C) lately
    (D) latest

45. (A) sent
    (B) attached
    (C) replied
    (D) prompted

46. (A) You will receive the raise you
       requested.
    (B) We hope this offer is acceptable to
       you.
    (C) Thank you for agreeing to sign with
       us.
    (D) This matter is no longer available to
       discuss.

PART

7

독해

▶ PART 7은 독해 파트로서 147번부터 200번까지 총 54문항으로 구성된다. 147번부터 175번까지의 29문항은 하나의 지문을 읽고, 176번부터 200번까지의 25문항은 두 개 이상의 지문을 읽고 그와 연관된 문제를 풀어야 한다.

▶ 단일 지문의 지문당 문항 수는 2문항에서 4문항으로 지문에 따라 문항 수가 다르다. 복수 지문은 모두 5세트가 제시되는데, 두 개의 지문 2세트, 세 개의 지문 3세트가 출제되고 세트당 문항 수는 5문항이다.

▶ 지문의 유형은 이메일, 편지, 공지, 회람, 기사, 광고, 안내문, 송장, 문자 메시지, 온라인 채팅 등이며, 주제를 묻는 문제, 세부 정보를 묻는 문제, 추론 문제, 어휘 문제, 글쓴이의 의도를 묻는 문제, 그리고 문장 삽입 문제 등이 출제된다. 복수 지문의 경우 여기에 두 지문이나 세 지문의 내용을 연결시킨 정보 연계 문제가 추가된다.

이메일 / 편지

- 👋 이메일(E-mail)과 편지(Letter)는 PART 7에서 가장 많이 출제되는 지문 유형이다.
- 👋 이메일과 편지의 가장 앞부분은 발신자 및 수신자의 이름, 작성일, 그리고 제목으로 구성 된다.
- 👋 지문의 초반부에서 글을 쓴 목적이 언급된 후 중반부터는 세부적인 사항, 즉 전달 사항, 요청 사항 등의 내용이 이어진다.
- 👋 따라서 제목과 지문 초반부의 내용을 통해 이메일과 편지의 목적을 먼저 파악한 다음, 문제와 관련된 세부적인 정보를 찾는 것이 문제 풀이에 도움이 된다.

❓ 지문 유형

- ⓐ 이메일과 편지는 크게 업무와 관련하여 주고 받는 것과 개인적인 용무로 주고 받는 것으로 구분해 볼 수 있다.
- ⓑ 업무와 관련된 메일에서는 주로 거래, 회의, 자료 요청, 제품과 관련된 내용 등이 다루어진다.
- ⓒ 개인적인 용무로 주고 받는 메일에서는 부동산 계약, 병원 예약, 물품 구매 등과 같이 일상 생활과 관련된 내용들이 주로 다루어진다. 그밖에 기관이나 단체에 대한 불만, 채용 관련 문의 등과 같이 개인이 조직이나 기관에 보내는 내용도 제시될 수 있다.
- ⓓ 세부 정보를 묻는 문제, 메일을 보낸 목적을 묻는 문제, 그리고 지문에서 언급된 사항과 언급되지 않은 사항을 묻는 문제가 주로 출제된다.

❗ 풀이 전략

- ⓐ 지문의 특성 상 메일을 작성한 목적은 지문의 초반부에서 언급되므로, 글의 목적을 묻는 문제를 풀기 위해서는 지문의 초반부를 잘 살펴보아야 한다.
- ⓑ 세부 정보를 묻는 문제가 등장하면 문제를 먼저 읽고 해당되는 정보를 지문에서 찾은 후 정답을 고르는 것이 효과적이다.
- ⓒ 언급된 사항이나 언급되지 않은 사항을 묻는 문제가 등장하면 보기의 내용들을 우선적으로 확인한 다음, 이와 관련된 부분을 지문에서 찾아 비교해 보아야 한다.

Questions 1-2 refer to the following e-mail.

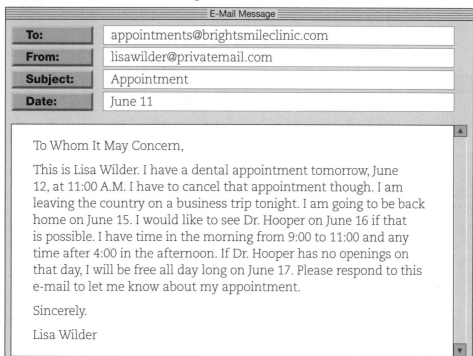

To: appointments@brightsmileclinic.com

From: lisawilder@privatemail.com

Subject: Appointment

Date: June 11

To Whom It May Concern,

This is Lisa Wilder. I have a dental appointment tomorrow, June 12, at 11:00 A.M. I have to cancel that appointment though. I am leaving the country on a business trip tonight. I am going to be back home on June 15. I would like to see Dr. Hooper on June 16 if that is possible. I have time in the morning from 9:00 to 11:00 and any time after 4:00 in the afternoon. If Dr. Hooper has no openings on that day, I will be free all day long on June 17. Please respond to this e-mail to let me know about my appointment.

Sincerely.

Lisa Wilder

1. Why did Ms. Wilder write the e-mail?
   (A) To confirm her appointment
   (B) To ask about the condition of her tooth
   (C) To reschedule an appointment
   (D) To pay for some medical treatment

2. When does Ms. Wilder have time to see Dr. Hooper?
   (A) On June 15 at 10:00 A.M.
   (B) On June 15 at 5:00 P.M.
   (C) On June 16 at 1:00 P.M.
   (D) On June 16 at 6:00 P.M.

❶ 이메일이나 편지에서는 먼저 간단한 인사말이 등장한 후에 글을 쓴 목적이나 이유가 제시된다. 그러므로 우선 지문의 주제를 파악하도록 한다.

❷ 지문의 주제나 목적을 묻는 문제를 먼저 풀고, 기타 세부 사항을 묻는 문제의 경우에는 문제와 관련된 부분을 지문에서 찾아 문제를 풀도록 한다.

문제 해설

1 이메일을 쓴 목적을 묻고 있다. 지문의 앞부분의 'I have a dental appointment tomorrow, June 12, at 11:00 A.M. I have to cancel that appointment though.'라는 내용을 통해 이메일을 작성한 이유를 밝히고 있다. 즉 Wilder 씨는 내일 치과 예약이 되어있지만 이를 취소해야 한다는 사실을 알리고 있으므로 정답은 (C)의 To reschedule an appointment(예약을 변경하기 위해)이다.

2 세부 사항을 묻는 문제로, Wilder 씨가 의사인 Hooper 박사를 언제 만날 수 있는지 묻고 있다. 이 문제의 경우 보기들이 '날짜'와 '시간'으로 이루어져 있으므로 지문에서도 날짜와 시간이 언급되어 있는 부분을 집중적으로 살펴보면 정답을 쉽게 찾을 수 있다. 'I would like to see Dr. Hooper on June 16 if that is possible. I have time in the morning from 9:00 to 11:00 and any time after 4:00 in the afternoon.'에서 Wilder 씨는 6월 16일 오전 9시에서 11시 사이와 오후 4시 이후에 시간이 가능하다고 했으므로 정답은 (D)의 On June 16 at 6:00 P.M.이다.

해석

받는 사람: appointments@brightsmileclinic.com
보내는 사람: lisawilder@privatemail.com
제목: 예약
날짜: 6월 11일

담당자님께,

저는 Lisa Wilder입니다. 저는 내일 6월 12일 오전 11시에 치과 예약이 되어 있습니다. 하지만 예약을 취소해야 합니다. 오늘 밤에 출장을 위해 출국할 것입니다. 6월 15일에 귀국할 예정입니다. 가능하다면 Hooper 박사님을 6월 16일에 뵙고 싶습니다. 오전 9시부터 11시까지와 오후 4시 이후에는 언제든지 가능합니다. Hooper 박사님이 그날 진료를 하지 않는 경우, 저는 6월 17일에 하루 종일 시간이 있습니다. 이 이메일에 답장하셔서 제 예약에 대해 알려 주시기 바랍니다.

Lisa Wilder 드림

1. Wilder 씨는 왜 이메일을 썼는가?
   (A) 그녀의 예약을 확인하기 위해
   (B) 그녀의 치아 상태에 대해 문의하기 위해
   (C) 그녀의 예약을 변경하기 위해
   (D) 진료비를 지불하기 위해

2. Wilder 씨는 언제 Hooper 박사를 만날 시간이 되는가?
   (A) 6월 15일 오전 10시에
   (B) 6월 15일 오후 5시에
   (C) 6월 16일 오후 1시에
   (D) 6월 16일 오후 6시에

어휘 appointment 약속 dental 치과의 business trip 출장 reschedule 일정을 다시 잡다

❶ 요구 사항과 관련된 표현

Let me know if you are interested in going to the conference. 학회 참석에 관심이 있는지 알려 주세요.

How about letting me know when you plan to go there?
언제 그곳에 갈 계획인지 저에게 알려 주시는 것은 어떨까요?

Would you be able to re-wallpaper the bathroom? 욕실에 벽지를 다시 바르는 것이 가능할까요?

❷ 감사 및 사과의 표현

I would appreciate it. 그것에 대해 감사드립니다.

I would like to thank you very much for the work you did. 당신이 수행한 업무에 대해 매우 감사드립니다.

I apologize for the inconvenience. 불편을 드린 점에 대해 사과드립니다.

❸ 답신 요청의 표현

If you have any questions, **please feel free to contact me** by e-mail.
문의 사항이 있으면, 언제든지 이메일로 연락해 주세요.

Please call me at 950-3265 anytime to let me know what you can do.
언제든지 950-3265로 전화하여 당신이 무엇을 할 수 있는지 알려 주세요.

I look forward to hearing your response. 답장을 기다리겠습니다.

❹ 비즈니스 업무와 관련된 어휘

토익에서는 업무와 관련된 이메일이 자주 등장한다. 이메일에 사용되는 업무 관련 어휘들을 정리해 보도록 하자.

acknowledge 통지하다	negotiate 협상하다
application 지원(서)	organize 준비하다, 조직하다
arrange 준비하다; 배열하다	part time 비상근의, 임시직의
board 위원회	postpone 연기하다
budget 예산	set up 준비하다; 설치하다
collaborate 협업하다, 협동하다	training 연수, 교육
evaluation 평가	turn in (= submit) 제출하다
full time 전임의, 정규직의	work on ~와 관련하여 업무를 하다

All employee **evaluations** will take place in the month of January.
모든 직원들에 대한 평가는 1월에 실시될 것이다.

A small team will **negotiate** with Lester, Inc. regarding the hostile takeover.
적대적 기업 인수와 관련하여 소규모의 팀이 Lester 주식회사와 협상을 할 것이다.

Supervisors should **turn in** their timesheets by this Friday.
관리자들은 이번주 금요일까지 그들의 근무 시간 기록표를 제출해야 한다.

A 지문을 읽고 질문에 답하세요.

1

Dear Mr. Armstead,

I received your application for the position of accountant yesterday. You appear to be highly qualified. I was very impressed with your work experience during the past eight years. However, your application wasn't complete. You failed to send the contact information for two people who can be professional references. Would you please send me their names and contact information? I would like to speak with them. After that, I will write you back to schedule an interview with you.

Sincerely,
Beth Robinson

Q What is the purpose of the e-mail?

(a) To set up a time for an interview
(b) To request that some information be sent

2

Dear Mr. Thompson,

This is Jasmine Lee from the Pacific Travel Agency. I am writing to you regarding your upcoming trip to Seattle. You have a reservation for Northern Airways Flight 595. It is scheduled to depart on Wednesday morning at 9:05. Unfortunately, Northern Airways has just canceled that flight, so it's no longer available. Please look at the attached documents. It contains a list of all the flights to Seattle that still have seats available on Wednesday. Let me know which flight you would like me to reserve for you.

Regards,
Jasmine Lee
Pacific Travel Agency

Q What's the problem?

(a) There are no seats available on a flight.
(b) A reservation has been canceled

B 지문을 읽고 질문에 답하세요.

Questions 1-2 refer to the following e-mails.

Dear Ms. Cheng,

My name is Bronwin Roberts. I am an HR employee at the QPT Corporation. Recently, we received an application for employment from Joe Satler. On his application, Mr. Satler mentioned that he had been employed at your company from August 2018 to April 2021. I would like to confirm that these are the correct dates of his employment with your firm. Would you please let me know when you have a chance?

Sincerely,
Bronwin Roberts

Dear Ms. Roberts,

I would like to confirm that the dates Mr. Satler provided you were correct. He was employed as a researcher at Seaside Consulting during that time period. Actually, Mr. Satler was one of my coworkers. He was a very hardworking employee, and everyone was sad to see him go. However, I believe he quit working here so that he could move to be closer to his family.

Sincerely,
Irene Cheng
Seaside Consulting

---

1 What does Ms. Cheng request from Ms. Roberts?

(a) An evaluation of an employee's performance
(b) Confirmation of employment dates

2 What does Ms. Cheng indicate about Mr. Satler?

(a) He was a worker people liked.
(b) He was fired from his job.

Questions 01-02 refer to the following e-mail.

	E-Mail Message
To:	Jerry Stephens <jerrys@rampart.com>
From:	Claude Walters <claude_w@rampart.com>
Subject:	New Project
Date:	March 11

Jerry,

I haven't seen you lately. I guess you must be busy. Ms. Armstrong gave me a new project this morning. She wants me to work on the Lewis account. I'm supposed to design some print and Internet ads for the company. She wants this job finished by the end of the month.

Ms. Armstrong said I could choose anyone to work with me. When we collaborated on the Ramos account last year, I thought we made a good team. If you have enough time, I'd like you to work with me again. You won't have to work full time on this project. But I'd like you to devote at least two hours per day to it. And we'll need to meet daily to go over everything.

Let me know if you're interested.

Claude

01. What will happen in March?

(A) Some ads will be completed.

(B) A new client will be signed.

(C) The Lewis commercials will run on TV.

(D) Mr. Walters will get promoted.

02. What is indicated in the e-mail?

(A) Ms. Armstrong will work on the Ramos account.

(B) A two-hour-long advertisement will be produced.

(C) Mr. Stephens worked with Mr. Walters in the past.

(D) The Lewis account is going to be canceled.

01 ▶ '3월(March)'은 이메일의 작성 날짜에서 찾을 수 있으며, 첫 번째 문단 마지막 문장에서 Claude Walters가 'She wants this job finished by the end of the month.'라고 작성했다.

▶ 이 두 가지 사항을 종합하면 프로젝트는 3월말에 끝나야 한다는 점을 알 수 있다. 따라서 3월은 프로젝트, 즉 광고가 완성되어야 하는 시기이므로 정답은 (A)이다.

02 ▶ 두 번째 문단의 'When we collaborated on the Ramos account last year, I thought we made a good team.'이라는 문장을 통해 Walter 씨는 Stephens 씨와 작년에 Ramos 사의 일을 같이 했음을 알 수 있다.

▶ 따라서 이메일에서 언급된 사실은 (C)이다.

해석

받는 사람: Jerry Stephens ⟨jerrys@rampart.com⟩
보내는 사람: Claude Walters ⟨claude_w@rampart.com⟩
제목: 신규 프로젝트
날자: 3월 11일

Jerry,

최근에는 만나지를 못했군요. 당신은 틀림없이 바쁜 것 같네요. Armstrong 씨가 오늘 아침에 제게 신규 프로젝트를 주었어요. 그녀는 제가 Lewis 사와의 업무를 하는 것을 원하고 있어요. 저는 이 업체의 인쇄 광고와 인터넷 광고 디자인을 맡아야 해요. 그녀는 이달 말까지 이 일이 마무리되기를 바라고 있고요.

Armstrong 씨는 제게 함께 일할 사람을 골라도 좋다고 말했어요. 작년에 우리가 Ramos 사와의 업무를 함께 했을 때, 저는 우리가 좋은 팀이라고 생각했어요. 시간이 충분하다면, 당신이 저와 다시 일했으면 좋겠어요. 이 프로젝트에 모든 시간을 할애할 필요는 없을 거예요. 하지만 저는 당신이 이 일에 하루에 최소 두 시간 정도 할애해 주면 좋겠어요. 그리고 모든 사안을 검토하기 위해 매일 만나야 할 것 같아요.

관심이 있으면 제게 알려 주세요.

Claude

---

01. 3월에 일어날 일은 무엇인가?
(A) 광고가 완성될 것이다.
(B) 새로운 고객과 계약할 것이다.
(C) Lewis 사의 광고가 TV에 방영될 것이다.
(D) Walters 씨가 승진할 것이다.

02. 이메일에서 언급되어 있는 것은 무엇인가?
(A) Armstrong 씨는 Ramos 사와 관련된 일을 할 것이다.
(B) 두 시간 분량의 광고가 제작될 것이다.
(C) Stephens 씨는 Walters 씨와 함께 일했었다.
(D) Lewis 사의 업무가 취소될 것이다.

어휘 be supposed to ~하기로 되어 있다, ~해야 한다   collaborate 합작하다   go over 검토하다

정답 p.037

지문을 다시 읽고, 주어진 문장이 사실이면 ○, 그렇지 않으면 ×에 표시하세요.

① Mr. Walters is probably a designer.   (○ | ×)
② Mr. Walters asks Mr. Stephens to do some work with him.   (○ | ×)
③ Mr. Walters hopes to meet Mr. Stephens every day.   (○ | ×)

Questions 03-05 refer to the following e-mail.

To:	Eric Carpenter <ecarpenter@elr.com>
From:	Tina Kendricks <tina_kendricks@ppl.com>
Subject:	Visiting
Date:	March 11

Hello, Eric:

I thought you might like to know that I'll be in Milton in late March for the trade exposition being held at the Rupert Hotel. I wonder if you can set aside some time for me to cross the street to visit you in your office.

Do you remember the discussion we had back in November about light bulbs? You'll be happy to know that we had a breakthrough in the lab, and we're now able to make light bulbs which are thirty percent more efficient than anything on the market.

I spoke with my boss, Herman Smith, and we agree that your company would be the ideal manufacturer for us. ELR, Inc. has the strong commitment to quality that we are looking for in a partner.

If you want to discuss this sooner than March 28, let me know. I can arrange to fly there, or you're welcome to come to Hampton anytime.

Regards,

Tina

03. Why did Ms. Kendricks send the e-mail?

(A) To extend an invitation to a professional event

(B) To ask for advice about visiting Milton

(C) To begin negotiations on a contract

(D) To suggest a business collaboration

04. What does Ms. Kendricks suggest about Mr. Carpenter?

(A) He will attend an event in March.

(B) He works in Milton.

(C) He went to school with her.

(D) He is an electric engineer.

05. What does Ms. Kendricks offer to do?

(A) Discuss financial matters with Mr. Smith

(B) Submit the specifications for a new product

(C) Give a demonstration of a new light bulb

(D) Meet Mr. Carpenter before the trade expo

03 ▶ 이메일을 작성한 목적을 묻고 있는데, 이 지문 전체에 단서가 나열되어 있다.

▶ 두 번째 문단에서 Kendricks 씨는 자신의 회사에서 효율적인 전구를 개발했다는(we're now able to make light bulbs which are thirty percent more efficient than anything on the market) 이야기를 하고 있다.

▶ 세 번째 문단에서 Kendricks 씨는 Carpenter 씨의 회사가 이상적인 제조업체가 될 것이라고(we agree that your company would be the ideal manufacturer for us) 말했다.

▶ 네 번째 문단에서는 이 문제에 대해 논의하고 싶다면 알려 달라고(If you want to discuss this sooner than March 28, let me know) 했다.

▶ 위 단서들을 통해 사업 제휴를 제안하기 위해서 메일을 보냈다는 것을 알 수 있으므로 정답은 (D)이다.

04 ▶ 지문의 첫 부분에서 Kendricks 씨는 Carpenter 씨에게 자신이 3월 하순에 밀턴에 있을 것이라고(I thought you might like to know that I'll be in Milton in late March) 알리고 있다.

▶ 이어서 도로 건너편에 있는 Carpenter 씨의 사무실에 방문해도 되는지(I wonder if you can set aside some time for me to cross the street to visit you in your office) 묻고 있다.

▶ 위 두 가지 내용을 통해서 Carpenter 씨의 사무실이 밀턴에 있다는 것을 알 수 있다. 따라서 정답은 (B)이다.

05 ▶ 지문의 첫 부분에서 Kendricks 씨는 무역 박람회에 참가하기 위해 3월 하순에 밀턴에 머무를 것이라고(I thought you might like to know that I'll be in Milton in late March for the trade exposition being held at the Rupert Hotel) 했다.

▶ 세 번째 문단에서 Kendricks 씨는 업무 협력에 관해 논의하고 싶다면 3월 28일 전에(If you want to discuss this sooner than March 28) 알려 달라고 하면서, 본인이 Carpenter 씨의 회사에 갈 수도 있고, Carpenter 씨가 본인의 사무실에 와도 된다고(I can arrange to fly there, or you're welcome to come to Hampton anytime) 했다.

▶ 즉, 무역 박람회 전에 Carpenter 씨와 만날 것을 제안하고 있으므로 정답은 (D)이다.

해석

수신: Eric Carpenter 〈ecarpenter@elr.com〉
발신: Tina Kendricks 〈tina_kendricks@ppl.com〉
제목: 방문
날짜: 3월 11일

안녕하세요, Eric.

Rupert 호텔에서 열리는 무역 박람회 때문에 제가 3월 하순에 밀턴에 있을 것이라는 사실을 당신이 알고 싶어 할 것 같았어요. 제가 거리를 건너 당신 사무실을 방문할 수 있도록 당신이 시간을 낼 수 있는지 궁금하군요.

지난 11월에 우리가 전구에 관해 논의했던 것을 기억하나요? 우리가 연구실에서 획기적인 발견을 해서 이제 시중에 나와 있는 어떤 것보다 30% 더 효율적인 전구를 만들 수 있게 되었다는 사실을 알면 당신이 기뻐할 것 같군요.

제 상사인 Herman Smith와 이야기를 나누었는데, 우리는 당신 회사가 우리에게 이상적인 제조업체가 될 것이라는 점에 의견을 같이 했어요. ELR 주식회사는 우리가 파트너 사에서 찾고 있는 품질에 대한 강한 책임감을 가지고 있죠.

이 문제에 대해 3월 28일 전에 논의하고 싶다면 저에게 알려 주세요. 제가 그곳으로 갈 수도 있고, 언제라도 당신이 햄프턴에 오게 되면 환영할게요.

Tina로부터

03. Kendricks 씨는 왜 이메일을 보냈는가?

    (A) 업무와 관련된 행사에 초대하기 위해

    (B) 밀턴 방문에 관한 조언을 구하기 위해

    (C) 계약을 위한 협상을 하기 위해

    (D) 사업 제휴를 제안하기 위해

04. Kendricks 씨가 Carpenter 씨에 대해 암시한 것은 무엇인가?

    (A) 그는 3월 행사에 참석할 것이다.

    (B) 그는 밀턴에서 일한다.

    (C) 그는 그녀와 함께 학교를 다녔다.

    (D) 그는 전기 기사이다.

05. Kendricks 씨는 무엇을 제안하는가?

    (A) Smith 씨와 금전적인 문제를 논의한다

    (B) 신제품에 대한 설명서를 제출한다

    (C) 새 전구 제품을 시연한다

    (D) 무역 박람회 전에 Carpenter 씨와 만난다

어휘   trade exposition 무역 박람회   set aside 따로 떼어 두다   light bulb 전구   breakthrough 획기적인 발견   ideal 이상적인   manufacturer 제조업체, 제조업자   commitment 확약, 공약   quality 질   professional 직업의; 전문적인   negotiation 협상   business collaboration 사업 제휴   electric engineer 전기 기사   financial 금전적인, 금융의   specification 설명서, 사양

정답 p.037

지문을 다시 읽고, 주어진 문장이 사실이면 ○, 그렇지 않으면 ×에 표시하세요.

❶ The Rupert Hotel is most likely located in Milton.   (○ | ×)

❷ Tina's company is interested in purchasing light bulbs.   (○ | ×)

❸ Tina and Mr. Smith work at the same company.   (○ | ×)

Questions 06-09 refer to the following letter.

March 4

Lisa Wilson
Bronson Carpets
34 Jasmine Drive
Montpelier, VT 05604

Dear Ms. Wilson,

I appreciate your taking the time to speak with me in detail when we met at the Buffalo Trade Show in February. The samples you provided me with have already proved to be valuable. I displayed them to a couple of our clients, and they insisted that I order those carpets and install them in their offices. —[1]—. I will be contacting Jeffery Tyndale, your salesperson for Vermont, within the next two days.

I wonder if you could provide me with some more samples at once. My company does interior work for both homes and workplaces in Montpelier, Burlington, and other cities in Vermont, and I'm positive that your carpets will be a big hit with many of our clients. —[2]—. If you have any brochures describing the qualities of your carpets, I would like for you to send them as well. —[3]—. You should have the address of my company on the business card I gave you when we met.

I'll be attending the sales conference in Hartford, Connecticut, at the end of this month. Will you be in attendance there? I think it would be beneficial if we were to schedule a time to meet in person there. There are a few matters, including the possibility of bulk discounts, I would like to discuss with you. —[4]—. Please call me at (802) 453-8321 at your soonest convenience.

Sincerely,

Brian Dinkins
Owner, Macon Carpets

---

06. What is one purpose of the letter?

(A) To ask for some free items to be sent

(B) To thank a person for sending an order on time

(C) To request the contact information of a salesperson

(D) To comment on the quality of some brochures

07. The word "proved" in paragraph 1, line 2, is closest in meaning to

(A) verified

(B) attempted

(C) suggested

(D) showed

08. Where does Mr. Dinkins want to meet Ms. Wilson?

(A) In Montpelier

(B) In Buffalo

(C) In Burlington

(D) In Hartford

09. In which of the positions marked [1], [2], [3], and [4] does the following sentence best belong?
"I believe the darker colors will be especially popular."

(A) [1]

(B) [2]

(C) [3]

(D) [4]

06 ▶ 편지 작성자는 첫 번째 문단에서 제공 받은 샘플의 가치가 매우 높다고(The samples you provided me with have already proved to be valuable) 했다.

▶ 그리고 두 번째 문단에서 'I wonder if you could provide me with some more samples at once.'라고 하며 샘플을 몇 개 더 보내 줄 수 있는지 묻고 있다.

▶ 따라서 정답은 sample을 free item으로 바꾸어 표현한 (A)이다.

07 ▶ prove는 '증명하다'라는 의미이므로 (D)의 showed가 정답이 된다.

▶ (A)의 verify는 'been verified'의 형태가 되어야 하며, 이와 같이 사용한다 하더라도 문법적으로 맞기는 하지만 어색한 문장이 된다.

08 ▶ 세 번째 문단에서 Dinkins 씨는 자신이 이달 말에 하트포드의 판매 회의에 참석할 것이라고(I'll be attending the sales conference in Hartford, Connecticut, at the end of this month) 했다.

▶ 이어서 Wilson 씨도 참석할 것인지 물어 본 후 그곳에서 만날 시간을 정하자고(I think it would be beneficial if we were to schedule a time to meet in person there) 제안했다. 따라서 정답은 (D)이다.

09 ▶ 주어진 문장은 '어두운 색상이 특히 인기를 끌 것 같다'는 내용이다. 지문에서 '인기'가 언급된 부분을 찾아 본다.

▶ [2] 앞의 문장인 '카펫이 고객들로부터 큰 인기를 끌 것이라고 확신한다는(I'm positive that your carpets will be a big hit with many of our clients)' 내용 뒤에 이어지는 것이 자연스러우므로 정답은 (B)이다.

■ 해석 ■

3월 4일

Lisa Wilson
Bronson 카펫
Jasmine 로 34
몬트필리어, 버몬트 05604

친애하는 Wilson 씨께,

2월 Buffalo 무역 박람회에서 만났을 때 시간을 내셔서 저와 상세한 이야기를 나누어 주신 점에 감사를 드립니다. 귀하께서 주신 샘플은 이미 그 가치가 매우 높은 것으로 입증되었습니다. 제가 두 명의 저희 고객에게 샘플을 보여 주었는데, 그들은 제가 그 카펫을 주문해서 자신들의 사무실에 깔아 줄 것을 요청했습니다. 저는 앞으로 이틀 안에 버몬트를 담당하는 귀하의 영업 사원인 Jeffery Tyndale에게 연락을 취할 것입니다.

귀하께서 즉시 제게 샘플을 더 제공해 주실 수 있는지 궁금합니다. 저희 회사는 몬트필리어, 벌링턴, 그리고 버몬트의 기타 도시에 있는 주택과 사업체의 인테리어 공사를 담당하고 있으며, 저는 귀하의 카펫이 저희의 여러 고객 사이에서 큰 인기를 얻을 것이라고 확신합니다. **어두운 색상이 특히 인기를 끌 것 같습니다.** 귀사의 카펫 품질을 보여 주는 브로셔가 있다면 그것 역시 보내 주셨으면 좋겠습니다. 우리가 만났을 때 제가 귀하께 드린 명함에 저희 회사 주소가 있을 것입니다.

저는 이번 달 말에 코네티컷 하트포드에서 열리는 판매 회의에 참석할 예정입니다. 그곳에 참석하실 건가요? 우리가 그곳에서 직접 만날 시간을 정할 수 있으면 좋을 것 같습니다. 대량 구입시 가격 할인이 가능한지를 포함하여 귀하와 논의하고 싶은 문제들이 몇 가지 있습니다. 가장 빠른 편하신 시간에 (802) 453-8321로 저에게 전화해 주시기 바랍니다.

Brian Dinkins 드림
Macon 카펫 대표

06. 편지의 목적은 무엇인가?

(A) 무료 제품을 보내 달라고 요청하기 위해

(B) 제때에 주문품을 보내 준 것에 고마움을
표시하기 위해

(C) 영업 사원의 연락처를 문의하기 위해

(D) 브로셔의 품질에 대해 논평하기 위해

07. 첫 번째 문단 두 번째 줄의 "proved"와 의미가
가장 비슷한 것은?

(A) 확인했다

(B) 시도했다

(C) 제안했다

(D) 보여주었다

08. Dinkins 씨는 어디에서 Wilson 씨를 만나고 싶어 하는가?

(A) 몬트필리어에서

(B) 버팔로에서

(C) 벌링턴에서

(D) 하트포드에서

09. [1], [2], [3], 그리고 [4] 중에서 다음 문장이 들어가기에 가장 적합
한 곳은 어디인가?

"어두운 색상이 특히 인기를 끌 것 같습니다."

(A) [1]

(B) [2]

(C) [3]

(D) [4]

어휘 in detail 상세히, 자세히   provide 제공하다   valuable 가치가 높은   insist 주장하다   at once 즉시, 당장   positive 확신하는
describe 묘사하다, 설명하다   business card 명함   in attendance 참석한   beneficial 유익한, 이로운   in person 직접
possibility 가능성   bulk discount 대량 구매 할인

MORE & MORE

정답 p.037

지문을 다시 읽고, 주어진 문장이 사실이면 ○, 그렇지 않으면 ×에 표시하세요.

① Mr. Dinkins has already spoken with Mr. Tyndale.   (○ | ×)

② Ms. Wilson is asked to provide some samples.   (○ | ×)

③ Ms. Wilson has confirmed her attendance at a sales conference.   (○ | ×)

Questions 10-14 refer to the following announcement and e-mail.

Residents of Kensington: How would you like to help others in the city?

The city of Kensington will be implementing a new volunteer program for local residents to take part in. We need all residents, no matter what your age may be, who have special skills and enough time to volunteer on a weekly basis. We are especially interested in individuals who can act as tutors, know various arts and crafts, and can serve as coaches of sports teams.

If you would like to volunteer, please come to one of the following information sessions which are being held. All of your questions will be answered at them. There is no need to register for any of these events.

- Tuesday, March 7, 7:00 P.M., at the Kensington Public Library
- Saturday, March 11, 1:00 P.M. at Silver Lake High School
- Monday, March 13, 7:30 P.M., at the Jefferson Valley Community Center
- Wednesday, March 15, 6:00 P.M. at Kensington City Hall

E-Mail Message

To:	Derrick Arnold <d_arnold@homemail.com>
From:	Susan Martin <susanm@kensington.gov>
Subject:	Volunteering
Date:	March 21

Dear Mr. Arnold,

It was a pleasure to meet you in person at Silver Lake High School. I'm glad that you and so many other people who showed up at all of the sessions are eager to volunteer in the city.

I'm currently leading the city's volunteer effort, so I'm busy reaching out to individuals like you regarding some of the projects which we are ready to get started soon.

We are planning to organize a tutoring program for the children at Kensington Elementary School. The program will take place every Tuesday and Thursday afternoon from 3:30 to 5:00. As you are a retired math teacher, we would love to have you help out on one of those days each week.

Would you please let me know if this is possible for you? You can feel free to choose the day that best suits your schedule.

Regards,
Susan Martin
Organizer, Kensington Volunteer Program

10. In the announcement, what is indicated about the Kensington Volunteer Program?

(A) It needs people who have a variety of abilities.

(B) It has been helping people for many years.

(C) It was recently organized by the city mayor.

(D) It will focus on helping out young children.

11. When did Mr. Arnold attend the information session?

(A) On March 7

(B) On March 11

(C) On March 13

(D) On March 15

12. What is most likely true about Mr. Arnold?

(A) He lives near Kensington Elementary School.

(B) He is looking for a paid position.

(C) He is a resident of Kensington.

(D) He is employed as a math teacher.

13. What does Ms. Martin request that Mr. Arnold do?

(A) Visit her office

(B) Respond to her e-mail

(C) Attend another meeting

(D) Provide tutoring for adults

14. In the e-mail, the word "suits" in paragraph 4, line 2, is closest in meaning to

(A) clothes

(B) approves

(C) resembles

(D) fits

10 ▶ 안내문의 첫 부분에서 자원 봉사자를 모집하면서, 나이에 상관 없이 특별한 기술을 가진 모든 주민들(We need all residents, no matter what your age may be, who have special skills)이 필요하다고 했다.

▶ 이어서 구체적으로 가정 교사로 일할 수 있는 사람들(who can act as tutors), 미술 및 공예에 대해 알고 있는 사람들 (know various arts and crafts), 그리고 스포츠 팀의 코치 역할을 할 수 있는 사람들에게(can serve as coaches of sports teams) 관심이 있다고 했다.

▶ 따라서, 다양한 능력이 있는 사람들을 필요로 한다는 내용의 (A)가 정답이다.

11 ▶ Arnold 씨에게 보내는 이메일인 두 번째 지문 첫 부분에 Silver Lake 고등학교에서 만나서 반가웠다는(It was a pleasure to meet you in person at Silver Lake High School) 인사말이 있다.

▶ 첫 번째 지문의 설명회 일정 관련 정보를 보면 Silver Lake 고등학교에서 개최된 설명회는 3월 11일에 있었다는 사실을 알 수 있다. 따라서 정답은 (B)이다.

12 ▶ 두 지문의 정보를 연계해서 풀어야 하는 문제이다.

▶ 이메일의 두 번째 문단에서, Arnold 씨에게 자원 봉사 프로그램 중 하나를 담당해 달라는(As you are a retired math teacher, we would love to have you help out on one of those days each week) 내용이 있다.

▶ 안내문에 따르면, 이 자원봉사 프로그램은 지역 주민들이 참여할 수 있는(The city of Kensington will be implementing a new volunteer program for local residents to take part in) 것임을 알 수 있다.

▶ 위 두 정보를 바탕으로 Arnold 씨가 켄싱턴 주민이라는 사실을 추론할 수 있다. 따라서 정답은 (C)이다.

13 ▶ 이메일의 마지막 부분에서 Martin 씨는 Arnold 씨에게 자원봉사 프로그램에 참여할 수 있는지(Would you please let me know if this is possible for you?) 알려 달라고 했다.

▶ 이메일에서 이와 같은 부탁을 한다는 것은 이메일에 대한 회신을 달라는 것으로 볼 수 있으므로 정답은 (B)이다.

▶ Martin 씨가 제안한 수업은 초등학생들을 대상으로 하고 있기 때문에 (D)는 정답이 될 수 없다.

14 ▶ suit은 '~에게 알맞다'는 의미로서, 적합한 시간을 선택해서 알려 달라는 문장에 사용되었다.

▶ 보기 중에서 '적합하다', '맞다'는 의미의 동사는 (D)의 fits이다.

해석

켄싱턴 주민들: 시내의 다른 사람들을 어떻게 돕고 싶으신가요?

켄싱턴 시에서 지역 주민들이 참여할 수 있는 새로운 자원 봉사 프로그램을 실시할 예정입니다. 나이에 상관없이 특별한 기술을 가지고 있고 일주일 단위로 자원 봉사할 시간이 있는 모든 주민들이 필요합니다. 저희는 특히 가정 교사로 일할 수 있는 사람과 다양한 미술 및 공예에 대해 알고 있는 사람, 그리고 스포츠 팀의 코치 역할을 할 수 있는 사람에게 관심이 있습니다.

자원 봉사를 원하시는 경우 개최 예정인 다음 설명회 중 한 곳에 참석해 주시기 바랍니다. 그곳에서 모든 질문에 대한 답을 들으실 수 있습니다. 이 설명회에서는 등록이 필요하지 않습니다.

- 3월 7일 화요일 오후 7시 켄싱턴 공공 도서관
- 3월 11일 토요일 오후 1시 Silver Lake 고등학교
- 3월 13일 월요일 오후 7시 30분 Jefferson Valley 커뮤니티 센터
- 3월 15일 수요일 오후 6시 켄싱턴 시청

수신: Derrick Arnold 〈d_arnold@homemail.com〉
발신: Susan Martin 〈susanm@kensington.gov〉
제목: 자원 봉사
날짜: 3월 21일

친애하는 Arnold 씨께,

Silver Lake 고등학교에서 직접 만나 뵙게 되어 반가웠습니다. 모든 세션에 참석하셨던 귀하 및 기타 많은 분들께서 시내 자원 봉사 활동에 대한 열의를 나타내 주셔서 기쁩니다.

저는 현재 시내 자원 봉사 활동을 이끌고 있으며, 곧 시작할 준비가 된 몇몇 프로젝트들과 관련해서 귀하와 같은 분들에게 연락을 드리느라 바쁘게 지내고 있습니다.

저희는 Kensington 초등학교에서 아이들을 위한 교육 프로그램을 실시할 계획입니다. 이 프로그램은 화요일과 목요일 오후 3시 30분부터 5시까지 진행될 것입니다. 귀하께서 수학 교사로 은퇴하셨기 때문에, 매주 이들 수업 중 하나에 도움을 주실 수 있으면 좋을 것 같습니다.

이러한 일이 가능한지 알려 주시겠습니까? 귀하께서는 일정에 맞는 가장 적합한 요일을 선택하실 수 있습니다.

Susan Martin 드림
자원 봉사 프로그램 주최측

---

10. 안내문에서 켄싱턴 자원 봉사 프로그램에 대해 언급되어 있는 것은 무엇인가?
    (A) 다양한 능력이 있는 사람들을 필요로 한다.
    (B) 여러 해 동안 사람들을 돕고 있다.
    (C) 최근에 시장에 의해 기획되었다.
    (D) 어린 아이들을 돕는 일에 초점을 맞출 것이다.

11. Arnold 씨는 언제 설명회에 참석했는가?
    (A) 3월 7일에
    (B) 3월 11일에
    (C) 3월 13일에
    (D) 3월 15일에

12. Arnold 씨에 대해 사실일 것 같은 무엇인가?
    (A) 켄싱턴 초등학교 근처에 산다.
    (B) 급여가 지급되는 일자리를 찾고 있다.
    (C) 켄싱턴 주민이다.
    (D) 수학 교사로 일하고 있다.

13. Martin 씨는 Arnold 씨에게 무엇을 요청하는가?
    (A) 자신의 사무실을 방문한다
    (B) 자신의 이메일에 답장을 한다
    (C) 또 다른 설명회에 참석한다
    (D) 성인들을 위한 수업을 진행한다

14. 이메일에서 네 번째 문단 두 번째 줄의 "suits"와 의미가 가장 비슷한 것은?
    (A) 옷을 입히다
    (B) 승인하다
    (C) 닮다
    (D) 맞다

어휘 implement 실행하다, 실시하다 craft 공예 serve as ~로서 기능하다 information session 설명회 in person 직접, 몸소 be eager to ~하고 싶어 하다 reach out to ~에게 연락을 취하다 retired 은퇴한 transcript 성적 증명서 portfolio 작품집

 **MORE & MORE**

정답 p.037

지문을 다시 읽고, 주어진 문장이 사실이면 ○, 그렇지 않으면 ×에 표시하세요.

① The city of Kensington will pay volunteers for their work.　　　(○ | ×)
② Four information sessions will be held in March.　　　(○ | ×)
③ Ms. Martin probably works at Silver Lake High School.　　　(○ | ×)

문자 메시지 / 온라인 채팅

- 🖐 문자 메시지(Text Message)와 온라인 채팅(Online Chat) 지문은 각 1세트씩 출제된다.
- 🖐 목적을 묻는 문제와 세부 정보를 묻는 문제, 그리고 글쓴이의 의도를 파악하는 문제 등이 출제된다.
- 🖐 화자가 몇 명인지 파악한 다음 시간 순서에도 유의하면서 지문을 읽도록 한다.
- 🖐 글쓴이의 의도를 파악하는 문제가 출제되는데, 문제에 주어진 문장 앞뒤의 내용을 파악하면 단서를 찾을 수 있다.

? 지문 유형

ⓐ 문자 메시지나 온라인 채팅은 업무와 관련된 내용이 주제로 제시되는 경우가 대부분이다.

ⓑ 문자 메시지는 주로 두 명, 온라인 채팅은 세 명 이상이 참여한다. 세 명 이상이 참여하는 온라인 채팅 지문에서는 메시지를 작성한 사람이 누구인지를 확실하게 파악해야 지문의 내용을 정확히 이해할 수 있다.

ⓒ 다른 유형의 지문과 달리 문장의 일부가 생략되거나 어순이 뒤바뀐 형태의 구어체 문장이 등장하기도 한다.

! 풀이 전략

ⓐ 지문의 목적을 묻는 문제가 출제되는데, 문자 메시지와 온라인 채팅의 특성 상 메시지나 채팅을 시작하는 사람이 그 목적을 밝히는 것이 일반적이기 때문에 시작 부분에서 단서를 찾을 수 있다.

ⓑ 세부 정보를 묻는 문제를 풀 때 다른 지문에 비해 주의해야 할 것은, 문제와 관련된 정보를 찾는 것뿐만 아니라 그 정보를 어떤 사람이 작성한 것인지, 그리고 몇 시에 작성한 것인지를 파악해야 한다.

ⓒ 글쓴이의 의도를 묻는 문제의 경우, 먼저 인용된 문장의 의미를 정확히 해석한 다음 해당 문장의 앞뒤 문장의 내용을 파악하여 정답을 찾도록 한다.

Questions 1-2 refer to the following text message chain.

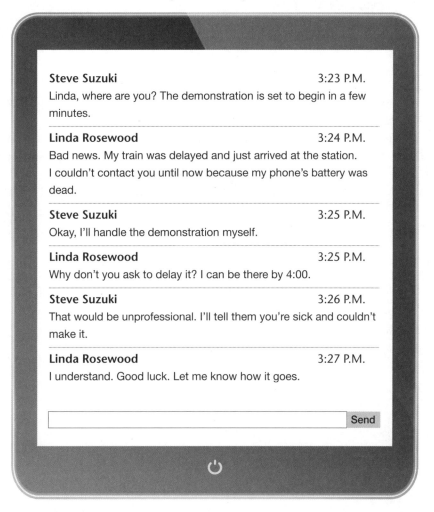

Steve Suzuki   3:23 P.M.
Linda, where are you? The demonstration is set to begin in a few minutes.

Linda Rosewood   3:24 P.M.
Bad news. My train was delayed and just arrived at the station.
I couldn't contact you until now because my phone's battery was dead.

Steve Suzuki   3:25 P.M.
Okay, I'll handle the demonstration myself.

Linda Rosewood   3:25 P.M.
Why don't you ask to delay it? I can be there by 4:00.

Steve Suzuki   3:26 P.M.
That would be unprofessional. I'll tell them you're sick and couldn't make it.

Linda Rosewood   3:27 P.M.
I understand. Good luck. Let me know how it goes.

Send

1. Why did Mr. Suzuki write to Ms. Rosewood?
   (A) She has some items for a demonstration.
   (B) He needs to reschedule a meeting.
   (C) She needs directions to a location.
   (D) He does not know where she is.

2. At 3:26 P.M., why does Mr. Suzuki write, "That would be unprofessional"?
   (A) To disagree with a suggestion
   (B) To offer an alternative
   (C) To request some assistance
   (D) To criticize a performance

❶ 문자 메시지나 온라인 채팅 지문에서는 글쓴이의 의도를 파악하는 문제가 반드시 한 문제 출제된다. 또한 목적을 묻는 문제, 세부 정보를 묻는 문제가 출제된다.

❷ 지문의 특성 상 시작 부분에서 메시지의 목적을 알아낼 수 있는 가능성이 높기 때문에, 지문 초반부의 내용을 통해 지문의 주제 및 목적을 가장 먼저 파악한 다음 나머지 문제를 풀도록 한다.

문제 해설

1 Suzuki 씨는 Rosewood 씨에게 어디에 있는지 묻는다. 곧 시연을 시작해야 하는데 그녀가 어디에 있는지 알지 못해서 문자를 보낸 것이므로 정답은 (D)이다.

2 글쓴이의 의도를 묻는 문제를 풀기 위해서는 인용된 문장 앞뒤의 내용을 확인해야 한다. 지문을 보면 Rosewood 씨가 시연 시간에 늦게 되어서 Suzuki 씨가 자신이 시연을 진행하겠다고 말한다. 이에 대해 Rosewood 씨는 '시간을 늦추는 것(Why don't you ask to delay it?)'을 제안하자 Suzuki 씨는 '그렇게 하는 것은 전문가답지 않다(That would be unprofessional)'고 답한다. 이는 Suzuki 씨가 Rosewood 씨의 제안에 동의하지 않는다는 것을 의미하므로 주어진 문장의 의도는 (A)로 볼 수 있다.

해석

Steve Suzuki　　　　　　　　　　　3:23 P.M.
Linda, 어디에 있어요? 잠시 후에 시연이 시작될 거예요.

Linda Rosewood　　　　　　　　　　3:24 P.M.
좋지 않은 소식이에요. 제 기차가 연착되어서 저는 지금 역에 도착했어요.
전화기의 배터리가 다 되어서 지금까지 당신에게 연락할 수 없었어요.

Steve Suzuki　　　　　　　　　　　3:25 P.M.
알겠어요, 제가 직접 시연을 실행할게요.

Linda Rosewood　　　　　　　　　　3:25 P.M.
시연을 연기하는 것을 부탁하는 것이 어떨까요? 제가 4시까지는 그곳에 갈 수 있을 것 같은데요.

Steve Suzuki　　　　　　　　　　　3:26 P.M.
그것은 전문가답지 못해요. 그들에게는 당신이 아파서 참석할 수 없다고 말할게요.

Linda Rosewood　　　　　　　　　　3:27 P.M.
알겠어요. 행운을 빌어요. 어떻게 진행되는지 저에게 알려 주세요.

---

1. Suzuki 씨는 왜 Rosewood 씨에게 문자를 보냈는가?
   (A) 그녀가 시연에 필요한 몇 가지 물건들을 가지고 있다.
   (B) 그는 회의 일정을 변경해야 한다.
   (C) 그녀는 길 안내가 필요하다.
   (D) 그는 그녀가 어디에 있는지 모른다.

2. 오후 3시 26분에, Suzuki 씨는 왜 "That would be unprofessional"이라고 쓰는가?
   (A) 제안에 동의하지 않기 위해
   (B) 대안을 제시하기 위해
   (C) 도움을 요청하기 위해
   (D) 업무 수행을 비난하기 위해

어휘 demonstration 시연　be set to ~하도록 예정되어 있다　unprofessional 전문가답지 못한

❶ 구어체 표현

문자 메시지와 온라인 채팅 지문에서는 구어체 표현이 사용되는 경우가 많다. 아래의 예시를 통해 구어체 표현들을 익혀 보도록 하자.

A **What do you think?** Should we accept the offer? 어떻게 생각해요? 우리가 그 제안을 받아들여야 할까요?
B Yes, we definitely should. 네, 우리는 꼭 그렇게 해야 해요.

A Why don't we work on the roof first? 먼저 지붕 작업을 하는 것이 어떨까요?
B **That will work.** I think you've got a great idea. 그게 좋겠어요. 당신이 좋은 생각을 한 것 같네요.

A I just found out I'm getting a promotion. 제가 승진했다는 것을 방금 알게 됐어요.
B **Excellent.** I'm so happy for you. 잘 됐어요. 저도 정말 기뻐요.

A Someone offered a million dollars for the company. 누군가가 그 회사에 백만 달러를 제의했어요.
B **No way.** I didn't know it was worth that much. 말도 안 돼요. 그곳이 그렇게 많은 가치가 있는 줄 몰랐어요.

A I'm going on a vacation to Hawaii next week. 저는 다음 주에 하와이로 휴가를 가요.
B **Seriously?** I hope you have a great time. 정말이에요? 좋은 시간 보내기를 바랄게요.

❷ 거절의 의사 표시

의도 파악 문제에서는 부탁을 승낙하거나 거절하는 의도를 묻는 문제가 출제되는 경우가 많다. 부탁을 직접적으로 거절하기 보다는, 아래와 같이 완곡한 표현이나 우회적인 답변을 통해 거절의 의사 표현을 한다.

A Could you buy me a sandwich, please? 제게 샌드위치를 사 주시겠어요?
B **I'm not going out for lunch.** 저는 점심을 먹으러 가는 중이 아니에요.

A Can you call Jeffrey Simmons for me? Jeffrey Simmons에게 전화를 해 줄래요?
B **I don't have my phone with me.** 제가 전화기를 가지고 있지 않아서요.

A Will you give this to Ms. Ramirez? Ramirez 씨에게 이것을 가져다 줄래요?
B **I'm not going to the fourth floor now.** 저는 지금 4층으로 가는 중이 아니에요.

A How about typing this report for me? 이 보고서를 타이핑해 줄래요?
B **I'm meeting Craig in two minutes.** 2분 후에 Craig 씨를 만날 예정이어서요.

A 지문을 읽고 질문에 답하세요.

1

Lionel Sellers	3:55 P.M.

My transfer application was accepted. But I'm not sure I want to spend the new two years in Hong Kong.

Sarah Bright	3:57 P.M.

Are you serious? It's the chance of a lifetime. You should definitely accept the offer.

Nancy Venarde	3:59 P.M.

Sarah's right, Lionel. This is not only a great chance to improve your standing in the company, but you'll get to live in another country.

Lionel Sellers	4:01 P.M.

I know what you're both saying, but it will be hard to move so far away.

Q At 3:57 P.M., what does Ms. Bright mean when she writes, "It's the chance of a lifetime"?

(a) Mr. Sellers should accept the offer.

(b) She is going to apply to move to Hong Kong.

2

Candice Dawson	2:04 P.M.

Is anyone going to the company picnic this Saturday?

Mark Sanderson	2:05 P.M.

My entire family will be attending. My kids love spending time there each year.

Candice Dawson	2:06 P.M.

Do you have room in your car to take me? My car's in the shop right now.

Sheila Dobbs	2:08 P.M.

Why don't you ride with me? I'll be driving there, and we live in the same neighborhood.

Q What is the discussion mainly about?

(a) Transportation to an event

(b) Ms. Dawson's personal vehicle

Ⓑ 지문을 읽고 질문에 답하세요.

Questions 1-2 refer to the following online chat discussion.

Trisha Waters   10:09 A.M.

Does anyone know why the elevator isn't working?

Robert Compton   10:11 A.M.

I heard a work crew is here to do some maintenance on it. It looks like you're going to have to take the stairs.

Trisha Waters   10:13 A.M.

Oh, no. I've got a couple of packages to pick up in the mailroom, but I can't carry them up several flights of stairs.

June Marshall   10:15 A.M.

Why don't you ask Tony to help? I'm sure he won't mind.

Robert Compton   10:16 A.M.

Actually, he's at the factory and won't be in the office until after lunch.

Trisha Waters   10:17 A.M.

Rob, is there any way you can lend me a hand?

Robert Compton   10:19 A.M.

I'd love to, but I'm giving a presentation to the department heads in ten minutes. I don't want to get sweaty and make a poor impression.

June Marshall   10:24 A.M.

I called the security desk. The elevator should be up and running by 10:40, so you don't need to wait much longer.

---

1 At 10:15 A.M., what does Ms. Marshall imply when she writes, "Why don't you ask Tony to help?"

(a) She is uninterested in the problem.

(b) She cannot help Ms. Waters.

2 What is going to happen at 10:40?

(a) Ms. Waters will meet her client.

(b) The maintenance work will finish.

Questions 01-02 refer to the following text message chain.

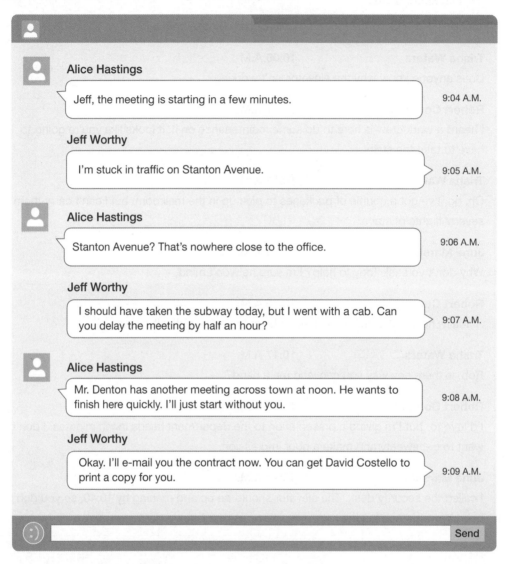

Alice Hastings

Jeff, the meeting is starting in a few minutes.   9:04 A.M.

Jeff Worthy

I'm stuck in traffic on Stanton Avenue.   9:05 A.M.

Alice Hastings

Stanton Avenue? That's nowhere close to the office.   9:06 A.M.

Jeff Worthy

I should have taken the subway today, but I went with a cab. Can you delay the meeting by half an hour?   9:07 A.M.

Alice Hastings

Mr. Denton has another meeting across town at noon. He wants to finish here quickly. I'll just start without you.   9:08 A.M.

Jeff Worthy

Okay. I'll e-mail you the contract now. You can get David Costello to print a copy for you.   9:09 A.M.

Send

01. What is the problem?

(A) Mr. Worthy will be late for a meeting.

(B) Mr. Denton canceled his appointment.

(C) Ms. Hastings has not read a contract.

(D) Mr. Costello did not receive an e-mail.

02. At 9:08 A.M., why does Ms. Hastings write, "Mr. Denton has another meeting across town at noon"?

(A) To extend an invitation

(B) To praise an idea

(C) To make a request

(D) To reject a suggestion

01 ▶ Jeff Worthy는 교통 체증으로 움직이지 못하고 있다고(I'm stuck in traffic on Stanton Avenue) 작성한 다음, 회의를 30분 정도 미룰 수 있는지(Can you delay the meeting by half an hour?) 묻고 있다.

▶ 따라서, 회의에 늦을 것이라는 내용의 (A)가 정답이다.

02 ▶ 주어진 문장은 Denton 씨가 12시에 다른 회의를 하러 시의 반대편으로 가야 한다는 의미이다. 그런데 이는 회의를 30분 늦출 수 있는지 물어 본 Worthy 씨의 질문에 대한 답변이다.

▶ 따라서 정답은 '제안을 거절하기 위해서'라는 의미인 (D)이다.

해석

Alice Hastings	9:04 A.M.

Jeff, 잠시 후에 회의가 시작될 거예요.

Jeff Worthy 9:05 A.M.
교통 체증으로 Stanton 가에서 꼼짝 못하고 있어요.

Alice Hastings 9:06 A.M.
Stanton 가요? 사무실에서 가까운 곳이 아니군요.

Jeff Worthy 9:07 A.M.
오늘은 지하철을 탔어야 했는데, 택시를 타버렸어요. 회의를 30분 정도 미룰 수 있나요?

Alice Hastings 9:08 A.M.
Denton 씨가 12시에 또 다른 회의를 하러 시의 반대편으로 가야 해요. 이곳에서의 회의는 빨리 끝내고 싶어 하시죠. 당신 없이 제가 시작할게요.

Jeff Worthy 9:09 A.M.
알겠어요. 지금 바로 계약서를 이메일로 보내 줄게요. David Costello에게 사본을 출력하도록 시키면 될 거예요.

01. 무엇이 문제인가?
  (A) Worthy 씨가 회의에 늦을 예정이다.
  (B) Denton 씨가 약속을 취소했다.
  (C) Hastings 씨가 계약서를 읽지 못했다.
  (D) Costello 씨가 이메일을 받지 못했다.

02. 오전 9시 8분에, Hastings 씨는 왜 "Mr. Denton has another meeting across town at noon"이라고 쓰는가?
  (A) 초대하기 위해서
  (B) 아이디어를 칭찬하기 위해서
  (C) 요청하기 위해서
  (D) 제안을 거절하기 위해서

어휘 stuck in traffic 교통 체증으로 갇히다   cab 택시   contract 계약(서)   extend an invitation 초대하다

MORE & MORE

정답 p.038

지문을 다시 읽고, 주어진 문장이 사실이면 ○, 그렇지 않으면 ×에 표시하세요.

① Mr. Worthy is supposed to attend a meeting soon.　　　　　　(○ | ×)
② Mr. Worthy is driving his car right now.　　　　　　　　　　(○ | ×)
③ Mr. Hastings will probably contact Mr. Costello soon.　　　　(○ | ×)

Questions 03-04 refer to the following text message.

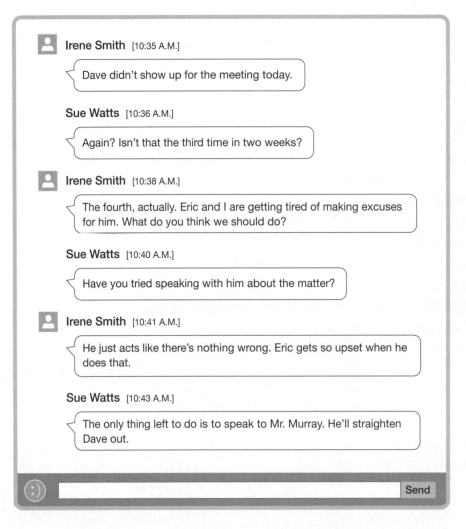

Irene Smith [10:35 A.M.]

Dave didn't show up for the meeting today.

Sue Watts [10:36 A.M.]

Again? Isn't that the third time in two weeks?

Irene Smith [10:38 A.M.]

The fourth, actually. Eric and I are getting tired of making excuses for him. What do you think we should do?

Sue Watts [10:40 A.M.]

Have you tried speaking with him about the matter?

Irene Smith [10:41 A.M.]

He just acts like there's nothing wrong. Eric gets so upset when he does that.

Sue Watts [10:43 A.M.]

The only thing left to do is to speak to Mr. Murray. He'll straighten Dave out.

Send

03. What is the problem?

(A) A meeting was suddenly canceled.

(B) A project is running behind schedule.

(C) A coworker is not doing his job.

(D) An excuse was not believed.

04. At 10:41 A.M., why does Ms. Smith write, "He just acts like there's nothing wrong"?

(A) To indicate she has talked to Dave already

(B) To tell Ms. Watts there is no big problem

(C) To express her desire to find a solution

(D) To state that she is worried about Eric

03 ▶ 문제점에 대한 내용은 대부분 지문의 초반부에서 찾을 수 있다.

▶ 두 사람이 논의하고 있는 문제는 직장 동료인 Dave가 반복적으로 회의에 참석하지 않고 있는 것이다. 그러므로 (C)가 정답이 된다.

04 ▶ 주어진 문장은 '논의하고 있는 문제에 대해 그와 이야기를 나누어 보았는지(Have you tried speaking with him about the matter?)' 묻는 질문에 대한 답이다.

▶ 즉, Dave에게 이미 말해봤지만 소용이 없었다는 의미를 나타내고 있으므로 정답은 (A)이다.

해석

Irene Smith	10:35 A.M.

Dave는 오늘 회의에 나타나지 않았어요.

Sue Watts	10:36 A.M.

또요? 2주 동안 세 번째 아닌가요?

Irene Smith	10:38 A.M.

사실 네 번째예요. Eric과 저는 그를 위해 변명을 해 주는 것에 지쳤어요. 우리가 어떻게 해야 할 것 같나요?

Sue Watts	10:40 A.M.

문제에 대해 그와 이야기해 보았나요?

Irene Smith	10:41 A.M.

그는 아무런 문제가 없다는 식이에요. 그가 그렇게 행동하면 Eric이 몹시 기분 나빠 하고요.

Sue Watts	10:43 A.M.

유일하게 남아 있는 수단은 Murray 씨에게 말하는 것뿐이네요. 그분이 Dave를 바로잡을 거예요.

03. 무엇이 문제인가?
(A) 회의가 갑자기 취소되었다.
(B) 프로젝트의 일정이 지연되고 있다.
(C) 동료 한 명이 자신의 일을 하지 않고 있다.
(D) 해명이 통하지 않았다.

04. 오전 10시 41분에, Smith 씨는 왜 "He just acts like there's nothing wrong"이라고 쓰는가?
(A) 이미 Dave에게 이야기했다는 것을 말하기 위해
(B) Watts 씨에게 큰 문제가 되지 않는다고 말하기 위해
(C) 문제의 해결책을 찾고 싶다는 바람을 표현하기 위해
(D) Eric에 대해 걱정하고 있다는 것을 언급하기 위해

어휘 show up 나타나다 excuse 변명 straighten out 바로잡다 behind schedule 일정이 늦은

MORE & MORE

정답 p.038

지문을 다시 읽고, 주어진 문장이 사실이면 ○, 그렇지 않으면 ×에 표시하세요.

❶ The writers are preparing for a meeting. (○ | ×)

❷ Dave has missed four meetings in two weeks. (○ | ×)

❸ Ms. Watts will probably speak to her manager about Dave. (○ | ×)

Questions 05-08 refer to the following online chat discussion.

Steve Roberts [10:01 A.M.] Did everyone register for the trade expo being held in Milwaukee next month?

Ken Burgess [10:02 A.M.] I already booked my hotel room.

Alice Stone [10:04 A.M.] I'm going to be away on business from June 10 to 18. I have to visit St. Louis and Denver during that time.

Steve Roberts [10:05 A.M.] Is it possible to change the dates of your trips? Everyone well known in the industry is going to be there. This will be a great opportunity for us to make new contacts.

Alice Stone [10:07 A.M.] I guess I could ask someone else to go in my place.

Steve Roberts [10:09 A.M.] Good. As the head of the department, Alice, I need you to represent us there.

Vanessa Smith [10:10 A.M.] I've spoken with the clients at Duncan Engineering before. I don't mind going out to see them.

Steve Roberts [10:11 A.M.] Perfect. You do that, Vanessa. Now, we just need someone else to head to St. Louis.

Alice Stone [10:14 A.M.] I'll talk to Tom Harper. He'll be in Los Angeles in June, but he might have time to make another trip later in the month.

Send

---

05. What is indicated about Mr. Burgess?
(A) He has plans to visit St. Louis.
(B) He will go to Milwaukee next month.
(C) He is in a different department than Ms. Stone.
(D) He has visited Duncan Engineering before.

06. At 10:05 A.M., what does Mr. Roberts suggest when he writes, "Everyone well known in the industry is going to be there"?
(A) He has never met a famous person before.
(B) He is thinking of changing industries.
(C) He wants Ms. Stone to attend the trade expo.
(D) He has not yet registered for the event.

07. Where is Duncan Engineering located?
(A) In Los Angeles
(B) In Milwaukee
(C) In St. Louis
(D) In Denver

08. Who most likely is Mr. Harper?
(A) A trade expo organizer
(B) A coworker of Ms. Stone's
(C) A client of Mr. Roberts'
(D) An employee at Duncan Engineering

05 ▶ 첫 번째 메시지에서 Steve Roberts는 모두에게 다음 달에 밀워키에서 열리는 무역 박람회에 등록했는지 (Did everyone register for the trade expo being held in Milwaukee next month?) 물었다.

▶ 이에 대해 Burgess 씨는 호텔 객실을 이미 예약했다고(I already booked my hotel room) 대답했으므로, 그가 다음 달에 밀워키에 갈 것이라는 내용의 (B)가 정답이다.

06 ▶ 주어진 문장은 '업계에서 유명한 사람들 모두가 그곳에 올 예정이다'라는 의미이다.

▶ 바로 앞 문장에서 Roberts 씨는 Stone 씨에게 출장 날짜를 변경할 수 없는지(Is it possible to change the dates of your trips?) 물었는데, 이는 Stone 씨가 출장을 가야 해서 무역 박람회에 참석하지 못할 것이라는 메시지 다음에 작성한 것이다.

▶ 따라서, 주어진 문장을 통해 Roberts 씨는 Stone 씨가 무역 박람회에 참석하기를 바란다는 것을 알 수 있으므로 정답은 (C)이다.

07 ▶ Alice Stone의 10시 4분 메시지에 따르면, 그녀는 세인트루이스와 덴버에 가기로 되어 있었다. 하지만, Roberts 씨가 그녀와 함께 무역 박람회에 참석하기를 원해서 일정을 변경해 달라고 요청한 상황이다.

▶ Duncan 엔지니어링이 언급된 내용은 Vanessa Smith의 'I've spoken with the clients at Duncan Engineering before. I don't mind going out to see them.'이라는 부분이다. 이는 그녀가 Duncan 엔지니어링의 고객들과 이야기를 나눈 적이 있고, 자신이 Duncan 엔지니어링에 가겠다는 의미이다.

▶ 바로 다음에 Roberts 씨는 Vanessa에게 그렇게 하라고(Perfect. You do that, Vanessa) 한 다음, 이제 세인트루이스에 갈 사람이 필요하다고(Now, we just need someone else to head to St. Louis) 했다. 따라서 Duncan 엔지니어링은 덴버에 있다는 것을 알 수 있으므로 정답은 (D)이다.

08 ▶ 지문의 마지막 부분에서 Roberts 씨는 세인트루이스에 갈 사람이 필요하다고(Now, we just need someone else to head to St. Louis) 말했다. 이에 대해 Alice Stone은 Tom Harper에게 이야기해 보겠다고(I'll talk to Tom Harper) 하면서, 그가 현재 출장 중이라고 작성했다.

▶ 이러한 내용을 바탕으로 Tom Harper가 Alice Stone의 직장 동료라는 사실을 추론할 수 있으므로 정답은 (B)이다.

해석

Steve Roberts	[10:01 A.M.]	모두들 다음 달 밀워키에서 열리는 무역 박람회에 등록하셨어요?
Ken Burgess	[10:02 A.M.]	전 이미 호텔 객실을 예약해 두었어요.
Alice Stone	[10:04 A.M.]	저는 6월 10일부터 18일까지 업무 때문에 자리를 비울 예정이에요. 그때 세인트루이스와 덴버를 방문해야 하거든요.
Steve Roberts	[10:05 A.M.]	출장 날짜를 변경할 수 있을까요? 업계에서 유명한 사람들 모두가 그곳에 올 예정이어서요. 우리가 새로운 계약을 따낼 수 있는 좋은 기회가 될 거예요.
Alice Stone	[10:07 A.M.]	다른 누군가에게 저 대신 갈 수 있는지 물어볼 수 있을 것 같아요.
Steve Roberts	[10:09 A.M.]	좋아요. 그곳에서는 Alice 당신이 부서장으로서 우리를 대표해야 해요.
Vanessa Smith	[10:10 A.M.]	제가 전에 Duncan 엔지니어링의 고객들과 이야기를 나눈 적이 있어요. 가서 그들을 만나라면 만날 수 있어요.
Steve Roberts	[10:11 A.M.]	완벽하네요. 그렇게 해요, Vanessa. 자, 세인트루이스에 갈 사람이 필요해요.
Alice Stone	[10:14 A.M.]	제가 Tom Harper와 이야기해 볼게요. 6월에 로스앤젤레스에 있을 예정이지만, 그 달 하순에 출장을 한 번 더 갈 수 있는 시간이 있을 거예요.

05. Burgess 씨에 대해 언급되어 있는 것은 무엇인가?
   (A) 그는 세인트루이스를 방문할 계획이었다.
   (B) 그는 다음 달에 밀워키에 갈 것이다.
   (C) 그는 Stone 씨의 부서와 다른 부서에 속해 있다.
   (D) 그는 전에 Duncan 엔지니어링을 방문한 적이 있다.

06. 오전 10시 5분에, Roberts 씨가 "Everyone well known in the industry is going to be there"라고 쓸 때 그가 암시한 것은 무엇인가?
   (A) 그는 유명한 사람을 만나본 적이 없다.
   (B) 그는 변화하는 업계에 대해 생각하고 있다.
   (C) 그는 Stone 씨가 무역 박람회에 참석하기를 바란다.
   (D) 그는 아직 행사에 등록하지 않았다.

07. Duncan 엔지니어링은 어디에 위치해 있는가?
   (A) 로스앤젤레스에
   (B) 밀워키에
   (C) 세인트루이스에
   (D) 덴버에

08. Harper 씨는 누구인 것 같은가?
   (A) 무역 박람회 주최자
   (B) Stone 씨의 동료
   (C) Roberts 씨의 고객
   (D) Duncan 엔지니어링의 직원

어휘 register for ~에 등록하다   opportunity 기회   in one's place ~을 대신하여   represent 대표하다   organizer 주최자, 기획자

정답 p.038

지문을 다시 읽고, 주어진 문장이 사실이면 ○, 그렇지 않으면 ×에 표시하세요.

❶ Mr. Burgess probably lives in Milwaukee.   (○ | ×)
❷ Ms. Stone will go on a business trip in April.   (○ | ×)
❸ Ms. Smith works at Duncan Engineering.   (○ | ×)

Questions 09-12 refer to the following online chat discussion.

Rosemary Anderson	2:04 P.M.
I've got my annual review with Mr. Peterman in a couple of hours. Any advice on what I should do?	
Janet Swanson	2:08 P.M.
Oh, those are never fun. Just be sure to listen carefully to everything he says. Don't get offended by any criticisms he makes.	
Kenneth Williams	2:10 P.M.
That's what I was going to suggest. It's only a review, so don't take it too personally.	
Rosemary Anderson	2:12 P.M.
But what if he says I'm doing a poor job?	
Kenneth Williams	2:13 P.M.
Then ask what's wrong with your performance and find out how he expects you to improve. Be sure to ask him what he suggests you do to get better.	
Craig Landers	2:15 P.M.
Think of this as a learning experience. We all get to hear negative things about our work. But we don't get offended. These reviews are part of the job.	
Rosemary Anderson	2:17 P.M.
Thanks, everyone. I feel a whole lot more confident now.	

Send

09. Who most likely are the writers?

(A) Customers

(B) Advisors

(C) Students

(D) Colleagues

10. Why is Ms. Anderson worried?

(A) She thinks she may get fired.

(B) She is late with her work.

(C) She is going to be rated soon.

(D) She did poorly on her annual review.

11. What does Mr. Landers suggest?

(A) Avoiding getting upset

(B) Working harder

(C) Stopping her negative thinking

(D) Accepting her boss's comments

12. At 2:10 P.M., what does Mr. Williams mean when he writes, "That's what I was going to suggest"?

(A) Ms. Anderson needs to pay close attention.

(B) Ms. Anderson should speak with Mr. Peterman.

(C) Ms. Anderson needs to improve her performance.

(D) Ms. Anderson should complete her work soon.

09 ▶ 지문의 전체 내용을 보면, 연간 평가를 받는 것을 걱정하는 Anderson 씨에게 다른 사람들이 조언을 해 주고 있다.

　 ▶ 조언을 해 주는 사람들은 자신이 평가를 받았던 경험을 바탕으로 문자를 작성하고 있기 때문에, 이들은 모두 같은 직장의 동료일 것이다. 따라서 (D)가 정답이다.

10 ▶ Anderson 씨가 걱정하는 내용은 그녀의 2시 12분 메시지에서 찾을 수 있다.

　 ▶ 그녀가 'what if he says I'm doing a poor job?'이라고 말하고 있는 것으로 보아, 그녀는 좋지 않은 평가를 받게 될까 걱정하고 있음을 알 수 있다.

　 ▶ 따라서 그녀가 걱정하는 이유는 (C)이다.

11 ▶ Landers 씨가 조언하는 내용은 2시 15분의 메시지에 있다.

　 ▶ 그는 'We all get to hear negative things about our work. But we don't get offended.'라고 말하면서 다른 직원들 역시 부정적인 평가를 받지만, 기분 나빠하지 않는다는 사실을 언급한다.

　 ▶ 따라서 보기 중 그가 조언한 내용과 일치하는 것은 (A)로 볼 수 있다.

12 ▶ 주어진 문장은 'Just be sure to listen carefully to everything he says. Don't get offended by any criticisms he makes.'라는 조언에 동의하기 위해 한 말인데, 이는 '그가 말하는 모든 것을 그냥 주의 깊게 들으세요. 비판한다고 해서 기분 나쁘게 여기지는 말고요.'라는 의미이다.

　 ▶ 보기 중 이러한 내용과 일치하는 것은 집중해야 한다는 내용의 (A)이다.

해석

Rosemary Anderson　　　　2:04 P.M.
저는 두어 시간 뒤에 Peterman 씨로부터 연간 평가를 받아요. 제가 무엇을 해야 하는지에 대해 조언해 주시겠어요?

Janet Swanson　　　　2:08 P.M.
오, 정말이지 즐겁지 않겠군요. 그가 말하는 모든 것을 그냥 주의 깊게 들으세요. 비판한다고 해서 기분 나쁘게 여기지는 말고요.

Kenneth Williams　　　　2:10 P.M.
제 조언도 그래요. 단지 평가일 뿐이니 너무 인신공격적으로 받아 들이지는 마세요.

Rosemary Anderson　　　　2:12 P.M.
하지만 제가 일을 형편없이 하고 있다고 말하시면 어쩌죠?

Kenneth Williams　　　　2:13 P.M.
그렇다면 당신의 성과에서 무엇이 잘못되었는지 물어 보고, 당신이 얼마나 향상되기를 기대하는지도 알아 보세요. 당신이 더 나아지기 위해 무엇을 해야 하는지 충고도 해 달라고 하시고요.

Craig Landers　　　　2:15 P.M.
경험을 쌓는다고 생각하세요. 우리 모두 우리의 업무에 대해 부정적인 얘기들을 들었어요. 하지만 기분 나쁘게 생각하지는 않아요. 이러한 평가들은 업무의 일부일 뿐이에요.

Rosemary Anderson　　　　2:17 P.M.
모두 고마워요. 이제 훨씬 더 자신감이 생겼어요.

09. 작성자들은 누구인 것 같은가?
    (A) 고객들
    (B) 조언자들
    (C) 학생들
    (D) 동료들

10. Anderson 씨는 왜 걱정을 하는가?
    (A) 그녀는 자신이 해고될 것이라고 생각한다.
    (B) 그녀는 직장에 늦었다.
    (C) 그녀는 곧 평가를 받게 될 것이다.
    (D) 그녀는 그녀의 연간 평가 업무에서 잘 하지 못했다.

11. Landers 씨는 무엇을 제안하는가?
    (A) 속상해 하지 않는다
    (B) 더 열심히 일한다
    (C) 부정적인 생각을 멈춘다
    (D) 상사의 지적을 받아들인다

12. 오후 2시 10분에, Williams 씨가 "That's what I was going to suggest"라고 쓸 때 그가 의미하는 것은 무엇인가?
    (A) Anderson 씨는 집중해야 한다.
    (B) Anderson 씨는 Peterman 씨와 이야기해야 한다.
    (C) Anderson 씨는 성과를 향상시켜야 한다.
    (D) Anderson 씨는 곧 업무를 완료해야 한다.

어휘 annual review 연례 평가; 인사고과   get offended 화내다   criticism 비판   personally 개인적으로   performance 성과
find out 알아보다   negative 부정적인   confident 자신감이 있는

MORE & MORE

정답 p.038

지문을 다시 읽고, 주어진 문장이 사실이면 O, 그렇지 않으면 ×에 표시하세요.

① Ms. Swanson does not enjoy performance reviews.   (O | ×)

② Mr. Williams will conduct Ms. Anderson's performance review.   (O | ×)

③ Mr. Landers probably does not get upset during his performance reviews.   (O | ×)

Part 7 지문을 읽고 문제의 정답을 고르세요.

Questions 1-2 refer to the following text message chain.

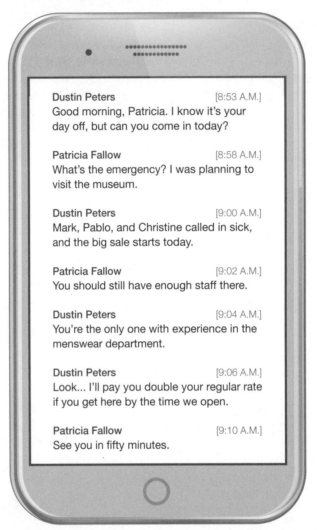

Dustin Peters [8:53 A.M.]
Good morning, Patricia. I know it's your day off, but can you come in today?

Patricia Fallow [8:58 A.M.]
What's the emergency? I was planning to visit the museum.

Dustin Peters [9:00 A.M.]
Mark, Pablo, and Christine called in sick, and the big sale starts today.

Patricia Fallow [9:02 A.M.]
You should still have enough staff there.

Dustin Peters [9:04 A.M.]
You're the only one with experience in the menswear department.

Dustin Peters [9:06 A.M.]
Look... I'll pay you double your regular rate if you get here by the time we open.

Patricia Fallow [9:10 A.M.]
See you in fifty minutes.

1. Where most likely do the writers work?
   (A) At a gallery
   (B) At a bookstore
   (C) At a department store
   (D) At a museum

2. At 9:02 A.M., what does Ms. Fallow imply when she writes, "You should still have enough staff there"?
   (A) She thinks her presence is unnecessary.
   (B) She needs to get paid more to come to work.
   (C) She wants Mr. Peters to call someone else.
   (D) She believes there will not be many customers.

Questions 3-6 refer to the following e-mail.

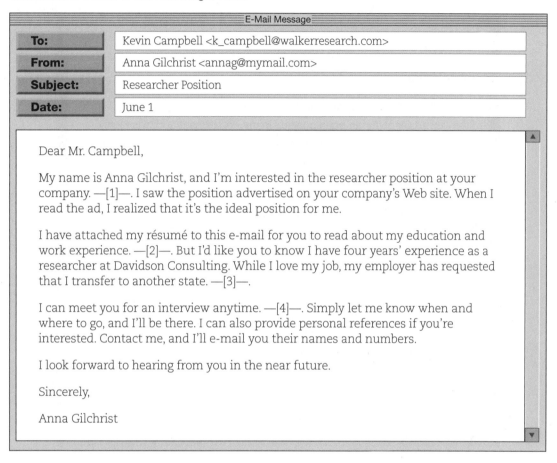

E-Mail Message

To:	Kevin Campbell <k_campbell@walkerresearch.com>
From:	Anna Gilchrist <annag@mymail.com>
Subject:	Researcher Position
Date:	June 1

Dear Mr. Campbell,

My name is Anna Gilchrist, and I'm interested in the researcher position at your company. —[1]—. I saw the position advertised on your company's Web site. When I read the ad, I realized that it's the ideal position for me.

I have attached my résumé to this e-mail for you to read about my education and work experience. —[2]—. But I'd like you to know I have four years' experience as a researcher at Davidson Consulting. While I love my job, my employer has requested that I transfer to another state. —[3]—.

I can meet you for an interview anytime. —[4]—. Simply let me know when and where to go, and I'll be there. I can also provide personal references if you're interested. Contact me, and I'll e-mail you their names and numbers.

I look forward to hearing from you in the near future.

Sincerely,

Anna Gilchrist

3. Why did Ms. Gilchrist send the e-mail to Mr. Campbell?
   (A) To request a transfer
   (B) To apply for a job
   (C) To ask for a pay raise
   (D) To discuss some new research

4. The word "ideal" in paragraph 1, line 3, is closest in meaning to
   (A) perfect
   (B) practical
   (C) potential
   (D) possible

5. What was sent with the e-mail?
   (A) A portfolio
   (B) A report
   (C) A résumé
   (D) An essay

6. In which of the positions marked [1], [2], [3], and [4] does the following sentence best belong?
   "I can't leave the city, so that is why I hope to work at Walker Research."
   (A) [1]
   (B) [2]
   (C) [3]
   (D) [4]

Questions 7-10 refer to the following letter.

September 19

Dear Candice,

Thank you very much for recommending Diego Rodriguez to me. I interviewed Diego for an open position in my department and was highly impressed with him. He was well-spoken and quite knowledgeable about the industry. I offered him a position at my firm as soon as the interview ended, and he accepted.

In his three weeks of employment, Diego has been an outstanding employee. He's the first one in the office and the last to leave every day. He volunteers for extra work and does his regular duties both on time and in an effective manner. I'm already considering promoting Diego due to the great work he does.

Why don't the two of us get together for lunch sometime? It's my treat. It's the least I can do to thank you for introducing me to such a good worker. Let me know when you have time in the month of October.

Regards,

Brian Thagard

7. Why did Mr. Thagard send the letter?
(A) To apologize for making a mistake
(B) To make an invitation to an event
(C) To thank a person for some assistance
(D) To reject an offer of employment

8. When did Mr. Thagard offer Diego Rodriguez a job?
(A) After meeting him at a conference
(B) After having an interview with him
(C) After having a talk with his coworkers
(D) After talking to him on the phone

9. What does Mr. Thagard suggest about Diego Rodriguez?
(A) He had no previous work experience.
(B) He is good friends with Candice.
(C) He will get a better position soon.
(D) He has requested a higher salary.

10. What does Mr. Thagard want to do in October?
(A) Have a meal with Candice
(B) Hire some new employees
(C) Go on a business trip
(D) Set up a meeting with Diego Rodriguez

Questions 11-14 refer to the following online chat discussion.

Harold Swanson [2:19 P.M.]		Jeff Turner at RWR Consulting contacted me about renewing the contract. He proposed a few changes to the terms.
Tina Goodall [2:21 P.M.]		Are you going to accept them?
Harold Swanson [2:23 P.M.]		He wants to decrease his fee by 20%.
Sandy Rainey [2:25 P.M.]		That's unacceptable.
Harold Swanson [2:27 P.M.]		That was my initial reaction, but we may have no choice. We've already lost two other clients, and if we lose RWR, we might have to lay off some employees.
Tina Goodall [2:28 P.M.]		Why don't you counter by offering a 10% cut?
Harold Swanson [2:30 P.M.]		We're meeting in person tomorrow morning. But you should be ready for bad news.
Sandy Rainey [2:32 P.M.]		Thanks for keeping us updated. If you want me to be there, I'm willing to go with you.
Harold Swanson [2:35 P.M.]		I don't think that will be necessary.

Send

11. What are the people mainly discussing?

(A) An upcoming layoff

(B) A new customer

(C) The terms of a contract

(D) The need to downsize

12. What does Mr. Swanson suggest about the company?

(A) It works in the technology sector.

(B) It was founded two years ago.

(C) It is doing poorly financially.

(D) It only has one contract at the moment.

13. What does Ms. Goodall recommend doing?

(A) Negotiating a contract

(B) Firing some workers

(C) Reassigning staff duties

(D) Looking for new clients

14. At 2:35 P.M., what does Mr. Swanson mean when he writes, "I don't think that will be necessary"?

(A) Ms. Rainey does not need to attend a meeting.

(B) Most of the employees will not be fired.

(C) Ms. Goodall should not contact Mr. Turner.

(D) An agreement does not need to be made soon.

Questions 15-19 refer to the following letter and e-mail.

November 4

Dear Mr. Martin,

I saw your advertisement for the design artist position in the *Times Daily*. Upon reading the job requirements, I realized I am qualified for the position. In addition, I am looking to return to my hometown of New Orleans from my current location in Milwaukee.

I have enclosed a copy of my résumé as well as a portfolio of some of the work I have done. As you can see, I have worked with several major clients and have twelve years of experience in the business. My work has appeared in newspapers and magazines and on TV, radio, and the Internet.

I wonder if the advertised salary is negotiable. The number mentioned in the advertisement is lower than the salary I currently receive. Perhaps we can discuss that at my job interview.

I look forward to scheduling a time to interview with you.

Quincy Morris

E-Mail Message	
To:	Quincy Morris <qmorris@homemail.com>
From:	Walter Martin <w_martin@bayoudesigns.com>
Subject:	Interview
Date:	November 10

Dear Mr. Morris,

Thank you for applying to Bayou Designs for the position of design artist. I read your résumé and looked at your portfolio with great interest. You have done a lot of quality work. I was actually already familiar with it although I wasn't aware you were the creator.

We would love to interview you. You are by far the most qualified individual who has applied for the job thus far. We believe that you would make a good employee here at Bayou Designs.

Please see the attached file. It contains the itinerary for your trip to New Orleans. You'll be leaving on Friday, November 14, and will return on Sunday, November 16. If this isn't acceptable to you, let me know at once.

Finally, we can negotiate on the matter you mentioned. That won't be a problem.

Sincerely,

Walter Martin
Owner, Bayou Designs

15. How did Mr. Morris learn about the available position?

  (A) From an online ad

  (B) From a newspaper ad

  (C) From a friend

  (D) From an employee at Bayou Designs

16. Why does Mr. Morris want to work with Bayou Designs?

  (A) He wants to live in New Orleans again.

  (B) He wants to increase his salary.

  (C) The company is a leader in the business.

  (D) The company can give him a better position.

17. What does Mr. Martin indicate about Mr. Morris?

  (A) He has already done some work for Bayou Designs.

  (B) He has better qualifications than the other applicants.

  (C) He has met several employees at Bayou Designs.

  (D) He has applied to work at Bayou Designs in the past.

18. When does Mr. Martin want Mr. Morris to visit New Orleans?

  (A) November 4

  (B) November 10

  (C) November 14

  (D) November 16

19. What is suggested about Bayou Designs?

  (A) It may offer Mr. Morris a higher salary.

  (B) It is going to be expanding soon.

  (C) It has an office in Milwaukee.

  (D) It made a profit last year.

Questions 20-24 refer to the following memo, schedule, and e-mail.

MEMO

To: All Employees
From: Joseph Rudolph
Subject: Employee Safety
Date: April 19

In the past three months, six employees have suffered injuries while working. We at Jackson Manufacturing pride ourselves on our commitment to safety, and we find the recent injuries to be distressing. As such, we will be implementing a new safety training program as of May 1.

The program will be led by a group from Addison Consulting, which has a considerable amount of experience in running programs of this nature. The program will take employees two days to complete, and it is mandatory for everyone here at Jackson, including executives and part-time employees. Please speak with your departmental supervisor to determine when your department will be conducting its training.

Addison Consulting
Safety Training Program for
Jackson Manufacturing Schedule

All individuals should report to the Jackson Manufacturing auditorium by 9:00 A.M. There will be a one-hour break for lunch from 12:00 to 1:00 P.M. The program will conclude for the day at 5:30 P.M. Each attendee should bring a tablet or laptop.

- **May 1-2**: Accounting Department
- **May 4-5**: Research and Development Department
- **May 8-9**: Sales Department & Marketing Department
- **May 11-12**: Legal Department & Personnel Department

Employees working in the factory and the warehouse will receive separate training at a later time.

Those with questions may contact David Gross at dgross@addison.com.

To:	Jeffery Asbury <jasbury@jacksonmanufacturing.com>
From:	Betsy Stewart <betsy@jacksonmanufacturing.com>
Subject:	Upcoming Program
Date:	April 23

Dear Mr. Asbury,

I have an issue regarding the upcoming training session. I spoke with someone at Addison Consulting, but he recommended that I get in touch with you as this is an internal matter.

In January, I registered to attend the manufacturing conference being held in San Antonio, Texas, from May 1 to 5. As such, I'm not going to be able to attend the training session unless I cancel my registration for the conference. I wonder if it would be acceptable to change the day when I get trained. I have several friends who work in HR here, so would it be all right if I did the training with them? Please let me know if this is possible.

Sincerely,

Betsy Stewart

20. Why was Addison Consulting hired by Jackson Manufacturing?
(A) To provide advice regarding sales
(B) To advise it on safety matters
(C) To conduct a search for new employees
(D) To train workers on new equipment

21. What is true about the program?
(A) It will involve working on computers.
(B) Employees are advised to sign up for it.
(C) Factory workers are exempt from it.
(D) The complete schedule has been determined.

22. Why did Ms. Stewart write to Mr. Asbury?
(A) To ask to be exempted from the program
(B) To complain about Addison Consulting
(C) To inquire about a scheduling conflict
(D) To suggest some improvements for the program

23. What is suggested about Ms. Stewart?
(A) She sent an e-mail to Mr. Gross.
(B) She works in the Sales Department.
(C) She will give a presentation at a conference.
(D) She often travels for business.

24. When does Ms. Stewart want to take the training program?
(A) On May 1 and 2
(B) On May 4 and 5
(C) On May 8 and 9
(D) On May 11 and 12

03 공지 / 회람

- 🖐 공지(Notice)와 회람(Memo)은 모두 정보 전달을 목적으로 한다는 공통점이 있다. 두 지문 모두 비교적 쉬운 유형에 속한다.
- 🖐 공지와 회람의 주제는 유사한데, 정책의 도입 및 변경, 행사 일정, 시설 수리 및 공사 일정 안내 등이 있다.
- 🖐 두 지문 모두 초반부에 작성 목적이 드러나는 경우가 많다. 따라서 제목과 초반부의 내용을 통해 전달하고자 하는 정보가 무엇인지 우선적으로 파악해야 한다.

❓ 지문 유형

- ⓐ 공지의 경우 사내에서 직원들에게 정보를 전달하는 내용뿐만 아니라, 휴무 및 휴관, 단전 및 단수와 같이 주민 등 일반인들을 대상으로 하는 내용을 다룰 수도 있다.
- ⓑ 회람은 일정 소개, 규정 변경, 인사 관련 정보와 같이 회사에서 직원들에게 전달하고자 하는 내용을 다룬다.
- ⓒ 회람은 이메일과 마찬가지로 지문 초반부에 수신자, 발신자, 작성일, 제목이 명시되어 있다. 하지만 이메일과 달리 인사말과 같은 불필요한 정보는 포함하고 있지 않다. 공지의 경우 회람과 달리 특정한 형식은 없다.
- ⓓ 두 지문 모두 본문의 내용은 전달하고자 하는 정보들로 구성된다. 마지막 부분에 회신이나 문의할 수 있는 방법이 작성되어 있는 경우도 있다.

❗ 풀이 전략

- ⓐ 공지 및 회람과 관련해서는 글의 목적, 그리고 세부적인 정보를 묻는 문제가 주로 출제된다. 공지와 관련해서는 공지가 게시되고 있는 장소나 공지의 대상이 누구인지를 묻는 문제도 출제될 수 있다.
- ⓑ 지문의 목적 및 공지의 장소 혹은 대상을 묻는 문제가 출제되면 지문 초반부의 내용을 토대로 정답을 찾도록 한다.
- ⓒ 세부 사항 문제의 경우에는 지문의 중후반부 내용과 각 보기들을 비교해 가며 정답을 찾도록 한다.

Questions 1-2 refer to the following memo.

MEMO

To: All Employees
From: Joe Stockton
Re: New Employee

We're going to have a new employee who will start work next Monday. Her name is Alice Sanchez. She worked at Williamson, Inc. for the past seven years. While she was there, she worked in the Sales Department and was quite successful. However, she's going to be transitioning to the Marketing Department here. She's never lived in Davenport before, so I hope some of you can help her out if she has any problems getting used to the city. From what I've heard, she's an outstanding worker, and her colleagues all speak highly of her. I'm sure she'll be a positive addition to the workforce here.

1. What is the memo about?
   (A) An addition to a company
   (B) A new regulation
   (C) A change in the Sales Department
   (D) An event in Davenport

2. What is NOT mentioned about Alice Sanchez?
   (A) She is going to work in the Marketing Department.
   (B) Her colleagues at her last job liked her.
   (C) She had the same job for more than five years.
   (D) She has experienced some problems in the city.

❶ 발신인과 수신인이 적혀 있는 곳을 보면 이 지문은 Joe Stockton이라는 사람이 전 직원들을 대상으로 작성한 회람 임을 알 수 있다.

❷ 회람의 목적과 수신자들에게 전달하려는 세부 정보들을 파악하면서 지문을 읽도록 한다.

문제 해설

1 회람의 주제를 묻고 있다. 회람의 주제는 먼저 이 회람의 제목인 New Employee(신입 직원)에서 일차적으로 짐작해 볼 수 있다. 또한 회람 초반부의 'We're going to have a new employee who will start work next Monday.'라는 내용을 통해 이 회람이 신입 직원을 소개하려는 목적을 가지고 있음을 알 수 있다. 이후에도 신입 직원의 장점 및 신입 직원에 대한 기대감 등이 서술되어 있으므로 글의 주제는 (A)의 An addition to a company(회사의 직원 충원)이다.

2 신입 직원인 Alice Sanchez는 이전 직장에서는 영업부에서 근무했지만 이곳에서는 '마케팅 부서'에서 일할 것이라고 했으므로 (A)는 맞는 내용이다. 또한 '그녀의 동료들이 그녀를 높게 평가한다(her colleagues all speak highly of her)'는 내용도 찾아볼 수 있으므로 (B) 역시 사실이다. 또한 그녀가 이전 직장인 Williamson 주식회사에서 '7년 동안(for the past seven years)' 근무했다는 사실을 통해 (C)도 맞는 내용임을 알 수 있다. 따라서 정답은 (D)인데, 회람에서는 그녀에게 도시 생활과 관련된 문제가 생기는 경우에 직원들에게 도움을 줄 것을 요청하고 있을 뿐, 그녀가 문제를 겪고 있다는 내용은 나와 있지 않다.

해석

받는 사람: 전 직원
보내는 사람: Joe Stockton
제목: 신입 직원

다음 주 월요일부터 근무를 시작하는 신입 직원이 있습니다. 그녀의 이름은 Alice Sanchez입니다. 그녀는 지난 7년 동안 Williamson 주식회사에서 근무했습니다. 그곳에 있었던 동안, 그녀는 영업부에서 근무했으며 매우 성공적이었습니다. 하지만, 그녀는 이곳에서 마케팅 부서로 옮기게 될 것입니다. 그녀는 이전에 데번포트에서 살았던 적이 없어서, 그녀가 도시에 적응하는 데 문제가 생긴다면 여러분들 중 몇 명이 그녀를 도와주기를 바랍니다. 제가 듣기로, 그녀는 뛰어난 직원이며, 그녀의 동료들은 모두 그녀를 높이 평가했습니다. 저는 그녀가 이곳의 직장에 긍정적인 보탬이 될 것이라고 확신합니다.

1. 회람은 무엇에 관한 것인가?
   (A) 회사의 직원 충원
   (B) 새로운 규정
   (C) 영업부의 변화
   (D) 데번포트의 행사

2. Alice Sanchez에 대해 언급되지 않은 것은 무엇인가?
   (A) 그녀는 마케팅 부서에 근무하게 될 것이다.
   (B) 그녀의 이전 직장 동료들은 그녀를 좋아했다.
   (C) 그녀는 5년 이상 같은 일을 했다.
   (D) 그녀는 도시에서 몇 가지 문제를 겪고 있다.

어휘 transition 옮기다   get used to ~에 익숙해지다   outstanding 뛰어난   colleague 동료   highly 높이 평가하여
positive 긍정적인   workforce 직장   regulation 규정

❶ 허가 및 금지의 표현

공지나 회람에서는 허가 및 금지의 표현을 찾아 볼 수 있는 경우가 많다. 예시를 통해 허가 및 금지의 표현을 알아 두자.

(1) 허가의 표현

Shoppers **are allowed** into the store as early as 7:30 in the morning.
쇼핑객들은 아침 7시 30분에 상점에 입장이 허가된다.

Only passengers with boarding passes **are permitted** past the security station.
탑승권이 있는 승객들만 보안 검색대를 통과할 수 있다.

(2) 금지의 표현

Animals not on leashes **are banned** from all city parks.
끈에 묶이지 않은 동물들은 시의 모든 공원에 출입할 수 없다.

Driving faster than 30 kilometers per hour **is prohibited** in school zones.
학교안전지대에서 시속 30킬로미터 이상의 속도로 운전하는 것은 금지된다.

> **cf.** 부정명령문을 사용하여 금지의 표현을 나타낼 수 있다.

Do not touch things on the desk. 책상 위의 물건들은 만지지 마십시오.
Never smoke while working in the office. 사무실에서 일할 때에는 절대로 흡연을 하지 마십시오.

❷ 목적, 지시사항, 연락처와 관련된 표현

공지 및 회람에 자주 등장하는 글의 목적, 요구 및 지시 사항, 연락처와 관련된 표현을 알아 보자.

(1) 글의 목적을 나타내는 표현

Let me inform you about our hours of operation. 우리의 근무 시간에 대해 알려 드리겠습니다.
Let me give you some of the results in brief. 간략히 결과를 전달하도록 하겠습니다.

(2) 요구 및 지시 사항과 관련된 표현

Please be sure to lock your doors and windows. 문과 창문을 확실히 잠가 주세요.
I need you all to do the following. 여러분들 모두 아래의 사항을 따라 주세요.

(3) 연락처와 관련된 표현

If you have any questions, **speak with** your supervisor. 문의 사항이 있으면, 당신의 상사에게 말하세요.
For more information, **contact** Leslie Jackson. 더 많은 정보를 얻으시려면, Leslie Jackson에게 연락하세요.

A 지문을 읽고 질문에 답하세요.

1

To: All Staff, IT Department
From: Carol Rich
Subject: Thursday Lunch
Date: October 8

Please remember that we are all going to have lunch together on Thursday at noon. That is going to be Biff Peterson's last day of work. So we're going to celebrate it with him by having lunch at Ernesto's. The restaurant is located about 10 minutes away from the office. There are 14 of us, so we need at least 4 people to drive. Contact me if you want to volunteer to do that. Don't worry about paying for lunch. Departmental funds will cover it for everyone.

Q Why will the staff members have lunch together?
  (a) To have a party for a person who is resigning
  (b) To talk about a new project they will work on

2

NOTICE

Pedestrian Overpass to Be Built

Construction on a pedestrian overpass across Weston Boulevard is going to begin this Wednesday, May 14. The overpass will be on the section of the road between Apple Avenue and Lakeshore Road. In recent weeks, several pedestrians have been hit by vehicles while they were attempting to cross the road. This overpass should decrease the number of accidents in that area. The overpass will take approximately 8 days to complete.

Q What is going to happen on May 14?
  (a) A pedestrian overpass will open.
  (b) Work on a pedestrian overpass will start.

B 지문을 읽고 질문에 답하세요.

Questions 1-2 refer to the following memo and letter.

To: All Employees
From: Yolanda Danzig
Subject: Guest Speaker
Date: July 12

This Friday, July 15, we are going to have a guest speaker. His name is Ken Moray. Some of you may have heard of him. He's the author of the current bestselling business advice book *Grow Your Wealth*. Mr. Moray is going to give a speech in the auditorium at 1:00 in the afternoon. His speech will last around ninety minutes, and then he'll take questions from us. This is a mandatory event.

July 20

Dear Mr. Moray,

Thank you so much for the speech that you gave to my employees last week. It was truly inspiring to listen to you describe the events in your life that led to you becoming a successful businessman. My employees have been talking about your speech for the past couple of days. I have even seen some of them trying to implement your advice. I hope that you can speak to us again sometime in the future.

Sincerely,
Gerald Powell
CEO, Gladstone Industry

1 Who is Ken Moray?
   (a) A CEO
   (b) A writer

2 Why did Mr. Powell write the letter?
   (a) To request a visit by Mr. Moray
   (b) To thank Mr. Moray for his time

예상적중문제 01-02 지문을 읽고 문제의 정답을 고르세요.

Questions 01-02 refer to the following notice.

NOTICE: Robertson Park Meeting

The Brentwood City Council will hold a meeting regarding Robertson Park on Friday, September 19, at 5:00 P.M. The meeting will be in the main auditorium at City Hall. The city council will hear arguments for and against closing Robertson Park and redeveloping the land it occupies to make a shopping complex. All local residents are invited to the meeting to have their voices heard. This will be a preliminary discussion. No vote regarding the matter will be held until October. Those individuals who wish to speak should contact Marjorie Cunningham in the mayor's office at 874-8373.

01. What is the purpose of the notice?

(A) To provide an update on a new project

(B) To announce a decision about Robertson Park

(C) To advise individuals on an election

(D) To make residents aware of a meeting

02. According to the notice, what is true about the meeting?

(A) It is scheduled to last around two hours.

(B) Local residents are not invited.

(C) There will be no voting right after it ends.

(D) Only city council members may speak.

01 ▶ 첫 번째 문장인 'The Brentwood City Council will hold a meeting regarding Robertson Park on Friday, September 19, at 5:00 P.M.'에서 회의 일정, 주제, 장소를 알려 주고 있다.

▶ 또한, 지문 중반부에 모든 지역 주민들이 참석하여 의견을 낼 수 있다는(All local residents are invited to the meeting to have their voices heard) 내용이 있다.

▶ 그러므로, 공지의 목적은 주민들에게 회의를 알리기 위한 것이므로 정답은 (D)이다.

02 ▶ 지문 마지막 부분의 'No vote regarding the matter will be held until October.'라는 문장을 통해, 회의가 끝나고 나서 10월까지는 투표가 없을 것임을 알 수 있다.

▶ 따라서 회의 직후에는 투표가 없을 것이라는 내용의 (C)가 정답이다.

해석

공지: Robertson 공원 관련 회의

브렌트우드 시 위원회에서 9월 19일 금요일 오후 5시에 Robertson 공원과 관련된 회의를 개최할 예정입니다. 회의는 시청의 대강당에서 진행될 것입니다. 시 위원회는 Robertson 공원을 폐장하고 공원 부지를 재개발하여 쇼핑 단지를 짓는 것에 대한 찬반 의견을 들을 예정입니다. 모든 지역 주민들께서는 회의에 참석해서 의견을 낼 수 있습니다. 이는 예비 토론이 될 것입니다. 이 사안에 대한 투표는 10월 이후에 이루어질 것입니다. 발언을 희망하는 분들께서는 874-8373으로 시장실의 Marjorie Cunningham에게 연락하셔야 합니다.

01. 공지의 목적은 무엇인가?
   (A) 새로운 프로젝트에 대한 최신 정보를 알려 주기 위해
   (B) Robertson 공원에 관한 결정을 알리기 위해
   (C) 사람들에게 선거에 관한 충고를 하기 위해
   (D) 주민들에게 회의를 알리기 위해

02. 공지에 따르면 회의에 관해 사실인 것은 무엇인가?
   (A) 약 2시간 정도 진행될 것으로 예정되어 있다.
   (B) 지역 주민들은 초대되지 않는다.
   (C) 회의가 끝난 직후에 투표는 없을 것이다.
   (D) 시 위원회 위원들만 발언할 수 있다.

어휘 main auditorium 대강당   redevelop 재개발하다   occupy 점하다, 차지하다   preliminary discussion 예비 토론
vote 투표하다   update 최신 소식   election 선거

MORE & MORE

정답 p.044

지문을 다시 읽고, 주어진 문장이 사실이면 ○, 그렇지 않으면 ×에 표시하세요.

❶ The meeting will be held at City Hall.   (○ ㅣ ×)

❷ A decision on Robertson Park has not been made yet.   (○ ㅣ ×)

❸ A vote on Robertson Park has already been held.   (○ ㅣ ×)

Questions 03-05 refer to the following memo.

MEMO

To: All Employees, L&L Shopping Center
From: Ted Simmons, Office Manager
Subject: Parking
Date: May 19

Please be advised that the employee parking lot in the northern section of the shopping center will undergo renovations starting on the second day of the next month. —[1]—. Due to the large number of employees and the limited number of spaces in the customer parking lots, we ask all employees to refrain from driving their personal vehicles for the duration of the renovations.

We instead advise employees to make use of the city's bus and subway systems. —[2]—. Bus 151 stops at the south entrance while buses 49, 101A, and 288B pass by the east entrance. Deacon Station, which is on the green line, is located fifty meters from the northern part of the shopping center as well for those inclined to take the subway.

While public transportation may not be ideal for everyone, we ask you to understand the situation. —[3]—. The renovations will improve the condition of the lot by removing potholes and repairing damage. They will also add thirty-one new parking spots, thereby enabling more employees to use the lot. —[4]—.

03. Where is the employee parking lot located?

(A) Near the subway station

(B) By the bus stop

(C) Next to the east entrance

(D) Close to the south entrance

04. What are employees advised to do?

(A) Carpool to work with their colleagues

(B) Take public transportation to work

(C) Park in the customer parking lots

(D) Walk or ride bicycles to the shopping center

05. In which of the positions marked [1], [2], [3], and [4] does the following sentence best belong?
"The repair work should take approximately four days to complete."

(A) [1]

(B) [2]

(C) [3]

(D) [4]

03 ▶ 세부 사항을 묻는 문제로서 직원용 주차장의 위치를 묻고 있다.

▶ 지문의 첫 번째 문장인 'Please be advised that the employee parking lot in the northern section of the shopping center will undergo renovations starting on the second day of the next month.'를 통해서 직원용 주차장의 위치는 쇼핑 센터의 북쪽 구역이라는 사실을 알 수 있다.

▶ 두 번째 문단의 마지막 문장에서 지하철역이 쇼핑 센터의 북쪽으로부터 50미터 떨어진 곳에 있다는(Deacon Station, which is on the green line, is located fifty meters from the northern part of the shopping center as well for those inclined to take the subway) 정보를 찾을 수 있다.

▶ 따라서 정답은 지하철역에서 가까운 곳에 있다는 내용의 (A)이다.

04 ▶ 세부 사항을 묻는 문제로서 직원들이 권고 받은 내용을 묻고 있다.

▶ 첫 번째 문단 마지막 문장에 공사 기간 동안 개인 차량을 가지고 다니지 말 것을(we ask all employees to refrain from driving their personal vehicles for the duration of the renovations) 요청하고 있다.

▶ 이어지는 두 번째 문단의 'We instead advise employees to make use of the city's bus and subway systems.'라는 문장에서 버스나 지하철을 이용할 것을 권고하고 있다.

▶ 'make use of the city's bus and subway system'을 'Take public transportation to work'이라는 표현으로 바꾸어 쓴 (B)가 정답이다.

05 ▶ 문장 삽입 문제이므로, 우선 주어진 문장의 키워드를 찾아야 한다.

▶ 주어진 문장은 '리모델링 공사가 완료되는 데 4일 정도 걸릴 것'이라는 의미이다. 문장의 키워드는 '리모델링(remodeling)'이므로 [1] ~ [4] 각각의 앞 문장에서 '리모델링에 공사'에 대한 내용을 찾아 보도록 한다.

▶ [1] 앞의 문장에서 직원용 주차장이 리모델링 공사에 들어가게 된다는 내용이 있다. 따라서 정답은 (A)이다.

🔒 **해석**

수신: L&L 쇼핑 센터 전 직원
발신: 사무실 관리자 Ted Simmons
제목: 주차
날짜: 5월 19일

쇼핑 센터 북쪽에 있는 직원용 주차장이 다음 달 2일부터 리모델링 공사에 들어가게 된다는 점을 알려 드립니다. **리모델링 공사는 약 4일 후에 완료될 것입니다.** 직원수가 많고 고객 주차장의 주차 공간은 한정되어 있기 때문에, 전 직원분들께서는 리모델링 공사 기간 동안 개인 차량 이용을 삼가 주시기 바랍니다.

대신 직원분들께 시내 버스와 지하철 이용을 권장해 드립니다. 151번 버스가 남문에서 정차하며, 49번 버스와 101A, 그리고 288B 번 버스는 동문 옆을 지나갑니다. 또한 지하철 이용을 원하시는 분들을 위해, 그린 라인의 Deacon 역이 쇼핑 센터의 북쪽으로부터 50미터 떨어진 곳에 위치합니다.

모든 사람들에게 대중 교통이 이상적인 것은 아니지만, 상황을 이해해 주시기 바랍니다. 리모델링 공사를 통해 포트홀을 제거하고 손 상된 곳을 수리함으로써 주차장의 상태가 개선될 것입니다. 또한 31개의 주차 공간이 추가될 것이며, 이로 인해 더 많은 직원들이 주 차장을 이용할 수 있을 것입니다.

03. 직원용 주차장은 어디에 있는가?

   (A) 지하철역 근처

   (B) 버스 정류장 옆

   (C) 동문 옆

   (D) 남문 근처

04. 직원들은 무엇을 하라는 권고를 받는가?

   (A) 동료들과 카풀해서 출근한다

   (B) 대중 교통으로 출근한다

   (C) 고객 주차장에 주차한다

   (D) 쇼핑 센터까지 걸어 오거나 자전거를 타고 온다

05. [1], [2], [3], 그리고 [4] 중에서 다음 문장이 들어가기에 가장 적절한 곳은 어디인가?

   "리모델링 공사는 약 4일 후에 완료될 것입니다."

   (A) [1]

   (B) [2]

   (C) [3]

   (D) [4]

어휘 parking lot   undergo 겪다   renovation 혁신; 보수 공사, 리모델링 공사   space 공간   refrain from ~을 하는 것을 삼가다   duration 지속, 지속 기간   make use of ~을 이용하다   entrance 입구   be inclined to ~할 의향이 있다   condition 조건, 상황   pothole 포트홀 (도로에 패인 구멍)   enable A to B A가 B할 수 있게 하다   carpool 카풀을 하다   colleague 동료

정답 p.044

지문을 다시 읽고, 주어진 문장이 사실이면 ○, 그렇지 않으면 ×에 표시하세요.

❶ One of the buildings in the shopping center will be renovated.   (○ | ×)

❷ It is recommended to employees that they take public transportation.   (○ | ×)

❸ There will be more parking spaces available in the future.   (○ | ×)

Questions 06-09 refer to the following memo.

To: All Managers
From: Dave Shreveport
Subject: Awards
Date: November 12

The deadline for nominations for our annual awards is rapidly approaching. I encourage you to recognize excellence in the workers under you. If you haven't submitted any nomination forms yet, I hope you take the time to do so.

As we have done since we went into business two decades ago, we will be presenting an award to the employee of the year. This will be presented to the individual who is considered the top worker at the entire company. This must be a full-time employee. We are also introducing some new awards. We will now give awards to the top full-time and part-time employees in each department. If your department only has full-time employees, then a single award will be given. A final award is for the newcomer of the year. This will be presented to the top employee who began working here no earlier than this January 1.

Here are some qualities to consider when making your nominations. Nominees must be committed to the success of the company and have done their best to fulfill the company's goals. Nominees should demonstrate enthusiasm for their work and have successfully completed their projects. They should be punctual for work, meetings, and deadlines and have positive attitudes.

Nomination forms are available in my office and on the company Web site. Please consider your nominations carefully and turn them in to my secretary, Larry Holden, no later than November 20.

06. Who does Mr. Shreveport want the managers to consider for awards?

(A) All individuals that they supervise
(B) Only part-time workers at the company
(C) All employees at the company
(D) Only full-time workers that they supervise

07. What is suggested about the award for the employee of the year?

(A) Anybody working at the company can win it.
(B) A cash prize will be presented to the winner.
(C) The winner will be given paid time off.
(D) It has been given to employees in the past.

08. What is NOT indicated as something managers should consider?

(A) What positions employees hold
(B) Whether employees complete work on time
(C) How well employees do their work
(D) What kinds of attitudes employees have

09. Why would a manager visit Mr. Shreveport's office?

(A) To conduct an interview with a nominee
(B) To request a form to make a nomination
(C) To submit a nomination for an award
(D) To introduce a departmental award winner

06 ▶ 매니저들이 수상자의 대상으로 하는 사람들을 고려해야 하는 내용을 찾아 보아야 한다.

▶ 두 번째 문단의 내용을 보면 상은 모두 세 종류로서, 올해의 사원 상(the employee of the year), 각 부서 최고의 상(We will now give awards to the top full-time and part-time employees in each department), 그리고 신입사원을 위한 상(A final award is for the newcomer of the year)이다.

▶ 두 번째 문단 중반부에 올해의 사원 상은 정규직원들에게만 수여된다고(This must be a full-time employee) 했으므로 (B)는 틀린 내용이다.

▶ 또한 각 부서 최고의 상은 정규직원과 비정규직원에게 수여된다고(We will now give awards to the top full-time and part-time employees in each department) 했으므로 (D)도 정답이 될 수 없다.

▶ 첫 번째 문단의 'I encourage you to recognize excellence in the workers under you.'라는 문장을 통해, 수신자인 매니저들이 자신들 밑에서 일하는 직원들 중에서 최고의 직원을 추천하라고 했다는 것을 알 수 있다.

▶ 따라서 회사의 모든 직원을 의미하는 (C)의 'All employees at the company'보다는, 그들이 관리하는 모든 사람들을 의미하는 (A)의 'All individuals that they supervise'를 정답으로 보는 것이 타당하다.

07 ▶ 추론 문제로서, 올해의 사원 상에(the award for the employee of the year) 대해 묻고 있다.

▶ 두 번째 문단의 첫 번째 문장 'As we have done since we went into business two decades ago, we will be presenting an award to the employee of the year.'를 통해, 올해의 사원 상은 회사 설립 이래 20년 동안 계속되어 왔음을 알 수 있다. 따라서 정답은 (D)이다.

▶ 정규직 직원들만 올해의 사원 상을 수상할 수 있으므로 (A)는 정답이 될 수 없다.

▶ 수상자들에게 무엇이 수여되는지는 알 수 없으므로 상금이 지급된다는 내용의 (B)와 유급 휴가가 주어질 것이라는 내용의 (C)도 모두 오답이다.

08 ▶ 매니저들이 고려해야 하는 것은 세 번째 문단에 나열되어 있는데, 먼저 후보가 회사의 성공을 위해 헌신적이어야 하며 회사의 목표 달성을 위해 최선을 다 했어야 한다는(Nominees must be committed to the success of the company and have done their best to fulfill the company's goals) 것이다.

▶ 그리고 일에 대한 열정을 보여야 하고, 프로젝트를 성공적으로 끝냈어야(Nominees should demonstrate enthusiasm for their work and have successfully completed their projects) 한다는 것도 고려사항으로 언급되어 있다.

▶ 마지막으로 언급된 사항은 업무, 미팅, 마감시간을 준수해야 하고 긍정적인 태도를 가지고 있어야(They should be punctual for work, meetings, and deadlines and have positive attitudes) 한다는 것이다.

▶ 보기 중에서 위의 고려 사항들과 관련이 없는 것은 '그들의 직책'을 의미하는 (A)이다.

09 ▶ Shreveport 씨의 사무실과 관련된 정보는 마지막 문단의 첫 번째 문장에 있다.

▶ Shreveport 씨는 마지막 문단에서 추천서 양식이 자신의 사무실과 웹사이트 있다고(Nomination forms are available in my office and on the company Web site) 했다.

▶ 따라서, 그의 사무실에 방문하는 것은 추천서 양식을 요청하는 경우일 것이므로 정답은 (B)이다.

수신: 전 매니저
발신: Dave Shreveport
제목: 상
날짜: 11월 12일

올해의 상 수상자 후보에 대한 추천 마감일이 빠르게 다가오고 있습니다. 여러분 밑에서 일하는 직원들 중에서 뛰어난 점을 알아볼 수 있기를 바랍니다. 아직 추천서를 제출하지 않으셨다면 시간을 내서 제출해 주시기 바랍니다.

20년 전 창사 이래 해왔던 것처럼, 올해의 직원에게 상이 수여될 것입니다. 회사 전체에서 가장 우수한 직원으로 생각되는 사람에게 수여될 것입니다. 이는 정규직 직원이어야만 합니다. 또한 새로운 상을 도입할 것입니다. 이제 각 부서의 최고의 정규직 직원과 비정규직 직원에게도 상을 수여할 것입니다. 여러분 부서에 정규직 직원만 있는 경우에는 하나의 상만 주어질 것입니다. 마지막 상은 올해의 신입 사원을 위한 것입니다. 올해 1월 1일 이후에 이곳에서 일을 시작한 직원 중에서 가장 우수한 직원에게 수여될 것입니다.

추천할 때 고려해야 할 몇 가지 자질들이 있습니다. 후보는 회사의 성공에 헌신적이어야 하며 회사의 목표 달성에 최선을 다했어야 합니다. 후보는 일에 대한 열정을 보여 주어야 하고 성공적으로 프로젝트를 끝냈어야 합니다. 업무, 미팅, 그리고 마감 시간을 준수해야 하며 긍정적인 태도를 가지고 있어야 합니다.

추천서 양식은 저의 사무실이나 회사의 웹사이트에서 받으실 수 있습니다. 신중하게 추천하시고 늦어도 11월 20일까지 제 비서인 Larry Holden에게 추천서를 제출해 주십시오.

---

06. Shreveport 씨는 매니저들이 누구를 수상자로 고려하기를 바라는가?
(A) 그들이 관리하는 모든 사람
(B) 회사의 비정규직 직원들만
(C) 회사의 모든 직원들
(D) 그들이 관리하는 정규직 직원들만

07. 올해의 직원상에 대해 암시되어 있는 것은 무엇인가?
(A) 회사에서 근무하는 누구나 수상할 수 있다.
(B) 수상자에게 상금이 지급될 것이다.
(C) 수상자에게는 유급 휴가가 주어질 것이다.
(D) 과거에 직원들에게 주어졌다.

08. 매니저들이 고려해야 할 사항으로 언급되지 않은 것은 무엇인가?
(A) 직원들이 어떤 직책에 있는지
(B) 직원들이 시간에 맞춰 일을 하는지
(C) 직원들이 일을 얼마나 잘하는지
(D) 직원들이 어떤 태도를 가지고 있는지

09. 매니저는 왜 Shreveport 씨의 사무실을 방문하게 될 것인가?
(A) 후보자를 인터뷰하기 위해
(B) 추천을 위한 양식을 요청하기 위해
(C) 후보자 추천서를 제출하기 위해
(D) 부서별 수상자를 소개하기 위해

어휘 nomination 후보 지명 approach 접근하다 excellence 탁월(함) recognize 인지하다, 알아채다 full-time 정규직의 part-time 비정규직의, 아르바이트의 newcomer 신참, 신입 nominee 후보, 지명자 be committed to ~에 헌신하다 fulfill 이행하다 enthusiasm 열의, 열성 punctual 시간을 엄수하는 positive 적극적인 attitude 태도 available 이용할 수 있는, 구할 수 있는 turn in ~을 제출하다 supervise 감독하다, 감시하다 cash prize 상금 paid time off 유급 휴가 conduct 실행하다, 실시하다

 **MORE & MORE**

정답 p.044

지문을 다시 읽고, 주어진 문장이 사실이면 ○, 그렇지 않으면 ×에 표시하세요.

① Mr. Shreveport wants people to nominate their coworkers.　　　　(○ | ×)
② Only a full-time worker can win the employee of the year award.　　(○ | ×)
③ There is only one way to get a nomination form.　　　　　　　(○ | ×)

Questions 10-14 refer to the following memo and e-mail.

TO: All Employees
From: Greg Carter
Date: June 11
Subject: Company Get-Together

June is nearly halfway done, so that means July is coming quickly. This is a reminder that our annual company get-together will be held in July this year rather than in August. We understand many of you prefer taking time off in August, so we've moved the date of the get-together up this year.

We'll be having the event on July 15 and 16. It will take place at the Hamilton Resort, which is located about thirty kilometers west of the city. We'll depart from the office at 9:00 in the morning on Friday and arrive at the resort around 10:00. We've got a full day of events scheduled for both Friday and Saturday. We'll return to the office at approximately 6:00 on Saturday evening. For a full schedule of events, contact Jessica Rogers.

This event is not mandatory, but employees are strongly urged to attend. There will be several team-building activities, and employee morale typically improves in the weeks after the get-together is held. Please let me know if you'll be there by e-mail at gregcarter@mandolin.com as soon as possible.

E-Mail Message

To:	Greg Carter <gregcarter@mandolin.com>
From:	Brenda Snow <bsnow@mandolin.com>
Subject:	Get-Together
Date:	July 1

Dear Mr. Carter,

On June 19, I indicated to you that I would be in attendance at the company get-together. However, I was just informed by my boss that it's necessary for me to fly to Vancouver to meet with one of our clients on July 12. I am scheduled to return home late on Friday evening.

I wonder if it would be acceptable for me to go to the Hamilton Resort on Saturday morning. This will be my first opportunity to attend a get-together here at Mandolin, Inc. I'd really been looking forward to going as all of my colleague have been telling me how entertaining and educational it is. So even though I won't be there for the entire time, I would like to spend some time there.

Please let me know whether you feel this is possible or not.

Regards,

Brenda Snow
Marketing Department

10. What is indicated about the company get-together?
    (A) It always happens at the Hamilton Resort.
    (B) It will take place sooner than normal.
    (C) It is happening for the first time.
    (D) It will be a one-day-long event.

11. According to the memo, why should someone contact Mr. Carter?
    (A) To confirm attendance at the event
    (B) To offer to volunteer at the get-together
    (C) To reserve a bus ticket
    (D) To suggest an activity for the event

12. Why did Ms. Snow send the e-mail?
    (A) To extend an invitation
    (B) To suggest an opportunity
    (C) To make an inquiry
    (D) To complain about a process

13. When will Ms. Snow return from her trip?
    (A) On July 13
    (B) On July 14
    (C) On July 15
    (D) On July 16

14. What is suggested about Ms. Snow?
    (A) She has stayed at the Hamilton Resort before.
    (B) She works in Mr. Carter's department.
    (C) She enjoys participating in team-building activities.
    (D) She is a new employee at Mandolin, Inc.

10 ▶ 회람의 첫 번째 문단에 올해의 단합 대회가 8월이 아닌 7월에 열린다는 내용의 문장이 있는데, 이를 통해 평소에 8월에 개최되던 행사가 올해에는 한 달 일찍 열린다는 것을 알 수 있다.

　　▶ 따라서 단합 대회가 평상시보다 일찍 개최될 것이라는 내용의 (B)가 정답이 된다.

11 ▶ Carter 씨는 회람의 작성자인데, 회람의 마지막 문장인 'Please let me know if you'll be there by e-mail at gregcarter@mandolin.com as soon as possible.'을 통해서, Carter 씨에게 연락해야 하는 이유는 '행사에 참석할 것인지 여부를 알려주기 위해서'임을 알 수 있다. 따라서 정답은 (A)이다.

12 ▶ 이메일의 첫 번째 문단은 Snow 씨는 원래 단합 대회에 참석할 것이라고 알렸지만, 밴쿠버로 출장을 갔다가 금요일 저녁 늦게 돌아오게 되었다는 내용이다.

　　▶ 두 번째 문단의 첫 번째 문장 'I wonder if it would be acceptable for me to go to the Hamilton Resort on Saturday morning.'을 통해 Snow 씨는 토요일 아침에 행사에 참석해도 되는지 묻고 있다는 것을 알 수 있으므로, 문의하기 위해(To make an inquiry)라는 의미인 (C)가 정답이다.

13 ▶ 이메일에서 Snow 씨는 7월 12일에 출장을 간 다음 금요일 저녁 늦게 집으로 돌아올 것이라고 말하고 나서, 복귀 다음 날인 토요일 오전에 행사에 참석해도 되는지 물었다.

　　▶ 회람의 두 번째 문단에 따르면 행사가 7월 15일과 16일에 진행되는데 'We'll depart from the office at 9:00 in the morning on Friday and arrive at the resort around 10:00.'이라는 문장을 통해 행사의 첫날이 금요일이라는 것을 알 수 있다.

　　▶ 위의 두 정보를 통해 Snow 씨가 출장에서 돌아오는 날짜는 7월 15일임을 알 수 있으므로 정답은 (C)이다.

14 ▶ 회람의 첫 번째 문단에서 행사를 'annual company get-together'라고 했는데, annual은 해마다 열린다는 의미이다. 따라서 단합 대회는 매년 열려 왔다는 것을 알 수 있다.

　　▶ 이메일의 중반부에서, Snow 씨는 이번이 Mandolin 주식회사의 단합 대회에 참가할 수 있는 자신의 첫 번째 기회라고 (This will be my first opportunity to attend a get-together here at Mandolin, Inc.) 했다.

　　▶ 따라서 Snow 씨는 Mandolin 주식회사의 신입 사원이라는 사실을 추론할 수 있으므로 정답은 (D)이다.

해석

수신: 전 직원
발신: Greg Carter
날짜: 6월 11일
제목: 단합 대회

6월도 벌써 절반이 지나 7월이 빠르게 다가오고 있습니다. 해마다 진행되는 단합 대회가 올해에는 8월이 아닌 7월에 열릴 것이라는 사실을 다시 한번 알려 드립니다. 여러분들 중 다수가 8월에 휴가를 떠나고 싶어한다는 점을 알고 있기 때문에 올해는 단합 대회 날짜를 변경했습니다.

이번 행사는 7월 15일과 16일에 진행될 것입니다. 시에서 서쪽으로 약 30킬로미터 거리에 위치한 Hamilton 리조트에서 열릴 예정입니다. 우리는 금요일 오전 9시에 회사에서 출발해서 약 10시에 리조트에 도착할 것입니다. 금요일과 토요일 모두 하루 종일 행사들이 예정되어 있습니다. 우리는 토요일 저녁 6시쯤 사무실로 돌아오게 될 것입니다. 행사의 전체 일정을 원하시면 Jessica Rogers에게 연락해 주십시오.

이번 행사가 의무적인 것은 아니지만 직원들에게 참석할 것을 강력히 촉구합니다. 몇 가지의 팀 빌딩 활동이 있을 것이며, 단합 대회가 열린 후 몇 주 동안은 보통 직원들의 사기가 올라갑니다. 가능한 한 빨리 gregcarter@mandolin.com으로 이메일을 보내서 참석 여부를 알려 주시기 바랍니다.

수신: Greg Carter 〈gregcarter@mandolin.com〉
발신: Brenda Snow 〈bsnow@mandolin.com〉
제목: 단합 대회
날짜: 7월 1일

친애하는 Carter 씨께,

저는 6월 19일에 제가 회사 단합 대회에 참석할 것이라고 알려 드렸습니다. 하지만 저의 상사는 7월 12일에 제가 밴쿠버에 가서 고객 한 명을 만나야 한다는 사실을 알려 주었습니다. 저는 금요일 저녁 늦게 집으로 돌아올 예정입니다.

제가 토요일 오전에 Hamilton 리조트로 가도 되는지 궁금합니다. 이번 행사는 제가 이곳 Mandolin 주식회사의 단합 대회에 참가할 수 있는 첫 번째 기회가 될 것입니다. 동료들 모두 단합 대회가 얼마나 재미있고 유익한지 말해 주었기 때문에 저는 정말로 참석을 고대해왔습니다. 그러므로 그곳에서 모든 시간을 보내지는 못하더라도, 약간의 시간은 보내고 싶습니다.

이것이 가능하다고 생각하시는지, 혹은 그렇지 않다고 생각하시는지 알려 주시기 바랍니다.

마케팅부 Brenda Snow 드림

10. 단합 대회에 대해 언급된 것은 무엇인가?
   (A) 항상 Hamilton 리조트에서 열린다.
   (B) 평상시보다 일찍 개최될 것이다.
   (C) 처음으로 열릴 것이다.
   (D) 하루 동안 진행될 행사이다.

11. 회람에 의하면 왜 Carter 씨에게 연락하게 될 것인가?
   (A) 행사 참석 여부를 확인시키기 위해
   (B) 단합 대회에서 자원 봉사를 하기 위해
   (C) 버스표를 예약하기 위해
   (D) 행사에서 할 활동을 제안하기 위해

12. Snow 씨는 왜 이메일을 보냈는가?
   (A) 초대하기 위해
   (B) 기회를 제안하기 위해
   (C) 문의하기 위해
   (D) 절차에 대해 불만을 표하기 위해

13. Snow 씨는 언제 출장에서 돌아올 예정인가?
   (A) 7월 13일에
   (B) 7월 14일에
   (C) 7월 15일에
   (D) 7월 16일에

14. Snow 씨에 대해 암시되어 있는 것은 무엇인가?
   (A) 전에 Hamilton 리조트에서 숙박한 적이 있다.
   (B) Carter 씨의 부서에서 일한다.
   (C) 팀 빌딩 활동에 참여하는 것을 즐긴다.
   (D) Mandolin 주식회사의 신입 사원이다.

어휘 get-together 모임, 파티   halfway 중간에   reminder 상기시키는 것   mandatory 강제적인, 의무적인   urge 재촉하다, 촉구하다
morale 사기   acceptable 받아들일 수 있는   colleague 동료   educational 교육적인, 유익한   volunteer 자원하다
reserve 예약하다   extend an invitation 초대를 하다

정답 p.045

지문을 다시 읽고, 주어진 문장이 사실이면 ○, 그렇지 않으면 ×에 표시하세요.
❶ The get-together is going to take place in August.   (○ | ×)
❷ All employees must attend the event.   (○ | ×)
❸ Ms. Snow is not interested in attending the get-together.   (○ | ×)

기사 / 안내문

☝ 기사(Article)는 다양하고 전문적인 소재를 다룰 수 있기 때문에, 지문의 내용이 익숙하지 않을 수도 있고 내용을 이해하기 어려울 수도 있다. 또한, 다른 유형에 비해 길이가 길고 포함하고 있는 정보다 매우 많다.

☝ 기사의 주제는 초반부에 제시되는 경우가 많다. 따라서, 초반부의 내용을 통해 주제를 먼저 파악하는 것이 중요하다.

☝ 안내문(Information)의 경우에는 지문이 누구를 대상으로 작성된 것인지, 그리고 어디에 게시될 수 있는 지문인지 파악하도록 한다.

❓ 지문 유형

ⓐ 주제를 묻는 문제, 세부적인 정보를 묻는 문제, 그리고 추론 문제가 주로 출제된다.

ⓑ 기사 및 안내문에는 기업 합병, 시설 확장, 제품 개발과 같이 기업과 관련된 내용들도 다루어질 수 있고, 환경, 관광, 문화, 예술과 같은 다양한 분야의 소식들도 다루어질 수 있다. 친숙하지 않은 분야의 내용이 등장할 수 있기 때문에 어휘 및 표현들이 생소할 수도 있고, 글의 목적 또한 객관적인 사실을 전달하려는 것이므로 문장들도 대체적으로 건조한 편이다.

ⓒ 지문에 불필요한 정보들이 거의 없기 때문에 이들 중 문제를 풀기 위해 필요한 정보를 선별하는 일이 매우 까다로울 수 있다.

❗ 풀이 전략

ⓐ 기사와 안내문의 주제는 다른 유형의 지문과 마찬가지로 글의 앞부분에 제시되어 있는 경우가 많고, 제목이 있을 경우 제목을 통해서도 글의 주제를 확인할 수 있다.

ⓑ 기사와 안내문에서는 매우 많은 정보가 제공되기 때문에 세부적인 정보를 묻는 문제와 추론 문제를 풀기 위해서는 문제를 먼저 읽고 각 보기의 핵심어구를 파악해야 한다. 각각의 보기의 내용과 관련된 내용을 지문에서 찾아 일일이 비교해 보아야 하기 때문에 많은 시간이 소요된다.

ⓒ 기사 지문을 푸는 데 걸리는 시간이 길기 때문에, 다른 유형의 지문들을 먼저 풀고 나서 가장 마지막에 기사와 관련된 문제를 푸는 것이 효과적이다.

Questions 1-2 refer to the following article.

Charlotte (May 25) – The city of Charlotte got its newest museum on Tuesday, May 1. The Charlotte Museum of Natural History opened its doors for the first time on that day. The museum is located on thirty acres of land next to Shady Lake on Highway 14. It has five exhibit halls. Three contain permanent exhibits that have displays on local plants and animals, the geology of the Charlotte area, and the region's history. The other two halls have temporary exhibits on loan from other museums. Before the museum opened, there was an opening ceremony from 9:00 to 11:00 A.M. The mayor of Charlotte, Ted Thompson, as well as some other prominent local individuals attended. More than 1,200 local residents were also there.

---

1. What is true about the Charlotte Museum of Natural History?
    (A) It has five permanent exhibits.
    (B) It opened fourteen years ago.
    (C) It is open from 9:00 A.M. to 11:00 P.M.
    (D) It has exhibits on the local region.

2. Who is Ted Thompson?
    (A) The curator of the museum
    (B) A local businessman
    (C) The mayor of a city
    (D) A guide at the museum

❶ 이 지문의 경우와 같이 기사는 「장소 (날짜)」 형태로 시작하는 경우가 많다. 기사의 제목이 제시되는 경우에는 제목을 통해서 기사의 내용을 파악할 수 있지만, 이 지문과 같이 제목이 없는 경우에는 본문을 통해 내용을 파악하는 수밖에 없다.

❷ 첫 번째 문장을 통해 지역에 새로운 박물관의 개장이 기사의 주된 내용임을 알 수 있다. 기사의 주제를 파악한 다음 각각의 문제를 읽고 본문에서 단서를 찾아 문제를 풀도록 한다.

1 기사의 내용과 일치하는 것을 골라야 한다. 본문의 'Three contain permanent exhibits that have displays on local plants and animals, the geology of the Charlotte area, and the region's history.'라는 문장을 통해서 '지역과 관련된 전시를 하고 있다'는 내용의 (D)가 정답이라는 것을 알 수 있다. 기사에서 소개되고 있는 '샬럿 자연사 박물관(the Charlotte Museum of Natural History)'이 '세 곳에서 상설 전시품들을 전시하고 있다(Three contain permanent exhibits...)'는 점에서 (A)는 오답이며, (B)의 경우 기사 작성일인 5월 25일 기준으로 약 3주일 전인 '5월 1일'에 문을 열었다고 했으므로 이 역시 사실과 다른 내용이다. '개관식의 시간'이 9시에서 11시라고 했을 뿐, 개관 시간 자체는 언급되지 않았으므로 (C)도 사실이 아니다.

2 Ted Thompson라는 이름은 기사 후반부의 'The mayor of Charlotte, Ted Thompson, as well as some other prominent local individuals attended.'라는 문장에서 언급되고 있다. 이를 통해 그는 샬럿 시의 시장임을 알 수 있으므로 정답은 (C)의 The mayor of a city이다.

샬럿 (5월 25일) – 5월 1일 화요일 샬럿 시에 새로운 박물관이 생겼다. 샬럿 자연사 박물관이 이날 처음으로 문을 열었다. 박물관은 14번 고속도로의 Shady 호 옆의 30 에이커 넓이의 지역에 위치해 있다. 이곳에는 다섯 개의 전시회장이 있다. 세 곳의 전시회장에는 지역의 동식물, 샬럿 지역의 지질에 대한 진열품, 그리고 지역의 역사를 포함한 상설 전시품들이 있다. 나머지 두 전시관에는 다른 여러 박물관에서 대여해 온 전시품들을 위한 임시 전시관들이 있다. 박물관이 개관하기 전인 오전 9시부터 11시까지 개관식이 있었다. 몇몇 저명한 지역 인사들뿐만 아니라 샬럿 시의 시장인 Ted Thompson도 참석했다. 1,200명 이상의 시민들도 그곳에 있었다.

1. 샬럿 자연사 박물관에 대해 사실인 것은 무엇인가?
   (A) 다섯 곳의 상설 전시관이 있다.
   (B) 14년 전에 개장했다.
   (C) 오전 9시부터 오후 11시까지 문을 연다.
   (D) 지역의 전시품들이 있다.

2. Ted Thompson은 누구인가?
   (A) 박물관의 큐레이터
   (B) 지역 사업가
   (C) 시장
   (D) 박물관의 가이드

어휘 contain 포함하다 permanent 상설의 geology 지질 ceremony 의식 prominent 저명한

❶ 경제 뉴스 관련 표현

bankruptcy 파산	maintain 주장하다; 관리하다
demand 수요	manufacture 제조하다
economic policy 경제 정책	operate 가동하다, 운영하다
employ 고용하다	optimistic 낙관적인
establish 설립하다	pessimistic 비관적인
expenditure 지출	profit 이윤
incentive 유인 조치, 인센티브	release 출시하다
interest rate 이자율	shrink 수축하다, 움츠러들다
investment 투자	spokesman [spokeswoman] 대변인
launch 출범하다	strike 파업
layoff (일시적인) 해고	workforce 노동력

The company could not keep up with the increased **demand** for its newest product.
그 회사는 신제품에 대한 수요 증가를 따라 잡을 수 없었다.

Interest rates are expected to rise in the next quarter. 다음 분기에 이자율이 상승할 것으로 예상된다.

The company is ready to **launch** its newest product. 그 회사는 최신 제품을 출시할 준비가 되어 있다.

The **workforce** at the facility may go on strike soon. 시설의 노동자들이 곧 파업을 할 수도 있다.

Most firms are **pessimistic** about the new **economic policy**.
대부분의 회사들은 새로운 경제 정책에 대해 회의적이다.

❷ 환경 뉴스 관련 표현

acid rain 산성비	global warming 지구 온난화
alternative energy 대체 에너지	greenhouse effect 온실 효과
contamination 오염	heat wave 폭염, 장기간의 혹서
deforestation 산림 파괴	heavy rain 폭우
drought 가뭄	humidity 습도
ecosystem 생태계	precipitation 강수량
flood 홍수	temperature 온도

Expect high **humidity** for the next week due to the rainy weather.
다음 주에는 비가 내리는 날씨로 인해 습도가 높을 것으로 예상된다.

Precipitation in the region is lower than normal due to the recent **heat wave**.
최근의 혹서로 인해 이 지역의 강수량은 표준보다 낮다.

The **temperature** is going to stay below zero for the next couple of days.
앞으로 며칠 동안 기온이 영하에 머물 것이다.

There will be severe **flooding** in some parts of the city. 시의 일부 지역에서는 극심한 홍수가 발생할 수도 있다.

The weather forecast is calling for **heavy rain** for the next three days.
기상 예보에 의하면 다음 3일 동안 폭우가 내릴 것으로 예상된다.

A 지문을 읽고 질문에 답하세요.

1

DeArmanville (August 20) – Geologists working for Petro, Inc. made a startling discovery two days ago. After investigating a large area east of DeArmanville, they learned that there is an enormous untapped oil field located there. More tests need to be run, but there are likely at least 500 million barrels of recoverable oil in the field. The oil lies beneath land owned by private individuals. So Petro must negotiate with the owners for the rights to extract the oil. Should the owners agree, they are likely to become extremely wealthy individuals.

Q What is the article mainly about?

(a) An oil field that was just discovered

(b) How to extract oil from the ground

2

NOTICE
Election Day Requirements

Election Day will be this Tuesday, November 5. To be eligible to vote, a person must be 18 years of age and must be a resident of the Sharon Springs area. In addition, a person must be registered no later than Wednesday, October 30. Residents can register in person at city hall or online at www.sharonsprings.com/voterregistration. People registering to vote after that date will not be allowed to participate in next month's election. Learn where your polling place is by calling 305-9054 during regular business hours.

Q Why would a person call the telephone number provided?

(a) To register to vote

(b) To find out where to vote

B 지문을 읽고 질문에 답하세요.

Questions 1-2 refer to the following article and e-mail.

Hammervision Releases Newest Game

San Antonio (November 15) – Local company Hammervision just released its newest computer game yesterday. Called Viral Ops, the action-adventure game promises to be the hottest game on the market during the holiday season. The company has already received orders for more than 2 million copies of the game, which makes it a big hit. Reviews of the game indicate that the storyline is great, the action is amazing, and the graphics are better than anything else available right now.

To: Erin Wilson <ewilson@hammervision.com>
From: Douglas Suzuki <dougs@hammervision.com>
Subject: Viral Ops
Date: November 16

Erin,

Congratulations on the successful marketing campaign thus far. I can't believe how well Viral Ops is selling right now. It's going to break all of our records by the end of the week. According to experts in the business, the ads you designed have a lot to do with the success of the game. Why don't we meet for lunch tomorrow? I want to speak with you about the next game we're going to be releasing. I want the ad campaign for it to be just as successful.

Douglas Suzuki
CEO, Hammervision

---

1 What is NOT true about Viral Ops?

(a) It has sold more than 2 million units.

(b) It is disliked by many reviewers.

2 What is suggested about Mr. Suzuki?

(a) He is pleased with Ms. Wilson's performance.

(b) He was the designer of Viral Ops.

Questions 01-02 refer to the following article.

Newest Bus Line Has Surprising Success

Mobile (October 12) – Two weeks ago, Kimball Transportation started running a new bus line in the city. Starting at the harbor, the bus line goes through most of downtown Mobile. Stops include the stadium, city hall, and several residential areas. Most local experts claimed that the city didn't need another bus line and that it wouldn't be successful. However, Kimball Transportation just stated that its buses are running at 80% of capacity. This is more than enough to make the bus line profitable. The buses on the line run every twelve minutes. They start operating at 6:00 A.M. and finish at 11:00 P.M. It takes roughly one hour and twenty minutes for a bus to complete its route.

01. Where does the new bus line begin?
(A) At the stadium
(B) In a residential area
(C) At the harbor
(D) Near city hall

02. What is suggested about the new bus line?
(A) It is making money for Kimball Transportation.
(B) It has more than 20 buses in operation.
(C) It is going to be expanded in the future.
(D) It will charge passengers higher prices soon.

01 ▶ 기사 초반부에 Kimball 교통의 신규 버스 노선에 대해 소개되어 있는데, 버스는 '항구를 출발하여(starting at the harbor)' 모빌 시의 중심가를 통과한다는 정보를 전달하고 있다.

▶ 따라서 버스 노선이 시작되는 곳은 항구이므로 정답은 (C)의 At the harbor이다.

02 ▶ 기사는 Kimball 교통의 신규 버스 노선이 성공하지 못할 것이라는 전문가들의 예상에도 불구하고 80%의 수송률을 달성했다고 전한 후, 'This is more than enough to make the bus line profitable.'이라고 말한다.

▶ 즉, 80%의 수송률은 버스 회사가 수익을 달성하기에 충분한 수준을 넘어선다는 것을 의미하고 있으므로, 정답은 '신규 노선이 Kimball 교통에 수익을 가져다 준다'는 내용의 (A)이다.

해석

신규 버스 노선의 놀라운 성공

모빌 (10월 12일) – 2주 전 Kimball 교통이 신규 시내 버스 노선의 운영을 시작했다. 항구에서 시작되는 버스 노선은 모빌 시의 도심 대부분의 지역을 통과한다. 경기장, 시청, 그리고 여러 거주 지역 등에 정류장이 있다. 대부분의 지역 전문가들은 시에 더 이상의 버스 노선이 필요하지 않으며 이 노선이 성공하지 못할 것이라고 주장했다. 하지만, Kimball 교통은 80%의 수송률로 버스들이 운행되고 있다고 언급했다. 이는 버스 노선이 수익을 달성하기에 충분한 수준을 넘어선다. 이 노선의 버스들은 12분마다 운행한다. 오전 6시에 운행을 시작해서 오후 11시에 운행을 마친다. 버스가 노선의 운행을 마치기까지 대략 1시간 20분이 소요된다.

01. 신규 버스 노선은 어디에서 시작하는가?
   (A) 경기장에서
   (B) 주거 지역에서
   (C) 항구에서
   (D) 시청 근처에서

02. 신규 버스 노선에 대해 무엇이 암시되어 있는가?
   (A) Kimball 교통에 수익을 가져다 준다.
   (B) 운행 중인 버스는 20대 이상이다.
   (C) 미래에 확장될 예정이다.
   (D) 조만간 승객들에게서 더 높은 요금을 징수할 것이다.

어휘 downtown 도심 지역　include 포함하다　residential 거주의　capacity 수용 능력　profitable 수익성이 있는　roughly 대략

정답 p.046

지문을 다시 읽고, 주어진 문장이 사실이면 O, 그렇지 않으면 ×에 표시하세요.

❶ The article claims that the bus line goes past the stadium.　(O | ×)

❷ According to the article, most of the seats on the buses are full.　(O | ×)

❸ A bus takes one and a half hours to complete its route.　(O | ×)

Questions 03-06 refer to the following information.

Rosewood Park Rules

★ The park is open every day of the week. From Monday to Friday, it opens at 6:00 A.M. and closes at 9:00 P.M. On Saturday and Sunday, the park opens at 7:00 A.M. and closes at 8:00 P.M.

★ All facilities may be used by local residents and their guests. There is a $3 charge for the use of the swimming pool. All other facilities may be used at no cost. Except for the tennis courts, the facilities are available on a first-come, first-served basis. The tennis courts may be reserved by calling 409-2376 or by speaking with someone at the building by the front gate.

★ Picnics are permitted at the park, but all trash must be disposed of properly. Anyone caught littering in the park will be fined $50.

★ Fireworks and campfires are not permitted in the park.

03. When would the park NOT be open?

(A) Monday at 7:00 P.M.

(B) Tuesday at 10:00 A.M.

(C) Saturday at 9:00 P.M.

(D) Sunday at 5:00 P.M.

04. Which of the park's facilities costs money to use?

(A) The tennis courts

(B) The track

(C) The basketball courts

(D) The swimming pool

05. How can a person use the tennis courts?

(A) By making a phone call

(B) By being the first person there

(C) By registering online

(D) By sending a text message

06. According to the information, why may people at the park be fined?

(A) For disturbing other people at the park

(B) For having a campfire

(C) For putting trash in the wrong place

(D) For shooting fireworks

03 ▶ 공원의 개장 시간은 첫 번째 항목에서 찾을 수 있다.

   ▶ 첫 번째 항목의 정보에 따르면, 공원이 주중에는 오전 6시에서 오후 9시까지, 주말에는 오전 7시에서 오후 8시까지 개장한다.

   ▶ 보기 중에서 위에 명시된 개장 시간에 해당되지 않는 것은 (C)의 '토요일 오후 9시'이다.

04 ▶ 세부 사항을 묻는 문제로서, 비용과 관련된 정보를 찾아야 한다.

   ▶ 두 번째 항목의 'There is a $3 charge for the use of the swimming pool.'이라는 문장에서 수영장 이용에 3달러의 요금이 부과된다고 했다.

   ▶ 이어지는 문장에서 나머지 시설은 무료로 이용할 수 있다고(All other facilities may be used at no cost) 안내되어 있다.

   ▶ 따라서 비용을 내야 하는 시설은 수영장뿐이므로 정답은 (D)이다.

05 ▶ 테니스장의 이용 방법을 묻는 세부 사항 문제인데, 테니스장과 관련된 내용은 두 번째 항목의 마지막 부분에서 찾아볼 수 있다.

   ▶ 기사에 따르면 테니스장을 이용하기 위해서는 '전화를 하거나(by calling 409-2376)', '정문 옆 건물의 사람에게 이야기를 해서(by speaking with someone at the building by the front gate)' 예약을 해야 한다.

   ▶ 보기 중에서 둘 중 첫 번째 방법을 언급하고 있는 (A)의 'By making a phone call'이 정답이다.

06 ▶ 벌금이 부과되는 경우를 묻는 세부 사항 문제로서, 벌금(fine)과 관련된 정보는 세 번째 항목에서 찾을 수 있다.

   ▶ 세 번째 항목에 따르면 모든 쓰레기는 적절히 처리되어야 하는데, '공원에서 쓰레기 투기를 하다가 적발된 사람(Anyone caught littering in the park)'에게는 '50달러의 벌금이 부과된다고(will be fined $50)' 안내되어 있다.

   ▶ 따라서 벌금이 부과되는 경우는 (C)의 'For putting trash in the wrong place'이다.

해석

Rosewood 공원 이용 규정

★ 공원은 일주일 내내 개방됩니다. 월요일부터 금요일까지, 오전 6시부터 오후 9시까지 개방됩니다. 토요일과 일요일에는 오전 7시에 문을 열고 오후 8시에 문을 닫습니다.

★ 모든 시설들은 지역 주민과 그들의 손님이 이용할 수 있습니다. 수영장 사용 요금은 3달러입니다. 다른 모든 시설들은 무료로 이용할 수 있습니다. 테니스 코트를 제외하고 시설들은 선착순으로 이용할 수 있습니다. 테니스 코트는 409-2376으로 전화하거나 정문 옆 건물에 있는 사람에게 이야기해서 예약할 수 있습니다.

★ 공원에서의 피크닉은 허용되지만 모든 쓰레기는 제대로 처리해야 합니다. 공원에 쓰레기를 버리다 적발된 사람에게는 50달러의 벌금이 부과될 것입니다.

★ 공원에서의 폭죽놀이와 캠프파이어는 허용되지 않습니다.

03. 공원은 언제 개방되지 않는가?
   (A) 월요일 오후 7시
   (B) 화요일 오전 10시
   (C) 토요일 오후 9시
   (D) 일요일 오후 5시

04. 사용하기 위해 비용을 지불해야 하는 공원 시설은 무엇인가?
   (A) 테니스 코트
   (B) 트랙
   (C) 농구 코트
   (D) 수영장

05. 테니스 코트를 어떻게 사용할 수 있는가?
   (A) 전화를 한다
   (B) 그곳에 가장 먼저 도착한다
   (C) 온라인으로 등록한다
   (D) 문자 메시지를 보낸다

06. 안내에 따르면 사람들은 왜 공원에서 벌금을 부과 받게 되는가?
   (A) 공원에서 다른 사람들을 방해하는 경우
   (B) 캠프파이어를 하는 경우
   (C) 올바르지 않은 장소에 쓰레기를 버리는 경우
   (D) 폭죽을 발사하는 경우

어휘 resident 거주자   except for ~을 제외하고   first-come, first-served 선착순의   reserve 예약하다   dispose 버리다, 처리하다
litter 어지르다   fine 벌금을 부과하다

정답 p.046

지문을 다시 읽고, 주어진 문장이 사실이면 ○, 그렇지 않으면 ×에 표시하세요.

❶ The park is sometimes closed on Sundays.   (○ | ×)
❷ The park has tennis courts and a swimming pool.   (○ | ×)
❸ People may not have picnics in the park.   (○ | ×)

Questions 07-10 refer to the following article.

Richmond (June 19) – This summer, the unusually hot weather has been having a negative effect on many farmers. — [1] —. "It's just too hot here," said Don Yarborough, a longtime farmer in the Richmond area. "This reminds me of the weather we had around thirty years ago. — [2] —. It was so hot that most of my crops didn't survive to be harvested."

Mr. Yarborough's comments were the same as those made by numerous other farmers. They all claimed that unless the current heat wave ends soon, they won't have any crops at harvest time. Fortunately, watering their plants is not a major concern for most farmers. — [3] —. The numerous lakes, rivers, and streams in the area are at high levels thanks to the heavy rain that fell in May. Farmers who live near sources of water can easily irrigate their crops. — [4] —. Still, unless the temperature falls or the area gets cloudy skies, the intense heat will kill many plants no matter how much water they get.

07. What problem are farmers reporting?
(A) Intense flooding
(B) Too much heat
(C) Too many insects
(D) Not enough water

08. What is suggested about Don Yarborough?
(A) He owns the largest farm in the local area.
(B) He lost his entire crop this summer.
(C) He has been farming for at least three decades.
(D) He is planning to retire from farming soon.

09. The word "concern" in paragraph 2, line 4, is closest in meaning to
(A) worry
(B) appearance
(C) demand
(D) nervousness

10. In which of the positions marked [1], [2], [3], and [4] does the following sentence best belong?
"Local farmers are reporting that many of their crops are dying in their fields."
(A) [1]
(B) [2]
(C) [3]
(D) [4]

07 ▶ 농부들이 말하는 문제점을 묻는 문제이므로, 부정적인 내용의 정보들을 찾아본다.

▶ 기사의 첫 문장에 올해 여름 '평상시와 다른 더운 날씨(the unusually hot weather)'로 농부들에게 '부정적인 영향 (a negative effect)'이 미치고 있다는 내용이 언급되었다.

▶ 이어지는 농부의 인터뷰에서 '날씨가 너무 덥다는(It's just too hot here)' 내용을 찾을 수 있다. 따라서 정답은 (B)의 Too much heat이다.

▶ 두 번째 문단에 많은 양의 비(heavy rain)가 언급되고 있기는 하지만, 이는 농작물에 도움이 된다는 긍정적인 결과를 가져왔다.

08 ▶ 인물에 대해 암시된 것을 묻는 문제이다. 이와 같은 유형은 본문의 내용을 바탕으로 보기의 내용들을 추론할 수 있는지 따져 보아야 한다.

▶ Don Yarborough는 인터뷰에 응한 농부로서, 첫 번째 문단에서 그는 'This reminds me of the weather we had around thirty years ago.'라고 말하고 있다.

▶ 이는 30년 전에 이러한 더위를 겪었다는 내용인데, 이를 통해 그는 최소한 30년 전에도 농사를 짓고 있었음을 알 수 있다. 따라서 정답은 (C)이다.

▶ 그가 농부이기는 하지만 지역에서 가장 큰 농지를 소유하고 있는지는 알 수 없으므로 (A)는 정답이 될 수 없다.

▶ 더운 날씨로 인해 농부들이 힘들다는 내용은 있지만, Yarborough 씨가 농사를 그만 둘 것이라는 내용은 언급되지 않았으므로 (D) 역시 오답이다.

▶ 농작물 대부분을 잃었다는(It was so hot that most of my crops didn't survive to be harvested) 것은 30년 전 일이므로, 이번 여름(this summer)에 겪은 일이라는 내용의 (B) 또한 정답이 될 수 없다.

09 ▶ concern은 '우려' 혹은 '걱정'이라는 뜻이므로 이와 가장 유사한 의미를 가진 단어는 (A)의 worry이다.

▶ (B)의 appearance는 '외모' 또는 '외형', (C)의 demand는 '수요', 그리고 (D)의 nervousness는 '긴장' 혹은 '초조함'이라는 뜻이다.

10 ▶ 주어진 문장은 '지역의 농부들은 많은 작물들이 밭에서 죽어가고 있다고 말하고 있다'는 내용이므로, [1] ～ [4]의 앞 문장에서 이러한 결과를 가져 올 수 있는 내용을 찾아야 한다.

▶ [1] 앞에 '더운 날씨가 동부들에게 부정적인 영향을 주고 있다(hot weather has been having a negative effect on many farmers)'는 문장이 농작물에 피해를 입힌 원인이 될 것이므로 정답은 (A)이다.

▶ [2] 앞의 내용은 30년 전의 날씨를 언급하고 있으므로 현재 농작물이 죽어간다는 내용이 이어질 수 없으며, [3]과 [4] 앞의 문장은 농작물에 도움이 되는 상황을 언급하고 있다.

리치먼드 (6월 19일) – 올해 여름, 평상시와 다른 더운 날씨로 인해 많은 농부들이 부정적인 영향을 받고 있다. **지역의 농부들은 많은 작물들이 밭에서 죽어가고 있다고 말한다.** 리치먼드 지역에서 오랫동안 농부로 살아 온 Don Yarborough 씨는 "이곳은 정말이지 너무나 덥습니다," "우리가 30년 전쯤에 겪었던 날씨가 생각나네요. 너무 더워서 대부분의 작물들이 살아남지 못해 수확을 못했어요." 라고 말했다.

Yarborough 씨의 말은 수많은 다른 농부들의 말과 같았다. 모두들 지금의 혹서 기간이 조만간 끝나지 않는다면 수확 시기에 곡물이 하나도 남아 있지 않을 것이라고 주장했다. 다행스럽게도, 작물에 물을 주는 것은 대부분의 농부들에게 큰 걱정거리는 아니다. 5월에 내린 많은 양의 비 덕분에 이 지역에 있는 여러 호수, 강, 그리고 개울의 수위가 높은 상태이다. 수원에서 가까운 곳에 살고 있는 농부들은 그들의 농작물에 쉽게 물을 댈 수 있다. 하지만, 온도가 내려가지 않거나 이 지역에 구름이 끼지 않는다면, 극심한 더위로 인해 물을 주는 양에 상관 없이 많은 농작물들이 죽을 것이다.

07. 농부들이 말하고 있는 문제는 무엇인가?
    (A) 심한 홍수
    (B) 지나치게 심한 더위
    (C) 지나치게 많은 곤충들
    (D) 충분하지 못한 물

08. Don Yarborough에 대해 암시되는 것은 무엇인가?
    (A) 지역에서 가장 큰 농지를 소유하고 있다.
    (B) 이번 여름에 모든 작물을 잃었다.
    (C) 최소한 30년 동안 농사를 지었다.
    (D) 곧 농사짓는 일을 그만 둘 계획이다.

09. 두 번째 문단 네 번째 줄의 concern이라는 단어와 그 의미가 가장 유사한 것은?
    (A) 걱정
    (B) 외형
    (C) 수요
    (D) 긴장

10. [1], [2], [3], 그리고 [4] 중에서 다음 문장이 들어가기에 가장 적절한 곳은 어디인가?
    "지역의 농부들은 많은 작물들이 밭에서 죽어가고 있다고 말한다."
    (A) [1]
    (B) [2]
    (C) [3]
    (D) [4]

어휘 unusually 평소와 달리, 대단히   negative 부정적인   heat wave 장기간의 혹서   irrigate 물을 대다   intense 심한
body of water 수역(강, 호수, 바다 등을 통칭)

정답 p.046

지문을 다시 읽고, 주어진 문장이 사실이면 ○, 그렇지 않으면 ×에 표시하세요.

① According to the article, the temperature is the hottest in thirty years.   (○ | ×)
② There is not enough water for the farmers' crops.   (○ | ×)
③ The heat is most likely going to kill a lot of crops.   (○ | ×)

Questions 11-15 refer to the following articles and advertisement.

Local Museum Gets Special Gift

Rapid Falls (March 27) – The Rapid Falls Museum is a popular museum with two exhibit halls. These halls display artifacts from local Native American tribes and also contain items from Europe and Asia. Cornelius Butler, the curator of the museum, announced yesterday that it's temporarily closing in order to be renovated. When the museum reopens, it will be nearly three times as large as it currently is.

The reason for the expansion is that the museum has received a $20 million donation from local resident Sarah Maples. Ms. Maples is well-known throughout the county for her support of charitable organizations. This is by far the largest donation of hers.

"Ms. Maples not only gave us a large amount of money, but she also donated a large part of her personal art collection," said Mr. Butler. "The works she donated will be put on display in one of the new halls. And we'll use some of the funds to acquire more items in the future" he added.

The Rapid Falls Museum
is celebrating its reopening on
January 4

Everyone is welcome to visit the museum on this special day.
There will be an opening ceremony at 9:00 A.M.
Curator Cornelius Butler will give a tour of the entire museum.
Many items will be displayed for the first time.
Come to see the museum's new art collection, which features paintings by
Rembrandt, Monet, and Cezanne.

Tickets for the event may be reserved by calling 509-4864.
Tickets cost $20 for adults and $15 for children and senior citizens.

The Rapid Falls Museum is bound to become one of the most popular
museums in the state.
Be one of the first to see its stunning new displays.

Sarah Maples Makes Generous Donation

Whistler (February 11) – Last year, Sarah Maples shocked Rapid Falls by making a donation to its local museum. Yesterday, she pleased the residents of Whistler by donating $22 million to the city. Ms. Maples gave specific instructions on how the funds are to be used. "The city needs to repair the local park and make it safe for children to play in," she said. "And I instructed that the remaining money be used to construct bicycle paths in the local area as well as to build a baseball stadium for the local high school to use."

11. Why will the museum be closed?

(A) It is going to be enlarged.

(B) It has some structural damage.

(C) Some items were stolen.

(D) The museum lacks enough funds to stay open.

12. What is NOT mentioned about Sarah Maples?

(A) She lives in the area around the museum.

(B) She volunteers at the museum.

(C) She is an art collector.

(D) She often gives money to groups.

13. In the first article, the word "acquire" in paragraph 3, line 3, is closest in meaning to

(A) request

(B) obtain

(C) reserve

(D) lease

14. How did the museum most likely acquire its new paintings?

(A) Ms. Maples gave them to the museum.

(B) They were purchased by donated funds.

(C) They were loaned from a gallery.

(D) The artists donated their own works.

15. What is suggested about Ms. Maples' donation to Whistler?

(A) It must be used within the next year.

(B) It is the biggest she has ever made.

(C) It will be given in three installations.

(D) It will only benefit local students.

11 ▸ 세부 정보를 찾는 문제로서, 박물관이 문을 닫는 이유를 묻고 있다.

▸ 첫 번째 기사의 첫 번째 문단에서 박물관은 '리모델링을 하기 위해(in order to be renovated)' 문을 닫을 것이라는 점과 공사가 끝나면 '공간이 현재보다 세 배 넓어질 것(nearly three times as large as it currently is)'이라는 사실을 알 수 있다.

▸ 따라서 박물관이 문을 닫는 이유는 (A)의 'It is going to be enlarged'이다.

12 ▸ 언급되지 않은 것을 묻는 문제이므로, 각각의 보기를 지문의 내용과 비교해 보아야 한다.

▸ 첫 번째 기사의 두 번째 문단에서 기부자인 Sarah Maples가 local resident(지역 주민)로 소개되고 있다는 사실을 통해 (A)의 내용을 알 수 있다.

▸ 그리고 그녀가 '자선 사업(her support of charitable organizations)'으로 유명하다는 정보를 통해 (D)의 내용을 확인할 수 있다.

▸ 또한 세 번째 문단에서는 그녀가 돈뿐만 아니라 '개인 미술 작품들도 기증했다(also donated a large part of her personal art collection)'는 점을 알 수 있으므로 (C) 역시 언급된 사항이다.

▸ 따라서 정답은 (B)의 'She volunteers at the museum'인데, Sarah Maples가 박물관에 기부했다는 내용은 언급되어 있지만, 그녀가 박물관에서 자원봉사를 하고 있다는 내용은 찾을 수 없다.

13 ▸ acquire는 '얻다', '획득하다'라는 뜻이므로 정답은 (B)의 obtain(획득하다)이다.

▸ (A)의 request는 '요구하다' 혹은 '요청하다', (C)의 reserve는 '유보하다' 혹은 '예약하다', 그리고 (D)의 lease는 '임대하다'라는 뜻이다.

14 ▸ 세부 정보를 묻는 문제로서, 새로운 그림들을 확보한 방법이 무엇인지를 묻고 있다.

▸ 첫 번째 기사의 마지막 문단에서 Maples 씨는 막대한 금액을 기부했을 뿐만 아니라 다수의 미술 작품도 기부했다고 전한 후, '새로 지어질 전시관에 그녀가 기증한 작품들이 전시될 것(The works she donated will be put on display in one of the new halls)'라고 언급하고 있다. 따라서 박물관이 새로운 그림들을 구하게 된 경로는 (A)라고 볼 수 있다.

▸ 첫 번째 기사의 마지막 부분에서 '일부 자금(some of the funds)'을 이용해 작품을 구입할 것이라는 내용은 언급되어 있지만, 이것이 '기부로 마련된 자금(donated funds)'인지는 알 수 없으므로 (B)는 정답이 아니다.

15 ▸ 정보 연계 지문으로서 기부금과 관련된 정보를 찾도록 한다.

▸ 첫 번째 지문의 두 번째 문단에 따르면 박물관은 Maples 씨로부터 2천만 달러를(the museum has received a $20 million donation from local resident Sarah Maples) 기부 받았다. 또한, 이 금액은 Maples 씨가 래피드 폴스에 기부한 액수 중 최고액이라는(This is by far the largest donation of hers) 정보를 찾을 수 있다.

▸ 그런데 세 번째 지문에 따르면 다음 해에 그녀가 휘슬러에 기부한 액수는 2천 2백만 달러이므로(she pleased the residents of Whistler by donating $22 million to the city) 이는 역대 최고액을 갱신한 것이다.

▸ 따라서 Maples 씨가 휘슬러에 기부한 금액은 그녀가 기부했던 금액 중 최고액이라는 내용의 (B)가 정답이다.

지역 박물관이 특별한 선물을 받다

래피드폴스 (3월 27일) – 래피드폴스 박물관은 두 개의 전시관을 갖춘 인기 있는 박물관이다. 이 전시관들은 지역 아메리카 원주민 부족들의 유물을 전시하고 있으며 유럽과 아시아의 물품들도 전시하고 있다. 박물관의 큐레이터인 Cornelius Butler는 어제 박물관이 리모델링을 위해 일시적으로 문을 닫을 것이라고 발표했다. 박물관이 다시 문을 열 때에는 지금보다 거의 세 배 더 넓어질 것이다.

확장하는 이유는 박물관이 지역 주민인 Sarah Maples로부터 2천만 달러의 기부금을 받았기 때문이다. Maples 씨는 자선 단체를 후원하는 일로 주 전역에 잘 알려져 있다. 이는 그녀가 기부했던 금액 중 가장 큰 액수이다.

"Maples 씨는 우리에게 많은 액수의 돈을 전달했을 뿐만 아니라, 개인 미술 수집품들도 기증했습니다."라고 Butler 씨는 말했다. 그는 "그녀가 기증한 작품들은 새 전시관들 중 한 곳에 전시될 것입니다. 그리고 기금 중 일부는 더 많은 물품들을 마련하기 위해 쓰여질 것입니다."라고 덧붙였다.

래피드폴스 박물관
1월 4일
재개관을 기념합니다.

이 특별한 날에 박물관에 오시는 모든 분을 환영합니다.
오전 9시에 개장 행사가 있을 것입니다.
큐레이터인 Cornelius Butler가 박물관 전체를 구경시켜 드릴 것입니다.
많은 전시품들이 처음으로 전시될 것입니다.
오셔서 박물관의 새로운 미술 소장품들을 보러 오십시오.
램브란트, 모네, 그리고 세잔의 그림들이 포함되어 있습니다.

행사 티켓은 509~4864로 전화해서 예매하실 수 있습니다.
티켓의 가격은 성인의 경우 20달러이며, 어린이와 고령자들은 15달러입니다.

래피드폴스 박물관은 틀림없이 주에서 가장 유명한 박물관 중 하나가 될 것입니다.
멋지고 새로운 전시물들을 가장 먼저 보십시오.

Sarah Maples가 아낌 없는 기부를 하다

휘슬러 (2월 11일) – 지난해 Sarah Maples는 지역 박물관을 위한 기부로 래피드폴스에 감동을 주었다. 어제는 시에 2천 2백만 달러를 기부하여 휘슬러의 주민들에게 기쁨을 주었다. Maples 씨는 기금이 사용되는 방법에 대해 특별히 설명을 했다. 그녀는 "시는 지역 공원을 수리해야 하고 그곳을 어린이들이 놀기에 안전한 곳으로 만들어야 하죠."라고 말했다. "그리고 지역에 자전거 도로의 건설과 인근 고등학교에서 사용할 수 있는 야구장 건설에 나머지 기금이 사용될 수 있도록 해 달라고 요청했습니다."

11. 박물관은 왜 문을 닫을 것인가?
   (A) 확장될 것이다.
   (B) 몇몇 구조적인 피해가 있었다.
   (C) 몇몇 물품들이 도난당했다.
   (D) 박물관이 계속 운영될 만큼의 충분한 자금이 없다.

12. Sarah Maples에 대해 언급되지 않은 것은 무엇인가?
   (A) 박물관 인근 지역에 살고 있다.
   (B) 박물관에서 자원봉사를 한다.
   (C) 미술품 수집가이다.
   (D) 종종 단체에 돈을 기부한다.

13. 첫 번째 기사에서 세 번째 문단 세 번째 줄의 acquire라는
    단어와 그 의미가 가장 유사한 것은?
   (A) 요청하다
   (B) 획득하다
   (C) 예약하다
   (D) 임대하다

14. 박물관은 새로운 그림들을 어떻게 확보했을 것 같은가?
   (A) Maples 씨가 박물관에 기증했다.
   (B) 기부받은 자금으로 구입했다.
   (C) 미술관에서 대여했다.
   (D) 화가들이 자신의 작품을 기증했다.

15. 휘슬러에 기부한 Maples 씨의 기부금에 대해 암시되어
    있는 것은 무엇인가?
   (A) 다음 해까지 사용되어야 한다.
   (B) 그녀가 기부했던 금액 중 최고액이다.
   (C) 세 곳의 설립된 시설에 기부될 것이다.
   (D) 지역의 학생들만 혜택을 받을 것이다.

어휘 exhibit hall 전시관　artifact 유물　currently 현재　donation 기부금　charitable 자선의　acquire 손에 넣다, 획득하다
be bound to 틀림없이 ~하다

정답 p.046

지문을 다시 읽고, 주어진 문장이 사실이면 ○, 그렇지 않으면 ×에 표시하세요.

❶ Mr. Butler donated some money to the museum.　　　　　　　　　(○ | ×)

❷ Some artwork was given to the museum by a donor.　　　　　　　(○ | ×)

❸ Tickets to the event at the museum cost $20 for everyone.　　　　(○ | ×)

정답 및 해설 p.046

Part 7 지문을 읽고 문제의 정답을 고르세요.

Questions 1-2 refer to the following notice.

NOTICE

The software orientation program that was scheduled to start at 9:00 A.M. on March 14 has been postponed. The main speaker, Gil Howard, has fallen ill and cannot attend the event. Employees who were supposed to attend the event should report to their offices as usual tomorrow. A new orientation program on the same subject matter will be held on March 16. It will take place from 1:00 to 3:30 P.M. in the Pierson Conference Room on the third floor. Please make your supervisors aware of the fact that you will be attending it. If you have something else scheduled for that time, contact Katie Stewart in HR at extension 56 at once.

---

1. What is the purpose of the notice?
   (A) To announce a change in when an event will be
   (B) To point out that a room has already been reserved
   (C) To request that a person volunteer to lead an orientation session
   (D) To invite people to sign up for a new program

2. Why would someone call Katie Stewart?
   (A) To make a reservation
   (B) To discuss a scheduling conflict
   (C) To ask about the location of an event
   (D) To provide feedback regarding a program

Questions 3-5 refer to the following article.

Hopewell (April 20) – One month ago, the Hopewell Shopping Center opened. Many local citizens had been skeptical about the shopping mall. They claimed that its two department stores and numerous franchise stores and restaurants would harm local family-owned businesses. — [1] —.

What has actually happened is that business at many stores and restaurants throughout the city has increased in the past thirty days. — [2] —. Analysts say that more people than expected have been visiting Hopewell from other cities. They are mainly coming to shop at the mall. Yet many of them, attracted by the old-style beauty of the buildings in Hopewell, are choosing to tour the city. — [3] —. They are then stopping at local restaurants to enjoy the cuisine and shopping at many stores.

"My opinion of the mall has changed," said Harold Cushing, the owner of Cushing Hardware. — [4] —. "I thought for sure that my business would get worse. But I recorded a 15% increase in revenue this month."

3. Why have many people been visiting Hopewell?
(A) To tour its museums
(B) To purchase new homes
(C) To visit a shopping center
(D) To attend the local schools

4. What is suggested about the restaurants in Hopewell?
(A) They are earning more money.
(B) They are closing rapidly.
(C) They are expanding in size.
(D) They are hiring new chefs.

5. In which of the positions marked [1], [2], [3], and [4] does the following sentence best belong?
"It turns out, however, that their fears were misguided."
(A) [1]
(B) [2]
(C) [3]
(D) [4]

Questions 6-8 refer to the following announcement.

International Biology Association Conference

The International Biology Association (IBA) will be hosting its fifth annual conference from December 1 to 4. The event is entitled "The Future of Life" and will take place at the Matterhorn Hotel in Bern, Switzerland.

This year's keynote speaker will be Dr. Robert Rice from Wilson University. Dr. Rice is one of the world's leading experts in biochemistry. Dr. Andrea Clifford will also be speaking about her recent discoveries of new animal species in the Amazon Rainforest. There will be a number of workshops, seminars, and other special events in several fields of biology at the conference as well.

Those individuals interested in presenting papers at the conference are encouraged to submit copies of their manuscripts for consideration. Special emphasis will be placed on papers in the fields of microbiology, biochemistry, and genetics. The deadline for submissions is November 15. Submitted papers should be unpublished and not be under consideration for publication elsewhere. All papers, along with a one-page abstract, should be sent to IBAconference@iba.org.

For more information about the conference and to register for it, please visit our Web site at www.iba.org/annualconference.

---

6. What is NOT mentioned about the IBA conference?

(A) Amazon Rainforest animals will be displayed there.

(B) It will take place for four days in Switzerland.

(C) A variety of different events will be held there.

(D) A speech by Dr. Rice will be given.

7. What is suggested about papers that are submitted for the IBA conference?

(A) They must have already been published elsewhere.

(B) They should be fewer than fifteen pages long.

(C) Papers on certain topics will be given extra consideration.

(D) Papers with two or more authors are not permitted.

8. Why would a person visit the IBA Web site?

(A) To pay a registration fee for the conference

(B) To submit a paper to present at the conference

(C) To sign up to attend the conference

(D) To see the schedule of events for the conference

Questions 9-13 refer to the following article and e-mail.

London (April 11) – According to multiple sources, MRT, Inc. is in negotiations to purchase London-based Geiger Manufacturing. MRT, an American corporation, is one of the world's largest manufacturers of telecommunication products. It is believed to be interested in Geiger because of the firm's high number of cutting-edge products.

MRT will likely have to pay more than 2 billion pounds (approximately $3.03 billion) to purchase Geiger. Industry insiders say that the price is high, yet MRT should get its money's worth if the deal goes through. Geiger currently has 240 employees, all of whom work in England. It has its main office in London and manufacturing plants in both Manchester and Dover. As for MRT, it employs more than 25,000 individuals in ten countries around the world. Its headquarters are in St. Louis, Missouri, USA. It has other facilities in various American cities as well as in Canada, France, Germany, Russia, China, and Australia. It recorded more than $4 billion in profits last year and had revenues of more than $22 billion.

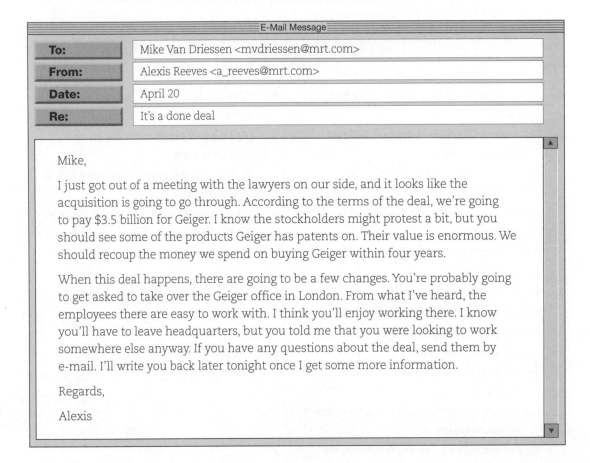

E-Mail Message

To:	Mike Van Driessen <mvdriessen@mrt.com>
From:	Alexis Reeves <a_reeves@mrt.com>
Date:	April 20
Re:	It's a done deal

Mike,

I just got out of a meeting with the lawyers on our side, and it looks like the acquisition is going to go through. According to the terms of the deal, we're going to pay $3.5 billion for Geiger. I know the stockholders might protest a bit, but you should see some of the products Geiger has patents on. Their value is enormous. We should recoup the money we spend on buying Geiger within four years.

When this deal happens, there are going to be a few changes. You're probably going to get asked to take over the Geiger office in London. From what I've heard, the employees there are easy to work with. I think you'll enjoy working there. I know you'll have to leave headquarters, but you told me that you were looking to work somewhere else anyway. If you have any questions about the deal, send them by e-mail. I'll write you back later tonight once I get some more information.

Regards,

Alexis

9. What is the article mainly about?
   (A) An up-and-coming company in the manufacturing industry
   (B) Some employment opportunities at two companies
   (C) The possible acquisition of one company by another
   (D) An important new invention in the telecommunications industry

10. What is NOT mentioned about MRT, Inc.?
    (A) It is a multinational corporation.
    (B) It made money last year.
    (C) It has facilities in China, England, and Canada.
    (D) It has thousands of employees.

11. In the e-mail, the word "recoup" in paragraph 1, line 5, is closest in meaning to
    (A) invest
    (B) deposit
    (C) raise
    (D) recover

12. Where does Mr. Van Driessen currently work?
    (A) The USA
    (B) England
    (C) Australia
    (D) France

13. How will Ms. Reeves contact Mr. Van Driessen later?
    (A) She will send him a fax.
    (B) She will write him an e-mail.
    (C) She will call him on the phone.
    (D) She will have a video conference with him.

Questions 14-18 refer to the following press release and e-mails.

Mayweather Finds New Distributor

Mayweather, Inc., the country's leading manufacturer of dishware, is pleased to announce it has come to an agreement with Strider, Inc. As of December 1, Strider will handle the domestic and international distribution of all Mayweather products. Strider opened offices in Europe and Asia last month and has also purchased its own fleet of airplanes. Strider will assist Mayweather as it moves into markets in Europe and Asia. Strider will be taking the place of Deacon Logistics.

Mayweather is currently looking for an individual who can work together with Strider to ensure that our products arrive on time and in perfect condition. The ideal applicant should have a minimum of eight years of managerial experience and be fluent in a minimum of one European or Asian language other than English. Interested individuals can visit www.mayweather.com/jobs to find a complete description as well as all requirements.

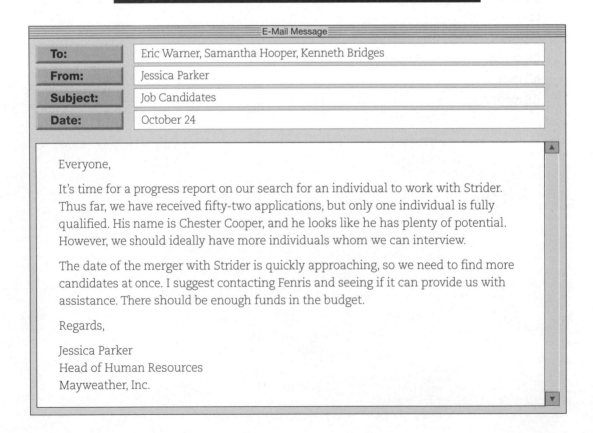

E-Mail Message	
To:	Eric Warner, Samantha Hooper, Kenneth Bridges
From:	Jessica Parker
Subject:	Job Candidates
Date:	October 24

Everyone,

It's time for a progress report on our search for an individual to work with Strider. Thus far, we have received fifty-two applications, but only one individual is fully qualified. His name is Chester Cooper, and he looks like he has plenty of potential. However, we should ideally have more individuals whom we can interview.

The date of the merger with Strider is quickly approaching, so we need to find more candidates at once. I suggest contacting Fenris and seeing if it can provide us with assistance. There should be enough funds in the budget.

Regards,

Jessica Parker
Head of Human Resources
Mayweather, Inc.

To:	Jessica Parker
Cc:	Samantha Hooper, Kenneth Bridges
From:	Eric Warner
Subject:	Re: Job Candidates
Date:	October 25

Jessica,

At your suggestion, I spoke with Connie Peterson, and she said her company can assist us. If you remember, she was responsible for finding Alice Reynolds in the Sales Department, and Alice has become one of our top employees.

I also spoke with Irene Winter in Accounting, and she informed me that we have enough money in our budget to expand the search. Shall I go ahead and contact Connie with the information she requires? In addition, by when do we need to have all the applications? Connie will definitely need that information.

Best,

Eric Warner
Senior Manager, Human Resources Department
Mayweather, Inc.

---

14. According to the press release, what did Strider, Inc. recently do?

(A) It signed a contract with an airline.

(B) It opened offices in other countries.

(C) It merged with Deacon Logistics.

(D) It hired a number of new employees.

15. What is suggested about Mr. Cooper?

(A) He worked with Strider, Inc. in the past.

(B) He has good leadership skills.

(C) He has been a manager for a decade.

(D) He speaks at least two languages.

16. According to the first e-mail, what does Ms. Parker recommend doing?

(A) Searching for additional applicants

(B) Hiring several more employees

(C) Improving the salary of a new position

(D) Revising the qualifications for a job

17. Why did Mr. Warner contact Ms. Winter?

(A) To ask her to review a job listing

(B) To submit a résumé for review

(C) To schedule an interview

(D) To check on available funding

18. Where most likely does Ms. Peterson work?

(A) At Strider, Inc.

(B) At Fenris

(C) At Deacon Logistics

(D) At Mayweather, Inc.

광고

- 광고(Advertisement) 지문은 지문의 길이도 길지 않고 구성도 단순한 편이다.
- 상품 및 서비스를 대상으로 하는 일반 광고와 구인 광고로 구분할 수 있다.
- 일반 광고는 광고의 대상과 특징, 구인 광고는 직종 및 급여 조건 등을 파악한다.
- 세부적인 정보를 묻는 문제가 많이 출제된다.

지문 유형

ⓐ 광고는 상품 및 서비스를 대상으로 하는 일반적인 광고와 구인 광고로 구분할 수 있다.

ⓑ 광고의 제목이 주어지는 경우가 많으므로 일차적으로 제목을 통해 광고의 목적을 파악하도록 한다.

ⓒ 지문 형태로 제시되는 광고의 경우, 초반부에서 광고의 대상을 알아낼 수 있으며 중반부와 후반부에 서는 광고 대상에 관한 세부적인 정보들을 파악할 수 있다.

ⓓ 지문의 형태가 아닌 간략한 어구나 문장들로 광고 지문이 이루어지는 경우도 있는데, 이러한 형태의 광고가 제시되면 보다 빠르게 필요한 정보를 찾을 수 있다.

풀이 전략

ⓐ 제품이나 서비스 광고가 제시되면 가장 먼저 광고의 대상이 되는 제품 및 서비스의 특성을 파악 하도록 한다.

ⓑ 행사에 관한 광고가 등장할 경우에는 가격 할인 등과 같은 행사의 혜택이나 그러한 혜택을 받기 위한 조건들을 우선적으로 살피도록 한다.

ⓒ 구인 광고가 제시되면 제목을 통해 광고의 목적을 파악한 후, 지원 가능한 직책, 근무 조건, 지원 자격 과 같은 정보에 집중하도록 한다.

Questions 1-2 refer to the following advertisement.

Downtown Beauty Salon

We have the best hairstylists in the city.
Many of them have won awards, and all of them have
professional training.
Come to us to have your hair cut, trimmed, permed, dyed,
or simply washed.
We'll do whatever you ask.
Our prices are cheap, but our service is the best.
Call 809-4354 for a reservation.
Walk-in customers are accepted but may have to wait up to an hour.

- **Location:** 29 Orange Street next to Mark's Gym
- **Hours:** Mon-Sat, 10:00 A.M.-7:00 P.M. / Sun, 11:00 A.M.-4:00 P.M.

Bring a copy of this ad and get 15% off.
First-time customers always get 20% off.

---

1. For whom is this advertisement probably intended?
   (A) Job applicants
   (B) Hairdressers
   (C) Potential customers
   (D) Gym users

2. What is NOT mentioned about Downtown Beauty Salon?
   (A) New customers can get a discount.
   (B) Some of its hairstylists have won awards.
   (C) The salon is open every day of the week.
   (D) It only takes customers with reservations.

❶ 제목을 통해 'Downtown 미용실'의 광고라는 점을 알 수 있다.

❷ 광고는 '판매'라는 확실한 목적을 가지고 있는 글이기 때문에, 광고되는 업체, 광고의 대상, 상품, 그리고 서비스의 장점 등을 위주로 지문의 내용을 살피도록 한다.

❸ 업체를 홍보하는 광고이므로 업체의 위치나 영업 시간 등의 정보도 파악하도록 한다.

문제 해설

1 광고의 대상을 묻고 있다. 광고에서는 Downtown 미용실의 우수성, 제공되는 서비스의 유형, 위치 및 연락처, 그리고 할인 혜택 등이 안내되고 있으므로 이 광고는 '소비자'들을 위한 것임을 알 수 있다. 따라서 정답은 (C)의 Potential customers(잠재 고객들)이다.

2 마지막 부분의 'First-time customers always get 20% off.'라는 문장에서 (A)의 내용을 찾아볼 수 있고, 광고 초반부에서 '다수의 미용사들이 수상 경력을 가지고 있다고(many of them have won awards)' 했으므로 (B) 또한 언급된 사항이다. 주중과 주말의 영업 시간이 다르기는 하지만 일주일 내내 영업을 하는 것은 사실이므로 (C) 역시 맞는 내용이다. 따라서 정답은 (D)인데, 광고에는 '예약 없이도 방문이 가능하다고(walk-in customers are accepted)' 안내되어 있다.

해석

Downtown 미용실

저희는 시에서 가장 뛰어난 미용사들을 보유하고 있습니다.
많은 미용사들이 수상 경력을 보유하고 있고, 모두 전문적인 교육을 받았습니다.
방문하셔서 커트, 머리 손질, 파마, 염색을 해 보세요.
머리만 감으셔도 좋습니다.
여러분이 요구하는 것은 무엇이든 해 드리겠습니다.
가격은 저렴하지만 서비스는 최고입니다.
809-4354로 예약 전화 주세요.
예약하지 않고 오시는 고객들도 받습니다만 1시간 정도 기다리셔야 할 것입니다.

- 위치: Mark 헬스클럽 옆 Orange 가 29번지
- 시간: 월-토, 오전 10시-오후 7시 / 일, 오전 11시-오후 4시

광고지를 가져 오실 경우 15% 할인을 받습니다.
처음 오시는 고객은 항상 20% 할인을 받습니다.

1. 광고는 누구를 위해 제작된 것 같은가?
    (A) 구직자들
    (B) 미용사들
    (C) 잠재 고객들
    (D) 헬스클럽 이용자들

2. 미용실에 대해 언급되지 않은 것은 무엇인가?
    (A) 신규 고객들은 할인을 받을 수 있다.
    (B) 몇몇 미용사들은 수상 경력이 있다.
    (C) 미용실은 일주일 내내 영업을 한다.
    (D) 예약한 고객들만 받는다.

어휘 beauty salon 미용실   trim 손질하다   walk-in customer 예약 없이 찾아오는 손님

❶ 일반 광고에 자주 등장하는 표현

additional 추가적인	offer 제공하다
award-winning 수상 경력이 있는	on sale 판매 중인
brand-new 완전 새것의	purchase 구매하다
cheaper than ~보다 저렴한	reservation 예약
clearance sale 창고 대방출	save (돈을) 절약하다
discount 할인	special offer 특별 행사
free delivery 무료 배송	state-of-the-art 최신의
for more information 더 많은 정보를 얻으려면	take advantage of ~을 활용하다

The items at our store are **cheaper than** those at our competitors' stores.
저희 상점의 물품들은 경쟁 점포들의 물품들보다 저렴합니다.

We are selling dining room tables and chairs at 30% **discounts**.
식탁과 의자는 30% 할인 가격으로 판매될 것입니다.

We're even offering **free delivery** if you spend $500 or more at the store.
매장에서 500달러 혹은 그 이상을 지출하시는 경우에는 무료 배송도 해 드립니다.

For more information, please contact us at 606-4342.
보다 많은 정보를 얻으시려면, 606-4342로 저희에게 연락해 주세요.

This **special offer** is only going to last until the end of the month.
특별 할인 행사는 월말까지만 계속될 것입니다.

❷ 구인 광고에서 자주 등장하는 표현

application form 지원서	reference 신원 보증인, 추천인
candidate 지원자	requirement 요구 사항
cover letter 자기소개서	responsibility 책무
deadline 기한	résumé 이력서
health insurance 건강 보험, 의료 보험	self motivated 자기 주도적인
job interview 면접	skilled 숙련된
job openings 공석 중인 일자리	submit 제출하다
managerial experience 매니저 경력, 관리자 경력	work experience 근무 경력

An **application form** can be downloaded from our Web site.
지원서는 웹사이트에서 다운로드할 수 있습니다.

A college degree in a related field is a **requirement** for the position.
관련 분야의 대학 학위는 그 직책을 위한 요구 사항입니다.

Please submit a **résumé** highlighting your relevant **work experience**.
관련된 근무 경력을 중심으로 작성한 이력서를 제출하세요.

A 지문을 읽고 질문에 답하세요.

1

> Come to
> **Kevin's Sandwich Shop**
> on Friday, June 2
> for our grand opening.
>
> We will be serving all kinds of sandwiches.
> You can order from the menu, or you can design your own sandwich.
> We will be offering all kinds of side dishes, too.
>
> On opening day, everything is 50% off.
> Go to 90 Rosebud Street between the hours of 11:00 A.M. and 9:00 P.M.

Q What is true about Kevin's Sandwich Shop?

    (a) It only lets customers order from the menu.

    (b) It is selling items at half price on June 2.

2

> **Learn to Swim at the Dozier Swimming Pool**
>
> This summer, the Dozier Swimming Pool will be offering swimming lessons. There will be basic, intermediate, and advanced classes. Classes will be held in the morning and at night. People of all ages are welcome to enroll. We will, however, have separate classes for children and adults. Classes will meet three times a week for one hour at a time. Call 904-3874 to request a schedule or to sign up for a class. Why wait? Learn how to swim, and you'll have a lot more fun in the water this summer.

Q How can a person find out more about the classes?

    (a) By making a telephone call

    (b) By visiting the swimming pool

B 지문을 읽고 질문에 답하세요.

Questions 1-2 refer to the following advertisement and article.

Come to See a Magical Performance of
Peter Pan

This musical will be performed at the Wilmington Theater
on December 10 and 12
at 7:30 P.M. on both evenings.

Tickets cost $30 for adults and $20 for children.
Call 631-9043 to make reservations.

Peter Pan—A Must-See Musical

I saw the first performance of *Peter Pan* at the Wilmington Theater last night. It was simply amazing. The performers were wonderful, and the songs were outstanding. Director Eric Harper has succeeded in retelling the tale of the boy who never wants to grow up. I strongly recommend that people turn out for the next performance of this musical. At $30 a ticket, they will definitely get their money's worth.

---

1   What is NOT true according to the advertisement?
   (a) All tickets cost $30 each.
   (b) There will be two performances.

2   How does the reviewer feel about the musical?
   (a) He liked it very much.
   (b) He thought it could be better.

Questions 01-02 refer to the following advertisement.

Special Offer for All Subscribers of *Sporting Life*

Sporting Life is going to be celebrating 75 years of publishing the country's best magazine on sports. To reward our subscribers, we are having a special renewal offer. From now until December 31, all current subscribers can take advantage of some special deals. Subscribers who renew for one year will receive 25% off the normal price. Those who renew for two years will receive 35% off the normal price. And those who renew their subscriptions for three years only have to pay half the normal price. That's a savings of up to $80 per year. Go to www.sportinglife.com and click on the "Renewals" link. This offer is valid only for current subscribers, not new ones.

01. How much of a discount can a person get for renewing a subscription for three years?
(A) 25%
(B) 35%
(C) 50%
(D) 75%

02. The word "valid" in line 9 is closest in meaning to
(A) appropriate
(B) considerable
(C) effective
(D) respective

01 ▶ 3년 구독 연장과 관련된 부분은 'And those who renew their subscriptions for three years only have to pay half the normal price.'라는 문장에서 찾을 수 있다.

▶ 이 부분에서 구독을 3년간 연장하는 사람은 '정가의 절반(half the normal price)'만 지불하면 된다고 나와 있으므로 정답은 half the normal price를 50%로 바꾸어 쓴 (C)이다.

02 ▶ valid라는 단어는 '유효한'이라는 뜻이다. 따라서 정답은 '효과적인' 혹은 '유효한'이라는 의미를 가지고 있는 (C)의 effective이다.

▶ (A)의 appropriate는 '적절한', (B)의 considerable은 '고려할 만한', '중요한', 그리고 (D)의 respective는 '각각의'라는 뜻이다.

해석

*Sporting Life*의 모든 구독자들을 위한 특가 판매

*Sporting Life*는 국내 최고 스포츠 잡지의 출간 75주년을 경축하고자 합니다. 구독자들에게 보답하기 위해 특별 재구독 행사를 실시할 예정입니다. 지금부터 12월 31일까지 현재 구독 중인 모든 분들께서 특별 할인 혜택을 누리실 수 있습니다. 1년간 구독을 연장하시는 구독자분들께서는 정가의 25% 할인 혜택을 받으시게 될 것입니다. 2년간 구독을 연장하시는 분들께서는 정가의 35%의 할인 혜택을 받으시게 될 것입니다. 그리고 3년간 구독을 연장하시는 분들께서는 정가의 절반만 지불하시면 됩니다. 이를 통해 1년에 80달러까지 절약하실 수 있습니다. www.sportinglife.com으로 오셔서 "기한 연장" 링크를 누르세요. 이번 할인 혜택은 기존 구독자들에게만 적용되며, 신규 구독자들에게는 적용되지 않습니다.

01. 3년 동안 구독을 연장하는 사람은 얼마나 할인을 받을 수 있는가?
(A) 25%
(B) 35%
(C) 50%
(D) 75%

02. 9번째 줄의 valid라는 단어와 그 의미가 가장 유사한 것은?
(A) 적절한
(B) 고려할 만한
(C) 유효한
(D) 각각의

어휘 special offer 특가 판매   subscriber 구독자   renewal 재개, 갱신, (기한의) 연장   take advantage of ~을 이용하다

정답 p.051

지문을 다시 읽고, 주어진 문장이 사실이면 ○, 그렇지 않으면 ×에 표시하세요.

❶ Only current subscribers are eligible for the special offer.　　　　　(○ | ×)

❷ A person renewing for one year can get a 25% discount.　　　　　(○ | ×)

❸ Subscribers can renew their subscriptions by calling a phone number.　　　　　(○ | ×)

Questions 03-05 refer to the following advertisement.

Big Sale at Pierson's Department Store

Pierson's Department Store is having its annual end-of-spring sale. The sale will start on May 17 and end on May 31. During the sale, all shoppers can get the following bargains:

- men's and women's clothing 20% off
- children's clothing 30% off
- electronic appliances 15% off
- kitchenware 20% off
- toys 40% off

All other items in the store will be on sale from anywhere between 15 and 40% off their regular prices. Individuals who sign up for a Pierson's Department Store charge card will get 10% off their first purchase. This discount will be added to the items already on sale, so shoppers can save up to 50% on some of their purchases.

Pierson's Department Store is located in the eastern wing of the Southdale Shopping Mall. It is open from 9:00 A.M. to 8:00 P.M. every day of the year, including holidays.

---

03. What is suggested about the sale?
(A) It is being held for the first time this year.
(B) It will last for an entire month.
(C) Everything in the store will be sold at a discount.
(D) Most items will be sold at fifty-percent discounts.

04. How much is the discount for a person buying a refrigerator?
(A) 15%
(B) 20%
(C) 30%
(D) 40%

05. According to the advertisement, how can shoppers get an extra 10% discount?
(A) By getting a charge card from the store
(B) By paying with cash
(C) By spending more than $1,000
(D) By purchasing some kitchenware

03 ▶ 할인 행사에 대해 암시되어 있는 것이 무엇인지를 묻고 있다.

   ▶ 광고 중반부의 'All other items in the store will be on sale from anywhere between 15 and 40% off their regular prices.'라는 문장이 정답의 단서이다.

   ▶ 위 문장에 따르면 모든 제품이 15%에서 40%까지 할인된다는 점을 알 수 있으므로 정답은 (C)이다.

   ▶ 이번 세일이 올해의 첫 번째 세일인지는 언급되지 않았기 때문에 (A)는 정답이 될 수 없다.

   ▶ 세일 기간은 5월 17일에서 5월 31일까지이므로, 한 달 내내 세일이 계속된다는 내용의 (B) 또한 잘못된 내용이다.

   ▶ 제품의 할인 폭은 15%에서 40%이므로, 대부분의 제품들이 50% 할인된다는 내용의 (D)도 정답이 될 수 없다. 50%는 10%의 추가 할인을 받는 경우에만 해당되는 할인율이다.

04 ▶ 품목별로 할인율을 알려 주는 부분을 찾도록 한다.

   ▶ electronic appliances(가전제품)는 15%의 할인을 적용받는다는 사실을 알 수 있으므로 냉장고 구입시 적용되는 할인의 폭은 (A)의 15%이다.

   ▶ 20%를 할인해 주는 kitchenware는 주방용품을 의미하는데, 냉장고나 전자레인지 등의 가전제품은 여기에 포함되지 않는다.

05 ▶ 쇼핑객들이 추가적으로 10%의 할인을 받기 위한 방법이 무엇인지를 묻고 있다.

   ▶ 'Individuals who sign up for a Pierson's Department Store charge card will get 10% off their first purchase.'라는 문장이 정답의 단서이다.

   ▶ 위 문장에 따르면 10%의 할인을 추가로 받을 수 있는 경우는 고객 카드를 발급받고 처음으로 상품을 구매하는 경우이다.

   ▶ 따라서 정답은 (A)의 'By getting a charge card from the store(상점에서 고객카드를 받음으로써)'이다.

해석

Pierson's 백화점의 대규모 할인 행사

Pierson's 백화점에서 매년 진행되는 막바지 봄 세일을 실시하고 있습니다. 이번 할인 행사는 5월 17일에 시작하여 5월 31일에 끝날 것입니다. 할인 기간 동안 모든 쇼핑객분들께서는 아래와 같은 혜택을 누리실 수 있습니다:

- 남성 의류 및 여성 의류 20% 할인
- 아동의류 30% 할인
- 가전제품 15% 할인
- 주방용품 20% 할인
- 완구 40% 할인

매장 내의 기타 제품들은 모두 정가의 15%에서 40% 정도 할인된 가격에 판매될 것입니다. Pierson's 백화점의 고객 카드를 신청하신 분들께서는 최초 구매시 10%의 할인을 받게 되실 것입니다. 이 할인은 이미 할인 판매 중인 품목에 추가 적용되므로, 쇼핑객분들께서는 일부 구매 물품에 대해 최대 50%까지 비용을 절약하실 수 있습니다.

Pierson's 백화점은 Southdale 쇼핑몰의 동쪽 건물 내에 위치해 있습니다. 영업 시간은 휴일을 포함하여 연중 매일 오전 9시부터 오후 8시까지입니다.

03. 할인 판매에 대해 암시되어 있는 것은 무엇인가?
    (A) 올해 처음으로 실시된다.
    (B) 한달 내내 계속될 것이다.
    (C) 상점의 모든 품목이 할인된 가격에 판매될 것이다.
    (D) 대부분의 품목들은 50퍼센트 할인된 가격에 판매될 것이다.

04. 냉장고를 구매하는 사람은 얼만큼의 할인을 받게 되는가?
    (A) 15%
    (B) 20%
    (C) 30%
    (D) 40%

05. 광고에 따르면 쇼핑객들은 어떻게 10%의 추가 할인을 받을 수 있는가?
    (A) 상점에서 고객 카드를 받음으로써
    (B) 현금을 지불함으로써
    (C) 1,000달러 이상을 소비함으로써
    (D) 몇몇 주방용품을 구매함으로써

어휘 bargain 거래 조건 electronic appliance 가전제품 kitchenware 주방용품 regular price 정가 sign up for ~을 신청하다 charge card 고객 카드 wing 건물의 동

정답 p.051

지문을 다시 읽고, 주어진 문장이 사실이면 O, 그렇지 않으면 ×에 표시하세요.

① Toys at the store are being sold at discounts of 40%.   (O | ×)

② Some shoppers can get half off some items that they purchase.   (O | ×)

③ The department store is located next to a shopping mall.   (O | ×)

예상적중문제 06-09 지문을 읽고 문제의 정답을 고르세요.

Questions 06-09 refer to the following advertisement.

Employees Sought

Keystone, Inc., a manufacturing firm, is seeking employees for several positions. All of the available jobs are full time unless otherwise mentioned. All positions pay salaries and come with benefits. These include paid vacation time, sick leave, medical and dental insurance, and membership in the company's pension plan.

Salesperson: There are three available positions for this job. It will involve the selling of the company's products to individuals and businesses. The job will require constant travel. No experience is required but is desired.

Receptionist: There is one position available. A pleasant disposition is required. The individual hired will do basic office work as well as greet visitors to the company.

Accountant: There is one position available. Three years' experience is required as is a university degree.

Interested individuals should send an e-mail to jobs@keystone.com with the position they are applying for written in the subject line. Applicants should include a file with their résumé as well as a list of three individuals who may be contacted for professional references.

---

06. What is NOT true about the positions being advertised at Keystone, Inc.?

(A) They include stock options.

(B) They are for full-time work.

(C) They provide paid vacations.

(D) They provide health care.

07. What is true about the receptionist position?

(A) It requires experience.

(B) It is paid an hourly wage.

(C) It requires the person to travel.

(D) It will be in an office environment.

08. How can individuals apply for positions at Keystone, Inc.?

(A) By visiting the company in person

(B) By contacting an agency

(C) By sending an e-mail

(D) By faxing an application

09. What should an applicant include when applying for a position?

(A) A list of people to contact

(B) A college transcript

(C) A picture

(D) A portfolio

06 ▶ 지문의 내용과 일치하지 않는 것을 묻는 문제이므로, 각각의 보기를 지문의 정보와 대조해 보아야 한다.

▶ 첫 번째 문단에서 모집 중인 직책은, 달리 언급이 없는 한, 모두 '정규직(full time)'이라고 했다. 따라서 (B)는 언급된 내용이다.

▶ 정규직의 혜택으로 '유급 휴가(paid vacation time)', '병가(sick leave)', '의료 보험과 치과 보험(medical and dental insurance)', 그리고 '퇴직 연금 제도의 회원 자격(membership in the company's pension plan)'이 있다고 언급되어 있다. 따라서 유급 휴가를 제공한다는 내용의 (C)와 건강 보험을 제공한다는 내용의 (D) 또한 정답이 될 수 없다.

▶ 지문에서 '스톡옵션(stock options)'에 대해서는 언급되지 않았으므로 정답은 (A)이다.

07 ▶ 접수 담당직에 관한 내용은 Receptionist 항목에서 찾을 수 있다.

▶ 여기에서는 한 자리의 공석이 있고, '상냥한 성격(a pleasant disposition)'이 요구되며, 고용된 사람은 방문객들을 맞이하거나 '기본적인 사무 업무(basic office work)'를 하게 될 것이라는 사실이 안내되어 있다.

▶ 따라서 보기 중 접수 담당직에 부합되는 내용은 (D)의 'It will be in an office environment.'뿐이다.

08 ▶ 직책에 지원하는 방법을 묻는 세부 정보 찾기 문제 유형이다.

▶ 지원 방법은 마지막 문단의 'Interested individuals should send an e-mail to jobs@keystone.com with the position they are applying for written in the subject line.'에 설명되어 있다.

▶ 위 문장에 따르면 입사지원자는 이메일 제목에 원하는 직위를 적어서 안내된 주소로 이메일을 보내야 하므로 정답은 (C)의 'By sending an e-mail'이다.

09 ▶ 마지막 문단에서 지원자가 첨부해야 할 서류가 명시되어 있다.

▶ 지문의 정보에 따르면 '이력서(résumé)'와 '경력 확인을 위해 연락이 가능한 세 명의 신원 보증인 목록(a list of three individuals who may be contacted for professional references)'을 첨부하라는 내용이 설명되어 있으므로 정답은 (A)의 'A list of people to contact'이다.

해석

직원 구함

제조업체인 Keystone 주식회사에서 몇몇 직책을 위한 직원들을 찾고 있습니다. 공석 중인 직책들은 별도의 언급이 없는 이상 모두 정규직입니다. 모든 직책에는 급여가 지급되며 혜택도 있습니다. 여기에는 유급 휴가, 병가, 의료 보험 및 치과 보험, 그리고 사내 퇴직 연금 제도의 회원 자격이 포함됩니다.

영업 사원: 이 직무에는 세 자리의 공석이 있습니다. 회사의 제품을 개인이나 기업에 판매하는 업무가 될 것입니다. 이 업무는 계속적인 이동이 요구될 것입니다. 경력은 필수 사항이 아니라 우대 사항입니다.

접수 담당 직원: 하나의 공석이 있습니다. 상냥한 성격이 요구됩니다. 채용되는 사람은 회사에 방문하는 사람들을 응대하는 일뿐만 아니라 기본적인 사무 업무도 하게 될 것입니다.

회계직 사원: 하나의 공석이 있습니다. 3년의 경력과 학사 학위가 필수입니다.

관심 있는 분들께서는 제목란에 지원하는 직책을 작성하여 jobs@keystone.com으로 이메일을 보내셔야 합니다. 지원자들은 신원 보증을 위해 연락이 가능한 세 사람의 리스트와 함께 이력서를 파일로 첨부하셔야 합니다.

06. Keystone 주식회사에서 광고되고 있는 직책에 대해 사실이 아닌 것은 무엇인가?

(A) 스톡옵션을 포함하고 있다.

(B) 정규직이다.

(C) 유급 휴가를 제공한다.

(D) 건강 보험을 제공한다.

07. 접수 담당 직원 자리에 대해 사실인 것은 무엇인가?

(A) 경력을 요구한다.

(B) 시간당 급여가 지급된다.

(C) 돌아다녀야 한다.

(D) 사무 환경에 있게 될 것이다.

08. Keystone 주식회사의 직책에 어떻게 지원할 수 있는가?

(A) 직접 회사에 방문함으로써

(B) 에이전시에 연락함으로써

(C) 이메일을 보냄으로써

(D) 지원서를 팩스로 보냄으로써

09. 직책에 지원할 때 지원자는 무엇을 포함시켜야 하는가?

(A) 연락할 수 있는 사람들의 목록

(B) 대학 성적 증명서

(C) 사진

(D) 포트폴리오

어휘 benefit 수당 sick leave 병가 insurance 보험 pension 연금 receptionist 접수 담당자 pleasant 상냥한 disposition 성격 subject line 제목란 reference 신원 보증, 추천 stock option 스톡옵션 (주식을 일정한 가격에 매수할 수 있는 권리) transcript 성적 증명서 portfolio 작품집

정답 p.051

지문을 다시 읽고, 주어진 문장이 사실이면 ○, 그렇지 않으면 ×에 표시하세요.

❶ People hired by Keystone, Inc. will get medical insurance. (○ | ×)

❷ There are four open positions for members of the sales staff. (○ | ×)

❸ People applying for the accountant position must have work experience. (○ | ×)

Questions 10-14 refer to the following advertisement and review.

Enjoy an all-you-can-eat buffet dinner at Henderson House

We have everything you could possibly want.
We serve chicken, beef, pork, lamb, and seafood entrees.
We have all kinds of vegetable, rice, and noodle dishes.
We bake our own fresh bread and rolls.
We have fresh fruits and pastries for desserts.
Be sure to check out our award-winning sushi and grilled foods.
Both are highly recommended by our guests.

- **Location**: 68 Walker Drive
- **Hours of Operation**: Mon-Sat 4:00 P.M.-11:30 P.M.
  Sun 2:00 P.M.-9:00 P.M.
- **Price**: Adults $40.00 / Children 12 or Younger $20.00

Call 406-3539 to make a reservation.
A 15% discount is available for groups of 20 or more.

Dinner at the Henderson House

I tried the buffet dinner at the Henderson House last Friday night. Unfortunately, I didn't make a reservation, and it was packed. My group had to wait forty-five minutes before we were seated. Once we sampled the food, we forgot all about the long wait though.

The food at the Henderson House was amazing. I tried almost everything available. The lamb chops were perfectly cooked, and so was the beef tenderloin. The fried chicken was a bit too crispy for my tastes, but my dinner companions enjoyed it. The vegetable and noodle dishes were good, too. There were seven different varieties of bread. I only tried two—whole wheat and rye—and they were both outstanding.

As for the sushi, it alone was worth the price of dinner. Henderson House serves only fresh sushi, and there were numerous kinds of fish, including tuna and salmon.

I highly recommend Henderson House. At $40 a plate, it's a bargain. You'll definitely get your money's worth there.

10. Which food is NOT mentioned in the advertisement?
    (A) Seafood
    (B) Turkey
    (C) Pastries
    (D) Pork

11. What does the advertisement indicate about the grilled foods at the restaurant?
    (A) Diners love eating them.
    (B) They include chicken and salmon.
    (C) They cost extra to eat.
    (D) They can be specially ordered.

12. Which of the following times is the restaurant open?
    (A) On Monday at 2:00 P.M.
    (B) On Wednesday at 10:00 P.M.
    (C) On Saturday at 3:00 P.M.
    (D) On Sunday at 9:30 P.M.

13. Which food do the advertisement and reviewer both praise?
    (A) Chicken
    (B) Beef tenderloin
    (C) Sushi
    (D) Lamb chops

14. How can customers pay a lower price at the restaurant?
    (A) By making a reservation
    (B) By arriving early in the day
    (C) By using a coupon
    (D) By going in a large group

10 ▶ 광고에서 볼 수 있는 음식의 종류를 묻고 있는데, 이는 광고의 첫 번째 문단에서 찾아볼 수 있다.

 ▶ 다른 음식은 모두 언급되어 있으나 (B)의 Turkey(칠면조)는 찾아볼 수 없다. 따라서 정답은 (B)이다.

11 ▶ 'grilled food(그릴 요리)'에 대해 언급된 것이 무엇인지 묻고 있다.

 ▶ 광고에서 grilled food에 대해서 '수상 경력이 있는 요리(our award-winning sushi and grilled foods)'라고 소개되고 있으며, 손님들로부터 '강력히 추천받고 있다(are highly recommended)'는 내용도 찾아볼 수 있다.

 ▶ 따라서 이를 통해 유추할 수 있는 사항은 '손님들이 그릴 요리를 좋아할 것이다'라는 의미인 (A)이다.

12 ▶ 광고의 세 번째 문단에서 월요일에서 토요일까지는 오후 4시부터 오후 11시 30분까지, 그리고 일요일에는 오후 2시부터 9시까지 식당이 영업을 한다는 정보를 찾을 수 있다.

 ▶ 이러한 조건에 부합되는 시간은 (B)의 '수요일 오후 10시'뿐이므로 정답은 (B)이다.

13 ▶ 정보 연계 문제로서, 광고문과 리뷰 지문에서 모두 좋은 평가를 받는 요리가 무엇인지 찾아야 한다.

 ▶ 광고에서 Henderson House는 sushi(초밥)와 grilled foods(그릴 요리)를 강조하고 있다.

 ▶ 이 둘에 대한 평가를 두 번째 지문인 리뷰에서 찾아보면, 세 번째 문단에서 sushi가 값어치를 했고(worth the price of dinner), 신선하고 다양한 종류의 초밥이 제공되었다는 점을 확인할 수 있다.

 ▶ 그러므로 광고와 리뷰에서 모두 높은 평가를 받고 있는 요리는 (C)의 Sushi이다.

14 ▶ 고객들이 할인을 받을 수 있는 방법을 묻고 있는데, 이는 광고 지문의 마지막 부분에서 찾을 수 있다.

 ▶ 광고의 마지막 문장인 'A 15% discount is available for groups of 20 or more.'를 통해 20인 이상의 단체 손님에게는 15%의 할인이 제공된다는 사실을 알 수 있다.

 ▶ 따라서 정답은 (D)의 By going in a large group(단체 방문을 함으로써)이다.

ℹ️ 해석

Henderson House에서
마음껏 저녁 뷔페를 즐기세요

여러분들께서 드시고 싶어 하시는 모든 것이 있습니다.
닭고기, 소고기, 돼지고기, 양고기, 그리고 해산물 요리가 제공됩니다.
모든 종류의 야채, 쌀, 그리고 면 요리가 있습니다.
신선한 빵과 롤케익을 직접 굽습니다.
디저트로는 신선한 과일과 패스트리가 있습니다.
수상 경력이 있는 초밥 요리와 그릴 요리도 꼭 확인하세요.
둘 다 손님들로부터 강력 추천을 받고 있습니다.

· **위치**: Walker 로 68번지
· **영업 시간**: 월요일–토요일 오후 4시–오후 11시 30분
일요일 오후 2시–오후 9시
· **가격**: 성인 40달러 / 12세 이하의 어린이 20달러

예약을 하시려면 406-3539로 전화해 주세요.
20명 이상의 단체 손님의 경우 15% 할인을 받으실 수 있습니다.

Henderson House에서의 저녁 식사

나는 지난 금요일 밤에 Henderson House에서 저녁 식사 뷔페를 맛보았다. 안타깝게도 예약을 하지는 못했는데, 식당은 사람들로 가득 차 있었다. 우리 일행은 자리를 잡기 위해 45분이나 기다려야 했다. 음식을 시식하자마자 이렇게 오래 기다렸다는 사실을 모두 잊어버렸지만 말이다.

Henderson House에서의 식사는 놀라웠다. 시식이 가능한 거의 모든 음식을 먹어 보았다. 양갈비는 흠잡을 데 없이 조리되었고, 소고기 안심도 마찬가지였다. 프라이드 치킨은 내 입맛에 다소 지나치게 파삭한 느낌이었지만, 함께 저녁 식사를 했던 사람들은 좋아했다. 야채와 면요리도 훌륭했다. 일곱 가지 종류의 빵이 나왔다. 나는 두 가지 종류를 — 통밀빵과 호밀빵만을 — 먹어 보았는데, 모두 맛있었다.

초밥의 경우, 이것 하나만으로도 저녁 식사 비용의 값어치를 했다. Henderson House에서는 신선한 초밥만을 제공하며, 참치와 연어를 포함한 많은 종류의 생선이 있었다.

나는 Henderson House를 강력 추천한다. 1인당 40달러면 정말 싼 가격이다. 여러분은 그곳에서 분명히 본전을 뽑을 것이다.

10. 광고에서 언급되지 않은 음식은 무엇인가?
(A) 해산물
(B) 칠면조
(C) 패스트리
(D) 돼지고기

11. 광고에서 식당의 그릴 요리들에 대해 언급되어 있는 것은 무엇인가?
(A) 손님들은 그것들을 먹는 것을 좋아한다.
(B) 닭과 연어가 포함되어 있다.
(C) 먹기 위해 추가 비용이 든다.
(D) 특별 주문이 가능하다.

12. 다음 중 식당이 영업하고 있는 시간은 언제인가?
(A) 월요일 오후 2시
(B) 수요일 오후 10시
(C) 토요일 오후 3시
(D) 일요일 오후 9시 30분

13. 광고와 비평가 모두 극찬하고 있는 음식은 어느 것인가?
(A) 치킨
(B) 소고기 안심
(C) 초밥
(D) 양갈비

14. 고객들은 어떻게 식당에서 더 적은 금액을 지불할 수 있는가?
(A) 예약을 함으로써
(B) 일찍 도착함으로써
(C) 쿠폰을 사용함으로써
(D) 단체 방문을 함으로써

어휘 all-you-can-eat 양껏 먹을 수 있는 packed 꽉 찬 sample 시식하다 tenderloin 안심 rye 호밀 plate 1인분의 요리
It's a bargain. 공짜나 다름없다.

MORE & MORE

정답 p.051

지문을 다시 읽고, 주어진 문장이 사실이면 O, 그렇지 않으면 ×에 표시하세요.

❶ Henderson House provides buffet dinners to its customers.　　　　(O | ×)

❷ Only people who make reservations may eat at Henderson House.　(O | ×)

❸ The reviewer liked the chicken less than his fellow diners.　　　(O | ×)

양식 및 기타

- 🖐 양식(Form)에는 일정표, 시간표, 설문지, 송장 등 다양한 종류가 있다.
- 🖐 양식은 간략한 정보를 전달하는 성격의 지문이기 때문에 양식의 종류와 그 특징을 알고 있으면 문제 풀이에 필요한 정보를 쉽게 찾을 수 있다.
- 🖐 그 밖의 지문으로는 웹페이지, 초대장, 쿠폰, 소책자, 전단지 등이 있다.

❓ 지문 유형

ⓐ 양식은 보통 표의 형태를 포함하고 있으므로 표에서 확인할 수 있는 항목들을 통해 지문 유형을 구분할 수 있다.

ⓑ 양식이 송장인 경우 제품명과 가격에 대한 정보가 주어지고, 설문지인 경우에는 설문 항목과 그에 대한 답변 내용이 이어진다. 일정표와 시간표에서는 시간에 따른 일정 및 행사, 과목명 등을 찾아볼 수 있다.

ⓒ 전단지나 소책자는 특정 정보를 전달하는 것을 목적으로 하기 때문에 내용이 간략하게 작성되어 있다. 웹페이지의 경우 지문의 형식이 웹페이지 화면이기는 하지만, 그 내용은 양식처럼 간단한 것일 수도 있고, 일반 지문처럼 길고 복잡할 수도 있다.

❗ 풀이 전략

ⓐ 양식의 목적 및 대상을 묻는 문제와 세부적인 정보를 묻는 문제가 주로 출제된다.

ⓑ 목적을 묻는 문제가 출제되면 양식의 제목이나 초반 내용을 통해 정답을 유추하도록 한다.

ⓒ 세부적인 정보를 묻는 문제가 출제되면 제목이나 표의 항목 등을 이용해 질문이 요구하는 정보를 신속히 찾도록 한다.

ⓓ 아울러 표의 하단에는 부가적인 설명이 주어지는 경우가 많은데, 이 부분에는 정답과 관련된 내용들이 다수 포함되어 있을 수 있으므로 표의 하단에 있는 내용들은 특히 주의해서 보아야 한다.

Questions 1-2 refer to the following form.

Welcome to the Simpson Community Center

Thank you for joining us at the Simpson Community Center. Please fill out the form in its entirety.

Name: Tom Snyder

Address: 78 Sugar Melon Lane

Phone Number: 903-6483

E-Mail Address: tomsnyder@personalmail.com

Type of Membership:
- ☐ 1-Year Individual ($100)
- ☐ 1-Year Family ($250)
- ☑ 2-Year Individual ($175)
- ☐ 2-Year Family ($450)

Payment Method:
- ☐ Credit Card
- ☑ Check
- ☐ Cash

Activities Interested In:
- ☐ Swimming
- ☐ Tennis
- ☐ Basketball
- ☐ Aerobics
- ☑ Squash
- ☐ Running/Jogging
- ☐ Arts & Crafts
- ☑ Fishing
- ☑ Cycling

---

1. Who most likely is Tom Snyder?
   (A) A new member of the community center
   (B) A cycling instructor at the community center
   (C) An employee at the community center
   (D) A long-time member of the community center

2. What is indicated on the form?
   (A) Cash is the preferred method of payment.
   (B) The community center needs an aerobics instructor.
   (C) It is possible to get a membership for six months.
   (D) An entire family can join the community center.

❶ 여러 가지 작성된 항목들이 있는 것으로 보아 이는 양식 지문이라는 것을 알 수 있다. 제목을 통해 이 지문은 커뮤니티 센터의 회원 가입을 위한 양식임을 알 수 있다.

❷ 이와 같은 양식이 지문으로 제시되면, 길이가 긴 지문을 읽을 때와 달리, 빠른 시간 안에 중요한 정보 위주로 내용을 파악하는 것이 필요하다.

문제 해설

1 Tom Snyder라는 사람의 신원을 묻고 있으므로 지문에서 이러한 이름이 언급되어 있는 부분을 찾아야 한다. 양식의 제목과 첫 문장을 통해 이 지문이 커뮤니티 센터의 회원 가입을 위한 양식임을 알 수 있다. 따라서 Tom Snyder는 회원 가입을 신청한 사람이므로 정답은 (A)의 A new member of the community center 이다.

2 회원 가입은 '개인'이나 '가족 단위'로 할 수 있다는 점이 첫 번째 항목에 나타나 있다. 따라서 정답은 '가족 단위로 커뮤니티 센터에 가입할 수 있다'는 내용의 (D)이다. 결제 방식을 선택할 수는 있지만 어느 것이 선호된다는 내용은 찾아볼 수 없으므로 (A)는 정답이 될 수 없고, 에어로빅 강사에 대한 구인 광고 역시 양식에서 언급되지 않았으므로 (B)도 오답이다. 회원 등급 항목을 살펴보면 '1년'이나 '2년' 단위로만 회원 가입이 가능하기 때문에 (C) 역시 오답이다.

해석

Simpson 커뮤니티 센터에 오신 것을 환영합니다.

Simpson 커뮤니티 센터와 함께 해 주셔서 감사합니다. 양식을 빠짐 없이 작성해 주시기 바랍니다.

이름: *Tom Snyder*

주소: *78 Sugar Melon Lane*

전화번호: *903-6483*

이메일 주소: *tomsnyder@personalmail.com*

회원 유형: ☐ 1년 개인 (100달러) ☐ 1년 가족 (250달러)
☑ 2년 개인 (175달러) ☐ 2년 가족 (450달러)

지불 방법: ☐ 신용 카드 ☑ 수표 ☐ 현금

관심 있는 활동: ☐ 수영 ☐ 테니스 ☐ 야구
☐ 에어로빅 ☑ 스쿼시 ☐ 러닝/조깅
☐ 예술 공예 ☑ 낚시 ☑ 사이클링

- -

1. Tom Snyder는 누구인 것 같은가?
   (A) 커뮤니티 센터의 신규 회원
   (B) 커뮤니티 센터의 사이클링 강사
   (C) 커뮤니티 센터의 직원
   (D) 커뮤니티 센터의 장기 회원

2. 양식에서 언급된 것은 무엇인가?
   (A) 선호되는 지불 방식은 현금 납부이다.
   (B) 커뮤니티 센터에는 에어로빅 강사가 필요하다.
   (C) 6개월 회원으로 가입하는 것도 가능하다.
   (D) 전 가족이 커뮤니티 센터에 가입할 수 있다.

어휘 fill out 기입하다, 작성하다 in its entirety 전부 instructor 강사

❶ 송장(invoice) 관련 표현

자주 출제되는 양식인 송장(invoice)에서 사용되는 표현은 배송 관련, 물품 관련, 비용 관련 표현으로 구분해 볼 수 있다.

배송 관련	물품 관련	비용 관련
ship to 배송지 주소	item 물품, 품목	deposit 보증금, 예치금
bill to 청구지 주소	item number 물품 번호	payable to ~에게 지불해야 하는
shipping type 배송 유형	description 명세, 내역	payment method 지불 방법
express 특급 배송	quantity 수량	shipping charge 배송비

❷ 일정표(schedule), 여행 일정(itinerary) 관련 표현

schedule은 각종 행사일정과 관련된 양식이며, itinerary는 출장이나 여행 관련 일정과 관련된 양식이다.

banquet 연회, 만찬	regulations 규정	excursion 여행
presentation 발표	flight number 항공편 번호	confirm 확인해 주다
award 상	destination 목적지	location 장소
auditorium 강당	accommodations 숙박 시설	departure 출발

❸ 신청서 및 등록 양식 관련 표현

신청서 및 등록 양식은 학회나 행사 참가를 위해 작성하는 양식이다. 따라서 신청 및 등록 방법, 참가비와 관련된 사항들에 대한 표현들이 이에 해당된다.

online registration 온라인 등록	cash 현금	expiration date 기한 만료일
onsite registration 현장 등록	check 수표	subscription 구독; 신청
payment method 지불 방식	credit card 신용카드	registration fee 등록비

❹ 약어 표현

양식에서는 약어 표현들이 사용되는데, 예를 들면, Co.는 company, /w는 with를 의미한다.

ad. (advertisement) 광고	Blvd. (boulevard) …대로 (매우 넓은 도로)
sales rep. (sales representative) 영업 사원	Ave. (avenue) …가 (남북 방향의 넓은 도로)
Inc. (incorporated) 주식회사	St. (street) …가 (동서 방향의 넓은 도로)
Co., Ltd. (company limited) 유한책임회사	Rd. (road) …로 (넓지 않은 도로)
Corp. (corporation) 법인	Dr. (drive) …길 (좁은 길)
RSVP (rèpondez s'il vous plaît) 회신 바랍니다	
ASAP (as soon as possible) 가능한 한 빨리	

A 지문을 읽고 질문에 답하세요.

1

Receipt		
Patterson's		
5050 Orchard Drive, Tulsa, OK		

Item	Quantity	Price
Women's Blue Sweater (M)	1	$45.99
Women's Red Jacket (M)	1	$89.99
Total		$135.98

Thank you for shopping at Patterson's. We appreciate your business very much. Sorry, but all purchases are final.

Q What is suggested by the invoice?

(a) The shopper is a frequent customer.

(b) Returns are not allowed at Patterson's.

2

Fine Notice		
Centerville Public Library		

Name: Larry Bradford

Address: 99 Western Avenue, Atlanta, GA

Telephone Number: 275-5406

The following books are overdue and must be returned immediately:

Title	Author	Due Date
Mysterious Events	Janet Evans	August 20
A Guidebook to North American Birds	Stephen Willis	August 21

A fine of $0.25/day is charged for all overdue books.

Q What is Mr. Bradford requested to do?

(a) Return some books

(b) Call the library

B 지문을 읽고 질문에 답하세요.

Questions 1-2 refer to the following invitation and e-mail.

July 15

Dear Member,

You are invited to the third annual Denver Foundation charity auction. The auction will be held on Saturday, July 31. It will start at 6:00 P.M. with a five-course meal. Then, the auction will begin at 7:30 P.M. There will be many items available for you to bid on. Please go to www.denverfoundation.org/charityauction to see a complete list. Attendance at the auction costs $50. We hope to see you there.

Sincerely,
April Feldman
Denver Foundation

To: Terry Powers <tpowers@homemail.com>
From: April Feldman <april@denverfoundation.org>
Subject: Purchased Items
Date: August 1

Dear Mr. Powers,

Thank you so much for attending last night's auction. It was a big success thanks to individuals like you. Last night, you successfully bid on four items. You paid for all of them prior to leaving the event. All four of them will be delivered to you tomorrow afternoon. If you have a preferred time of delivery, please let me know by 7:00 P.M. today.

Sincerely,
April Feldman
Denver Foundation

---

1 When is the auction going to start?
   (a) At 6:00 P.M.
   (b) At 7:30 P.M.

2 What is the purpose of the e-mail?
   (a) To ask about delivery
   (b) To request payment

Questions 01-02 refer to the following flyer.

The Anderson Museum of Natural History
is pleased to announce the tenth annual

Anderson Museum Fundraiser

Join us in the museum's main gallery on Saturday, August 11,
at 6:00 P.M. You can enjoy:

- a talk by the museum's curator, Jason Stephens
- a silent auction
- live entertainment by Earl James and the Redwood Band

The Anderson Museum of Natural History has been educating
and entertaining the people of Jamestown and the surrounding
area for more than twenty-five years. But we need your support to
keep our doors open.

Call 598-2927 to make a reservation or to pledge a donation.
All gifts to the museum are tax deductible.

01. What is mentioned in the flyer?

(A) Guests will go on a tour of the museum.

(B) A speech will be given at the event.

(C) Dinner will be held before the auction.

(D) People can e-mail to make a booking.

02. According to the flyer, what is true about the Anderson Museum?

(A) It has held fundraisers for more than two decades.

(B) It has exhibits on the history of the Jamestown area.

(C) It was founded by Mr. Stephens twenty-five years ago.

(D) It needs money from donors to keep from closing.

01 ▶ 행사 목록의 첫 번째 항목에서 박물관 큐레이터의 강연이(a talk by the museum's curator, Jason Stephens) 있을 것임을 알 수 있다. 따라서 정답은 본문의 talk을 speech로 바꾸어 쓴 (B)이다.

▶ 박물관 투어는 언급되지 않았고, 경매(auction)는 언급되어 있지만 경매 전에 만찬 행사가 있을 것이라는 정보는 찾을 수 없으므로 (A)와 (C)는 정답이 아니다. 예약을 하려면 이메일이 아닌 전화를 해야 하므로 (D)도 정답이 될 수 없다.

02 ▶ 두 번째 문단의 마지막 문장 'But we need your support to keep our doors open.'을 통해서, 박물관을 계속 운영하기 위해서는 후원이 필요하다는 사실을 알 수 있다.

▶ 정답은 (D)인데, (D)에서는 지문의 support를 money로, keep our doors open을 keep from closing으로 바꾸어 표현했다.

해석

Anderson 자연사 박물관에서
기쁜 마음으로 10주년 행사를 알려 드립니다.

Anderson 박물관 모금 행사

8월 11일 토요일 오후 6시에 박물관의 메인 갤러리에서 저희와 함께 하십시오. 다음과 같은 행사가 마련되어 있습니다:
• 박물관 큐레이터인 Jason Stephens의 강연
• 입찰식 경매
• Earl James 및 Redwood 밴드의 라이브 공연

Anderson 자연사 박물관은 제임스타운 및 인근 지역 주민들에게 25년이 넘는 기간 동안 교육과 즐거움을 제공해 왔습니다. 하지만 계속 문을 열기 위해서는 여러분들의 후원이 필요합니다.

예약을 하시거나 기부를 약속하시려면 598-2927로 전화해 주세요. 박물관 기부금은 모두 소득 공제가 됩니다.

---

01. 전단지에 언급되어 있는 것은 무엇인가?
    (A) 게스트들은 박물관 투어를 하게 될 것이다.
    (B) 행사에서 강연이 진행될 것이다.
    (C) 경매 전에 만찬 행사가 있을 것이다.
    (D) 사람들은 이메일로 예약할 수 있다.

02. 전단지에 따르면 Anderson 박물관에 관해 사실인 것은 무엇인가?
    (A) 20년 이상 모금 행사를 개최해 왔다.
    (B) 제임스타운 지역의 역사에 대한 전시를 한다.
    (C) 25년 전 Stephens 씨에 의해 설립되었다.
    (D) 문을 닫지 않기 위해 기부금을 필요로 한다.

어휘 fundraiser 모금 행사   entertain 즐겁게 하다   pledge 약속하다, 맹세하다   tax-deductible 소득 공제가 되는
make a booking 예약하다   exhibit 전시(회)   found 설립하다   donor 기부자

정답 p.052

지문을 다시 읽고, 주어진 문장이 사실이면 ○, 그렇지 않으면 ×에 표시하세요.

❶ The museum is trying to raise some money.　　　　　　　　　　(○ | ×)

❷ Music will be performed at the special event.　　　　　　　　(○ | ×)

❸ The museum has been open for more than three decades.　　(○ | ×)

Questions 03-04 refer to the following invoice.

Christopher Computing

120 Western Avenue, Salt Lake City, Utah 84101

Tel: (801) 576-9944   Fax: (801) 576-9945

Ship To: Thomas Landry

503 Deer Street, Salt Lake City, UT 84103

Tel: (801) 954-1034

Shipping Type: Express

Item Number	Item Description	Quantity	Amount
60-ER4	Telmore 401 Laptop	1	$560
57-KT1	Wendigo XJ34 Printer	1	$125
95-MR1	Wendigo 485 Ink Cartridge (Black)	2	$30
95-MT2	Wendigo 485 Ink Cartridge (Blue)	1	$15
		Total	$730

Thank you for shopping with Christopher Computing. We value your business. Please call us at (801) 576-9944 if you have any problems with your order.

03. Which item did Mr. Landry order two of?

(A) 95-MT2

(B) 57-KT1

(C) 60-ER4

(D) 95-MR1

04. What is indicated on the invoice?

(A) Mr. Landry is employed at Christopher Computing.

(B) Mr. Landry paid cash for the items.

(C) The items will be delivered by express shipping.

(D) The most expensive item is the printer.

문제 해설

03 ▶ '2개'의 수량을 주문한 제품을 묻고 있으므로 표의 Quantity(수량) 부분에서 해당 제품을 찾아본다.

▶ 2개의 수량을 주문한 제품은 '검정색 잉크 카트리지'이인데, 상품 번호가 95-MR1이므로 정답은 (D)이다.

04 ▶ 표 바로 위의 Shipping Type 항목에서 '제품이 특급으로 배송될 것이다'라는 의미인 (C)의 내용을 확인할 수 있다. 정답은 (C)이다.

▶ Landry 씨는 'Christopher 전산'의 고객이므로 (A)는 정답이 될 수 없고, 주문품에 대한 결제와 관련된 정보는 언급되지 않았기 때문에 (B) 역시 정답이 아니다. Amount(총액) 항목을 살펴보면 가장 비싼 제품은 노트북 컴퓨터인 Telmore 401 Laptop이므로 (D)도 사실이 아니다.

해석

Christopher 전산

Western 가 120번지, 솔트레이크 시티, 유타 84101

전화: (801) 576-9944   팩스: (801) 576-9945

수화인: Thomas Landry

Deer 가 503번지, 솔트레이크 시티, 유타 84103

전화: (801) 954-1034

배송 유형: 특송

품번	물품 명세	수량	총액
60-ER4	Telmore 401 노트북 컴퓨터	1	560달러
57-KT1	Wendigo XJ34 프린터	1	125달러
95-MR1	Wendigo 485 잉크 카트리지 (검정)	2	30달러
95-MT2	Wendigo 485 잉크 카트리지 (파랑)	1	15달러
		합계	730달러

Christopher 전산에서 제품을 구입해 주셔서 감사합니다. 저희는 귀하와의 거래를 소중하게 생각하고 있습니다. 귀하의 주문에 문제가 있을 경우 (801) 576-9944로 저희에게 전화해 주세요.

03. Landry 씨가 두 개를 주문한 품목은 무엇인가?

(A) 95-MT2
(B) 57-KT1
(C) 60-ER4
(D) 95-MR1

04. 송장에서 언급되어 있는 것은 무엇인가?

(A) Landry 씨는 Christopher 전산에 고용되어 있다.
(B) Landry 씨는 품목들에 대해 현금을 지불했다.
(C) 품목들은 특급 배송편으로 배달될 것이다.
(D) 가장 비싼 품목은 프린터이다.

어휘 express 신속한, 속달의   value 소중하게 생각하다   deliver 배송하다   expensive 비싼

MORE & MORE

정답 p.052

지문을 다시 읽고, 주어진 문장이 사실이면 ○, 그렇지 않으면 ×에 표시하세요.

❶ Mr. Landry's address is in Utah.   (○ | ×)

❷ Mr. Landry will receive four ink cartridges.   (○ | ×)

❸ Mr. Landry owes a total of $730.   (○ | ×)

Questions 05-09 refer to the following Web pages and memo.

---

www.greenvalley.com/

Green Valley
We have the right clothes for you.

Thank you for visiting www.greenvalley.com. Green Valley is the country's best online clothing store. We have men's, women's, and children's clothes. We sell accessories such as jackets, hats, shoes, and neckties. We even have bags and suitcases for those of you who travel a lot.

To find out about our new fall fashions, click here. We've received several new items, and they're all currently available for 25% off. We're also having a clearance sale on all of our summer items. Enjoy discounts from 30% to 70% on swimwear, shorts, T-shirts, and other items.

For orders of $100 or more, we will provide free shipping until September 10. Order now and be the most fashionable person in your neighborhood this autumn.

To: All Sales Agents
From: Tina Ruiz, Marketing Department
Date: September 3
Re: Defective Items

We are no longer selling two items because they have been found to be defective. First, item 405GJ4, the large black duffel bag, is not available. We have received several complaints from buyers about the zipper. Apparently, it has a bad habit of getting caught on the fabric. In some cases, the zipper has torn part of the bag. Expect some customers to complain about it. If that happens, offer a full refund on the item and provide the customer with a gift certificate for $50. Second, item 335WK5, the men's cashmere sweater, is not being offered anymore. We just discovered that the sweater is not made of cashmere but is instead made of cotton. We need to notify everyone who purchased it to offer each person a refund. If any customers complain, offer them a free cashmere sweater of their choice.

Check out some of our newest arrivals. (Click on each item for more details.)

Item Number	Item	Price
295MT3	Men's wool suit	$250.00
594TE4	Men's long-sleeved T-shirt w/pocket	$18.00
744VF3	Women's crewneck wool sweater	$35.00
954WW1	Women's cotton pants	$52.00

These items and more have just arrived at our warehouse. Click here to see even more new arrivals. Be sure to check our overstocks section for items being discounted at up to 90% off.

05. How much is the discount on new items?

(A) 25%

(B) 30%

(C) 50%

(D) 70%

06. What does a person need to do to get free shipping?

(A) Apply for a membership

(B) Use a preferred credit card

(C) Spend a certain amount of money

(D) Order before the end of September

07. Why have customers complained about item 405GJ4?

(A) It is too small.

(B) The bag is very expensive.

(C) The zipper has a problem.

(D) The pockets sometimes tear.

08. Why is the cashmere sweater no longer being sold?

(A) It is made of the wrong type of fabric.

(B) Few customers bought it.

(C) The sweater is poorly made.

(D) Customers dislike the color.

09. Which of the new arrivals comes with free shipping?

(A) 295MT3

(B) 594TE4

(C) 744VF3

(D) 954WW1

05 ▶ 세부 정보를 묻는 문제로서 신상품의 할인율을 묻고 있는데, 첫 번째 지문에서 이에 대한 정보를 확인할 수 있다.

　　▶ 첫 번째 지문의 두 번째 문단에서 'We've received several new items, and they're all currently available for 25% off.'라고 안내되어 있으므로, 신상품에 대해서는 (A)의 25%의 할인이 적용된다는 것을 알 수 있다.

　　▶ 30%에서 70%까지 할인되는 상품들은 수영복, 반바지, 티셔츠, 그리고 다른 품목들(swimwear, shorts, T-shirts, and other items)이므로 (B), (C), (D)는 정답이 될 수 없다.

06 ▶ 세부 정보를 묻는 문제로서, 무료 배송(free shipping)과 관련된 정보를 찾아 본다.

　　▶ 질문의 핵심어구인 free shipping(무료 배송)은 첫 번째 지문 마지막 문단의 'For orders of $100 or more, we will provide you with free shipping until September 10.'라는 문장에서 찾을 수 있다.

　　▶ 100달러 이상 구매를 하는 경우 무료 배송 서비스가 제공된다는 점을 알 수 있으므로 정답은 (C)의 Spend a certain amount of money이다.

　　▶ 무료 배송이 적용되는 기한은 9월 10일까지(we will provide free shipping until September 10)이므로, 9월 말 이전까지 주문한다는 내용의 (D)는 정답이 될 수 없다.

　　▶ 회원 신청이나 결제 수단에 대한 내용은 찾을 수 없으므로 (A)와 (B) 역시 오답이다.

07 ▶ 405GJ4라는 제품의 결함에 대한 내용은 두 번째 지문인 회람에서 확인할 수 있다.

　　▶ 두 번째 줄 맨 뒤의 'We have received several complaints from buyers about the zipper.'라는 문장을 통해 지퍼에 결함이 있음을 알 수 있으므로 정답은 (C)이다.

　　▶ 해당 제품의 사이즈나 가격에 대한 불만이 접수되었다는 내용은 찾을 수 없으므로 (A)와 (B)는 정답이 될 수 없다.

　　▶ 지퍼가 가방의 일부분을 찢는다는(the zipper has torn part of the bag) 문제점이 언급되어 있기는 하지만, 이것을 주머니가 찢어진다는(the pockets sometimes tear) 문제라고 볼 수는 없다. 그러므로 (D)는 정답이 될 수 없다.

08 ▶ cashmere sweater가 더 이상 판매되지 않는 이유를 묻고 있는데, cashmere sweater에 관한 내용은 두 번째 지문의 마지막 문단에서 찾아볼 수 있다.

　　▶ 아래에서 네 번째 줄을 보면, cashmere sweater가 더 이상 판매되지 않는다고 설명한 다음 그 이유로 스웨터가 '캐시미어가 아니라 면(cotton)으로 만들어져 있다는(We just discovered that the sweater is not made of cashmere but is instead made of cotton)' 상황을 설명하고 있다.

　　▶ 따라서 캐시미어 스웨터가 판매되지 않는 이유는 잘못된 천으로 만들었기 때문이다. 정답은 (A)이다.

　　▶ 해당 제품을 구매하는 소비자가 거의 없다는 내용의 (B), 스웨터가 형편없이 만들어졌다는 내용의 (C), 그리고 고객들이 해당 제품의 색상을 싫어한다는 내용의 (D) 모두 언급되지 않은 정보이다.

09 ▶ 무료로 배송되는 신상품이 무엇인지를 묻는 문제로서, 정보 연계 문제이다.

　　▶ 첫 번째 지문에서 '100달러 이상의 물품을 구매하면 무료로 배송이 된다는(For orders of $100 or more, we will provide free shipping)' 내용이 있다.

　　▶ 그런데 세 번째 지문에서 가격이 100달러를 넘는 상품은 295MT3뿐이므로 정답은 (A)이다.

www.greenvalley.com

Green Valley
당신에게 안성맞춤인 옷을 보유하고 있습니다.

www.greenvalley.com을 방문해 주셔서 감사합니다. Green Valley는 국내 최고의 온라인 의류 매장입니다. 저희는 남성복, 여성복, 그리고 아동복을 보유하고 있습니다. 재킷, 모자, 신발, 그리고 넥타이와 같은 액세서리도 판매합니다. 여행을 많이 다니는 분들을 위한 가방과 여행 가방도 보유하고 있습니다.

저희의 가을 신상품에 대해 알고 싶으시면 여기를 눌러 주십시오. 몇몇 신상품들이 입고되었으며, 현재 전 품목이 25% 할인된 가격에 판매되고 있습니다. 또한 모든 여름 상품들에 대한 염가 처분 행사도 진행되고 있습니다. 수영복, 반바지, 티셔츠, 그리고 다른 물품들에 대해 30%에서 70%까지의 가격 할인 혜택을 받으십시오.

100달러 이상의 주문에 대해서는 9월 10일까지 무료 배송을 해 드릴 것입니다. 지금 주문하셔서 올 가을 여러분이 계신 지역에서 가장 유행을 잘 따르는 사람이 되십시오.

받는 사람: 모든 판매 대행사
보내는 사람: Tina Ruiz, 마케팅 부서
제목: 결함이 있는 제품들
날짜: 9월 3일

두 가지 품목에서 결함이 발견되어 더 이상 이들을 판매하지 않습니다. 첫 번째로 405GJ4 제품, 즉 대형 검은색 더플백은 더 이상 구매할 수 없습니다. 구매자들로부터 지퍼에 대한 몇몇 항의를 접수했습니다. 지퍼가 직물에 계속해서 걸리는, 좋지 않은 상황이 반복되는 것 같습니다. 몇몇 경우, 지퍼가 가방의 일부분을 찢기도 합니다. 몇몇 고객들이 이에 대해 항의를 제기할 수도 있습니다. 그러한 일이 발생하면 해당 품목에 대해 전액 환불을 실시하고 고객에게 50달러 상당의 상품권을 제공하세요. 두 번째로 335WK5 품목, 즉 남성용 캐시미어 스웨터가 더 이상 제공되지 않습니다. 우리는 이 제품이 캐시미어가 아닌 면으로 제작되었다는 사실을 발견했습니다. 우리는 이 제품을 구매한 모든 사람에게 이를 알리고 환불을 실시해야 합니다. 어떤 고객이든 불만을 제기할 경우, 그 사람이 선택하는 캐시미어 스웨터를 무상으로 제공해 주십시오.

www.greenvalley.com/newarrivals

회사 소개	**신상품**	온라인 쇼핑	위치

최신 상품들을 확인하세요. (보다 자세한 정보를 위해 각각의 품목을 누르세요.)

품번	상품	가격
295MT3	남성용 울 정장	250.00달러
594TE4	남성용 긴팔 티셔츠 (주머니 있음)	18.00달러
744VF3	여성용 크루넥 울 스웨터	35.00달러
954WW1	여성용 면바지	52.00달러

이 상품들과 그 밖의 상품들이 저희 창고에 막 도착했습니다. 더 많은 신상품을 보시려면 여기를 눌러주세요. 90%까지 할인되는 재고 정리 항목들을 꼭 확인하세요.

05. 신제품은 얼마나 할인되는가?
   (A) 25%
   (B) 30%
   (C) 50%
   (D) 70%

06. 무료 배송 혜택을 받기 위해서는 무엇을 해야 하는가?
   (A) 회원 신청을 한다
   (B) 지정된 신용카드를 사용한다
   (C) 정해진 액수의 돈을 소비한다
   (D) 9월 말 이전까지 주문한다

07. 고객들은 405GJ4 품목에 대해 왜 불만을 제기했는가?
   (A) 너무 작다.
   (B) 가방이 너무 비싸다.
   (C) 지퍼에 문제가 있다.
   (D) 주머니가 종종 찢어진다.

08. 캐시미어 스웨터는 왜 더 이상 판매되지 않는가?
   (A) 잘못된 종류의 직물로 만들어졌다.
   (B) 구매하는 고객이 거의 없다.
   (C) 스웨터가 형편없이 만들어졌다.
   (D) 고객들이 색상을 싫어한다.

09. 무료로 배송되는 신상품은 어느 것인가?
   (A) 295MT3
   (B) 594TE4
   (C) 744VF3
   (D) 954WW1

어휘 suitcase 여행 가방   clearance sale 염가 처분 판매   fashionable 유행의   neighborhood 지역, 이웃   defective 결함이 있는
fabric 직물, 천   gift certificate 상품권

정답 p.053

지문을 다시 읽고, 주어진 문장이 사실이면 ○, 그렇지 않으면 ×에 표시하세요.
❶ Green Valley only sells items on the Internet.   (○ | ×)
❷ Some of the items at Green Valley are 70% off.   (○ | ×)
❸ Sales agents are allowed to give gift certificates to some customers.   (○ | ×)

Part 7 지문을 읽고 문제의 정답을 고르세요.

Questions 1-2 refer to the following receipt.

Standish Catering

390 Arlington Avenue, Smithtown, VA
405-2043

October 15
Name: Sheila Everson
Deliver To: 103 Guardian Lane, Hillcrest, VA
Telephone Number: 590-9324

Item Ordered	Quantity	Price
Sandwich Platter (Large)	1	$55.99
Vegetable Tray (Medium)	2	$49.98
Appetizer Tray	2	$31.98
	Delivery Fee	N/A
	Tax	$8.28
	Total	$146.23

All orders of $120 or more are delivered free of charge.

All trays must be returned to the store within 24 hours of receipt. Otherwise, a $25 fee will be charged each day they are not returned. The trays should be washed.

Please call 405-2043 and ask for Mark if there are any concerns with billing or the quality of the food delivered.

1. Who most likely is Sheila Everson?
   (A) A caterer
   (B) A customer
   (C) A deliverywoman
   (D) A chef

2. What is NOT true according to the receipt?
   (A) A total of five items were ordered.
   (B) There was no fee charged for delivery.
   (C) A person can make a phone call to file a complaint.
   (D) The caterer has an office in Hillcrest.

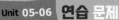

Questions 3-5 refer to the following advertisement.

Earn Some Extra Money This Summer

Are you a teen or in your twenties? —[1]—. If you're looking to earn some extra money this summer, why don't you work as a lifeguard? White Sands Beach, the city's only public beach, needs lifeguards to work morning, afternoon, and evening shifts. Applicants should be licensed lifeguards, have first-aid training, and be excellent swimmers. —[2]—. Lifeguards can work up to 25 hours per week. The starting hourly rate is $10, but more experienced lifeguards can earn up to $15 per hour. —[3]—. All positions need to be filled by May 25. Please call 409-7315 for more information. —[4]—. Ask to speak with Bruce Wright. Interviews will be held from May 18 to 23. A swimming test is required, so be sure to bring a bathing suit.

---

3. According to the advertisement, what is NOT required for applicants?

(A) A swimming test

(B) A license

(C) Basic medical training

(D) A physical fitness test

4. What is true about the lifeguard positions?

(A) They pay workers at least $10 per hour.

(B) They require people to work more than 25 hours a week.

(C) They are for work in the morning and afternoon only.

(D) They will last for four months.

5. In which of the positions marked [1], [2], [3], and [4] does the following sentence best belong?

"The beach will be open from June 1 to August 31."

(A) [1]

(B) [2]

(C) [3]

(D) [4]

Questions 6-7 refer to the following form.

Duncan Realty
Rental Application

Name: Stella Martin
Address: 955 Mulberry Street
Phone Number: 823-8372
E-mail Address: stella_martin@goldmail.com

1. What type of rental are you looking for?

☐ apartment   ☑ single-family home   ☐ office space   ☐ other (specify) _____

2. How long would you like to sign a contract for?

☐ six months   ☐ one year   ☑ two years   ☐ other (specify) _____

3. Are you currently renting a property?

☑ yes   ☐ no

If yes, when does your current contract expire: *August 31*

4. What is your price range? *$500-$750/month*

5. How would you prefer to be contacted? *By e-mail*

6. Please make any comments here: *I start graduate school at Western University on September 1, so I need a place to stay for the next two years.*

Signature: *Stella Martin*

Date: *August 12*

Thank you. A representative from Duncan Realty will contact you as soon as possible.

6. What is indicated about Ms. Martin?

(A) She is renting from Duncan Realty now.

(B) She can spend up to $750 a month on rent.

(C) She wants to move two months from now.

(D) She owns her current residence.

7. What does Ms. Martin request?

(A) To be contacted online

(B) To live close to her school

(C) To find a place with a roommate

(D) To live in an apartment building

Questions 8-11 refer to the following advertisement.

Now Hiring at Markakis Tours

How would you like to live in exotic Istanbul, Turkey? If you'd like a bit of adventure, why not apply for a job at Markakis Tours? We've taken tens of thousands of people on tours of Istanbul as well as throughout Turkey and Greece and on islands in the Mediterranean Sea for three decades. We have historical tours focusing on Byzantine and Ottoman sites of interest like Hagia Sophia, Topkapi Palace, and the Blue Mosque. Our tours to Ankara, Ephesus, and Athens are highly popular as well.

We are looking to hire two tour guides. The ideal guide is young, energetic, and outgoing. Guides must speak English and at least one major European language. A college degree isn't necessary, but the ability to speak Turkish is. Speaking Greek is an advantage. Knowledge of or interest in history is a must. To apply, contact Mustafa Aydin at 408-5943 during regular business hours. When interviewing, bring a résumé and two letters of reference. The salary depends on experience and qualifications. Visa sponsorship for foreign applicants will be provided.

8. For whom is this advertisement intended?

(A) Jobseekers

(B) Foreign tourists

(C) Hotel workers

(D) Travel agents

9. What is NOT mentioned about Markakis Tours?

(A) It has been in business for thirty years.

(B) It conducts tours in two countries.

(C) It has two tour guides working for it.

(D) It takes tourists on trips to islands.

10. Which of the following is a requirement for a guide?

(A) Fluency in Greek

(B) A college degree

(C) Knowledge of three languages

(D) Turkish citizenship

11. What is suggested about Mr. Aydin?

(A) He is an employee at Markakis Tours.

(B) He is employed as a tour guide.

(C) He can speak Turkish and Greek.

(D) He has a visa to work in Turkey.

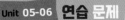

Questions 12-16 refer to the following warranty and letter.

Ranger, Inc.
Warranty Terms

Thank you for purchasing a Ranger, Inc. product. All Ranger products come with a full one-year warranty. The warranty may be extended to two, three, or four years. Go to www.ranger.com/warranty for more information on how to do this.

The following are the terms of the warranty. Ranger guarantees that the product you purchased is free of any faults or defects. If the product fails to work properly, Ranger will either repair it or replace it with another identical product at no cost to the owner.

This warranty is valid only if the product is used in the country in which it was purchased. Taking the product out of the country immediately invalidates the warranty. In addition, if the owner modifies the product in any way, the warranty is no longer in effect.

To start your warranty, please remove the barcode from the box your product came in. Fill out the form at the bottom of this page. Mail the barcode, the completed form, and a copy of the receipt to Ranger, Inc. Warranty Division, 45 Baker Street, Fargo, ND.

March 30

Jack Weatherly
300 Grapefruit Drive
Miami, FL

Dear Mr. Weatherly,

We received your letter dated March 20. In it, you noted that your Ranger XC4000 Digital Camera failed to work properly while you were abroad on a family vacation in Europe. You requested that we repair the camera since you purchased the item only seven months ago. Unfortunately, you violated one of the terms of the warranty. As a result, we are no longer responsible for repairing or replacing your camera.

Please see the attached form. It contains a list of all the authorized stores that repair Ranger products in the Miami area. If you take your camera to one of them, they will gladly repair it for a small fee. If you require any more assistance, please feel free to write us back or to contact our customer service hotline at 1-888-506-2485.

Sincerely,

Jasmine Chin
Customer Service Representative
Ranger, Inc.

12. What is true about the warranty?
    (A) It is good for up to ten months after the item is purchased.
    (B) It is only good for a limited number of problems.
    (C) It can be extended for a fee of $50 per year.
    (D) It will end instantly if the owner changes the product in any way.

13. What will Ranger, Inc. do if the product has a problem?
    (A) Send it to an authorized repairperson
    (B) Fix or replace the product for free
    (C) Tell the customer how to fix it
    (D) Give the customer an upgraded product

14. Which of the following does a customer NOT need to start the warranty?
    (A) A copy of the receipt
    (B) A picture of the item
    (C) A barcode from the box
    (D) An application form

15. How did Mr. Weatherly violate the warranty?
    (A) He modified the camera by adding a new part.
    (B) He attempted to repair the camera himself.
    (C) He took his camera out of the country.
    (D) He did not submit the proper documents.

16. What does Ms. Chin suggest that Mr. Weatherly do?
    (A) Take his camera to a local repair shop
    (B) Purchase a new camera
    (C) Send his camera to a Ranger, Inc. facility
    (D) Attempt to repair the camera by himself

Questions 17-21 refer to the following flyer, invoice, and online review.

Sampson Pool Cleaning Services

Check out some of our most popular cleaning plans for backyard swimming pools:

One-Time Cleaning Plan: We will skim the pool, brush the sides, empty the baskets, and check your equipment. We will also add chlorine and backwash your filtration system. $220

Basic Cleaning Weekly Plan: We will skim the pool, brush the sides, empty the baskets, and check your equipment. We will also add chlorine. We will backwash your filtration system once a month. $90

Basic Cleaning Bi-Weekly Plan: You will get the same service as the weekly plan. $150

Deep Cleaning Plan: We will treat your pool with a chlorine shock, remove any algae that has accumulated, and do an acid washing on your pool. $350

We provide extra services as well. Those typically cost $50 per hour.

All prices are for standard-sized pools. Larger pools may require additional payment. Call 498-4983 to find out what you need and to set up a cleaning schedule.

Sampson Pool Cleaning Services

Customer Name: Anna Chapman
Address: 564 Dobson Road, Mesa, AZ 85204
Date of Service: April 15
Next Date of Service: April 22

Services Provided	Plan Coverage	Additional Services
Pool Skimming and Brushing	included	
Basket Emptying	included	
Equipment Check	included	
Chlorine Added	included	
Pool Scrubbing		$50.00
Total	$90.00	$50.00
Total Due	$140.00	

Please submit your payment within five business days.
Visit www.sampsoncleaning.com to see how you can do that.
Please call 498-4983 if you have any questions.

Have a nice day.

Q http://www.rateyourserviceproviders.com/reviews

Service Review

★ ★ ★ ★ ☆

by Anna Chapman / April 16

At the suggestion of my next-door neighbor, I decided to have my backyard pool cleaned by Sampson Pool Cleaning Services, which charges much less than the previous service I utilized. Overall, I was satisfied with the work the two-person crew performed. Both men were polite and worked hard for three hours. When they left, the pool looked much better than it had before. I only wish they had arrived on time because I was late picking up my daughter from school.

---

17. According to the flyer, what may cause the listed prices to change?

(A) The location of the person's home

(B) The size of the swimming pool

(C) The difficulty of the work

(D) The amount of chemicals needed

18. Which cleaning plan does Ms. Chapman most likely have?

(A) One-Time Cleaning Plan

(B) Basic Cleaning Weekly Plan

(C) Basic Cleaning Bi-Weekly Plan

(D) Deep Cleaning Plan

19. Why would a person visit the Web page mentioned on the invoice?

(A) To see payment instructions

(B) To make a booking

(C) To request an unlisted service

(D) To file a complaint

20. What is indicated about Ms. Chapman?

(A) She recently had a swimming pool built.

(B) She lives far from the cleaning company.

(C) She requested a service that charges by the hour.

(D) She scheduled her next cleaning for the following month.

21. According to the online review, what did Ms. Chapman NOT like about the service she received?

(A) The time when the workers arrived

(B) The quality of the work that was done

(C) The price she had to pay for the service

(D) The attitudes of the men on the work crew

PART 7

Directions: In this part you will read a selection of texts, such as magazine and newspaper articles, letters, and advertisements. Each text is followed by several questions. Select the best answer for each question and mark the letter (A), (B), (C), or (D) on your answer sheet.

Questions 1-2 refer to the following article.

Spokane (August 30) – Tomorrow, on the last day of the month, the Tilton Theater is going to hold its final performance. The theater, which is owned by Gus McMurray, will close since Mr. McMurray is retiring and moving to Hawaii. "I tried to find someone to buy the theater, but nobody was interested. It's a real shame because we're one of the last family-owned theaters in the area," said Mr. McMurray. The theater is a local landmark, having been open for more than seven decades. Mr. McMurray mentioned that if he can't find a buyer, he will sell the theater to the city. The performance being held tomorrow will be Shakespeare's classic work *Hamlet*. Tickets are still available for the 8:30 show.

1. What is the article mainly about?
   (A) The performing of a play
   (B) The closing of a theater
   (C) The selling of a landmark
   (D) The renovating of a building

2. What is indicated about Mr. McMurray?
   (A) He will be an actor in the play.
   (B) He works for the city government.
   (C) He is no longer going to work.
   (D) He currently lives in Hawaii.

Questions 3-4 refer to the following form.

First-Class Fashions
Exchange/Return Form

Name: _Sheila Asbury_

Phone Number: _236-6504_

E-Mail Address: _sheila_a@thismail.com_

I want to ☑ exchange   ☐ return an article of clothing.

Item (Please describe): _white cashmere sweater, size large_

Date Purchased: _January 10_

Today's Date: _January 12_

Receipt: ☑ Yes   ☐ No

Reason (Please explain in full): _There is a large stain on the back of the sweater. I didn't see it until I got home. I want another sweater that is in perfect condition._

FOR STORE MANAGER ONLY

☑ Request Accepted   ☐ Request Denied

Comments: _Customer has a valid reason and her receipt. Customer is making an exchange within 7 days of purchase._

Signature: _Susan Wingo_

---

3. What is the purpose of the form?

    (A) To receive a refund on a purchase

    (B) To apply for a discount on an item

    (C) To exchange one sweater for another

    (D) To file a complaint with a store

4. Who is Susan Wingo?

    (A) A store manager

    (B) A clothing manufacturer

    (C) A dry cleaner

    (D) A customer

GO ON TO THE NEXT PAGE →

Questions 5-6 refer to the following advertisement.

London Calling

Visit us for some of the best British food in the city.

Enjoy traditional favorites such as fish and chips, roast beef, and
shepherd's pie.
Or try some new fusion recipes made by our award-winning chef.

London Calling is located on the waterfront at 76 Winston Drive.
We are open every day of the week from 11:00 A.M. to 10:00 P.M.

Ask for our special lunch menu.
Entrées are 20% off from 11:00 A.M. to 2:00 P.M.

Show this advertisement before June 30 and get a free dessert.
Reservations are not necessary but are recommended for weekends.

Call 833-6574.

5. When can customers order meals at a
discount?
(A) At 1:00 P.M.
(B) At 3:00 P.M.
(C) At 5:00 P.M.
(D) At 10:00 P.M.

6. Why are customers asked to contact
London Calling?
(A) To make reservations
(B) To get a discount
(C) To find out about special offers
(D) To receive directions

Questions 7-9 refer to the following letter.

Dear Ms. Fujiyama,

Thank you for meeting with me in Osaka on May 27. It was a real pleasure to get the chance to meet you. I hope you were able to learn more about my company and its products in the presentation I gave you. If you require any more information from me, please let me know. I have attached a business card to this letter, so you can use the contact information on it to call or e-mail me.

I am going to be in Tokyo in the middle of June. If you have the time, I would like to meet you again so that we can talk business. I truly believe that the products my company manufactures are exactly what your firm needs. My company is also flexible on its prices. We also try to compromise with our clients to serve their needs as well as possible.

I look forward to hearing from you soon.

Sincerely,

Thomas Emerson

Falcon Manufacturing

7. What was sent with the letter?
   (A) A catalog
   (B) A business card
   (C) An order form
   (D) A résumé

8. According to the letter, what will happen in June?
   (A) Falcon Manufacturing will recruit new clients.
   (B) Ms. Fujiyama will be in Osaka.
   (C) A presentation will be given at Falcon Manufacturing.
   (D) Mr. Emerson will visit Tokyo.

9. What is suggested about Falcon Manufacturing?
   (A) It manufactures computer hardware.
   (B) It is a leading company in Asia.
   (C) It sometimes gives discounts to customers.
   (D) It is looking to enter the Japanese market.

GO ON TO THE NEXT PAGE ➡

Questions 10-11 refer to the following text message chain.

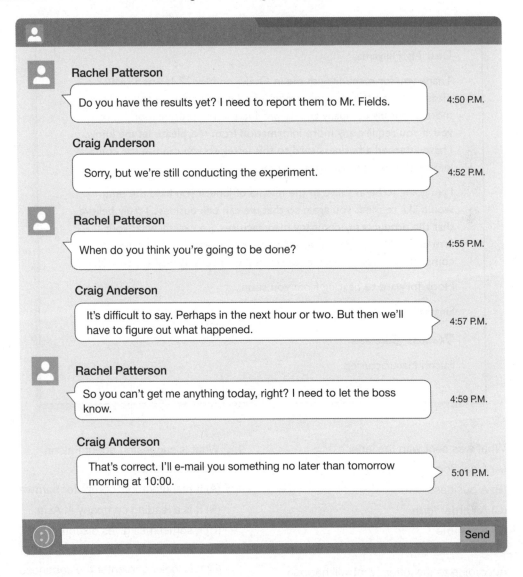

Rachel Patterson

Do you have the results yet? I need to report them to Mr. Fields.

4:50 P.M.

Craig Anderson

Sorry, but we're still conducting the experiment.

4:52 P.M.

Rachel Patterson

When do you think you're going to be done?

4:55 P.M.

Craig Anderson

It's difficult to say. Perhaps in the next hour or two. But then we'll have to figure out what happened.

4:57 P.M.

Rachel Patterson

So you can't get me anything today, right? I need to let the boss know.

4:59 P.M.

Craig Anderson

That's correct. I'll e-mail you something no later than tomorrow morning at 10:00.

5:01 P.M.

Send

10. Who most likely is Mr. Fields?
   (A) A scientist
   (B) A customer
   (C) A laboratory technician
   (D) Ms. Patterson's supervisor

11. At 4:57 P.M., what does Mr. Anderson mean when he writes, "It's difficult to say"?
   (A) He did not speak with Ms. Patterson's boss.
   (B) He cannot give Ms. Patterson an answer.
   (C) He does not remember what happened.
   (D) He does not know when the experiment started.

Questions 12-14 refer to the following e-mail.

E-Mail Message

To: Clark Hampton <champtom@watersmanufacturing.com>
From: Lydia Jones <lj@watersmanufacturing.com>
Subject: Inspections
Date: October 14

Clark,

I spent all morning at the Bayside plant. —[1]—. A large amount of the equipment on the assembly lines is run down. It was stunning to see how old some of it is. While I was there, there were three separate times when equipment broke and had to be repaired. Some of the employees told me that there have been a few injuries in the last four months as well. —[2]—.

I had no idea that our employees were using unsafe equipment. We need to do some immediate inspections there. This is urgent and cannot wait. I want safety inspectors at the plant tomorrow morning. —[3]—. I also want the assembly lines to be shut down until we replace all of the faulty equipment. We can continue to pay the employees their normal rates. But we can't afford to have a major injury or fatality. —[4]—. Start contacting the inspectors right now so that they'll be at the facility tomorrow morning.

Lydia

---

12. What is indicated in the e-mail?
   (A) Some equipment needs to be replaced.
   (B) An employee was hospitalized after an injury.
   (C) Employees are requesting pay raises.
   (D) The government wants to conduct inspections.

13. What is mentioned about the employees on the assembly lines?
   (A) Many of them are working overtime.
   (B) Some of them have quit due to the dangerous conditions.
   (C) They will get paid when they are not working.
   (D) They have requested a meeting with the CEO.

14. In which of the positions marked [1], [2], [3], and [4] does the following sentence best belong?
   "I was amazed by what poor condition it's in."
   (A) [1]
   (B) [2]
   (C) [3]
   (D) [4]

GO ON TO THE NEXT PAGE ➡

NOTICE

City Hall is going to be undergoing renovations from July 10 to 17. The entire building is going to be closed from Thursday, July 10, to Sunday, July 13. No services will be available in City Hall to any members of the public on those days. From July 14 to 16, the second and third floors are going to be closed for repairs. Nobody will be working in those offices on those three days. On July 17, the fourth floor will be renovated. This contains the city's archives. Nobody will be permitted access to the archives on those days.

Please note that during the entire renovation period, members of the public may still access the City Hall Web site. It will be operational twenty-four hours a day. In addition, members of the public may call 405-5000 if they need to speak with someone. Staff members will be working offsite during this time. So they will still be able to serve the public.

15. What is being announced?
    (A) The reopening of City Hall
    (B) How renovations will affect City Hall
    (C) The moving of some offices in City Hall
    (D) Where City Hall employees will be working offsite

16. What is NOT mentioned in the notice?
    (A) The entire building will be closed for four days.
    (B) The second floor will be closed on July 15.
    (C) Residents can use the City Hall Web site during the repairs.
    (D) The mayor will be working in City Hall from July 10 to 17.

17. The word "access" in paragraph 2, line 2, is closest in meaning to
    (A) visit
    (B) e-mail
    (C) request
    (D) locate

Questions 18-21 refer to the following memo.

To: All Employees
From: Frank Gathers, Accounting Department
Subject: Reimbursements
Date: February 5

There have been a couple of changes in how employees can get reimbursed for expenditures. —[1]—. Let me cover them so that you all understand them. First, to be reimbursed for anything that costs at least $5, you must have a receipt. —[2]—. It was $10, but we decided to lower it. That rule is effective as of tomorrow. Second, all reimbursement requests must be made no more than 3 business days after you spend the money. —[3]—. The only exceptions for this are if you are on a business trip, on vacation, or out sick. Once you return from a business trip, you must submit your forms within 3 business days. —[4]—. Third, do not submit forms directly to me anymore. Instead, turn them into your supervisor. Your supervisor must approve the form and then will give it to me.

---

18. For whom is this memo intended?

    (A) Accountants

    (B) Customers

    (C) All of the company's employees

    (D) All of the company's executives

19. When must employees submit their reimbursement forms?

    (A) Within 3 business days of spending the money

    (B) Within 5 business days of spending the money

    (C) Within 7 business days of spending the money

    (D) Within 10 business days of spending the money

20. To whom should employees submit reimbursement forms?

    (A) Frank Gathers

    (B) The head of the Accounting Department

    (C) Their supervisor

    (D) The company's chief financial officer

21. In which of the positions marked [1], [2], [3], and [4] does the following sentence best belong?
    "For expenditures less than that, you don't need to provide any proof."

    (A) [1]

    (B) [2]

    (C) [3]

    (D) [4]

GO ON TO THE NEXT PAGE

Questions 22-25 refer to the following e-mail.

E-Mail Message

TO: Karen Minelli <karenm@huronindustries.com>
FROM: Lysander Gray <lgray@huronindustries.com>
RE: New Project
Date: November 14

Karen,

I had a meeting with Kenneth Burgess ten minutes ago. He approved the proposal for the project, and he wants us to start on it no later than December 1. Before we can begin, we need to do a couple of things: We have to submit a budget proposal that cannot exceed $400,000. And we have to organize a team of six people, not including you and me.

Regarding the budget, I'm not concerned about going over the limit. When we did our calculations, we estimated that we could do everything for less than $350,000. So we've actually got an extra $50,000 if we want. If there's anything you think we may need for the project, let me know. We can probably afford it.

Do you have any ideas for team members? I think Ralph Dresden would be a good choice. Cindy Curtiss would do well, too. Under no circumstances do I want Josh Arnold.

Let's meet as soon as possible to discuss these two matters. Call me.

Lysander

---

22. When is the project scheduled to begin?
(A) November 14
(B) November 28
(C) December 1
(D) December 14

23. What is the limit for the budget for the project?
(A) $50,000
(B) $350,000
(C) $400,000
(D) $500,000

24. Who does Mr. Gray NOT want to work with?
(A) Josh Arnold
(B) Ralph Dresden
(C) Kenneth Burgess
(D) Cindy Curtiss

25. What does Mr. Gray request that Ms. Minelli do?
(A) Contact him
(B) Reply to his e-mail
(C) Speak with the CEO
(D) Work on the budget

Questions 26-29 refer to the following online chat discussion.

Andy Sellers	[10:38 A.M.]	I just noticed there's no more paper for the copier. What should I do?
Natalie Popov	[10:41 A.M.]	Talk to Tina at the front desk. She can order more.
Andy Sellers	[10:43 A.M.]	Okay. How quickly will it arrive? I need to get some copies done before lunch.
Ricardo Ramirez	[10:45 A.M.]	You're out of luck. Even if she orders it now, it won't arrive until tomorrow at the earliest. You'd better go to Walter's across the street. Be sure to get the receipt so that you'll be compensated.
Andy Sellers	[10:48 A.M.]	Thanks for the tip, Ricardo.
Andy Sellers	[10:51 A.M.]	I'm going to talk to Tina on my way out. Do you want me to ask her to get anything else?
Ricardo Ramirez	[10:53 A.M.]	We're almost out of black pens.
Natalie Popov	[10:55 A.M.]	I don't need anything, but wait a couple of minutes for me. I need to make some copies myself.

Send

26. What is the problem?
   (A) A machine has broken down.
   (B) The paper is the wrong size.
   (C) Some equipment cannot be used.
   (D) There are no more pens.

27. What does Mr. Ramirez tell Mr. Sellers to do?
   (A) Charge a payment to the firm
   (B) Fill out an order form
   (C) Ask for some funding
   (D) Visit another business

28. What will Ms. Popov do next?
   (A) Go to Walter's
   (B) Speak with Tina
   (C) Contact a supplier
   (D) Visit Mr. Sellers' office

29. At 10:51 A.M., what does Mr. Sellers imply when he writes, "I'm going to talk to Tina on my way out"?
   (A) He is going to take an early lunch.
   (B) He needs to complete a project soon.
   (C) He will request that an item be ordered.
   (D) He has to meet a client now.

GO ON TO THE NEXT PAGE

Job Opening at Central University

Central University is looking for a person to work in the Department of Math office. The individual will be employed as a secretary. Duties will include answering the telephone, making copies, and handling requests made by professors in the department. The secretary will also be responsible for answering questions by students about departmental matters. A knowledge of mathematics is not required for the job nor is a university degree. However, the person must have a pleasant manner and be easy to work with. Typing skills are required, and a knowledge of computer programs such as Excel and PowerPoint is necessary. The position is full time and comes with an annual salary of $28,000. Benefits include enrollment in the university's healthcare program and three weeks of vacation. Call Sarah Brighton at 409-5643 to learn how to apply for the job.

July 28

Dear Ms. Santiago,

I'm writing to offer you the position of secretary in the Department of Math office at Central University. I was impressed with your interview yesterday, so I decided to offer you the job.

We are preparing for the new semester, so I would like you to start working as soon as possible. You could begin work tomorrow if you want. At the latest, I want you to begin work on August 1. I realize that this is short notice, but you indicated you are currently unemployed and are eager to begin working. I know you live in the area as well, so relocating should not be a problem.

I have also been authorized to offer you $2,000 more than the advertisement stated for your salary. My boss, Professor John Deacon, permitted that increase due to your qualifications.

Please contact me as soon as possible to confirm you will be joining the Central University team.

Sincerely,

Sarah Brighton

30. For whom is the advertisement intended?

(A) People who want to study at Central University

(B) People interested in learning mathematics

(C) People who would like to have secretarial positions

(D) People thinking about becoming professors

31. According to the advertisement, what is NOT required for the position?

(A) Computer skills

(B) The ability to type

(C) A good attitude

(D) Prior experience

32. In the advertisement, the word "enrollment" in line 10 is closest in meaning to

(A) application

(B) replacement

(C) admission

(D) consideration

33. What is mentioned in the letter?

(A) Ms. Santiago can start her new job on July 29.

(B) Ms. Santiago is currently working at another place.

(C) Ms. Santiago will have to move if she takes the job.

(D) Ms. Santiago will work directly for John Deacon.

34. What annual salary is Ms. Santiago being offered?

(A) $26,000

(B) $28,000

(C) $30,000

(D) $32,000

GO ON TO THE NEXT PAGE

E-Mail Message

To: Jane Peterson <jpeterson@galt.com>
From: Bruno Walker <bwalker@galt.com>
Subject: Request for time off
Date: March 10

Ms. Peterson,

I am requesting that I be given three days of time off. I want to take my vacation starting on March 11. As that day is a Wednesday, I intend to take the remainder of the week off. I shall be back at work on Monday, March 16.

I'm very sorry that you are not getting much advance notice regarding this matter. However, my wife just managed to get two tickets to Mexico at a highly discounted rate. We don't have a choice as to when we can leave. We must depart tonight in order to take advantage of the special offer.

I have a couple of meetings scheduled for this Thursday and Friday. I can postpone them until next week. Or I can have Amy Kelly meet the clients for me. I'm sure she won't mind doing that for me.

Sincerely,

Bruno Walker

MEMO

To: All Employees
FROM: Carl Hampton
RE: Vacation
DATE: March 18

It has come to my attention that some of you aren't following the proper procedures for vacation requests. Anytime you want to take time off, you must make the request in writing—not orally—at least five business days in advance. For instance, today is Wednesday. If you make a request for time off today, the earliest you can take your vacation is next Wednesday.

There are only a few exceptions to this policy. Family issues and medical emergencies are two of them. Suddenly deciding to go on a trip to a foreign country is not one of them. All requests not following the rules will be instantly rejected. If you have a family problem or a medical emergency, you will be allowed to take time off. But you will be required to show written proof of the problem upon returning. Please do not bother your supervisors with vacation requests that do not follow the rules.

35. What is the purpose of the e-mail?

(A) To describe an upcoming vacation

(B) To excuse an absence from work

(C) To discuss a weekly workload

(D) To ask for some vacation time

36. What is Mr. Walker scheduled to do on March 13?

(A) Fly to Mexico

(B) Meet with a client

(C) Talk to Ms. Kelly

(D) Contact a travel agent

37. What is suggested about Ms. Kelly?

(A) She is Mr. Walker's immediate supervisor.

(B) She will not be in the office the rest of the week.

(C) She has not been asked for help by Mr. Walker yet.

(D) She intends to meet a client in Mexico on Friday.

38. According to the memo, how should vacation requests be made?

(A) Online

(B) In written form

(C) Face to face

(D) Over the telephone

39. Why most likely was Mr. Walker's request denied?

(A) He cannot miss the meetings he has scheduled.

(B) He failed to find a substitute to work his shift.

(C) He did not ask enough days in advance.

(D) He is asking for too many days off in a row.

GO ON TO THE NEXT PAGE

E-Mail Message

To: Darla Nelson <darlan@mymail.com>
From: Kevin Dubois <k_dubois@powell.com>
Subject: Welcome
Date: August 11

Dear Ms. Nelson,

Thank you for accepting our offer. A contract and employee handbook have been sent to you by registered mail. Please sign the contract and return it to us at once. You should also familiarize yourself with the handbook. I am available to answer any questions you may have.

As our sole incoming employee in the Devers Lab, you will be a member of Dr. Jacob Lee's team. He focuses primarily on exotic metals and alloys. You will be responsible for conducting experiments under his guidance and will do some original research. You may have to attend seminars in other states and enroll in classes on weeknights and weekends.

On your first day of work, you will attend an orientation session. Please see the attached file, which contains the relevant information.

Regards,

Kevin Dubois
HR Department, Powell Industries

Powell Industries
Fall New Employee Orientation Schedule (September 3)

Time	Leader	Comments
9:00 A.M. – 10:00 A.M.	Kevin Dubois (HR)	Welcome speech and paperwork signing
10:00 A.M. – 10:30 A.M.	Julie Martinson (HR)	Description of rules and regulations
10:30 A.M. – 11:00 A.M.	Jacob Lee (R&D)	Computer and information security
11:00 A.M. – 12:00 P.M.	Pierre Bernard (PR)	Representing the company
12:00 P.M. – 1:30 P.M.	N/A	Lunch with CEO Stuart Thompson, Vice President Marilyn Summers, and all department heads

All events except lunch will take place in the auditorium in the Carver Building. Lunch will be in the cafeteria in the Folsom Building.

To: All HR Staff
From: Kevin Dubois
Date: August 28

Apparently, the auditorium is booked on September 3-5 due to the Watson Conference. So we have to delay the orientation session until the day after the event finishes. We have more than 120 recruits coming who will be starting work next month. We need to contact all of them to inform them that their starting date is going to be delayed. I need the following people to call our new employees:

- Bob Smythe: Employees with last names starting from A-D
- Kelly Hunter: Employees with last names starting from E-I
- Jorge Geller: Employees with last names starting from J-O
- Lucy Wang: Employees with last names starting from P-S
- April Thompson: Employees with last names starting from T-Z

I will send a telephone list right after lunch. I expect everyone to be contacted before the day ends.

40. According to the e-mail, what did Mr. Dubois NOT send Ms. Nelson?

(A) A schedule

(B) A contract

(C) A book

(D) A brochure

41. In the e-mail, the word "familiarize" in paragraph 1, line 3, is closest in meaning to

(A) memorize

(B) acquaint

(C) meet

(D) approach

42. Who is going to speak at the orientation session at 10:00 A.M.?

(A) Pierre Bernard

(B) Kevin Dubois

(C) Jacob Lee

(D) Julie Martinson

43. What is suggested about Ms. Nelson?

(A) She will work in the R&D Department.

(B) She recently got a master's degree.

(C) She will not attend the orientation session.

(D) She will start her employment on September 3.

44. Who most likely will contact the new worker in the Devers Lab?

(A) Bob Smythe

(B) Kelly Hunter

(C) Jorge Geller

(D) Lucy Wang

GO ON TO THE NEXT PAGE

April 22

Dear Mr. Carpenter,

Following your instructions, I searched the city for some locations for the establishment you wish to open. Here is a brief overview of the best four neighborhoods:

- **Silverdale:** near the downtown area; high rents; little competition
- **Watertown:** university district; one place available on Roswell Street for a low price; several other coffee shops in the vicinity
- **Harbor Point:** close to the Abernathy Mall; numerous stores; lots of foot traffic; places available on Korrey Avenue and Duncan Road·
- **Marshall:** financial district; expensive; only two other cafés nearby

Please look at the documents I have enclosed for more detailed information. Once you read everything, call me, and we can schedule some places to visit.

Regards,

Sandy Jefferson

Jefferson Realty

E-Mail Message

To: Maurice Pullman <mpullman@homemail.com>
From: Eric Carpenter <ericc@personalmail.com>
Subject: Rental Units
Date: April 25

Maurice,

I looked at everything that Sandy from Jefferson Realty sent us. She did a great job and found some potential places for us. Personally, I think we should focus on the place on Korrey Avenue. Lots of people walk by it every day, so we shouldn't have any problems securing a big clientele. I'll make the arrangements with her so that both of us can check out the place. Whatever we do, we'd better get a place within the next week if we want to meet our deadline by opening before June begins.

Best,

Eric

Unique Café Opens

Pleasantville (June 10) – The newest café in the city opened yesterday. A five-minute walk from the Abernathy Mall, Poko Café is definitely worth a visit. When you walk into the café, it's like stepping into the past. The café is decorated like a place from the Wild West in the 1800s. You'll love the ambience, but you'll stay for the drinks. Poko Café offers more than 150 different types of coffee from around the world, giving customers the most choices in the entire city. The prices are a bit higher than average, but the service is outstanding, and the staff is pleasant. Co-owner Maurice Pullman stated, "This is the third Poko Café we've opened but the first in Pleasantville. We hope the local residents enjoy coming here as much as we like serving them."

45. What is the purpose of the letter?

(A) To ask for assistance

(B) To provide information

(C) To give directions

(D) To confirm a meeting

46. In the e-mail, the phrase "check out" in line 4 is closest in meaning to

(A) look at

(B) borrow

(C) talk about

(D) discover

47. What neighborhood does Mr. Carpenter suggest opening the café in?

(A) Silverdale

(B) Watertown

(C) Harbor Point

(D) Marshall

48. What does the article NOT mention about Poko Café?

(A) The prices it charges are high.

(B) It has a wide selection of beverages.

(C) The decorations are from the past.

(D) It is the third one to open in Pleasantville.

49. What is suggested about Poko Café?

(A) It is the largest café in the city.

(B) It opened behind schedule.

(C) It was bought by Ms. Jefferson.

(D) It sells meals along with drinks.

GO ON TO THE NEXT PAGE

Questions 50-54 refer to the following advertisement and e-mails.

Carter Unlimited

is having a special sale on summer wear
from June 15 to August 31.

Enjoy discounts between 20% and 60% on selected items.

Get bathing suits for 30% off.

Get shorts for 50% off.

Get T-shirts for 20% off.

Get caps for 60% off.

Get all kinds of other items for low, low prices.

Spend more than $100, and you'll receive a free gift when you make your
purchase.*

Visit our store at 483 Randolph Street.

We are open from Friday to Wednesday from 10:00 A.M. to 7:00 P.M.

*Online sales do not qualify.

E-Mail Message	
To:	customerservice@carterunlimited.com
From:	frangiovanni@wheston.com
Subject:	My Order
Date:	August 31

Dear sir/madam,

I purchased several items on your Web site four days ago. My order number was
9584-494. I received the items in the mail this morning. While I was pleased
with everything that I purchased, I was disappointed to see that my free gift
was not included with the box. I spent $230 on my order, so I believe I should
have received something. Please mail me the missing item as soon as you can.

Regards,

Francesca Giovanni

To: frangiovanni@wheston.com
From: wilmagathers@carterunlimited.com
Subject: Fw: My Order
Date: September 1

Dear Ms. Giovanni,

The e-mail you sent yesterday was just forwarded to me. Unfortunately, you did not qualify for the free gift. However, since you have been a regular customer with us for several years, I would like to give you a special code. I noticed that you purchased several pairs of shorts. Use the code "MYSHORTS" the next time you purchase any shorts from us, and you will get the same discount on those items that was offered at the sale that ended yesterday. You may receive up to $100 off by using this coupon code. It expires on the last day of the year. If you have any questions regarding the coupon code or your recent offer, please feel free to call me directly at (404) 954-2920.

Sincerely,

Wilma Gathers
Customer Service Agent
Carter Unlimited

50. What is indicated about Carter Unlimited?

(A) It has a sale every summer.

(B) Every item in the store is on sale.

(C) The store closes once a week.

(D) Its sale lasts for three months.

51. Which items are being offered for a 30% discount?

(A) Caps

(B) Swimsuits

(C) Shirts

(D) Shorts

52. Why did Ms. Giovanni fail to receive a gift?

(A) She did not spend enough money.

(B) She did not request one at checkout.

(C) She did not make her purchase at the store.

(D) She did not specify what she wanted.

53. What does Ms. Gathers mention about Ms. Giovanni?

(A) She belongs to a special customer club.

(B) She purchased several T-shirts.

(C) She has shopped at Carter Unlimited for years.

(D) She visits the store on Randolph Street frequently.

54. What is the discount on the coupon code Ms. Giovanni is given?

(A) 20%

(B) 30%

(C) 50%

(D) 60%

Reading
Actual Test

READING TEST

In the Reading test, you will read a variety of texts and answer several different types of reading comprehension questions. The entire Reading test will last 75 minutes. There are three parts, and directions are given for each part. You are encouraged to answer as many questions as possible within the time allowed.

You must mark your answers on the separate answer sheet. Do not write your answers in your test book.

PART 5

Directions: A word or phrase is missing in each of the sentences below. Four answer choices are given below each sentence. Select the best answer to complete the sentence. Then mark the letter (A), (B), (C), or (D) on your answer sheet.

1. According to the weather forecast, most countries in Europe are ------- to receive a few centimeters of rain over the weekend.
   (A) estimated
   (B) expected
   (C) assumed
   (D) urged

2. Several airlines cut their prices when the poor economy caused ------- people to book tickets with them.
   (A) fewer
   (B) little
   (C) any
   (D) another

3. Standard Manufacturing went out of business when the quality of its products failed ------ that of its competitors.
   (A) equaling
   (B) to equal
   (C) to be equaled
   (D) was equaling

4. Mr. Hampton, the lead engineer, encourages his employees to be more ------- when searching for solutions to problems.
   (A) create
   (B) creating
   (C) created
   (D) creative

5. The company was forced to recall several of its food products when inspectors found that they were unsafe for human -------.
   (A) consume
   (B) consumer
   (C) consumption
   (D) consumed

6. Do not hesitate to contact Ms. Sheldon if there are any questions or concerns regarding the ongoing -------.
   (A) negotiate
   (B) negotiable
   (C) negotiations
   (D) negotiators

7. Many publicity firms are making use of social media to advertise products for the businesses that ------- them.
(A) hire
(B) hires
(C) hiring
(D) are hired

8. By booking their vacations with Easy Travel, the tourists were able to save money and to reserve ------- the types of trips they wanted.
(A) exactly
(B) appropriately
(C) apparently
(D) expressively

9. Analysts are awaiting the ------- of the Kirby Corporation's financial numbers for the previous quarter.
(A) release
(B) award
(C) commission
(D) invitation

10. Urban Fitters, Inc. recruits heavily from the top fashion design departments at universities ------- the country.
(A) among
(B) throughout
(C) during
(D) alongside

11. ------- the fact that Ms. Keller sold three properties in the last week, she was also responsible for recruiting a new employee.
(A) In addition
(B) As well as
(C) Aside from
(D) Adding to

12. Elliot Software's newest operating system is highly regarded by users since it is so ------- to use.
(A) simply
(B) simple
(C) simplistic
(D) simplest

13. Voters ------- to the polls next Tuesday to select the next person to serve as the mayor of Ashville.
(A) will head
(B) heading
(C) have headed
(D) were heading

14. The curator insisted on taking the special visitors on a ------- tour of the gallery.
(A) personalize
(B) personalizes
(C) personalized
(D) personalization

15. Please be careful not to touch any of the exhibits ------- they are all old while many are also very fragile.
(A) but
(B) which
(C) as
(D) however

16. Mr. Walsh expects that the person to whom she offers the job ------- a higher salary than the one listed in the advertisement.
(A) requests
(B) is requesting
(C) will request
(D) has requested

GO ON TO THE NEXT PAGE

17. The upcoming movie *Blue Mountain* will
------- some of the biggest stars in the
motion picture business.
(A) feature
(B) portray
(C) cast
(D) act

18. Mr. Wilson favors hiring the applicant
from England, but ------- else prefers the
local candidate.
(A) anyone
(B) someone
(C) everyone
(D) no one

19. The Sales Department intends to hire at
------- three new individuals within the
next two months.
(A) least
(B) around
(C) little
(D) about

20. Mr. Powers' request for extra leave was
not ------- since he had already taken too
many days off.
(A) approved
(B) waived
(C) rejected
(D) announced

21. The government insisted that the Tao
Corporation recall the products that
contained ------- wiring.
(A) fault
(B) faulty
(C) faulted
(D) faultily

22. ------- the poor driving conditions, many
motorists are still on the road in the
middle of the snowstorm.
(A) Despite
(B) Perhaps
(C) With regard to
(D) Although

23. Because the realtors receive
commissions, ------- deals with
customers is of great importance to them.
(A) reach
(B) reaching
(C) reached
(D) be reached

24. The ------- support for the new product
by the focus group members encouraged
the company to release it.
(A) enthused
(B) enthusiasm
(C) enthusiastic
(D) enthusiastically

25. As a way of ------- its loyal customers for
their support, Fast Life Clothes will offer
free gifts this Saturday.
(A) referring
(B) proclaiming
(C) replacing
(D) thanking

26. Because the customer bought the sofa
during a sale, it is not -------, nor can it be
exchanged for another piece of furniture.
(A) rebated
(B) refundable
(C) returned
(D) responsible

27. The security guard reacted ------- to prevent the thief from stealing anything from the store.

(A) swift

(B) swifter

(C) swiftly

(D) swiftness

28. The supervisors found a large number of problems with the machinery ------- they were investigating.

(A) what

(B) how

(C) when

(D) that

29. A repair team was ------- to fix the problem with the escalator after two people suffered injuries when it suddenly stopped operating.

(A) alarmed

(B) summoned

(C) resulted

(D) appeared

30. The information desk ------- in the center of the terminal, which makes it easily accessible to most people.

(A) locates

(B) is locating

(C) located

(D) is located

GO ON TO THE NEXT PAGE

PART 6

Directions: Read the texts that follow. A word, phrase, or sentence is missing in parts of each text. Four answer choices for each question are given below the text. Select the best answer to complete the text. Then mark the letter (A), (B), (C), or (D) on your answer sheet.

Questions 31-34 refer to the following e-mail.

To: Kay Feldman <kay_f@powers.com>

From: Christy Johnson <christy@powers.com>

Subject: December 29 Event

Date: December 15

Kay,

Did you hear the news? Kevin Martinez ------- a few minutes ago. He's going to be leaving
                                         31.
the company this Friday. Mr. Cunningham just told me that I am now in charge of the end-of-

the-year event since Kevin won't be working on it anymore.

-------. We're going to discuss everything he has done for the party thus far. I haven't ever
32.
done anything like this, so I'm a bit -------. I know you organized events like this in the past.
                                      33.
Would it be okay for me to ask you for ------- from time to time?
                                         34.

Sincerely,

Christy

31. (A) reported
    (B) refused
    (C) resigned
    (D) retained

32. (A) I've canceled all my events for the day.
    (B) Last year's party was quite a success.
    (C) I'm supposed to meet with Kevin in an
        hour.
    (D) There's nothing else to talk about.

33. (A) assertive
    (B) concerned
    (C) distracted
    (D) responsible

34. (A) advice
    (B) advisory
    (C) advisor
    (D) advising

Jasmine's Cooking School

-------. Classes will begin on March 1 and will end on May 31. Jasmine's Cooking School
  35.
is the best place for both ------- cooks and those looking to gain employment at high-end
                          36.
restaurants. We have a variety of classes. Some ------- cooking in general while others focus
                                               37.
on specific types of cuisine, including French, Italian, and Vietnamese. Our teachers are all

professional chefs, and most of them have owned restaurants at some time in the past.

------- more information on our classes, please visit our Web site at
  38.
www.jasminescookingschool.com, or visit us in person at 65 Webster Street.

35. (A) Jasmine's Cooking School has
    canceled one of its classes.
    (B) Jasmine's Cooking School is
    accepting students for the new term.
    (C) Jasmine's Cooking School has closed
    its physical school and now offers
    online classes.
    (D) Jasmine's Cooking School no longer
    offers instruction on Italian cuisine.

36. (A) rookie
    (B) experienced
    (C) conditional
    (D) novice

37. (A) report
    (B) describe
    (C) learn
    (D) cover

38. (A) With
    (B) To
    (C) By
    (D) For

GO ON TO THE NEXT PAGE

Questions 39-42 refer to the following notice.

NOTICE

All tenants of the Goodman Building, please be aware that we will be doing electrical work on the building starting on Saturday, June 12. There will be no electricity from 6:00 A.M. to 11:00 A.M. on June 12. And the electricity will be ------- off from 6:00 A.M. to 7:00 P.M. on

39.

Sunday, June 13. We understand that this will ------- those of you whose businesses are

40.

open on the weekend. -------. We have delayed doing so for the past few months, but we

41.

cannot wait ------- longer. Please speak with Peter Saville in the management office if you

42.

have any questions.

---

39. (A) changed
(B) turned
(C) moved
(D) cleared

40. (A) embarrass
(B) overcome
(C) improvise
(D) inconvenience

41. (A) However, the electrical wiring in the building must be upgraded.
(B) Therefore, the renovations will take place during a single day.
(C) Consequently, nobody will be affected by the work being done.
(D) Apparently, the electricity has been turned off for quite a while.

42. (A) any
(B) so
(C) more
(D) some

October 5

Dear Mr. Jackson,

Thank you for applying for a position at Athens Consulting. I looked at your résumé and job portfolio and was extremely -------. You have a large amount of experience in the industry
43.
and would make an excellent employee.

Unfortunately, we decided to make an internal hire for the position, ------- it is no longer
44.
available. We are going to be hiring four new employees next month. We have not yet advertised for the positions. -------. I will forward your name to the responsible people and
45.
strongly ------- them to contact you for an interview.
46.

Sincerely,

Ed Harmon

Athens Consulting

---

43. (A) respected
(B) impressed
(C) dismissed
(D) approached

44. (A) because
(B) so
(C) and
(D) but

45. (A) I feel that you would be a perfect match for two of them.
(B) Let us know which of them you are interested in.
(C) We appreciate your informing us about their availability.
(D) Their names have therefore not been released yet.

46. (A) demand
(B) encourage
(C) stress
(D) force

GO ON TO THE NEXT PAGE

PART 7

Directions: In this part you will read a selection of texts, such as magazine and newspaper articles, e-mails, and instant messages. Each text or set of texts is followed by several questions. Select the best answer for each question and mark the letter (A), (B), (C), or (D) on your answer sheet.

NOTICE

Parthenon Autos is issuing a recall for all the 2019 and 2020 models of the Troy sedan. A problem with the seatbelts in the back of the car has been detected. In some cases when the car quickly decelerates from high speeds, the seatbelts may fail. As a result, the seatbelts could come free, which may harm the people using them. The seatbelts have thus far not resulted in any injuries. This recall is being made as a preventive measure. All owners of 2019 and 2020 Troy sedans should take their vehicles to an authorized Parthenon dealer. It will take approximately 20 minutes to fix each seatbelt. The repairs will be done at no cost to the owners of the vehicles. People with questions are urged to call 1-888-5430-4050 during regular business hours.

47. What is true about the seatbelts in the cars?

(A) They have caused some injuries.

(B) They fail when the cars are speeding up.

(C) They can stop working at times.

(D) They were not installed in the backseats.

48. What should the owners of the cars being recalled do?

(A) Repair the seatbelts themselves

(B) Speak with their personal mechanics

(C) Have their seatbelts fixed at a Parthenon dealer

(D) Call a number to report any problems they have had

GO ON TO THE NEXT PAGE

May 4

Dear Sir/Madam,

My name is Melanie Wright, and I've been a subscriber of *Home Improvement Magazine* for the past fifteen years. Your articles and suggestions on how to make my home a better place have provided me with numerous hours of pleasure. I've implemented several of the suggestions made in your magazine. As the title of your magazine indicates, my home truly has been improved thanks to your magazine.

It is therefore with great sadness that I must cancel my subscription. In each of the past three years, the price of the magazine has risen substantially. This year's increase was 15%. I'm sorry, but you're asking me to pay too much money. I still have four months left on my subscription. I no longer wish to receive those issues but would instead like to be given a refund. You can send the check to my mailing address.

Sincerely,

Melanie Wright

49. What is the purpose of the letter?
(A) To extend a subscription
(B) To comment on an article
(C) To end a subscription
(D) To make a correction to an article

50. What does Ms. Wright request?
(A) A telephone call
(B) A check
(C) A new magazine
(D) An e-mail

Julia's Flower Shop

77 W. Main Street, Duluth
Tel: 586-2011 **Fax:** 586-2012

Are you attending a wedding, birthday party, or some other special event soon?
Send a gift that people will always remember: flowers.

We're offering a special on all floral arrangements.
From June 1 to 30, you can get 20% off all floral arrangements.

Just tell us what type of event you're attending.
We can recommend the types of flowers, the style of the arrangement, and the vase.

We'll deliver your flowers anywhere in the city for free if you spend $100 or more.

Visit us at *77 W. Main Street* 24 hours a day.
Call us at 586-2011.
Or visit our Web site at www.juliasflowershop.com.

Let us brighten your day with some of our flowers.

---

51. Who might be interested in this advertisement?

(A) A person with a flower garden

(B) A person attending a relative's graduation ceremony

(C) A person trying to sell flowers

(D) A person who wants to buy a dozen roses

52. What will the store do if a customer spends $100?

(A) Add extra flowers

(B) Offer a 20% discount

(C) Provide free delivery

(D) Give the customer a vase

GO ON TO THE NEXT PAGE ➡

Questions 53-54 refer to the following text message.

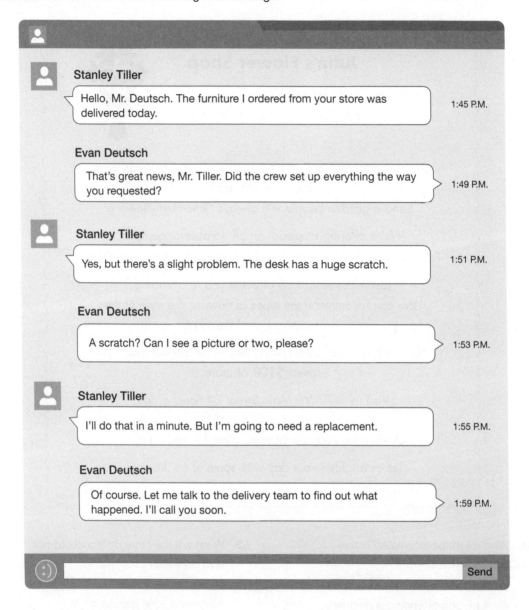

Stanley Tiller

Hello, Mr. Deutsch. The furniture I ordered from your store was delivered today.

1:45 P.M.

Evan Deutsch

That's great news, Mr. Tiller. Did the crew set up everything the way you requested?

1:49 P.M.

Stanley Tiller

Yes, but there's a slight problem. The desk has a huge scratch.

1:51 P.M.

Evan Deutsch

A scratch? Can I see a picture or two, please?

1:53 P.M.

Stanley Tiller

I'll do that in a minute. But I'm going to need a replacement.

1:55 P.M.

Evan Deutsch

Of course. Let me talk to the delivery team to find out what happened. I'll call you soon.

1:59 P.M.

Send

53. Why did Mr. Tiller contact Mr. Deutsch?
(A) To request a delay in paying compensation
(B) To arrange a delivery of furniture
(C) To respond to a complaint
(D) To discuss an item he received

54. At 1:55 P.M., why did Mr. Tiller write, "I'll do that in a minute"?
(A) To say he will check his schedule
(B) To indicate he will visit Mr. Tiller
(C) To state he will make a payment
(D) To agree to send a photograph

Questions 55-57 refer to the following memo.

TO: Employees, Sales Department
From: Francis Carter, Vice President
Re: Recent Changes
Date: February 15

I was as surprised as everyone when Larry Winston tendered his resignation yesterday. Larry had served as the head of the Sales Department for seven years. He had done an outstanding job as our sales increased every year he was in charge. —[1]—. Larry has an urgent family issue to deal with, so that's why we permitted him to quit on the spot.

The new interim head of the Sales Department is Wilma Mathewson. —[2]—. Wilma has been a fixture in the Sales Department for more than twelve years. She has management experience, and she has my full confidence that she's going to get the job done. —[3]—. In the meantime, we're going to look for a full-time head of the department. We'll search both in and out of the company. If you have any issues you'd like to discuss with me regarding these changes, my office is always open. —[4]—.

55. What is the memo mainly about?
(A) The hiring of a new permanent department head
(B) Some changes going on in the Sales Department
(C) How some of the salespeople currently feel
(D) Why Larry Winston is no longer employed

56. What is indicated about Larry Winston?
(A) He has been admitted to a hospital.
(B) He worked at the company longer than Wilma Mathewson.
(C) His last day of work was yesterday.
(D) He was liked by most of the people in his department.

57. In which of the positions marked [1], [2], [3], and [4] does the following sentence best belong?
"I know some of you are upset with him, but please don't be."
(A) [1]
(B) [2]
(C) [3]
(D) [4]

GO ON TO THE NEXT PAGE

Questions 58-60 refer to the following brochure.

Welcome to the Bradford City Museum.

At the Bradford City Museum, you can see exhibits covering the history of Bradford from its founding in 1845 to the present day. There are exhibits covering famous people in Bradford's past. These include its founder, Steve Bradford, as well as Julie Armstead, Walt Weaver, Theo Lewis, and Peggy Lee Smith. You can see some of their possessions and clothes here at the museum. There are exhibits showing the progress the city made as it changed from being a small farming community to one dependent upon mining to its present-day status as a center of technology. The museum itself is located in the childhood home of Steve Bradford and retains lots of the furniture he owned.

The museum is open from 10:00 A.M. to 6:00 P.M. from Monday to Friday. On Saturday, it is open only if a group of ten or more people make a reservation. The museum is closed on Sunday and all national holidays. Entry costs $5 for adults and is free for children and the elderly. Donations are accepted and are tax deductible. For more information, contact Emily Bradford at questions@bradfordcitymuseum.org.

58. For whom is the brochure most likely intended?
(A) Local residents
(B) Members of the Bradford family
(C) Art collectors
(D) Museum visitors

59. According to the brochure, which is NOT displayed at the museum?
(A) Furniture owned by Steve Bradford
(B) Clothes worn by Peggy Lee Smith
(C) Information about the development of Bradford
(D) Farming tools used in the early days of Bradford

60. What is stated about the museum?
(A) It is closed only on national holidays.
(B) It sometimes opens on Saturdays.
(C) All visitors must pay to be admitted.
(D) It holds an event to raise funds annually.

Questions 61-63 refer to the following survey.

Cutting-Edge Fashions
Come to us for tomorrow's styles today.

Please take a brief moment to tell us about your experience shopping at Cutting-Edge Fashions. If you present a completed survey to one of our managers, he or she will give you a coupon for a free drink of your choice at Latte Grande.

1. The styles at Cutting-Edge Fashions are:
☑ very fashionable   ☐ fashionable
☐ unfashionable   ☐ out of style

2. My favorite brand at Cutting-Edge Fashions is:
☐ Hooper's   ☐ Crawford
☑ Black Label   ☐ Wilmington   ☐ Other (Please identify)

3. The prices at Cutting-Edge Fashions are:
☐ easily affordable   ☐ just right for my budget
☑ a bit expensive   ☐ out of my price range

The item Cutting-Edge Fashions doesn't stock but which I really want is:
women's scarves

4. On a shopping trip for clothes, I usually spend:
☐ 0-$20   ☐ $21-$50
☑ $51-$100   ☐ $100-$250   ☐ $250 or more

The best way for Cutting-Edge Fashions to improve the store is to:
open the store earlier in the day. I like shopping at nine or ten A.M., but the store doesn't
open until eleven in the morning.

61. What will be given to the person who filled out the survey?
(A) A free drink
(B) A gift certificate
(C) A coupon
(D) A free scarf

62. What suggestion does the person make for Cutting-Edge Fashions?
(A) To lower its prices
(B) To extend the store's hours
(C) To stock more fashionable clothes
(D) To sell more clothes from Black Label

63. What is suggested about the person who filled out the survey?
(A) The person will not spend more than $100 on clothes.
(B) The person would like to purchase a scarf.
(C) The person enjoys shopping for her family members.
(D) The person only buys clothes by Black Label.

GO ON TO THE NEXT PAGE ➤

Supersonic Goes onto the Market

Marshfield (October 3) – Philos Athletics finally released its newest line of sneakers two days ago. The local shoe manufacturer, which is attempting to become a global player, had delayed the release of the shoes for more than six months. Called the Supersonic, the shoes are being eagerly purchased by fans around the country. The Supersonic line of shoes comes in several models. There are basketball shoes and running shoes, each of which has four different designs. The Supersonic retails for as low as $99.99 and as high as $209.99.

According to reports, interest in the Supersonic is extremely high. This is especially true in urban areas, where ownership of the Supersonic is seen as a status symbol. Philos expects the Supersonic to help it turn its first annual profit in four years. "Philos is counting on the Supersonic this year," said Darius Morehead, a local financial expert. "My belief is that the shoe will exceed expectations. One reason concerns the surprise signing of Patrick Robinson, who will now promote the Supersonic. As the most famous basketball player in the world, he can help sell a lot of shoes."

64. When was the Supersonic released?
(A) October 1
(B) October 2
(C) October 3
(D) October 4

65. What is mentioned about the Supersonic?
(A) It is the country's most popular running shoe.
(B) People in large cities consider it prestigious.
(C) Owners of it praise how comfortable it feels.
(D) It took more than six months to design.

66. What does Mr. Morehead say about the Supersonic?
(A) It helped Philos Athletics become profitable this year.
(B) It should be bought by customers more than people expect.
(C) It needs to be sold at a lower price to gain more interest.
(D) It is a stylish and comfortable athletic shoe.

67. The word "promote" in paragraph 2, line 7, is closest in meaning to
(A) endorse
(B) wear
(C) discuss
(D) consider

Questions 68-71 refer to the following online chat discussion.

Jermaine Reynolds [9:38 A.M.]		Ms. Hampton approved my request to hire some temp workers. We can bring three new people on board.
Maria Sylvester [9:41 A.M.]		I'm so glad to hear that. We're all working too many hours.
Fred Kelley [9:42 A.M.]		When are we going to advertise for them? We need more people right now.
Jermaine Reynolds [9:45 A.M.]		Do you know anyone who needs a job? If so, have that person contact me. Otherwise, we'll contact a temp agency.
Irene Davis [9:47 A.M.]		My cousin Anita is out of work.
Fred Kelley [9:51 A.M.]		I don't know anyone like that, but I'm friends with the owner of Job Finder. I can let him know that we might need his services soon.
Jermaine Reynolds [9:53 A.M.]		I'd appreciate your doing that, Fred. Okay, I've got another meeting. Let's get back to work. And know that help will be on the way soon.

Send

68. What are the people mainly discussing?

(A) Applying for new positions

(B) Bringing on additional employees

(C) Assigning their tasks to others

(D) Completing some ongoing projects

69. What is suggested about Ms. Sylvester?

(A) She has been working overtime.

(B) She is Mr. Kelley's manager.

(C) She is in the HR Department.

(D) She got hired by Job Finder.

70. What does Mr. Kelley offer to do?

(A) Create an advertisement

(B) Interview some job candidates

(C) Hire some employees

(D) Contact a recruiting agency

71. At 9:47 A.M., what does Ms. Davis imply when she writes, "My cousin Anita is out of work"?

(A) She will tell her cousin to contact a temp agency.

(B) She will have her cousin speak to Mr. Reynolds.

(C) She will give her cousin an application form.

(D) She will call her cousin to come for an interview.

GO ON TO THE NEXT PAGE

➡

Questions 72-75 refer to the following e-mail.

```
================================ E-Mail Message ================================

  To:        Elmer Landry <elandry@thismail.com>

  From:      Thao Ngoc <thaongoc@homemail.com>

  Subject:   56 Hampton Avenue

  Date:      July 12
```

Dear Mr. Landry,

Hello. This is Thao Ngoc. I rent the house you own at 56 Hampton Avenue. — [1] —. I am writing to follow up on our telephone discussion from earlier today. I'd like to make sure you're aware of the problems in the house. — [2] —. Here they are:

- The air conditioner stopped working this morning.
- There is a leaky pipe in the upstairs bathroom.
- Some wallpaper in the living room and kitchen is peeling.
- The door to the master bedroom and the door leading to the basement need to be painted.

If you can provide me with paint and wallpaper, I can fix those problems myself. — [3] —. However, I have little knowledge of machines and pipes, so you need to send professionals to fix the air conditioner and pipe. I request that, due to the ongoing heat wave, you have someone repair the first problem as soon as possible. — [4] —. I'll be home all day tomorrow. If you can have the repairperson contact me at 831-5456 an hour before he arrives, that would be great.

I look forward to hearing a positive response from you. I hope we can rectify these problems immediately.

Sincerely,

Thao Ngoc

72. What did Ms. Ngoc do before writing this e-mail?

(A) She spoke with Mr. Landry on the telephone.

(B) She visited a hardware store.

(C) She contacted an interior decorating company.

(D) She met the owner of the house in person.

73. What does Ms. Ngoc propose that Mr. Landry give her?

(A) Funds to purchase some equipment

(B) Some wallpaper and paint

(C) A toolkit she can use to fix the pipe

(D) A brand-new air conditioner

74. Which problem would Ms. Ngoc like to have fixed first?

(A) The wallpaper

(B) The pipe

(C) The paint

(D) The air conditioner

75. In which of the positions marked [1], [2], [3], and [4] does the following sentence best belong?

"I worked for an interior decorating company, and I've done those jobs on many occasions."

(A) [1]

(B) [2]

(C) [3]

(D) [4]

GO ON TO THE NEXT PAGE

ANNOUNCEMENT

Baker House is a charity based in Columbus, Ohio. Established in 1946, Baker House assists individuals living in and around the Columbus area. Since it was founded, Baker House has spent more than $2.6 million on helping people. Baker House provides charity in the form of grants, low-interest loans, and gifts of food and clothing. The primary goal of Baker House is to provide help for those individuals who have lost their jobs but are currently attempting to find new ones. Baker House strongly believes in helping those who are trying to help themselves.

On December 4, Baker House will be holding a fundraiser. The event will take place at the Claremont Hotel. It will begin at 6:00 P.M. and last until 9:30 P.M. There will be a dinner, a silent auction, and some musical and comedic performances. For more information or to donate, please contact Wes Hamilton at 904-8274.

November 28

Dear Ms. Cummings,

Thank you so much for your generous donation to Baker House. Your gift of a brand-new Omega Motors 4-door sedan is greatly appreciated by all of us here. We expect it to be the feature item at the silent auction at the fundraiser on December 4. Hopefully, there will be a lot of high bids on the vehicle.

Over the years, you have been one of the biggest supporters of Baker House. We truly appreciate all that you have done for us in the past two decades. You will, of course, be seated at a table with Ryan Harper, the head of Baker House, at the fundraiser. Spots at the table have been saved for your husband Tim and daughter Ruth as well.

If you have the time, please arrive an hour before the event starts, and then Mr. Harper can personally speak with you and tell you about everything Baker House has been doing this year.

Sincerely,

Betty Craig
Baker House

76. Who does Baker House try to assist?
    (A) Orphans
    (B) Unemployed individuals
    (C) Poor students
    (D) Immigrants

77. Which event is NOT going to take place
    at the fundraiser?
    (A) A comedy routine
    (B) Dinner
    (C) An auction
    (D) A quiz show

78. Who most likely is Ms. Cummings?
    (A) A performer
    (B) A donor
    (C) A volunteer
    (D) A caterer

79. What is suggested about Ms. Cummings?
    (A) She has been associated with Baker
        House for many years.
    (B) She is one of the most prominent
        citizens of Columbus, Ohio.
    (C) She is a close personal friend of Mr.
        Harper.
    (D) She intends to bid on the Omega
        Motors car at the fundraiser.

80. When does Ms. Craig request that Ms.
    Cummings arrive at the fundraiser?
    (A) At 4:00 P.M.
    (B) At 5:00 P.M.
    (C) At 6:00 P.M.
    (D) At 7:00 P.M.

GO ON TO THE NEXT PAGE

E-Mail Message

To: Marcy Jenner <mjenner@foreman.com>
From: Stuart Reed <s_reed@foreman.com>
Subject: Lab Accident
Date: October 23

Ms. Jenner,

We have gone over the eyewitness statements and examined the forensic evidence from the fire in the laboratory on October 18. We have concluded that the fire was caused by human error. Both Dr. Wayne Martin and Mr. Bruce Nelson appear to have been extremely negligent in causing the fire to start. Fortunately, thanks to the quick responses by Mr. Kumar Patel and Ms. Jenny Faber, the fire did not spread too far and was extinguished quickly. Still, more than $350,000 in damage was done to the lab, and two experiments by other members of the R&D Department were utterly ruined.

As the head of the R&D Department, you are ultimately responsible for the actions of the employees working for you. You have two days to convince me that you have this matter under control and that a similar fire will not happen again. I also want to know how you intend to punish those individuals who were involved in causing the fire.

Regards,

Stuart Reed, Vice President

Foreman, Inc.

E-Mail Message

To:	Stuart Reed <s_reed@foreman.com>
From:	Marcy Jenner <mjenner@foreman.com>
Subject:	Safety Standards
Date:	October 24

Dear Mr. Reed,

I read the reports and came to the same conclusions as you did. I have therefore done the following:

- I have created some new rules on safety measures that are to be followed by all individuals working in our labs. Please see the attached file to read all of the new measures I will be implementing.
- After further review, I determined that Mr. Bruce Nelson has been disregarding even the most basic safety regulations in the lab for at least the past three months. I have terminated his employment immediately.
- Dr. Wayne Martin has been banned from working in the laboratory until he completes at 40-hour safety course.
- All of the employees in the R&D Department—including secretaries and receptionists—will take a 2-day safety course. It will be held next Monday and Tuesday.

Please let me know how you feel about the actions I am taking.

Sincerely,

Marcy Jenner, Director, R&D Department
Foreman, Inc.

81. In the first e-mail, the word "concluded" in paragraph 1, line 2, is closest in meaning to

(A) guessed

(B) researched

(C) determined

(D) stated

82. What does Mr. Reed indicate about Kumar Patel and Jenny Faber?

(A) They kept the fire from being worse.

(B) Their experiments were damaged by the fire.

(C) They were not following some safety rules.

(D) They caused $350,000 in damage to the lab.

83. What does Mr. Reed instruct Ms. Jenner to do?

(A) Fire several of her employees

(B) Report on the fire to the CEO

(C) Tell him how she will fix the problem

(D) Meet with Dr. Martin and Mr. Nelson

84. What does Ms. Jenner send to Mr. Reed along with the e-mail?

(A) A list of new rules

(B) A summary of the events of the fire

(C) Some eyewitness statements

(D) Pictures of the laboratory

85. Which of the following did Ms. Jenner NOT do?

(A) Fired an employee

(B) Made some new regulations

(C) Ordered an employee to take a safety course

(D) Fined the employees who caused the fire

GO ON TO THE NEXT PAGE

Questions 86-90 refer to the following receipt, comment card, and e-mail.

The Ranch
Receipt

Date: August 1
Server: Justine
Table Number: 11
Time: 7:38 P.M.

Item Number	Item	Quantity	Price
485	Chicken Wings (doz.)	1	$9.99
327	Sirloin Steak	1	$28.99
283	T-Bone Steak	1	$32.99
983	Fried Chicken (3pcs.)	2	$19.98
129	Rib Eye Steak	1	$29.99
		Subtotal	$121.94
		Tax	$6.10
		Tip	$20.00
		Total	$148.04

Paid: ☐ Cash   ☐ Check   ☑ Credit Card

Thank you for dining at the Ranch. We hope that you come again soon.

The Ranch
Comment Card

We at the Ranch value the opinions of all of our customers. Please take a moment to leave a comment or two about your dining experience. You can give this card to any employee at the Ranch. Thank you.

Comments: *I had heard many positive comments about the Ranch, so I decided to come here to sample the food myself. I visited with my entire family to have dinner tonight. While the food was outstanding, I was mildly disappointed with my meal. I decided to order the rib eye steak because of the picture in the menu. But when it arrived, it was much smaller than I had expected it to be. I'm afraid it didn't fill me up, so I may have to eat something else when I arrive home.*

Name: *Sam Hyde*
Contact Information: *samhyde@mailbox.com*

To: samhyde@mailbox.com
From: arnoldnewcomb@theranch.com
Subject: The Ranch
Date: August 2

Dear Mr. Hyde,

I read with interest the note you wrote on the comment card last night. As the founder of the Ranch, I take great pride in making sure that every single one of the diners at my restaurant enjoys his or her meal. After reading your comment, I took a look at the menu. To my surprise, the picture does not reflect the actual meal diners received. I will be having the menu replaced to be more accurate. Thank you for bringing that to my attention. I have also refunded the cost of your entire meal.
I hope that you come to my restaurant again.

Regards,

Arnold Newcomb

---

86. What is indicated on the receipt?

(A) Mr. Hyde paid for his meal with cash.

(B) Mr. Hyde dined with eleven people.

(C) Mr. Hyde's group had lunch at the Ranch.

(D) Mr. Hyde's group was served by Justine.

87. On the comment card, the word "sample" in paragraph 2, line 2, is closest in meaning to

(A) experiment

(B) try

(C) attempt

(D) consider

88. Which item did Mr. Hyde complain about?

(A) 129

(B) 283

(C) 327

(D) 485

89. What does Mr. Newcomb promise to do?

(A) Make an alteration to the menu

(B) Give Mr. Newcomb a free meal

(C) Review all of the items on the menu

(D) Create some new items for customers

90. How much money did Mr. Newcomb return to Mr. Hyde?

(A) $29.99

(B) $32.99

(C) $121.94

(D) $148.04

GO ON TO THE NEXT PAGE

To: All Department Heads
From: Shirley O'Toole
Date: April 17

The schedule for next week's computer upgrades has been determined. It is as follows:

Day	Department
Monday, April 22	Accounting
Tuesday, April 23	Shipping
Wednesday, April 24	R&D
Thursday, April 25	HR / Marketing
Friday, April 26	Sales

No other departments will be getting upgraded until next month. Expect for the work to take all day long except on Thursday. On that day, HR should be finished by noon while Marketing will run from around 1:00 to 6:00. Please inform your employees of the schedule. They will not be permitted to access their computers the entire time that work is going on in their departments. Any potential problems should be addressed by Thursday at the latest.

E-Mail Message

To: Shirley O'Toole <shirleyo@granderson.com>
From: Emma Purcell <e_purcell@granderson.com>
Subject: Schedule
Date: April 18

Shirley,

We're going to be giving a big presentation on the product we're developing in the lab the day after we're scheduled to have our upgrade. We're probably going to need access to our computers on that day because we'll be making changes to the presentation throughout the day. Do you think you could move our upgrade to the day after we give our presentation? I suppose you'll have to check with Dan, but it would be great if you could accommodate my request.

Regards,

Emma Purcell
Director, Research and Development Department

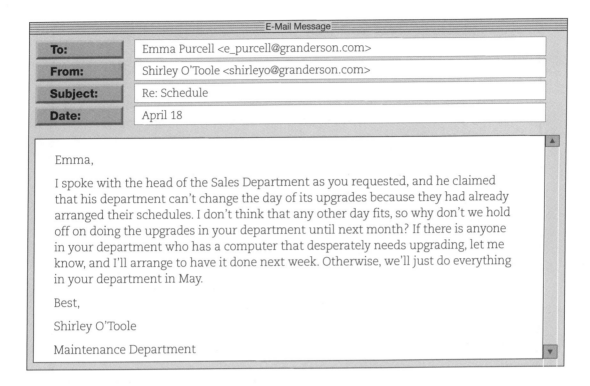

E-Mail Message

To: Emma Purcell <e_purcell@granderson.com>

From: Shirley O'Toole <shirleyo@granderson.com>

Subject: Re: Schedule

Date: April 18

Emma,

I spoke with the head of the Sales Department as you requested, and he claimed that his department can't change the day of its upgrades because they had already arranged their schedules. I don't think that any other day fits, so why don't we hold off on doing the upgrades in your department until next month? If there is anyone in your department who has a computer that desperately needs upgrading, let me know, and I'll arrange to have it done next week. Otherwise, we'll just do everything in your department in May.

Best,

Shirley O'Toole

Maintenance Department

91. What is suggested about the HR Department?

(A) It has fewer workers than the Accounting Department.

(B) It has the oldest computers at the company.

(C) It is being led by Ms. O'Toole.

(D) It is on the same floor as the Marketing Department.

92. In the memo, the word "addressed" in paragraph 2, line 5, is closest in meaning to

(A) removed

(B) mailed

(C) written

(D) solved

93. Why did Ms. Purcell send the first e-mail?

(A) To ask about a presentation

(B) To have a schedule altered

(C) To learn about the upgrading process

(D) To file a complaint

94. When is Ms. Purcell's department scheduled to have its upgrade?

(A) On April 22

(B) On April 23

(C) On April 24

(D) On April 25

95. In which department does Dan most likely work?

(A) Marketing

(B) Sales

(C) R&D

(D) Accounting

GO ON TO THE NEXT PAGE

Enjoy the Fifth Annual Grand Lakes Field Day

Grand Lakes will hold its annual field day at Lakeshore Park next Saturday, July 25. All residents are welcome to take part. This year, participants can enjoy the following competitive sporting events:

★ 5km running race (8:00 A.M.)
★ baseball tournament (9:00 A.M. – 7:00 P.M.)
★ basketball competition (10:00 A.M. – 5:00 P.M.)
★ volleyball tournament (1:00 P.M. – 6:00 P.M.)

Interested individuals and teams must sign up beforehand. Registration for the running race ends at 7:30 A.M. on the 25th. Registration for the team events ends on Wednesday, July 22. A complete roster of players must be submitted by that date. Other events on the 25th include an all-day barbecue, swimming, music concerts, arts and crafts, a farmers' market, and a fireworks show. For more information call 765-9403. To register, visit City Hall at 900 Main Street.

Grand Lakes Field Day
Registration Sheet

Name	Chris Thompson
Address	586 Mountain Lane, Grand Lakes
Telephone Number	685-9504
E-Mail Address	christhompson@personalmail·com

Type of Subscription: ☑ Individual ☐ Group

Event		Registration Fee
5km Run	☑	$10 (individual)
Baseball Tournament	☐	$50 (team)
Basketball Competition	☐	$40 (team)
Volleyball Tournament	☐	$45 (team)

Payment Made: ☑ Yes ☐ No

I, _Chris Thompson_ , have no health problems preventing me from participating in any sporting events at the Grand Lakes Field Day. I will not hold the city of Grand Lakes liable for any injuries that I may suffer while participating in the event.

Signature: _Chris Thompson_

Date: _July 20_

To: All Staff, Sales Department
From: Chris Thompson
Date: July 21

This is a reminder about this Saturday's field day. We have enough people interested in playing baseball, so I'm going to submit our registration sheet tomorrow. I'll pass around a roster for each of you to sign your name this afternoon since we have to turn that in after we sign up. Why don't we meet half an hour before the tournament starts? How about getting together at the fountain in the middle of Lakeshore Park? It's easy to find, so nobody should get lost. I might be a minute or two late since I'm not sure when I will finish my race, so if I'm not there, just wait for me. The Accounting Department said we can get compensated for the registration fee, so I'll take care of that when I sign us up.

96. According to the announcement, what event will NOT be held at the field day?

(A) A cookout

(B) A running race

(C) A musical event

(D) A fishing contest

97. Which event will most likely end the latest?

(A) The running race

(B) The basketball competition

(C) The baseball tournament

(D) The volleyball tournament

98. What time does Mr. Thompson need to be at the field day?

(A) 8:00 A.M.

(B) 9:00 A.M.

(C) 10:00 A.M.

(D) 1:00 P.M.

99. What is indicated about Mr. Thompson on the registration sheet?

(A) He has no medical issues.

(B) He did not pay his registration fee.

(C) He is not a resident of Grand Lakes.

(D) He does not live near Lakeshore Park.

100. How much will Mr. Thompson be reimbursed?

(A) $10

(B) $40

(C) $45

(D) $50

Stop! This is the end of the test. If you finish before time is called, you may go back to Parts 5, 6, and 7 and check your work.

맨 처음 토익

RC
정답 및 해설

실력편

다락원 토익연구소 지음

토익의 실력을 업그레이드해 드립니다!

- ✌ 토익에 꼭 필요한 **핵심 문법 완벽** 정리
- ✌ 지문 **유형별 학습 포인트** 및 **풀이 전략** 제시
- ✌ **최신 경향**을 반영한 파트별 **예상 적중 문제**

다락원

맨 처음 토익

실력편

RC

정답 및 해설

 다락원

PARTS 5·6 단문 공란 채우기 / 장문 공란 채우기

Unit 01 | 적절한 품사 고르기

I 명사

Check-up Quiz p.016

1 (b)   2 (a)   3 (b)   4 (c)

1
몇몇 시위자들이 하루 종일 공장 외부에 서 있다.
(a) protesting
(b) protestors
(c) protested

해설 빈칸은 주어 자리이므로 명사인 (b)가 정답이다.

2
당신의 상사에게 그 품목을 구입하는 것을 승인 받기 위해서, 당신은 그에게 그것을 사야 하는 타당한 이유를 제시해야 한다.
(a) approval
(b) approve
(c) approved

해설 빈칸은 receive의 목적어 자리이므로 명사인 (a)가 정답이다.

3
농부들은 지난 2년 동안 가뭄 때문에 농작물의 손실을 겪고 있다.
(a) lose
(b) loss
(c) lost

해설 '관사 + 빈칸 + 전치사' 형태에서는 빈칸에 명사가 와야 한다. 따라서 (b)가 정답이다.

4
Peters 씨는 그 면접자가 다른 지원자들 보다 더 인상적이었다고 말했다.
(a) apply
(b) applying
(c) applicant

해설 job applicant는 '구직자'라는 의미의 복합명사이다.

예상 적중 문제 01 p.018

☀ MORE & MORE

1 (O)
2 (O)
3 (O)

1. 몇몇 회사들은 첨단 기술을 사용하여 상품들을 생산한다.
2. Jacobs 씨는 잠재 고객들에게 보여주기 위해서 몇 가지 견본들을 만들었다.
3. 지난 3개월 동안 직원들의 생산성이 향상되었다.

어휘 advanced 진보된 potential 잠재적인

예상 적중 문제 02 p.019

☀ MORE & MORE

1 (O)
2 (×) analyze → analyzed
3 (O)

1. 그 과학자는 결과를 신중하게 검토하기 위해 분석가에게 연락했다.
2. 결함이 없다는 것을 확실하게 하기 위해서 그 상품들은 분석되어야 한다.
3. 신중한 데이터 분석은 그 이론이 틀렸다는 것을 보여 줄 것이다.

예상 적중 문제 03 p.020

☀ MORE & MORE

1 (O)
2 (×) lining → line
3 (O)

1. 수천 명의 사람들이 행진을 위해 거리에 줄을 서 있었다.
2. 티켓을 사기 위해 기다리는 사람들의 긴 줄이 있다.
3. 그 정기선은 지금 해외로 상품을 운송하는 중이다.

예상 적중 문제 04 p.021

☀ MORE & MORE

1 (×) propose → proposal
2 (O)
3 (×) proposal → proposed

1. Jenkins 씨의 제안은 모든 팀원들에게 빠르게 수용되었다.
2. 요금이 상승할 것이라는 그 제안은 받아들여지지 않을 것으로 생각되었다.
3. 그 부서장은 계약을 논의하기 위해 그들이 만날 것을 제안했다.

어휘 director (부서의) 책임자 contract 계약

Ⅱ 형용사

1 (b)	2 (b)	3 (c)	4 (a)

1
시의회는 Third 가의 공터에 주민 자치 센터를 짓기로 결정했다.
(a) vacancy
(b) vacant
(c) vacantly

해설 빈칸에는 명사 lot을 수식할 수 있는 형용사가 들어가야 하므로 vacant가 정답이다.

2
그 기계 기술자는 수년간의 고된 노력 덕분에 솜씨가 매우 좋아졌다.
(a) skill
(b) skillful
(c) skillfully

해설 동사 become은 주격보어를 필요로 하므로 형용사인 skillful이 정답이다.

3
시에서는 그곳에서 할 수 있는 활동들에 대한 여러 개의 소책자를 제공하고 있다.
(a) availing
(b) availed
(c) available

해설 빈칸은 명사인 activities를 꾸며주는 형용사 자리이다. –able로 끝나는 형용사는 명사 뒤에서 수식할 수 있다.

4
Judy는 모든 사람이 좌석 배치를 마음에 들어 하도록 신중한 노력을 기울이고 있다.
(a) deliberate
(b) deliberated
(c) deliberately

해설 빈칸이 관사와 명사 사이에 있으므로 형용사인 deliberate가 정답이다.

예상 적중 문제 05   p.024

☀ **MORE & MORE**

1 (○)
2 (×) dramatism → dramatic
3 (○)

1. 내일 밤 드라마 공연의 티켓이 여전히 남아 있다.
2. 연극에서 그녀의 인상적인 연기는 비평가들에게 극찬을 받았다.
3. 관리자는 좋지 않은 소식을 들었을 때 엄청나게 한숨을 쉬었다.

어휘 performance 연기   applaud 박수를 보내다; 칭찬하다 critic 비평가

예상 적중 문제 06   p.025

☀ **MORE & MORE**

1 (×) extend → extension
2 (○)
3 (×) extends → extend

1. 최고경영자는 경쟁사와의 협상의 연장에 합의했다.
2. 건물에서 길까지 전체에 뻗어 있는 펜스가 있다.
3. Thompson 씨는 호텔에서 머무는 기간을 3일 더 연장하기를 원한다.

어휘 negotiation 협상, 교섭

예상 적중 문제 07   p.026

☀ **MORE & MORE**

1 (○)
2 (○)
3 (○)

1. 그녀는 프로젝트를 완료하는 데 인턴 사원을 도와줄 정도로 사려 깊었다.
2. Richards 씨는 회사에서 가장 뛰어난 엔지니어들 중 한 명으로 여겨진다.
3. 임무와 관련된 어려움들을 고려할 때, 우리는 그런대로 괜찮은 업무를 수행했다.

어휘 assignment 임무, 과제   be involved in ~와 관련되다 acceptable 받아들일 만한

예상 적중 문제 08   p.027

☀ **MORE & MORE**

1 (○)
2 (×) alternated → alternating
3 (×) alters → alter

1. 지시 사항을 변경하지 마세요, 그렇지 않으면 문제가 생길 것입니다.
2. 두 남자는 지루함을 느끼지 않도록 자신들의 임무를 서로 변경한다.
3. 컴퓨터 프로그램들은 가끔씩 사람들의 개인 정보를 변경한다.

Ⅲ 부사

Check-up Quiz 🎧! p.028

1 (c)	2 (b)	3 (a)	4 (c)

1

Andrea Dawkins는 항상 20분 일찍 사무실에 도착한다.

(a) consistent

(b) consistency

(c) consistently

어휘 consistently 일관되게, 항상

해설 빠진 문장 성분이 없으므로 빈칸에는 수식어가 들어가야 한다. 정답은 arrives를 수식할 수 있는 부사인 (c)의 consistently이다.

2

3주 동안 힘들게 일한 후, Vernon 씨는 마침내 프로젝트를 끝냈다.

(a) final

(b) finally

(c) finalize

해설 동사 finished를 수식하기 위한 부사 finally가 필요하다.

3

당신은 적극적인 태도를 가지고 열심히 일할 수 있어야 한다.

(a) hard

(b) hardly

(c) harden

해설 '열심히'라는 의미인 부사인 hard가 정답이다.

4

그녀는 최근에 두 프로젝트에서 동시에 일하고 있다

(a) late

(b) later

(c) lately

해설 late는 '늦게', lately는 '최근에'라는 의미의 부사인데, 빈칸에 사용되기에 의미상 적절한 것은 lately이다.

예상 적중 문제 09 p.030

☀ **MORE & MORE**

1 (○)

2 (×) forced → forcefully

3 (○)

1. 사람들이 관심을 가지고 있지 않은 활동을 하도록 강요하는 것은 옳지 않다.

2. 그녀가 문을 힘차게 밀었을 때, 마침내 문이 떨어져서 열렸다.

3. 관리자는 사람들이 귀를 기울이도록 하기 위해서 강한 목소리로 말할 수 있다.

어휘 activity 활동 unstuck 떨어진

예상 적중 문제 10 p.031

☀ **MORE & MORE**

1 (○)

2 (×) swift → swiftly

3 (×) swiftest → swifter

1. 당신이 신속하게 일할수록, 오늘 더 빨리 일을 끝낼 수 있다.

2. 그 경주에 참가한 남자들은 매우 빠르게 달릴 수 있다.

3. Jack은 경주에서 달린 두 사람 중에서 더 빠르다.

예상 적중 문제 11 p.032

☀ **MORE & MORE**

1 (×) short → shortest

2 (○)

3 (○)

1. 그 회의는 영업부의 월간 회의들 중에서 가장 짧았다.

2. 나는 곧 그 고객을 도울 수 있다.

3. Bill은 저쪽에 서 있는 두 남자들보다 작다.

어휘 alter 변경하다 instruction 지시 사항 swiftly 신속하게

예상 적중 문제 12 p.033

☀ **MORE & MORE**

1 (○)

2 (○)

3 (×) equalize → equalizing

1. 두 사람 모두 프로젝트에서 동일한 양의 업무를 수행해야 한다.

2. 판사에 의해 법의 평등이 문제로 제기되었다.

3. 모든 참가자들의 점수가 서서히 같아지고 있다.

어휘 call into question 문제 삼다 judge 판사 competitor 경쟁자, 참가자

예상 적중 문제 13-16 p.035

☀ **MORE & MORE**

1 (×) was requiring → were requiring

2 (○)

3 (×) which → where

1. 많은 회사들이 직원들에게 아침 일찍 출근할 것을 요구했다.

2. 그 컴퓨터 프로그램은 계획된 그대로 정확하게 작동했다.

3. 이곳은 주지사가 태어난 마을이다.

어휘 establishment 기관, 시설, 회사 be supposed to ~하기로 되어 있다 governor 주지사

Unit 02 | 연결어

I 명사절 접속사와 부사절 접속사

Check-up Quiz ✓✓!　　　　　　　p.038

| 1 (a) | 2 (a) | 3 (c) | 4 (a) |

1
그 건물에서 작업했던 엔지니어들은 건물에 결함이 있다고 믿는다.
(a) that
(b) which
(c) what

해설 believe의 목적어 역할을 하는 명사절이 필요하다. 정답은 명사절을 이끌 수 있는 접속사인 (a)의 that이다.

2
Devlin 씨는 그가 평소에 어느 렌터카 대리점을 이용하는지 기억하지 못한다.
(a) which
(b) how
(c) where

해설 빈칸 뒤에 명사가 있으므로 의문형용사 which가 정답이다.

3
신규 계약을 빨리 성사시키지 못하면, 그 회사는 파산을 선언할 가능성이 크다.
(a) Because
(b) If
(c) Unless

해설 '신규 계약을 성사시키는 것'과 '파산을 선언하는 것'의 관계를 생각해 보면, 빈칸에는 '~하지 않는다면'이라는 의미의 접속사인 unless가 와야 한다.

4
도서관은 폭풍으로 입은 피해를 복구하기 위해 문을 닫았다.
(a) during
(b) when
(c) while

해설 빈칸부터 storm까지는 전치사구이므로 빈칸에는 전치사인 (a)의 during이 들어가야 한다. 'the storm could be repaired'를 문장으로 착각해서는 안 된다.

예상 적중 문제 01　　　　　　　p.040

☼ MORE & MORE

1 (O)
2 (O)
3 (×) However → Because, Since

1. 좋지 않은 날씨에도 불구하고, Chambers 씨는 제시간에 사무실에 도착했다.
2. 여행 중에 조심하세요; 그렇지 않으면, 당신은 사고를 당할 수도 있습니다.
3. Rogers 씨가 자신의 직책에서 사임했기 때문에, Watson 씨가 승진했다.

어휘 resign 사임하다　promotion 승진

예상 적중 문제 02　　　　　　　p.041

☼ MORE & MORE

1 (×) consequently → however, nevertheless
2 (O)
3 (O)

1. 하루 종일 많은 비가 내렸다; 하지만, 야유회는 취소되지 않았다.
2. Davidson 사에서 만든 제품들은 인기가 더 좋아졌지만, 여전히 찾기 힘들다.
3. 당신이 정말로 모든 것을 망쳐 놓았다; 다시 말해, 당신은 실수했기 때문에 곤경에 처한 것이다.

어휘 mess up 엉망으로 만들다, 망치다

예상 적중 문제 03　　　　　　　p.042

☼ MORE & MORE

1 (O)
2 (O)
3 (×) Therefore → Because, Since

1. 회사가 충족시켜야 할 여러 건의 주문이 있어서 조립 라인이 하루 종일 가동 중이다.
2. 회의는 연기될 수도 있다; 하지만, 우리는 그러한 상황을 피하려고 노력할 것이다.
3. 그녀에게 충분한 돈이 없어서, 그녀는 새 차를 구입할 수 없다.

예상 적중 문제 04　　　　　　　p.043

☼ MORE & MORE

1 (O)
2 (×) in other words → as a result
3 (×) as long in → as long as

1. 내일 선거가 있을 것이다; 하지만, Thomas 씨는 투표하지 않을 생각이다.
2. 올여름에 비가 내리지 않았다; 그 결과, 농작물이 잘 자라지 않을 것이다.
3. 내가 기억하는 한, Hampton 씨는 그 집에서 살았다.

어휘 on time 제시간에　be famous for ~으로 유명하다
museum 박물관

Ⅱ 등위접속사와 상관접속사

1 (a)	2 (a)	3 (c)	4 (b)

1
컴퓨터 시스템이 마비되어 전문가에 의한 전체적인 점검이 필요했다.
(a) and
(b) so
(c) for

해설 동사인 failed와 required를 연결할 수 있는 접속사는 (a)의 and이다. (b)의 so와 (c)의 for는 절과 절만을 연결할 수 있다.

2
다른 문제들은 그 회사가 거의 파산 직전에 있다는 점과 가장 뛰어난 몇몇 직원들이 퇴사했다는 것이다.
(a) and
(b) or
(c) but

해설 두 가지 문제점을 지적하고 있으므로 빈칸에는 (a)의 and가 와야 한다. and가 절과 절을 연결하고 있다.

3
Smith 씨와 Burns 씨 둘 다 회의에 참석했던 그 사람을 알지 못했다.
(a) Both
(b) Either
(c) Neither

해설 Mr. Smith와 Ms. Burns 사이에 nor가 있으므로 빈칸에는 neither가 와야 한다.

4
당신의 관리자는 추천서 양식뿐만 아니라 상의 목록도 가지고 있을 것이다.
(a) as long as
(b) as well as
(c) as far as

해설 '~뿐만 아니라'라는 의미가 되어야 하므로 (b)가 정답이다.

예상 적중 문제 05   p.046

☼ MORE & MORE

1 (×) but → because
2 (×) and → nor
3 (○)

1. Parker 씨는 현재의 직장이 마음에 들지 않아서 새로운 직장에 지원했다.
2. Jeff와 Sarah 둘 다 과제를 완수할 수 없었다.
3. 그들은 시장에 쇼핑하러 가서 그곳에서 몇 가지 품목을 구입했다.

예상 적중 문제 06   p.047

☼ MORE & MORE

1 (○)
2 (○)
3 (×) nor → or

1. Christie 씨는 최고경영자일뿐만 아니라, 그는 회사의 소유주이다.
2. Matthew와 Jenny 둘 다 콘서트 티켓을 구매할 의향이 없다.
3. 계약은 ERP 사나 Jackson 컨설팅에 돌아갈 것이다.

예상 적중 문제 07   p.048

☼ MORE & MORE

1 (×) such → so
2 (×) so → such
3 (×) either → both

1. 제안서에 많은 문제점들이 있어서 그것은 다시 작성되어야 한다.
2. Sue는 열정적인 사람이어서 항상 자신을 계발하려고 노력한다.
3. Joe는 이곳으로 돌아오기 전에 구내 식당과 휴게실에 들를 것이다.

어휘 intense 열정적인   cafeteria 구내 식당   lounge 라운지

예상 적중 문제 08   p.049

☼ MORE & MORE

1 (×) either → both
2 (×) Neither → Either
3 (○)

1. Simmons 씨는 프랑스어와 스페인어를 모두 할 수 있다.
2. David Thomas나 Peter Crisp이 기조연설을 할 것이다.
3. 각각의 행사 참가자는 등록비를 지불했다.

어휘 attendee 참가자   registration fee 등록비

Ⅲ 관계사

1 (b)	2 (c)	3 (a)	4 (b)

1
Haught 씨는 다른 사람들보다 똑똑해 보이는 엔지니어를 채용했다.
(a) whose
(b) who
(c) whom

해설 빈칸 뒤에 동사가 있으므로 주격관계대명사인 (b)가 정답이다.

2

갑자기 발생한 기내 위급 상황 때문에 비행기는 가장 가까운 공항에 착륙할 것이다.

(a) who

(b) what

(c) that

해설 빈칸 뒤에 주어가 없는 절이 이어지므로 주격관계대명사를 정답으로 골라야 한다. 선행사가 emergency이므로 정답은 that이다.

3

그 자선 단체는, 유기견을 돕는 곳인데, 건물의 확장을 필요로 한다.

(a) which

(b) that

(c) what

해설 빈칸은 주격관계대명사가 와야 하는 자리이며 선행사가 organization이므로 정답은 (a)의 which이다. 계속적 용법이므로 that은 사용될 수 없다.

4

그 지원자는 회계 부서장에게 연락할 수 있는 방법을 알고 싶어 한다.

(a) what

(b) how

(c) which

해설 선행사가 없고 빈칸 뒤에 완전한 절이 이어지고 있으므로 관계부사인 (b)의 how가 정답이다.

예상 적중 문제 09
p.052

☼ MORE & MORE

1 (O)

2 (×) whose → who is

3 (O)

1. 이것은 Anderson 씨가 최근에 끝낸 보고서이다.

2. 야유회에 누가 참석할 것인지는 아직 아무도 확실히 모른다.

3. 이 정보를 누구에게 이메일로 보내야 할까요?

예상 적중 문제 10
p.053

☼ MORE & MORE

1 (×) what → that, which

2 (O)

3 (O)

1. Paulson Electronics는 에너지 효율이 좋은 전구를 개발한 회사이다.

2. Moline은 새 공장이 건설될 도시의 명칭이다.

3. 그 기기가 어떻게 작동되어야 하는지 설명해 주세요.

예상 적중 문제 11
p.054

☼ MORE & MORE

1 (×) that → which

2 (×) how → when

3 (O)

1. 새 사무실은, 3층에 있는데, 공원이 보이는 좋은 전망을 갖고 있다.

2. 배달원이 어제 언제 소포를 배송했는지 기억하고 있는 사람은 없다.

3. 이제 대부분의 직원들이 업무를 마칠 시간이다.

예상 적중 문제 12
p.055

☼ MORE & MORE

1 (O)

2 (O)

3 (×) what → why

1. 남자가 낸 벌금은 약 50달러이다.

2. 최근에 개봉한 그 영화는 큰 인기를 끌 것으로 기대된다.

3. 형편없는 고객서비스는 그 회사가 금전적인 손실을 보고 있는 이유이다.

예상 적중 문제 13-16
p.057

☼ MORE & MORE

1 (×) diligent → diligently

2 (×) they → them

3 (O)

1. Cindy는 다른 어떤 직원들보다 근면하게 근무했다.

2. Powers 씨는 회계사들에게 나중에 그들에게 이야기를 하겠다고 약속했다.

3. 거래는 성사되지 않았다; 하지만, 우리는 회사의 미래에 대해 낙관적이다.

어휘 diligently 근면하게, 부지런히 optimistic 낙관적인

Unit 01-02 | 연습 문제
p.058

1 (B)	2 (C)	3 (A)
4 (C)	5 (B)	6 (C)
7 (A)	8 (B)	9 (A)
10 (A)	11 (C)	12 (B)
13 (A)	14 (C)	15 (C)
16 (C)	17 (D)	18 (C)
19 (A)	20 (B)	21 (B)
22 (A)	23 (D)	24 (C)

1

Thompson 씨의 검토 후 Beachside 타워의 도면이 어디에 놓였는지 아무도 기억하지 못한다.

(A) how
(B) where
(C) when
(D) that

어휘 blueprint 청사진, 도면   review 검토하다

해설 빈칸 뒤에는 완전한 절이 이어지고 있는데, 빈칸 뒤의 절에서 동사 put이 전치사 없이 사용된 것으로 보아 '전치사 + 관계대명사'를 대신할 수 있는 관계부사를 정답으로 골라야 한다. 의미상 '장소'를 나타내는 (B)의 where가 정답이 된다.

2

Klein 씨는 그 일에 가장 적격인 사람이므로, 회사에서는 그에게 직책을 제안했다.

(A) if
(B) because
(C) so
(D) however

어휘 qualify 자격을 주다, 적격으로 하다   position 직위

해설 'Klein 씨가 그 직책에 가장 적합한 사람이다'라는 의미와 '회사에서 그에게 그 직책을 제안했다'라는 의미는 인과관계로 연결되는 것이 가장 자연스럽다. 따라서 정답은 '따라서' 혹은 '그래서'라는 '결과'의 의미를 나타내는 (C)의 so가 된다.

3

Martinsville에는 지난밤에 폭우가 내렸고, 이는 Ermine 강의 범람을 일으켰다.

(A) heavy
(B) heavily
(C) heave
(D) heaviest

어휘 rainfall 강우량   flood 범람하다   heave 들어 올리다

해설 빈칸에는 명사인 rainfall(강수)을 수식할 수 있는 형용사가 들어가야 하므로 정답은 (A)의 heavy(심한, 세찬)가 된다. (D)의 heaviest는 heavy의 최상급으로 의미상 주어진 문장과 어울리지 않으며, 문법적으로도 빈칸 앞에 the가 없기 때문에 정답이 될 수 없다.

4

James Masters가 담당했기 때문에 McDowell의 송년회 준비는 잘 진행되고 있다.

(A) Prepare
(B) Preparing
(C) Preparations
(D) Prepared

어휘 gala 축제   proceed 진행되다   preparation 준비

해설 동사가 are proceeding이므로 빈칸은 주어 자리이다. 따라서 정답은 (C)의 Preparations이다. 동사가 복수형인 are이며, 빈칸

뒤에 전치사가 있으므로 동명사인 (B)의 Preparing은 정답이 될 수 없다.

5

모든 직원들은 상사에게 승인을 받은 후에 휴가를 갈 수 있다.

(A) approve
(B) approval
(C) approving
(D) approved

어휘 employee 고용인, 직원   supervisor 관리자   go on vacation 휴가를 가다   approval 승인; 찬성   approving 찬성하는

해설 전치사구인 from their supervisor와 접속사절인 before they can go on vacation을 제외하면 정답을 쉽게 찾을 수 있다. 즉, 빈칸에는 receive의 목적어가 될 수 있는 단어가 들어가야 하므로 '승인' 혹은 '찬성'이라는 의미를 가진 (B)의 approval이 정답이다.

6

Martin 씨와 Thomas 씨는 시상식에 참석할 것이지만, Stetson 씨는 갈 시간이 없다.

(A) so
(B) or
(C) yet
(D) and

어휘 attend 참석하다   awards ceremony 시상식

해설 빈칸 이전의 '시상식에 참석할 것이다'라는 내용과 빈칸 이후의 '갈 시간이 없다'는 내용은 서로 상반된 의미를 나타내고 있으므로 빈칸에는 역접의 의미를 나타내는 접속사가 들어가야 한다. 따라서 정답은 '그러나'라는 의미를 가지고 있는 (C)의 yet이 된다.

7

Julie의 면밀한 관찰 덕분에, 기계의 문제점이 발견되었다.

(A) close
(B) closing
(C) closest
(D) closely

어휘 observation 관찰   machine 기계   detect 발견하다   close 면밀한

해설 빈칸에는 명사인 observations(관찰)를 수식할 수 있는 형용사가 들어가야 한다. close가 '닫다'라는 동사 이외에 '가까운' 또는 '면밀한'이라는 뜻의 형용사로도 사용될 수 있다는 것을 알고 있으면 비교적 쉽게 풀 수 있는 문제이다. 따라서 정답은 (A)의 close이다.

8

Walker 씨는 컨퍼런스에서 그녀의 연설의 일부분을 잊어버렸을 때 당황했다.

(A) embarrass
(B) embarrassed
(C) embarrassment
(D) embarrassing

어휘 speech 연설   embarrass 당황하게 하다

해설 빈칸은 동사 became의 보어가 와야 하는 자리이므로, 동사인 (A)는 정답에서 제외된다. 주어인 Walker 씨가 명사인 embarrassment(난처한 상황)가 될 수는 없으므로 (C) 또한 오답이다. 형용사인 (B)와 (D) 중에서 정답을 골라야 하는데, embarrassing은 '(남을) 당황하게 만드는', embarrassed는 '당황한'이라는 의미이다. 따라서 '연설의 일부를 잊은 경우'에 느낄 수 있는 감정을 나타낸 (B)의 embarrassed가 정답이다.

9

정비사는 휴식이 끝나자마자 차량의 엔진을 점검할 것이다.

(A) mechanic
(B) mechanism
(C) mechanical
(D) mechanics

어휘 mechanic 정비사, 수리공 take a look at ~을 살펴보다 as soon as ~하자마자 break 휴식 mechanics 기계학, 역학

해설 빈칸 앞에 관사 the가 있고 빈칸 다음에는 be동사인 is가 있으므로 빈칸에는 단수 명사가 들어가야 한다. 하지만 형용사인 (C)의 mechanical(기계적인)을 제외하면 나머지 보기 모두가 명사이므로 문장의 의미를 파악한 후에 정답을 선택해야 한다. (A)의 mechanic은 '정비사', (B)의 mechanism은 '기계 장치', 그리고 (D)의 mechanics는 '기계학'이라는 의미이므로, take a look at the car's engine(자동차의 엔진을 살펴보다)이라는 어구와 어울릴 수 있는 단어는 (A)뿐이다.

10

3일 동안 폭설이 내렸다; 그 결과, 도시의 거의 모든 도로에서 자동차들이 다닐 수 없었다.

(A) as a result
(B) moreover
(C) because
(D) nevertheless

어휘 heavy snow 폭설 moreover 게다가 nevertheless 그럼에도 불구하고

해설 '3일 동안 폭설(heavy snow)이 내렸다'라는 것은 '자동차들이 시내 도로에서 운행을 하지 못했다'라는 사실의 원인으로 볼 수 있다. 그러므로 정답은 '그 결과로' 혹은 '따라서'라는 의미를 지닌 (A)의 as a result가 된다.

11

건물의 건축 공사가 시작된 이후에는 시위자들이 현장에 있는 것은 허가되지 않을 것이다.

(A) soon
(B) during
(C) after
(D) later

어휘 protester 시위자 permit 허가하다

해설 빈칸 다음에 주어인 construction on the building과 동사 has begun이 있으므로 빈칸에는 절을 이끌 수 있는 접속사가 들어가야 한다. 따라서 정답은 시간의 의미를 나타내는 접속사인 (C)의 after(이후에)이다.

12

계산이 잘못된 것 같아서, 공학자는 숫자들을 모두 다시 더해 보았다.

(A) calculate
(B) calculations
(C) calculated
(D) calculating

어휘 appear ~으로 보이다 engineer 공학자, 기사

해설 동사 appeared와 어울리면서 관사 the와 함께 쓰일 수 있는 것은 (B)의 calculations(계산) 밖에 없으므로 정답은 (B)이다.

13

누구도 그 정치 집회에 참석한 사람들의 정확한 수를 측정할 수 없었다.

(A) precise
(B) precisely
(C) precision
(D) preciseness

어휘 attend 참석하다 rally 집회 determine 측정하다 precise 정확한 precision 정밀함, 꼼꼼함 preciseness 정확함, 명확함

해설 빈칸에는 number를 수식할 수 있는 형용사가 들어가야 하는데, 보기 중에서 형용사는 (A)의 precise(정확한)밖에 없으므로 (A)가 정답이다.

14

거주자들은 화재나 사고가 있을 경우 이를 신고하기 위해 구급 전화번호로 연락해야 한다.

(A) whether
(B) and
(C) in case
(D) which

어휘 resident 거주자 request 요청하다 emergency number 구급 전화번호 report 신고하다

해설 in case의 쓰임에 대해 알고 있어야 풀 수 있는 문제이다. in case는 마치 하나의 접속사처럼 사용되어 '~하는 경우에' 혹은 '~하는 경우를 대비하여'라는 의미를 갖는다. 따라서 '화재나 사고가 발생하는 경우에'라는 의미를 완성시키기 위해서는 (C)의 in case가 빈칸에 들어가야 한다.

15

계약서에 수많은 문제점들이 있어서, 변호사들은 그것을 변경해야 한다.

(A) number
(B) numerical
(C) numerous
(D) numbers

어휘 contract 계약, 계약서 lawyer 변호사 numerical 수의

해설 명사 problems(문제)를 수식할 수 있는 형용사가 빈칸에 들어가야 한다. 따라서 문법적으로만 보면 (B)의 numerical(수의)과 (C)의 numerous(수많은)가 정답이 될 수 있는데, 의미상 problems를 수식하기에는 '많은'이라는 뜻을 가진 (C)의 numerous가 더욱 적절한 형용사이다. 따라서 정답은 (C)이다.

16

근무 경력이 1년 이하인 직원들은 상사가 허가해 주지 않는다면 출장을 갈 수 없다.

(A) otherwise
(B) since
(C) unless
(D) despite

어휘 supervisor 관리자 permission 허가 otherwise 그렇지 않으면 despite ~에도 불구하고

해설 '출장을 갈 수 없다'는 내용과 '허가를 받다'라는 내용이 자연스럽게 연결되어야 하는데, 빈칸에는 if ~ not의 의미를 가진 접속사, unless가 들어가야 '허가를 받지 않으면'이라는 조건의 의미가 자연스럽게 완성된다. 따라서 정답은 (C)이다.

PART 6

[17-20]

수신: Carol Hooper ⟨carolh@goldenrod.com⟩
발신: Harold Weaver ⟨harold_weaver@dailyherald.com⟩
제목: 중요한 소식
날짜: 10월 12일

친애하는 Hooper 씨께,

구독을 변경해 달라는 귀하의 요청이 접수되었습니다. 귀하께서는 더 이상 토요일과 일요일에 *Daily Herald*를 받지 않으실 겁니다. 그 대신 10월 14일부터는 주중 매일 귀하의 댁에 신문이 도착할 것입니다.

저희의 모든 구독자 분들께서는 온라인으로 보관 기사들을 접하실 수 있다는 사실을 알려 드립니다. 이제 귀하께서는, *Daily Herald*가 설립된 해인, 1933년까지 거슬러 올라가는 기사들을 읽으실 수 있습니다. 이곳을 클릭하시면 읽으실 수 있습니다.

배달이나 기타 문제를 겪으시는 경우, 이메일이나 555-9122로 저에게 연락해 주시기 바랍니다. 저희 신문을 계속해서 구독하시기를 바랍니다.

Harold Weaver 드림

Daily Herald 구독 담당 매니저

어휘 archive 기록 보관소 available 이용할 수 있는 establish 설립하다 regarding ~에 관한 delivery 배송

17

(A) 저희는 당장 귀하의 구독을 취소시킬 것입니다.
(B) 저희 신문을 구독하시게 된 것을 환영합니다.
(C) 저희와 함께 일하는 데 관심을 가져 주셔서 감사합니다.
(D) **구독을 변경해 달라는 귀하의 요청이 접수되었습니다**

어휘 cancel 취소하다 at once 즉시, 당장 welcome 환영하는 alter 변경하다

해설 빈칸 뒤의 내용은 *Daily Herald*의 배달일이 주말에서 주중으로 변경된다는 것이다. 이는 구독의 변경 사항이라고 볼 수 있으므로 정답은 (D)이다.

18

(A) As soon as
(B) With respect to
(C) Instead
(D) Consequently

해설 빈칸 앞 문장은 *Daily Harald*가 토요일과 일요일에 배달되었다는 내용이며, 빈칸 뒤는 10월 14일부터 해당 신문이 주중 매일 배달된다는 내용이다. 따라서 빈칸에는 '대신에'라는 뜻인 (C)의 instead가 와야 한다.

19

(A) complete
(B) completion
(C) completely
(D) completes

해설 빈칸은 명사인 archives를 꾸밀 수 있는 수식어가 와야 하는 자리이다. 보기 중에서 명사를 수식할 수 있는 것은 (A)의 complete뿐이므로 정답은 (A)이다.

20

(A) regard
(B) encounter
(C) remove
(D) appear

해설 배달과 관련된 문제를 _____할 경우 연락을 해달라는 의미의 문장이다. 즉, '문제가 생길 경우'와 같은 의미가 되어야 하므로 '맞닥뜨리다', '만나다'라는 뜻인 (B)의 encounter가 빈칸에 오기에 가장 적절하다.

[21-24]

받는 사람: 영업부 사원
보내는 사람: Sal Marino, 관리자, 영업부
제목: 전근

여러분들 중 몇몇이 다른 지역으로의 전근에 관심을 갖고 있다는 사실에 주목하게 되었습니다. 여러분이 그렇게 하고 싶다면, 이번 주가 끝날 때까지 저에게 알려 주세요. **다른 지점들에 몇몇 공석들이 있습니다.** 이들 중 몇몇은 우리 주 내에 있지만, 대부분은 다른 주에 있습니다. 해외 지사에도 공석이 세 개 있습니다.

여러분이 전근을 신청하더라도, 한 자리를 배정받는다는 보장은 없습니다. 여러분은 동일한 직책에 지원한 다른 직원들과 경쟁하게 될 것입니다. 여러분이 필요로 할 경우에는 제가 추천서를 써 드릴 것입니다.

어휘 opening 공석 branch 지점, 지사 request 신청하다 guarantee 보장 post 지위, 직

21

(A) do
(B) to do
(C) doing
(D) having done

해설 wish는 목적어로 to부정사를 취하는 대표적인 동사들 중 하나이다. 따라서 정답은 to부정사 형태를 갖추고 있는 (B)의 to do이다.

22

(A) 다른 지점들에 몇몇 공석들이 있습니다.

(B) 가능한 자리들은 국내 사무실에만 있습니다.

(C) 그것들은 선착순으로 지원할 수 있습니다.

(D) 그것이 기한이 연기된 이유입니다.

해설 지문의 첫 부분에서 '몇몇 직원들이 전근에 관심을 갖고 있다'고 언급되었으므로 전근과 관련된 내용의 보기를 골라야 한다. 그리고 빈칸 바로 뒤 문장의 주어인 'Some of them'이 가리키는 단어로 적절한 것은 (A)의 'a few openings'와 (B)의 'spots'이다. 그런데 (B)는 국내 사무실에만 공석이 있다는 의미이므로, 첫 번째 문단의 마지막 문장의 내용인 '해외 지사에도 세 개의 공석이 있다'는 내용과 일치하지 않는다. 따라서 정답은 (A)이다.

23

(A) racing

(B) attempting

(C) trying

(D) competing

해설 앞 문장에서 '전근을 신청하더라도 한 자리를 배정받는다는 보장은 없다'고 했으므로, 주어진 문장에서는 그에 대한 이유를 언급하는 것이 적절하다. 전근이 보장되지 않는 이유는 '다른 직원들과의 경쟁' 때문이라고 말하는 것이 가장 자연스러우므로 정답은 '경쟁하다'라는 의미인 (D)의 competing이다.

24

(A) recommend

(B) recommended

(C) recommendation

(D) recommending

해설 빈칸 앞에 전치사 of가 있으므로 빈칸에는 of의 목적어 역할을 할 수 있는 명사가 들어가야 한다. 따라서 정답은 명사 형태를 갖추고 있는 (C)의 recommendation(추천)이다. 'letter of recommendation'은 자주 사용되기 때문에 기억해 두어야 한다.

Unit 03 | 동사

Ⅰ 수 일치

1 (b)　　2 (b)

1

Hampton 전자가 비어 있는 구역으로 입점하면, Rockville 쇼핑몰에는 더 이상 빈 공간이 없을 것이다.

(a) move

(b) moves

(c) moving

어휘 empty 비어 있는　renter 임차인　vacancy 빈 공간, 빈 곳

해설 주어인 Hampton Electronics는 고유명사인데, 고유명사는 단수로 취급한다. 따라서 정답은 (b)의 moves이다.

2

지역의 많은 학교들이 컴퓨터 시설을 업그레이드했다.

(a) has upgraded

(b) have upgraded

(c) having upgraded

해설 in the local area는 수식어일 뿐이므로 동사를 빈칸 앞의 area에 일치시켜서는 안 된다. 문장의 주어는 Many schools이므로 복수 동사인 (b)가 정답이다.

☀ **MORE & MORE**

1 (×) are → is

2 (O)

3 (×) have → has

1. Midas 씨는, 관리자들 중 한 명인데, 지금 고객과 만나고 있다.

2. 작업 팀의 모든 사람은 연수에 참가해야 한다.

3. 주말 세미나에 등록한 사람은 거의 없다.

어휘 customer 고객　training session 연수　register 등록하다

☀ **MORE & MORE**

1 (×) is → are

2 (O)

3 (O)

1. Jackson 인터내셔널의 여러 직원들은 신규 프로젝트를 수행하고 있다.

2. Worthy 씨는 그에게 발송된 서류를 받았다.

3. 모든 지원자들은 면접위원회로부터 연락을 받았다.

어휘 form 서식, 양식　applicant 지원자　committee 위원회

☀ **MORE & MORE**

1 (O)

2 (×) moving → move

3 (O)

1. 우리는 월말에 새로운 건물로 이사하려고 한다.

2. 겨울에 이사하는 것은 날씨 때문에 어려울 수도 있다.

3. 그 고객은 직원들 중 한 명으로부터 그녀의 차량을 이동해달라는 요청을 받았다.

II 시제

1 (c)   **2** (c)   **3** (a)   **4** (a)

1

엔지니어들은 어제 워크샵에서 새로운 절차에 대해 배웠다.

(a) is taught

(b) are taught

(c) were taught

해설 문장 맨 뒤에 과거를 의미하는 'at yesterday's workshop' 이라는 표현이 있으므로 정답은 (c)이다.

2

수요일 오후 2시에 George Wilson 박사가 강당에서 강의할 것이다.

(a) giving

(b) gave

(c) will be giving

해설 빈칸은 동사 자리인데, 문장 맨 앞에 미래 시점을 의미하는 '이번 주 수요일 오후 2시에'가 있으므로 미래진행형인 (c)가 정답이다.

3

Marcus는 그의 요구들 중 하나라도 충족된다면 그 제안에 동의할 것이다.

(a) is

(b) will be

(c) be

해설 시제 일치 예외 문제로서, 조건절의 시제는 현재 시제가 미래 시제를 대신한다.

4

James Walker는 매니저가 자신에게 초과 근무를 요구하자 눈에 띄게 화를 냈다.

(a) work

(b) worked

(c) will work

해설 insist 뒤에 명사절이 이어질 경우 동사는 원형이어야 한다.

예상 적중 문제 04   p.070

☀️ MORE & MORE

1 (×) included → including

2 (○)

3 (×) is including → includes

1. Murphy 씨는 누군가가 그녀에게 연락하기를 원할 경우에 대비하여 그녀의 개인 정보를 포함시켰다.

2. 판매자는 소포에 추가적인 제품을 포함시켰다.

3. 참가자들의 명단에는 James Greene과 Deanna Morris가 모두 포함되어 있다.

예상 적중 문제 05   p.071

☀️ MORE & MORE

1 (○)

2 (×) will raise → to raise

3 (○)

1. 그 단체는 지난 3개월 동안 많은 액수의 돈을 모금했다.

2. Wright 씨는 연구 수행에 충분한 액수를 모금하고 싶어 한다.

3. 자선단체를 위한 모금을 하는 것은 그 신설 기구의 주요 목적이다.

어휘 raise money 모금하다   primary 주된, 주요한   objective 목적   organization 조직, 기구

예상 적중 문제 06   p.072

☀️ MORE & MORE

1 (×) increases → increased

2 (○)

3 (×) was increasing → were increasing

1. 기온이 오르면서, 많은 사람들이 해변으로 가기 시작했다.

2. 경기 때문에 거의 매일 주식 시장이 상승하는 중이다.

3. 금과 은의 가격은 여러 해 전에 상승 중이었다.

예상 적중 문제 07   p.073

☀️ MORE & MORE

1 (○)

2 (×) starting → started

3 (×) to start → start

1. 일정표에 따르면, 첫 번째 연설은 20분 후에 시작한다.

2. 그 인턴 사원은 파일들을 정리하는 업무를 시작했다.

3. Peter Davis는 인사부서의 직원과 이야기를 나누면서 그의 조사를 시작해야 한다.

III 태

1 (c)   **2** (c)   **3** (b)   **4** (a)

1

다른 사람들이 발언할 수 있도록 5분이 넘는 발언은 중단될 것이다.

(a) interrupt

(b) interrupting

(c) interrupted

해설 주어인 speech와 동사인 interrupt가 수동의 관계이므로 정답은 (c)이다.

2

다가오는 악천후 때문에 그 행사는 취소되었다.

(a) canceled

(b) be canceled

(c) been canceled

해설 주어인 event와 동사인 cancel이 수동의 관계이다. 그런데 빈칸 앞에 has가 있으므로 정답은 (c)이다.

3

Walters 씨는 대략 오후 2시 30분 무렵에 티켓을 받았다.

(a) giving

(b) was given

(c) give

해설 주어인 Walters 씨가 티켓을 '받았다'는 내용이 되어야 하므로 정답은 (b)이다.

4

물에 노출되었기 때문에 파이프들이 녹으로 뒤덮였다.

(a) to

(b) in

(c) with

해설 'be exposed to'는 by 이외의 전치사가 사용되는 수동태 표현이다.

예상 적중 문제 **08**　　　p.076

☀ **MORE & MORE**

1 (○)

2 (×) has presented → presented

3 (×) will present → presented

1. 그 관리자는 이달의 직원에게 항상 증명서를 수여한다.

2. Sue Cowling은 지난주에 신입사원들에게 신분증을 지급했다.

3. 우리는 이틀 전에 파티에서 Mark Hampton에게 은퇴 기념 선물을 드렸다.

예상 적중 문제 **09**　　　p.077

☀ **MORE & MORE**

1 (×) has appointed → was appointed

2 (○)

3 (×) will have been appointed → was appointed

1. Janet Stephens는 Waldorf 씨에 의해 부서 전체의 관리자로 임명되었다.

2. 우리는 Jeff Sanders가 본사의 새로운 직책에 임명되고 있다는 소식을 들었다.

3. Kerry Jones는 지난주에 최고경영자로 임명되었다.

예상 적중 문제 **10**　　　p.078

☀ **MORE & MORE**

1 (○)

2 (×) was conducting → were conducting

3 (○)

1. 그 회사는 최신 제품들에 몇 가지 실험을 실시하고 있다.

2. 그 과학자들은 지난밤에 연구실에서 실험을 하고 있었다.

3. Roberts 박사는 최신 약물로 10건의 성공적인 실험을 실시했다.

예상 적중 문제 **11**　　　p.079

☀ **MORE & MORE**

1 (×) accompany → accompanies

2 (○)

3 (×) accompanies → accompany

1. 출장을 갈 때 대개 누군가가 Marson 씨와 동행한다.

2. Hampton 씨와 극장까지 동행하는 사람은 누구인가요?

3. Jackson 씨는 회계사들과 워크샵에 동행할 계획이다.

예상 적중 문제 **12-15**　　　p.081

☀ **MORE & MORE**

1 (○)

2 (○)

3 (○)

1. 이 사진은 10년보다 이전에 촬영된 것 같다.

2. 당신이 해야 할 일은 그저 투입구에 돈을 넣는 것이다.

3. 여느 때보다 더 많은 사람들이 야영지의 시설을 이용하고 있다.

어휘 utilize 활용하다　facility 시설　campground 야영지

Unit 04 | 준동사

I to부정사

Check-up Quiz 🧩✅!　　　p.084

1 (a)　　2 (c)　　3 (b)　　4 (c)

1

직원용 주차장에 주차하기 위해서는 모든 직원들이 주차권을 가지고 있어야 한다.

(a) in order

(b) how

(c) so

해설 '~하기 위해서'라는 목적 의미를 명확하게 나타내기 위한 표현은 'in order to'이다.

2

지출을 줄이기 위해서, 몇몇 직원들은 출장을 가지 않게 되었다.

(a) Reduce

(b) Reduced

(c) To reduce

해설 '지출을 줄이기 위해서'라는 의미가 되어야 하므로, to부정사인 (c)가 정답이다.

3

레이저로 인해 기계가 매우 작은 부품을 정밀하게 자를 수 있다.

(a) cut

(b) to cut

(c) cutting

해설 enable은 to부정사를 목적격보어로 취하는 동사로서, enable A to B는 'A가 B하는 것을 가능하게 하다'라는 의미이다.

4

바이어가 가격 협상을 거부하자 Martin 씨의 출장은 종료되었다.

(a) negotiate

(b) negotiating

(c) to negotiate

어휘 refuse 거절하다, 거부하다 negotiate 협상하다

해설 refuse는 to부정사를 목적어로 취하는 동사이다.

예상 적중 문제 01   p.086

☀ MORE & MORE

1 (O)

2 (O)

3 (O)

1. 직원들과 소통을 잘 하는 것이 필요하다.

2. 많은 사람들은 전화보다 온라인으로 의사소통하는 것을 선호한다.

3. 그 지역의 통신은 태풍으로 인해 두절되었다.

어휘 communication 통신 region 지역

예상 적중 문제 02   p.087

☀ MORE & MORE

1 (O)

2 (×) secured → secure

3 (O)

1. 다가오는 폭풍 때문에 선원들은 돛을 고정시키고 있다.

2. David는 재료가 날아가지 않도록 그것을 고정시켰다.

3. Percy는 개발회사와 계약을 성사시켰다고 생각했지만, 그가 틀렸다.

어휘 secure 고정시키다; 확보하다 sail 돛 material 물질, 재료

예상 적중 문제 03   p.088

☀ MORE & MORE

1 (×) promote → promotion

2 (O)

3 (O)

1. Sarah는 그녀가 관리자로 승진한 것이 더 높은 급여라는 결과로 이어지기를 바란다.

2. 마케팅 담당자들은 TV에 신제품을 홍보할 계획을 세우고 있다.

3. 신제품을 홍보하는 것은 종종 판매 증가를 위해 꼭 필요하다.

예상 적중 문제 04   p.089

☀ MORE & MORE

1 (O)

2 (O)

3 (×) have removed → removed

1. Carter 가족은 마당에서 나무 몇 그루를 없앨 것을 계획하고 있다.

2. 옷에서 몇몇 얼룩들을 제거하는 것은 어렵다.

3. 작업자들은 지난밤에 회의실에서 모든 테이블과 의자를 치웠다.

Ⅱ 동명사

Check-up Quiz   p.090

1 (c)   2 (b)   3 (b)   4 (c)

1

앞으로 제품 생산을 더 효율적으로 하면 이윤이 증가할 것이다.

(a) manufacture

(b) to manufacture

(c) manufacturing

해설 빈칸은 전치사의 목적어 역할을 하는 자리이다. products를 목적어로 취하므로 명사가 아닌 동명사가 정답이다.

2

도움 요청은 문제가 발생했을 때 모든 사람이 해야 하는 일이다.

(a) Request

(b) Requesting

(c) Requested

해설 빈칸 뒤에 명사가 있으므로 동명사인 (b)가 정답이다.

3

박물관에 방문한 사람들은 전시된 그림들의 사진을 촬영하지 말라는 주의를 계속해서 듣는다.

(a) to take

(b) taking

(c) taken

해설 avoid는 동명사를 목적어로 취하므로 정답은 (b)이다.

4

사무실의 모든 사람이 금요일에 일찍 퇴근하기를 고대하고 있다.

(a) leave

(b) be leaved

(c) leaving

해설 'look forward to' 뒤에는 명사나 동명사가 와야 한다.

예상 적중 문제 05
p.092

☼ MORE & MORE

1 (○)

2 (○)

3 (×) invests → invest

1. 그 기금은 최근에 값비싼 금속에 돈을 투자했다.

2. Janet은 해변 근처에 약간의 땅을 구매함으로써 좋은 투자를 했다.

3. Carter 씨와 그의 동료들은 다수의 외국 기업에 투자한다.

예상 적중 문제 06
p.093

☼ MORE & MORE

1 (×) Work → Working

2 (○)

3 (○)

1. 매일 열심히 일하는 것은 대부분의 사람들에게 중요하다.

2. 그 장비는 매우 잘 작동하기 때문에, 고객들에게 인기 있을 것이다.

3. 그 기업은 접수담당자를 도와줄 다른 직원을 채용할 필요가 있다.

예상 적중 문제 07
p.094

☼ MORE & MORE

1 (×) to be taken → will be taken

2 (×) taken → took

3 (○)

1. 앞으로 며칠 이내에 시험이 실시될 것이다.

2. 경기가 마무리되는 데 3시간 이상 걸렸다.

3. 원하시는 만큼 샘플을 가져가실 수 있습니다.

예상 적중 문제 08
p.095

☼ MORE & MORE

1 (○)

2 (×) Operation → Operating

3 (○)

1. 의사들은 오늘 저녁에 그 환자를 수술하기를 희망한다.

2. 그 환자를 수술하는 것은 위험하지만 그를 낫게 하는 데 필요하다.

3. 기술자는 아무 문제없이 기계장치를 가동했다.

III 분사

Check-up Quiz ✅
p.096

1 (b)	2 (c)	3 (b)	4 (c)

1

Stephens 씨는 대학을 졸업하기 전에 자문 회사에서 근무하는 것에 지원했다.

(a) consults

(b) consulting

(c) consulted

해설 '기업(firm)'과 '자문(consult)'의 관계가 능동이므로 정답은 현재분사인 (b)이다.

2

요청된 파일들은 복사해서 개인들에게 발송되는 데 근무일 기준으로 3일이 걸릴 것이다.

(a) Request

(b) Requesting

(c) Requested

해설 '파일(files)'과 '요청(request)'의 관계가 수동이므로 과거분사인 (c)가 정답이다.

3

1분기의 놀라운 판매 수치로 인해 Jenkins 씨는 승진했다.

(a) surprises

(b) surprising

(c) surprised

해설 surprise는 '놀라게 하다'라는 타동사이므로, surprising은 '놀라게 하는', '놀라운'이라는 의미이며 surprised는 '놀란'이라는 의미이다. 정답은 (b)이다.

4

해외로의 전근을 고려하는 동안, Young 씨는 결정을 내리기 전에 며칠의 시간이 필요하다.

(a) Considered

(b) Consideration

(c) Considering

해설 분사구문 문제이다. 주절의 주어인 Ms. Young과 'consider'의 관계가 능동이므로 현재분사인 (c)의 Considering이 정답이다.

예상 적중 문제 09
p.098

☀ MORE & MORE

1 (O)
2 (O)
3 (×) speaks → speaking

1. 최고경영자가 연설을 하고 나서, Lewis 씨가 발표를 할 것이다.
2. 두 명의 최고경영자들이 오찬에서 직접 서로 이야기를 나누었다.
3. Duncan 씨는 중요한 문제에 대해 이사회에 이야기하고 있다.

예상 적중 문제 10
p.099

☀ MORE & MORE

1 (O)
2 (×) writing → written
3 (O)

1. 검은색이나 파란색 펜으로 당신의 이름을 작성해 주세요.
2. 이틀 이상 결근한다면 당신은 작성된 사유서를 제출해야 한다.
3. Larry는 주 중에 거의 매일 밤 일기를 쓴다.

예상 적중 문제 11
p.100

☀ MORE & MORE

1 (×) make → making
2 (O)
3 (O)

1. Sellers 씨는 Dave Mercer를 차기 매장 관리자로 생각 중이다.
2. 팬케이크 만들기는 그렇게 오래 걸리지 않는다.
3. 서비스와 음식에 대한 불만 사항이 화난 고객들에 의해 제기되었다.

예상 적중 문제 12
p.101

☀ MORE & MORE

1 (O)
2 (×) receiving → receive
3 (O)

1. 나의 기록에 따르면, 소포는 어제 아침에 수령되었다.
2. 택배 회사에서 즉시 서류를 받는 것이 중요하다.
3. 대사는 적절한 방식으로 대우받기를 기대한다.

예상 적중 문제 13-16
p.103

☀ MORE & MORE

1 (×) submission → submit
2 (O)
3 (×) helping → help

1. 1월 3일 이전까지 지원서를 제출하는 것을 잊지 마세요.
2. Doug은 그가 대회에서 우승했다는 것을 알게 되어 정말 놀랐다.
3. 다른 사람을 기꺼이 돕는 것은 그 사람이 관대한 마음을 가지고 있다는 증거이다.

Unit 03-04 | 연습 문제
p.104

1	(D)	2	(C)	3	(B)
4	(C)	5	(B)	6	(D)
7	(A)	8	(B)	9	(B)
10	(C)	11	(C)	12	(D)
13	(D)	14	(A)	15	(D)
16	(D)	17	(B)	18	(D)
19	(A)	20	(B)	21	(C)
22	(B)	23	(A)	24	(A)

PART 5

1
Jennifer Thomas는 10월 5일에 인도네시아 사무실로 전근되어 갈 것이다.
(A) transferred
(B) transferring
(C) have transferred
(D) be transferred

어휘 transfer 전근하다; 전근시키다

해설 빈칸 앞에 will이라는 조동사가 있으므로 빈칸에는 transfer나 be transferred가 들어가야 한다. 따라서 정답은 (D)의 be transferred이다.

2
경제가 호전되고 있기 때문에, 더 많은 기업에서 신규 직원들을 채용하기 시작할 것이다.
(A) begin
(B) were begun
(C) will begin
(D) are begun

어휘 now that ~이므로 economy 경제 improve 호전되다, 개선되다 hire 고용하다

해설 now that으로 시작되는 부사절에서 현재진행형 시제를 이용하여 '경제가 호전되고 있다'는 점을 나타내고 있다. '현재' 경제가 좋아지고 있기 때문에, '앞으로' 더 많은 기업들이 신규 직원을 채용할 것이라는 의미가 되어야 한다. 따라서 (C)의 will begin이 정답이다.

3

은행에서 대기하는 시간이 길어서 다수의 고객들은 화가 났다.

(A) become

(B) became

(C) have become

(D) are becoming

어휘 customer 고객   upset 화가 난

해설 주절의 동사가 was로서 과거 시제이므로 that절에서도 과거 시제가 사용되어야 한다. 따라서 정답은 (B)의 became이다.

4

참석자들은 아무리 늦어도 행사가 시작하기 12시간 전에는 그들의 행사 참석 계획을 확정해야만 한다.

(A) attend

(B) attended

(C) to attend

(D) attending

어휘 attendee 참석자   confirm 확인하다

해설 '빈칸 + the event'가 빈칸 앞의 명사인 plans를 수식해야 하는데, 이와 같은 형태로 사용될 수 있는 것은 to부정사인 (C)의 to attend이다.

5

구석에서 항공사 직원과 이야기하고 있는 남자는 Kennedy 여행사의 여행 가이드로 근무하고 있다.

(A) speaks

(B) speaking

(C) spoken

(D) is speaking

어휘 airline agent 항공사 직원   tour guide 여행 가이드

해설 문장의 동사가 is working이므로 빈칸에는 man을 수식할 수 있는 단어가 들어가야 하며, man과 speak의 관계는 능동이다. 이 두 가지 조건을 만족시키는 것은 현재분사 형태인 (B)의 speaking이다.

6

10월이 될 무렵, Wallace 씨는 그가 직접 설계한 20대 이상의 새 기계에 대해 특허를 받아 둔 상황일 것이다.

(A) patented

(B) has patented

(C) was patenting

(D) will have patented

어휘 design 설계   patent 특허를 받다

해설 by the time은 '~ 무렵에' 혹은 '~할쯤'이라는 시간의 의미를 나타내며 마치 하나의 접속사처럼 쓰인다. 시간을 나타내는 부사절 안에서 arrives라는 현재 시제의 동사가 사용되고 있으므로 주절에는 미래 시제가 사용되어야 한다. 또한 by the time의 의미를 고려할 때, 내용상 10월이 될 때쯤에는 '(이미) 특허를 받아 둔 상황일 것이다'라는 의미를 완성하기 위해 빈칸에 완료형이 사용되는 것이 바람직하다. 두 가지 사항을 종합해 볼 때, 정답은 미래 시제와 완료형이 결합된 (D)의 will have patented가 되어야 한다.

7

많은 고객들이 다른 여흥의 수단을 선택하기 때문에 많은 텔레비전 방송의 시청률이 하락하고 있다.

(A) select

(B) selected

(C) will select

(D) are selected

어휘 rating 시청률   television network 텔레비전 방송망 decline 하락하다   customer 고객

해설 이 문장에서 as는 원인을 나타내는 접속사로 쓰이고 있다. 따라서 빈칸에는 many customers와 어울릴 수 있는 동사가 들어가야 한다. 주절의 동사가 현재형인 are이므로 정답은 (A)의 select이다.

8

Mary는 6시 30분까지 늦지 않게 도착했지만, 모두가 그녀 없이 저녁을 먹기 시작한 상태였다.

(A) starts

(B) had started

(C) is starting

(D) will have started

어휘 on time 제시간에

해설 Mary가 제시간에 도착했던(arrived) 때는 '과거'이며, 모두 저녁 식사를 이미 시작했을 때는 그보다 이전이다. 즉, 과거보다 더 이전을 나타내야 하므로, 정답은 과거완료 시제인 (B)이다.

9

Susan은 올해의 사원상을 수상했을 때 회사에서 가장 자랑스러운 순간을 맞았다.

(A) receives

(B) received

(C) is receiving

(D) was received

어휘 award 상   proud 자랑스러운

해설 주절의 동사가 과거 시제인 had이므로 빈칸에도 과거 시제인 (B)나 (D)가 와야 한다. 주어인 she와 동사인 receive는 능동의 관계이므로 정답은 (B)의 received이다.

10

Whitfield 주식회사와 미팅을 하는 Karen West의 제안서는 내일 이 시간까지 Rice 씨에 의해 승인되어야 한다.

(A) will be approving

(B) has been approved

(C) should be approved

(D) will have been approving

어휘 proposal 제안   approve 승인하다

해설 '제안서'와 '승인'은 수동의 관계이므로, 수동형인 (B)와 (C) 중에서 정답을 고른다. 문장의 맨 뒤에 'by this time tomorrow'라는 표현이 있는데, 이는 미래를 의미하므로 현재완료 수동태인 (B)는 정답이 될 수 없다. 정답은 (C)의 should be approved로서, 이는 '승인되어야 한다'는 의미이다.

11

Lambda 제조사가 공장에서 보유하고 있는 철의 재고량은 거의 없지만, 이번 주 금요일에 그것의 상당히 많은 물량이 도착할 것이다.

(A) arrive

(B) has arrived

(C) will be arriving

(D) will be arrived

어휘 shipment 적하물, 수송품

해설 수 일치, 시제, 태를 함께 고려하면서 문제를 풀도록 한다. 빈칸 앞의 주어가 3인칭 단수이므로 복수 동사인 (A)의 arrive는 정답에서 제외된다. 빈칸 뒤에 this Friday는 미래를 나타내므로 현재완료 형태인 (B) 또한 정답이 될 수 없다. arrive는 자동사로서 전치사 없이 수동태로 사용될 수 없으므로 (D) 또한 오답이다. 따라서 정답은 (C)이다.

12

현재 국제 시장이 호황임에도 불구하고, 국내 시장은 판매 부진을 겪고 있다.

(A) suffered

(B) suffer

(C) is suffered

(D) is suffering

어휘 domestic 국내의 thrive 번창하다

해설 주어가 3인칭 단수이므로 복수 동사인 (B)의 suffer는 정답에서 제외된다. 부사절의 시제가 현재진행형이므로 과거형인 (A) 또한 정답이 될 수 없다. 마지막으로 태를 파악해 보면, '판매 부진을 겪고 있다'는 능동의 의미가 되어야 한다. 따라서 정답은 (D)이다.

13

설문 조사에 따르면, 회사 직원의 40퍼센트 이상이 그들의 근무 환경에 만족하지 못하고 있다.

(A) at

(B) in

(C) on

(D) with

어휘 condition 환경, 조건 conditioner (냉방 및 난방) 조절 장치

해설 be dissatisfied는 전치사 with와 함께 사용되므로 정답은 (D)이다.

14

Rogers 씨는 월요일에 집으로 돌아올 무렵이면 해외에 머무른 지 3주가 될 것이다.

(A) returns

(B) is returning

(C) will return

(D) will be returning

해설 by the time(~할 때쯤)은 마치 하나의 접속사처럼 쓰이는 표현이다. 시간이나 조건을 나타내는 부사절에서는 현재 시제가 미래 시제를 대신하므로 return의 현재 시제인 (A)의 returns가 정답이다.

15

다음 주 이맘때면, 공석인 직책에 모든 지원서가 제출되었을 것이다.

(A) will submit

(B) are submitted

(C) are being submitted

(D) will have been submitted

어휘 application 지원서 available position 공석인 직책

해설 'by this time next week'라는 표현에 유의하여 정답을 찾도록 한다. 이는 미래를 의미하는데, '다음 주 이맘때에는' 지원서 제출이 '완료'되어 있을 것이라는 의미를 나타내기 위해서는 미래완료인 (D)의 will have been submitted가 들어가야 한다.

16

Stanford 씨와 그녀의 연구진은 Jasper 주식회사가 그들이 발명한 설비를 제조하기 시작했을 때 자신들의 목표를 달성했다.

(A) meet

(B) meets

(C) meeting

(D) met

해설 시제의 일치에 따라, 종속절의 시제가 과거이므로 주절의 시제도 과거가 되어야 한다. 따라서 정답은 (D)의 met이다.

PART 6

[17-20]

10월 11일

친애하는 Peterman 씨께,

Duane Stewart을 대신하여 이 편지를 씁니다. Duane은 당사에서 5년 동안 근무하고 있습니다. **그 기간 동안, 그는 업무를 훌륭히 수행했습니다.** 그는 벌써 세 번이나 승진을 했는데, 이렇게 신속하게 이루어졌던 경우는 없었습니다.

Duane은 긍정적인 결과를 얻기 위해 애를 쓰는 근면한 직원입니다. 그는 동료 직원들과 원만하게 지내며, 동료들은 모두 그를 좋아하고 존중합니다. 저는 Duane을 많이 그리워하게 될 것 같지만, 그가 자신의 고향으로 돌아가고 싶어 한다는 것을 이해합니다. 저는 귀하가 그를 채용할 것을 강력히 추천합니다. 귀하는 후회하지 않을 것입니다.

Mary Cahill 드림

Cahill 산업 대표

어휘 on behalf of ~을 대신하여 outstanding 뛰어난 promote 승진시키다 get along with ~와 잘 지내다

17

(A) 저는 그가 곧 퇴사할 때까지 이곳에 남아 주기를 바랍니다.

(B) 그 기간 동안, 그는 업무를 훌륭히 수행했습니다.

(C) 우리는 그가 이곳에서 계속해서 근무하기를 원한다는 소식에 힘을 얻었습니다.

(D) 그는 다른 부서로 전출을 요청했습니다.

해설 빈칸 뒤에 Duane Stewart가 세 번이나 승진을 했고, 이러한 사례는 이전에 없었다는 내용이 이어지고 있다. 따라서 빈칸에는 그가 훌륭히 업무를 수행했었다는 내용의 (B)가 오는 것이 가장 적절하다.

18
(A) promote
(B) promotion
(C) promoting
(D) **promoted**

해설 promote가 동사로 사용되는 경우에는 '승진시키다'라는 의미를 갖는다. 내용상 그가 세 차례 '승진의 대상이 된 것'이므로 빈칸에는 been과 함께 수동태 문장을 완성시키는 단어가 들어가야 한다. 따라서 정답은 (D)의 promoted이다.

19
(A) **results**
(B) consequences
(C) effects
(D) concerns

해설 (A), (B), (C)가 모두 '결과'라는 의미로 사용될 수 있기 때문에, 각 단어의 의미를 정확히 알고 있지 않으면 정답을 찾기가 힘든 문제이다. (B)의 consequences는 주로 '부정적인' 결과를 나타낼 때 쓰이는 단어이고 (C)의 effects는 '영향'이나 '효과'에 의한 결과의 의미를 나타낼 때 사용되는 단어이므로 문맥상 이 둘은 자연스러운 문장을 완성시키지 못한다. 따라서 정답은 '결과'라는 가장 일반적인 의미를 나타내는 (A)의 results가 된다.

20
(A) propose
(B) **regret**
(C) consider
(D) demand

해설 앞 문장에서 '그를 고용할 것을 강력히 추천한다'는 내용이 있으므로, 그 다음에는 '그에 대해 후회하지 않을 것이다'라는 내용이 이어져야 가장 자연스러운 문맥이 완성된다. 따라서 정답은 '후회하다'라는 의미인 (B)의 regret이다.

[21-24]

받는 사람: Lisa Schroeder 〈lisa_s@davenport.com〉
보내는 사람: Carl Hamilton 〈carlhamilton1@xtp.com〉
제목: 정보 요청
날짜: 4월 19일

친애하는 Schroeder 씨께,

지난주 보이시의 회의에서 귀하를 만나게 되어 기뻤습니다. 귀사에서 제공하는 서비스들은 대단히 흥미롭습니다. 저의 관리자들은 XTP 기업의 우리들이 그 서비스들로부터 이익을 얻을 수 있을 것이라고 생각합니다. 그렇기 때문에 저는 귀하께서 귀사와 귀사의 서비스에 대해서 보다 자세한 정보를 저희에게 제공해 주실 것을 요청합니다.

귀하가 보유하고 있는 소책자나 팜플렛을 저에게 보내 주시겠습니까? 우리는 또한 하나를 받을 수 있다면 가격 리스트도 받고 싶습니다. 문의 사항이 있을 경우, 망설이지 마시고 (408) 523-8313으로 저에게 연락해 주시기 바랍니다.

귀하의 연락을 기다리겠습니다.

Carl Hamilton 드림

어휘 convention 회의 intriguing 대단히 흥미로운 benefit 이익을 얻다 brochure 소책자 look forward to ~을 고대하다

21
(A) what
(B) which
(C) that
(D) how

해설 문장 구조상 빈칸에는 believe의 목적어 역할을 할 수 있는 명사절이 들어가야 한다. 따라서 정답은 명사절을 이끌 수 있는 접속사인 (C)의 that이다.

22
(A) request
(B) **requesting**
(C) requested
(D) requests

해설 빈칸 앞에 be동사가 있으므로 빈칸에 들어갈 말은 (B)의 requesting이나 (C)의 requested가 될 수 있는데, 문장의 주어가 「I」이므로 정답은 '요청하다'라는 능동의 의미를 갖는 (B)이다.

23
(A) 귀하가 보유하고 있는 소책자나 팜플렛을 저에게 보내 주시겠습니까?
(B) 언제쯤 저희에게 또 다른 제품 시연을 해주실 수 있을까요?
(C) 저희 서비스 중에서 어느 것에 대해 가장 문의하고 싶으신 건가요?
(D) 귀하가 보내신 정보가 저희에게 도착하는 데 얼마나 걸릴까요?

해설 첫 번째 문단의 마지막 문장은 '보다 자세한 정보를 제공해 달라'는 내용이며, 빈칸 바로 뒤의 문장은 '가능하다면 가격 리스트도 받고 싶다'는 뜻이므로 빈칸에 들어갈 문장은 무언가 정보를 요청하는 내용이어야 한다. 따라서 '소책자나 팜플렛을 보내 달라'고 말하며 구체적인 정보를 밝히고 있는 (A)가 오는 것이 가장 자연스럽다

24
(A) **one**
(B) another
(C) each
(D) the other

해설 문맥상 빈칸에는 a price list를 가리킬 수 있는 말이 들어가야 한다. 가격 리스트가 있다면, '어떤 것이든 하나'를 보내 달라는 의미이므로, 정답은 막연한 대상을 가리키는 부정대명사인 (A)의 one이다.

Unit 05 | 기타 문법 사항

Ⅰ 전치사

Check-up Quiz 🔎   p.110

1 (b)	2 (b)	3 (b)	4 (a)

1
직원들은 폭풍우가 부는 동안 입은 파손을 수리하느라 바쁘다.
(a) for
(b) during
(c) in

해설 for 다음에는 숫자로 표현된 기간이, during 다음에는 일반 명사로 표현된 기간이 오기 때문에 정답은 (b)이다.

2
Roberts 씨는 당신이 다음 주까지 방문자용 주차장을 사용해도 된다고 말했다.
(a) by
(b) until
(c) of

해설 '~까지'라는 의미의 전치사인 by와 until을 구분하는 문제이다. '~까지 계속'의 의미를 나타내는 전치사는 until이 정답이다.

3
저희의 기록에 따르면, 귀하는 3개월 동안 전기 요금을 납부하지 않았습니다.
(a) Along with
(b) According to
(c) In addition to

해설 문맥상 '~에 따르면'이라는 뜻인 (b)의 according to가 정답이다.

4
우리는 경기 침체에도 불구하고 우리의 실적을 가까스로 30% 증가시켰다.
(a) in spite of
(b) on account of
(c) in relation to

해설 '실적이 30% 증가한 것'과 '경기 침체'는 상반되는 내용이므로 '~에도 불구하고'라는 의미인 (a)의 in spite of가 정답이다.

예상 적중 문제 01   p.112

☀ MORE & MORE

1 (○)
2 (○)
3 (○)

---

1. 그녀는 그 회사의 온라인 스토어를 통해서 구매했다.
2. 그 고양이는 주방의 테이블 아래에 숨어 있다.
3. 그 과학자는 그것에 의해 새로운 물질이 생성되는 실험을 설명했다.

예상 적중 문제 02   p.113

☀ MORE & MORE

1 (×) since → by
2 (×) by → with
3 (×) within → in

1. 자료는 이번 주 목요일 오후 3시까지 제출되어야 한다.
2. Carpenter 씨는 Stuart 씨와 함께 축제에 갈 계획이다.
3. 조립 설명서는 상자 안에서 찾을 수 있습니다.

예상 적중 문제 03   p.114

☀ MORE & MORE

1 (×) Because of → Because
2 (○)
3 (○)

1. Clifford는 지쳤기 때문에, 그는 일찍 퇴근하기로 결심했다.
2. 프로젝트가 일정에 맞춰 마무리되었다; 그래서, 직원들은 모두 상여금을 받을 것이다.
3. 새로운 법안은 주로 지방에 거주하는 사람들에게 지지를 받고 있다.

어휘 support 지지하다   rural 지방의, 시골의

예상 적중 문제 04   p.115

☀ MORE & MORE

1 (○)
2 (○)
3 (○)

1. Carmen은 그녀의 친구 몇 명과 함께 연주회에 갔다.
2. 그는 파리를 경유하여 런던으로 비행할 것이다.
3. 받은편지함에 이메일이 도착하자마자 당신에게 알려 줄 것이다.

Ⅱ 대명사

Check-up Quiz 🔎   p.116

1 (b)	2 (c)	3 (b)	4 (c)

1

Sanders 씨는 운전하던 도중에 어떤 차가 그녀의 차를 들이받았을 때 약간 부상을 입었다.

(a) she

(b) hers

(c) herself

해설 빈칸은 전치사의 목적어 자리이므로 (b)와 (c) 중에서 정답을 고른다. '그녀의 자동차'를 의미하는 소유대명사 hers가 정답이다.

2

Betsy 자신은 결과에 만족했지만, 몇몇 다른 사람들은 그들이 더 잘할 수 있었다고 생각했다.

(a) she

(b) her

(c) herself

해설 빈칸이 없어도 문장 성분을 모두 갖추고 있으므로, 재귀대명사인 herself를 강조의 목적으로 사용할 수 있다.

3

우리는 당신이 계속해서 우리의 향후 다른 여러 행사에도 자원봉사해 주기를 희망한다.

(a) another

(b) other

(c) the other

해설 빈칸 뒤에 복수 명사인 events가 있으므로 (b)의 other가 정답이다.

4

두 관리자들은 더 효율적일 수 있도록 종종 서로 협업을 한다.

(a) another

(b) one another

(c) each other

해설 주어가 두 사람을 의미하므로 '서로서로'라는 의미인 (c)의 each other가 정답이다.

예상 **적중 문제** **05**   p.118

☼ **MORE & MORE**

1 (×) his → himself

2 (○)

3 (○)

1. Stephens 씨는 직접 그 문제를 해결하겠다고 말했다.

2. RT 사에서 근무하는 Todd와 Jeff는 그들의 우정을 소중히 여긴다.

3. 금은 그것의 특성 때문에 많은 사람들에게 가치 있게 여겨진다.

예상 **적중 문제** **06**   p.119

☼ **MORE & MORE**

1 (×) hers → herself

2 (×) Her → She

3 (○)

1. Campbell 씨는 직접 프로젝트의 일을 하기로 결심했다.

2. 그녀와 Otis는 베를린으로 출장을 갈 것이다.

3. 내 생각에는, 그녀가 직책에 가장 적합한 사람인 것 같다.

어휘 if you ask me 내 생각에는 qualified 적임의, 적격의

예상 **적중 문제** **07**   p.120

☼ **MORE & MORE**

1 (×) any other → each other

2 (○)

3 (○)

1. 두 정비사들이 고장 난 모터를 수리하기 위해 서로 도와주었다.

2. 설계의 또 다른 문제점은 배선이 너무 복잡하다는 것이다.

3. 두 남자는 처음 만났을 때 서로에게 자기 자신을 소개했다.

어휘 facility 시설 wiring 배선 complicated 복잡한

예상 **적중 문제** **08**   p.121

☼ **MORE & MORE**

1 (○)

2 (○)

3 (×) some → any

1. 그 교사는 수업이 시작했을 때 각 학생에게 인쇄물을 나눠 주었다.

2. 우리는 점심시간 전에 모든 임무를 가까스로 끝냈다.

3. Marcel은 이 도시에 막 이사 왔기 때문에 이곳에 친구가 없다.

Ⅲ 비교급과 최상급

Check-up Quiz   p.122

1 (b)   2 (c)   3 (b)   4 (b)

1

그 참가자는 최대한 빨리 정답을 말해서 대회에서 우승했다.

(a) quick

(b) quickly

(c) quickest

해설 빈칸은 동사 said를 수식하는 부사 자리이므로 정답은 (b)이다.

2

Gregory 씨는 지난번보다 더 빨리 제품들을 배송해달라고 요청한다.

(a) fast

(b) as fast

(c) faster

해설 빈칸 뒤에 than이 있으므로 비교급인 (c)의 faster가 정답이다.

3

무역 박람회 참가에 관심있는 사람은 아무리 늦어도 6월 15일까지 등록해야 한다.

(a) late

(b) later

(c) latest

해설 '아무리 늦어도'라는 의미의 표현은 'no later than'이다.

4

그 회사에는 충원되어야 할 자리가 최소한 네 개 있다.

(a) less

(b) least

(c) latest

해설 '최소한'이라는 표현은 'at least'이다.

예상 적중 문제 **09**　　　　p.124

☀ **MORE & MORE**

1 (×) more as capable → more capable

2 (○)

3 (×) capable as → capably

1. Lisa는 자신의 직책에서 Daniel보다 분명히 더 능력이 있다.

2. Weston 씨를 이길 수 있을 것 같은 사람은 없다.

3. 그녀는 채용된 직책의 업무를 훌륭하게 완수했다.

예상 적중 문제 **10**　　　　p.125

☀ **MORE & MORE**

1 (○)

2 (○)

3 (×) accurateness → accurately

1. 모든 사람이 근무한 시간을 정확하게 기록하는 것은 중요하다.

2. 시험에서, 오답이 점수를 깎을 것이기 때문에 정확함이 필요하다.

3. 지구와 태양 사이의 거리를 정확하게 계산하세요.

예상 적중 문제 **11**　　　　p.126

☀ **MORE & MORE**

1 (○)

2 (×) lots → lot

3 (×) so → such

1. 그 회사의 제품을 구매하고 싶어 하는 사람들이 매우 많다.

2. 그는 엔터테인먼트 업계에 많은 친분 관계가 있다.

3. 이것은 아주 멋진 연극이어서 나는 그것을 곧 다시 보고 싶다.

예상 적중 문제 **12**　　　　p.127

☀ **MORE & MORE**

1 (○)

2 (○)

3 (○)

1. 어제 축제에 5,000명이 넘는 사람들이 방문했을 것으로 추산된다.

2. 비행기 덕분에 나라를 횡단하는 데 더 적은 시간이 걸린다.

3. 그들은 10분 이상 기다리고 싶지 않다.

Ⅳ 가정법

Check-up Quiz 　　　　p.128

1 (b)　　　2 (b)　　　3 (c)　　　4 (c)

1

설명서를 자세히 읽었다면, 당신은 이 카메라를 고장 내지 않았을 텐데.

(a) read

(b) had read

(c) should read

해설 주절의 동사가 'would have p.p.'이므로 가정법 과거완료를 완성시키는 (b)의 had read가 정답이다.

2

내가 프랑스어에 능숙하다면, 파리 지사로 전근 신청할 텐데.

(a) will apply

(b) would apply

(c) would have applied

해설 if절의 동사가 were이므로, 주절의 동사는 가정법 현재를 완성시키는 (b)의 would apply이다.

3

선수들이 경기를 위해 열심히 훈련했다면, 그들은 우승했을 텐데.

(a) If

(b) Were

(c) Had

해설 주절의 동사가 가정법 과거완료 형태인 'would have p.p.' 이므로 if절의 동사는 had practiced였을 것이다. 위 문장은 had가 도치된 형태이므로 정답은 (c)이다.

4
그녀의 도움이 없었다면, 내가 제시간에 보고서를 제출할 수 없었을 텐데.
(a) have not submitted
(b) cannot submit
(c) could not have submitted

해설 without을 대신할 수 있는 표현에는 'if it were not for', 'if it had not been for'가 있는데, 전자는 가정법 과거, 후자는 가정법 과거완료이다. 따라서 정답은 (c)이다.

예상 적중 문제 ⑬   p.130

☀ **MORE & MORE**

1 (O)
2 (O)
3 (O)

1. 그 나라는 구리와 주석의 최대 생산국들 중 하나로 알려져 있다.
2. 그 밴드는 다음 주에 세 번의 공연을 하기 위해 도시에 올 것이다.
3. 그녀는 지난 3개월 동안 Macro Systems에서 근무했다.

예상 적중 문제 ⑭   p.131

☀ **MORE & MORE**

1 (×) can win → could win
2 (×) will win → wins
3 (O)

1. Irene은 대회 전에 열심히 연습했다면 그녀가 우승했을 것이라고 생각했다.
2. 복권에 당첨된 사람은 2백만 달러가 넘는 돈을 받을 것이다.
3. 아직 대회에서 대상을 받은 사람은 없다.

예상 적중 문제 ⑮   p.132

☀ **MORE & MORE**

1 (×) As → During
2 (×) for → to
3 (O)

1. 강의 도중에, 몇몇 학생들이 집중하지 못했다.
2. 소포가 Dobbins 씨에게 배송되었는데, 그는 3층에 근무하는 직원이다.
3. 폭풍우가 치는 동안의 정전 때문에 몇몇 사무실이 일찍 문을 닫았다.

예상 적중 문제 ⑯   p.133

☀ **MORE & MORE**

1 (O)
2 (O)
3 (O)

1. 150달러 이상을 소비한다면 그 고객은 할인을 받을 것이다.
2. 당신이 제시간에 도착하지 못해서, Jason이 그 연설을 했다.
3. Power T와의 협상과 관련된 새로운 소식을 들은 사람이 있나요?

예상 적중 문제 17-20   p.135

☀ **MORE & MORE**

1 (O)
2 (×) awaits → expects
3 (×) include → includes

1. 몇몇 사람들이 공원에 있는 두 나무 사이에 서 있다.
2. 모든 사람은 그 영화가 올해 최대의 흥행작이 될 것이라고 기대한다.
3. 1년 구독료에는 웹사이트 사용권도 포함되어 있다.

Unit 06 | 적절한 어휘 고르기

Ⅰ 명사 어휘

Check-up Quiz 🔎!   p.138

1 (b)	2 (a)	3 (a)	4 (c)

1
도서관 이용자들은 자료 대출을 허가 받기 위해서 신분 증명서 양식을 제시해야 한다.
(a) identity
(b) identification
(c) identified

어휘 library patron 도서관 이용자
해설 빈칸에는 신분증이라는 의미의 identification이 와야 한다.

2
Hampton 씨는 지난 4개월 동안 다수의 고객들과 5백만 달러를 초과하는 계약을 기록했다.
(a) excess
(b) total
(c) appearance

어휘 deal 거래, 계약   multiple 다수의   client 고객, 의뢰인
해설 문맥상 '~을 초과하여'라는 의미의 관용표현인 'in excess of'가 사용되어야 한다.

3

연구실 강사가 했던 첫 번째 일은 모든 안전 절차를 설명하는 것이었다.

(a) **procedures**

(b) styles

(c) ways

해설 '안전 절차'라는 의미의 복합명사는 'safety procedure'이다.

4

박물관의 많은 방문객들은 셀프 가이드 관람보다는 전문가가 안내하는 관람을 선호한다.

(a) time

(b) portrayal

(c) **preference**

해설 preference는 전치사 for와 함께 사용되어 '~에 대한 선호'라는 의미를 나타낸다.

예상 적중 문제 01   p.140

☀ **MORE & MORE**

1 (○)

2 (○)

3 (○)

1. 정부에 의해 발표된 몇 가지 금지 사항들이 있다.

2. 그 회사는 3년마다 교과서의 신판을 출판한다.

3. 당신이 서명할 계약 조건은 무엇인가요?

예상 적중 문제 02   p.141

☀ **MORE & MORE**

1 (×) alarms → sirens

2 (○)

3 (×) alerts → warnings

1. 구급차의 사이렌은 운전자들이 도로 밖으로 비켜 달라고 알리기 위해 사용된다.

2. 거대한 폭풍우 때문에 몇몇 지역에 토네이도 경보가 내렸다.

3. 시위자들에게 확성기를 통해 몇 번의 경고가 있었다.

예상 적중 문제 03   p.142

☀ **MORE & MORE**

1 (○)

2 (×) sense → since

3 (×) consideration → direction

1. 그 로펌의 거의 모든 사람은 높은 평가를 받는 유능한 변호사로 재직하고 있다.

2. 아직 자금이 제공되지 않았기 때문에 그 작업은 완료될 수 없다.

3. 이 열차는 다음에 어느 방향으로 이동할 것인가요?

어휘 hold (특정한 직책에) 있다, 재직하다   regard 존경, 평가

예상 적중 문제 04   p.143

☀ **MORE & MORE**

1 (○)

2 (×) method → instructions

3 (○)

1. 학회에 등록하기 위해서는 개별적으로 양식을 작성해야 한다.

2. 가구를 조립하기 위해서 소책자의 설명을 따르세요.

3. 요즘은 물품을 구입할 때 현금을 사용하려는 쇼핑객은 거의 없다.

어휘 fill out 작성하다   booklet 소책자   assemble 조립하다

Ⅱ 동사 어휘

Check-up Quiz 💬✔

    p.144

| 1 (a) | 2 (a) | 3 (b) | 4 (a) |

1

Carpenter 씨는 Lex Randolph와 Jason Stephens 간의 회의를 준비해 달라는 요청을 받았다.

(a) **arrange**

(b) restore

(c) contain

해설 '회의를 준비하다'라는 의미는 'arrange a meeting'이다.

2

한 소비자 단체가 지역의 자동차 제조사인 Kinetico에 항의서를 제출할 것이라고 발표했다.

(a) **file**

(b) decide

(c) display

해설 '제출하다'라는 표현을 할 때에는 동사 file이 사용된다.

3

회사의 직원들은 직무 수행 동안에 법을 준수해야 한다.

(a) follow

(b) **comply**

(c) understand

해설 '~을 준수하다'라는 의미는 'comply with'로 나타낸다.

4

DLD 사의 홍보팀은 30년이 넘는 경력을 보유한 네 명의 직원들로 구성되어 있다.

(a) consists

(b) considers

(c) comprises

해설 consist는 자동사이며 comprise는 타동사이다. 빈칸 뒤에 전치사 of가 있으므로 자동사인 (A)의 consists가 정답이 된다.

예상 적중 문제 05
p.146

☀ MORE & MORE

1 (×) agreed → observed

2 (O)

3 (O)

1. 그는 무용수들이 어떻게 다양한 움직임을 만들어 내는지 알아내기 위해 그들을 면밀히 관찰했다.

2. Dennis는 Mayer 프로젝트 수행으로 인해 상여금을 받았다.

3. 그는 토건 회사에 지원했지만 면접을 보지 못했다.

예상 적중 문제 06
p.147

☀ MORE & MORE

1 (×) receive → apply

2 (O)

3 (×) involve → accuse

1. 회원 자격 신청을 위해서, 이 양식을 완전하게 작성해 주세요.

2. 나는 내가 만든 발명품에 대한 특허를 신청하고 싶다.

3. Peter는 자신의 집에서 물건을 훔친 범행으로 그 남자를 고소할 것이다.

어휘 membership 회원 자격   fill out 작성하다   in its entirety 전부, 완전히   patent 특허

예상 적중 문제 07
p.148

☀ MORE & MORE

1 (O)

2 (O)

3 (×) administer → withdraw, take

1. 계약서의 모든 페이지 하단에 서명하는 것을 잊지 마세요.

2. 모든 방문자는 안내 데스크에서 등록해야 하고 방문자 배지를 받아야 한다.

3. 간호사는 바늘을 이용하여 환자에게서 피를 뽑을 것이다.

예상 적중 문제 08
p.149

☀ MORE & MORE

1 (O)

2 (O)

3 (O)

1. 그는 종종 다음날 날씨가 어떨 것인지 생각해 본다.

2. 그녀는 인류의 앞날이 대부분 긍정적일 것이라고 생각한다.

3. Harold Cole은 다음 영화에서 악인을 연기할 것이다.

어휘 portray 연기하다   villain 악인   humanity 인류

Ⅲ 형용사 및 부사 어휘

Check-up Quiz 👀✓✗
p.150

1 (c)   2 (b)   3 (a)   4 (b)

1

최근의 정책 변경 때문에 몇몇 고객들은 구매했던 제품을 더 빈번하게 반품할 것 같다.

(a) possible

(b) approached

(c) liable

해설 be liable to는 '~할 것 같다'는 의미의 표현이다.

2

관리자는 그 직책에 지원한 각 지원자를 고용할 때의 각각의 이점을 논의할 것이다.

(a) respectable

(b) respective

(c) respecting

해설 respectable은 '존경할 만한', respective는 '각각의'라는 의미의 형용사이다. 빈칸에는 respective가 오는 것이 적절하다.

3

다가오는 주말에 예정되어 있는 세미나에 참석하는 데 관심을 보인 사람은 거의 없었다.

(a) Hardly

(b) Almost

(c) Nearly

해설 문맥상 빈칸에는 '거의 ~않다'라는 뜻의 hardly가 와야 한다.

4

초대 받은 참석자들은 1시 정각까지 장소에 모이라는 요청을 들었다.

(a) quite

(b) sharp

(c) fairly

어휘 be advised to ~하라는 충고를 받다

해설 빈칸에는 '정각에'라는 의미의 부사인 (B)가 오는 것이 적절하다.

예상 적중 문제 09   p.152

☀ MORE & MORE

1 (×) rejected → withdrew, took out
2 (○)
3 (○)

1. 고객은 청구서 지불을 위해 은행에서 돈을 인출하는 것을 거절했다.
2. 얼어붙은 보도를 걸을 때 조심하세요.
3. 고객에게 영수증이 없었기 때문에 관리자는 환불을 꺼려했다.

예상 적중 문제 10   p.153

☀ MORE & MORE

1 (○)
2 (×) variously → accidentally
3 (○)

1. 누군가가 John의 집의 초인종을 계속해서 눌렀다.
2. 그가 조심하지 않아서 뜻하지 않게 문제를 일으킨 것으로 보인다.
3. 우리는 특히 유럽 전역에 우리의 제품을 판매하기를 원한다.

예상 적중 문제 11   p.154

☀ MORE & MORE

1 (○)
2 (○)
3 (○)

1. 참가자가 질문에 정확하게 답변한다면, 그녀는 경기에서 승리할 것이다.
2. Eric은 그의 등에 문제가 있어서 뻣뻣하게 걷고 있다.
3. 당신은 도서관에 있을 때에는 항상 조용하게 말해야만 한다.

예상 적중 문제 12   p.155

☀ MORE & MORE

1 (○)
2 (×) Since → Though, Even though, Although
3 (○)

1. 그녀는 고객에게 곧 항공권을 보내겠다고 약속했다.
2. 눈이 많이 내리고 있기는 하지만, 많은 사람들이 여전히 도로에서 운전하고 있다.
3. Peter는 본사 건물의 회의에 자주 참석한다.

예상 적중 문제 13-16   p.157

☀ MORE & MORE

1 (○)
2 (○)
3 (○)

1. 아무도 새 장비를 올바르게 사용하는 법을 몰랐다.
2. 정비사는 기계 장치를 설치할 필요가 있다.
3. 연설자는 청중에게 그의 질문을 다시 말해 줄 것을 부탁했다.

Unit 05-06 | 연습 문제   p.158

1	(A)	2	(B)	3	(A)
4	(A)	5	(C)	6	(D)
7	(A)	8	(B)	9	(C)
10	(B)	11	(B)	12	(B)
13	(C)	14	(A)	15	(D)
16	(D)	17	(B)	18	(A)
19	(A)	20	(C)	21	(D)
22	(B)	23	(A)	24	(C)

PART 5

1
지게차에 기계적인 문제가 있어서 수리될 때까지 작동이 되지 않았다.
(A) mechanical
(B) damaged
(C) powerful
(D) broken

어휘 forklift 지게차   repair 수리하다   mechanical 기계적인

해설 명사인 problem과 어울려 사용될 수 있는 형용사를 찾도록 한다. (A)의 mechanical은 '기계적인', (B)의 damaged는 '손상된', (C)의 powerful은 '강력한', 그리고 (D)의 broken은 '부서진' 혹은 '고장 난'이라는 뜻이므로 정답은 (A)의 mechanical이다.

2
고속도로의 교통량이 예상보다 많아서 많은 사람들의 출퇴근 시간이 길어지고 있다.
(A) visiting
(B) commuting
(C) stalling
(D) transporting

어휘 commute 통근하다   stall 멎다, (시동이) 꺼지다

해설 문장을 해석해 보면, 빈칸에는 '출퇴근 시간'이라는 의미를 완성시킬 수 있는 (B)의 commuting이 오는 것이 의미상 가장 적절하다.

3
3일 동안 비가 세차게 내렸지만, 지방에서 홍수가 많이 발생하지는 않았다.

26

(A) heavily
(B) sparsely
(C) virtually
(D) eventually

어휘 countryside 지방 sparsely 드문드문 virtually 사실상

해설 접속사 although에 유의하여 정답을 찾도록 한다. 즉, '비가 OO하게 내렸지만, 큰 홍수는 발생하지 않았다'는 의미가 완성되어야 하므로 정답은 (A)의 heavily(세차게, 심하게)가 된다.

4
안내원은 가야 할 장소를 모르는 사람이라면 누구에게라도 방향을 알려줄 수 있다.
(A) anyone
(B) anything
(C) anywhere
(D) anytime

해설 빈칸에는 전치사 for의 목적어 역할을 하면서, 동시에 주격 관계대명사 who의 선행사가 될 수 있는 말이 들어가야 한다. 보기 중에서 사람을 나타내는 단어는 (A)의 anyone밖에 없다.

5
근무 시간 후에는 권한을 부여받은 직원들만 연구소에 출입할 수 있다.
(A) mysterious
(B) illegal
(C) authorized
(D) unaccepted

어휘 personnel 직원 illegal 불법적인 authorized 권한을 부여받은 unaccepted 용인되지 않은

해설 '근무 시간 후에(after working hours are over)' 회사의 실험실에 들어갈 수 있는 사람은 어떤 사람일지 생각해 보면 정답을 쉽게 찾을 수 있다. 정답은 '권한을 부여받은'이라는 뜻인 (C)의 authorized이다.

6
회계 부서를 제외한 회사의 모든 부서는 회의에 대표자를 보냈다.
(A) in addition
(B) in spite of
(C) along with
(D) except for

어휘 department 부서 representative 대표자

해설 내용상 '회계 부서를 제외한 모든 부서가 대표자를 보냈다'는 의미가 완성되어야 하므로 정답은 '~을 제외한'이라는 뜻인 (D)의 except for이다.

7
그 회사의 최신 손전등은 300미터 이상 떨어진 대상을 비출 수 있다.
(A) illuminating
(B) reporting
(C) affecting
(D) resisting

어휘 flashlight 손전등 illuminate (빛을) 비추다

해설 문장의 주어가 손전등(flashlight)인데, 빈칸 뒤의 대상(target)을 목적어로 취하기에 적절한 의미의 보기를 고르면 된다. 손전등으로 목표물에 빛을 비출 것이므로 정답은 (A)의 illuminating이다.

8
그 식당은 위생에 관한 규정을 모두 준수하고 있어서, 조사관으로부터 벌금을 부과 받지 않을 것이다.
(A) assumption
(B) compliance
(C) approval
(D) obedience

해설 "벌금을 물지 않을 것'이라는 결과를 가져오려면 '위생에 관한 규정'을 준수해야 할 것이므로 정답은 '(규정 등을) 따름' 혹은 '준수'라는 의미를 나타내는 (B)의 compliance이다.

9
능숙한 기술자가 되기 위해서, 학생들은 향후 4년 동안 열심히 공부해야만 한다.
(A) ineffective
(B) thoughtless
(C) proficient
(D) modern

어휘 ineffective 비효율적인 thoughtless 분별력이 없는 proficient 능숙한 modern 현대적인

해설 열심히 공부를 해야 하는 목적이 'OO한 엔지니어가 되기 위해서'이어야 한다. 문장의 의미를 가장 자연스럽게 완성시키는 단어는 (C)의 proficient이다.

10
최선의 노력에도 불구하고, Tina의 프로젝트는 그녀의 예산을 위한 자금을 더 많이 확보하지 못하여 실패로 끝났다.
(A) suspense
(B) failure
(C) approval
(D) success

어휘 effort 노력 budget 예산 suspense 미결 상태; 긴장감

해설 전치사 despite는 '~에도 불구하고'라는 뜻이므로, 빈칸에는 her best efforts(최선의 노력)와 상반되는 의미의 명사가 들어가야 한다. 의미상 (B)의 failure(실패)가 정답이다.

11
학회는 현재 지원자 부족으로 인해 7월까지 연기되었다.
(A) requested
(B) postponed
(C) removed
(D) canceled

어휘 applicant 지원자 postpone 연기하다

해설 a lack of applicants(지원자 부족)으로 학회가 어떤 영향을 받았을지 생각해 보면 쉽게 정답을 찾을 수 있다. until July(7월까지)라는 표현을 고려하면, 정답은 (B)의 postponed이다.

12

다가오는 시장 선거에서, Gilbert Rice가 Maya Yamagata보다 더 유리한 점을 가지고 있다.

(A) of
(B) over
(C) on
(D) for

해설 의미상 적절한 전치사를 고르는 문제이다. Gilbert Rice가 Maya Yamagata에 비해 더 유리한 점을 가지고 있다는 내용의 비교 문장인데, 보기의 전치사들 중에서 over가 '~ 위에'라는 의미를 갖고 있으므로 비교급과 함께 사용될 수 있다. 정답은 (B)이다.

13

Porter 빌딩은 Robertson 타워와 시립 도서관 사이에 있는 Main 가에 위치하고 있다.

(A) beneath
(B) besides
(C) between
(D) before

어휘 beneath ~의 아래에 besides ~외에

해설 between A and B는 'A와 B 사이에'라는 뜻이다. 따라서 정답은 (C)의 between이다.

14

공사 기간 동안, 건물로의 출입은 뒷문을 통해서만 가능할 것이다.

(A) access
(B) approach
(C) exit
(D) renovation

어휘 period 기간 be limited to ~에 한정되다 access 접근; 출입 approach 접근 renovation 수리

해설 '건물로의 OO이 뒷문(the back door)으로만 제한될 것이다'라는 의미를 만족시킬 수 있는 명사를 찾도록 한다. 따라서 정답은 '출입'이라는 의미를 갖는 (A)의 access이다.

15

국가 경제의 갑작스러운 호전으로 인해 지난 분기의 중국의 수입량이 증가했다.

(A) thanks
(B) on account
(C) owing
(D) due to

해설 '수입량 증가'와 '갑작스러운 경제 호전'은 인과 관계이므로 정답은 '~ 때문에'라는 의미를 지닌 (D)의 due to이다. (A)는 thanks to로, (B)는 on account of로, 그리고 (C)는 owing to로 바꾸어 쓰는 경우에 각각 정답이 될 수 있다.

16

마케팅 팀은 최근의 브레인스토밍 회의 시간에 새로운 광고를 위한 몇 가지 아이디어를 생각해 냈다.

(A) late
(B) lately
(C) later
(D) latest

어휘 come up with (아이디어, 해답 등을) 내다 commercial 광고 brainstorming 브레인스토밍(생각나는 대로 자유롭게 아이디어를 내는 것) session 시간

해설 late의 알맞은 형태를 묻고 있다. (A)의 late는 형용사로 사용되는 경우 '늦은', 부사로 사용될 경우 '늦게'라는 뜻이며, (B)의 lately는 '최근에'라는 의미의 부사이다. (C)의 later는 '나중에'라는 의미이고 (D)의 latest는 '가장 최근의'라는 뜻의 형용사의 최상급이다. 따라서 명사인 brainstorming session(브레인스토밍 회의 시간)을 가장 자연스럽게 수식할 수 있는 형용사 late의 형태는 (D)의 latest이다.

PART 6

[17-20]

> 3월 21일
>
> 친애하는 Morris 씨께,
>
> 3월 11일 귀하의 댁에서 저희 직원들이 제공했던 서비스에 관한 귀하의 최근 편지를 받았습니다. **그들이 일으킨 문제에 대해 사과를 드립니다.** 이번 문제를 제게 알려 주신 점에 대해서는 기쁘게 생각합니다.
>
> 귀하의 주방에 타일을 붙이기 위해 직원들이 귀하의 댁을 방문했던 것으로 들었습니다. 하지만 작업을 제대로 하지 못했고, 두어 개의 가전 제품도 파손시켰습니다. 그와 같은 일은 저희 회사에서 결코 일어난 적이 없던 일이었습니다.
>
> 귀하께서 저희 회사에 지불하신 금액은 즉시 환불해 드리겠습니다. 또한 원하신다면 귀하의 댁으로 새로운 팀을 보내서 타일을 다시 붙이도록 하겠습니다. 이에 대한 비용은 발생하지 않을 것입니다.
>
> 작업 일정을 정하시려면 아무 때나 594-8743으로 제게 전화를 주시기 바랍니다.
>
> Kevin Turner 드림
>
> Turner 인테리어 대표

어휘 apparently 듣자 하니, 보아 하니 install 설치하다 tile 타일 appliance 가전 제품 reinstall 다시 설치하다

17

(A) 그들의 작업에 만족하셨다니 기쁘게 생각합니다.
(B) 그들이 일으킨 문제에 대해 사과를 드립니다.
(C) 그들이 귀하의 댁에서 작업을 잘했을 것으로 확신합니다.
(D) 그들이 도착하기까지 오래 기다리신 것으로 알고 있습니다.

해설 보기에 they와 their가 있는데, 이는 앞 문장의 'our work crew'를 지칭하는 것이다. 빈칸 뒤를 보면 '문제에 대해 알려 주셔서 감사하다'는 내용이 있고, 두 번째 문단에서 그들이 일으킨 문제에 대한 내용이 이어지고 있다. 따라서, 문제를 일으킨 것에 대해 사과하는 내용의 (B)가 정답이다.

18

(A) has never happened
(B) have never happened

(C) will not be happening

(D) will not happen

해설 주어인 something은 3인칭 단수로 취급하기 때문에 (B)는 정답에서 제외된다. 빈칸 뒤에 과거를 의미하는 부사인 before가 있기 때문에 미래 시제인 (C)와 (D)도 정답이 될 수 없다. 정답은 (A)이다.

19

(A) refund

(B) provide

(C) rebate

(D) exchange

해설 직원들이 일으킨 문제를 사과하는 내용이므로, 빈칸에는 '돈을 환불해 주겠다'는 의미인 (A)의 refund가 오는 것이 가장 적절하다.

20

(A) rate

(B) salary

(C) charge

(D) reservation

해설 '비용이 발생하지 않을 것'이라는 의미가 되어야 하므로 '비용', '요금'을 의미하는 명사인 (C)의 charge가 정답이 된다.

[21-24]

받는 사람: customerservice@rawlston.com
보내는 사람: tedsimpson@mymail.com
제목: George Bannister
날짜: 8월 15일

담당자님께,

최근에, 저는 Dearborn 쇼핑 센터에 위치한 Rawlston 상점에 방문했습니다. 이전에는 당신의 상점에 가 본 적이 없어서, 걸어 들어갔을 때 저는 조금 헤맸습니다. 거의 즉시, 그곳의 판매 사원인 George Bannister가 저를 돕기 위해 왔습니다. 그는 상당히 공손했고 어떻게 도와 주면 될지 저에게 물었습니다. 저는 그에게 품목 리스트를 보여 주었고, 그는 제가 필요로 하는 모든 것을 찾아 주었습니다.

저는 그가 제공한 양질의 서비스에 감명을 받았습니다. 저는 분명히 나중에 Rawlston 상점에서 다시 쇼핑을 할 것입니다. 당신의 모든 직원들이 Bannister 씨와 같이 정중한 분들이기를 바랍니다.

Ted Simpson 드림

어휘 immediately 즉시 polite 공손한 impress 감동시키다 definitely 틀림없이 attentive 주의 깊은; 정중한

21

(A) immediate

(B) immediateness

(C) immediacy

(D) immediately

해설 길을 잃었을 때 판매원이 '즉시' 도움을 주었다는 의미가 완성되어야 하므로 빈칸에는 '즉시'라는 의미의 부사인 (D)의 immediately가 들어가야 한다.

22

(A) protect

(B) assist

(C) approve

(D) interest

해설 판매 사원인 '그'가 길을 잃은 손님인 '나'에게 무엇을 해 줄 수 있는지 생각해 보면 쉽게 정답을 고를 수 있다. 정답은 '돕다'라는 뜻의 동사인 (B)의 assist이다.

23

(A) 저는 그가 제공한 양질의 서비스에 감명을 받았습니다.

(B) 몇몇 품목들은 제가 문의했던 것이 아니었습니다.

(C) 저는 귀하가 동의하여 제 돈을 환불해 주시기를 바랍니다.

(D) 이번이 귀하의 상점에 대한 저의 첫 번째이자 마지막 방문입니다.

해설 첫 번째 문단은 Simpson 씨가 상점에서 Bannister 씨에게서 도움을 받았던 것을 칭찬하는 내용이다. 그러므로 두 번째 문단의 시작 부분인 빈칸에 들어가기에 가장 적절한 문장은 훌륭한 서비스에 감명을 받았다는 내용의 (A)이다.

24

(A) respected

(B) considered

(C) attentive

(D) humorous

해설 이메일의 중간 부분에서 Bannister 씨의 성품은 polite(공손한)라는 단어로 묘사되고 있다. 따라서 주어진 문장도 '전 직원들이 Bannister 씨만큼 공손했으면 좋겠다'라는 의미가 되어야 한다. 따라서 '공손한' 혹은 '정중한'이라는 의미인 (C)의 attentive가 정답이다.

PARTS 5·6 실전 문제 연습 p.162

1	(D)	2	(B)	3	(B)
4	(D)	5	(A)	6	(B)
7	(C)	8	(D)	9	(C)
10	(A)	11	(C)	12	(A)
13	(D)	14	(B)	15	(D)
16	(A)	17	(B)	18	(C)
19	(B)	20	(D)	21	(C)
22	(C)	23	(D)	24	(C)
25	(D)	26	(C)	27	(A)
28	(A)	29	(B)	30	(A)
31	(D)	32	(C)	33	(A)
34	(B)	35	(B)	36	(B)
37	(A)	38	(C)	39	(B)
40	(D)	41	(A)	42	(A)
43	(D)	44	(B)	45	(B)
46	(B)				

1

현금 인출을 원하는 고객들은 적절한 양식을 작성하고 사진이 있는 신분증을 보여 줘야 한다.

(A) withdraw
(B) withdrawing
(C) withdrew
(D) withdrawal

어휘 fill out 작성하다 withdraw 인출하다 withdrawal 인출

해설 빈칸에는 who가 이끄는 관계대명사절에서 make의 목적어 역할을 할 수 있는 명사가 들어가야 한다. 따라서 명사인 (D)의 withdrawal(인출)이 정답이다.

2

Dustin 은행의 과장인 Thompson 씨는 지난주에 2백만 달러 이상의 융자금을 승인해 달라는 요청을 받았다.

(A) is asking
(B) was asked
(C) will ask
(D) has asked

어휘 approve 승인하다 loan 대부금, 융자

해설 Thompson 씨가 은행 직원이라는 점을 감안할 때, 그가 대출을 승인해 달라는 요청을 받는다는 의미가 되어야 하므로, 주어진 문장은 ask를 이용한 수동태 문장이 되어야 한다. 따라서 정답은 (B)의 was asked이다.

3

정비 기사는 모든 컴퓨터가 적절하게 작동하는 것을 확인하기 위해서 정기적으로 온다.

(A) apparently
(B) properly
(C) reservedly
(D) sincerely

어휘 maintenance 유지; 정비 regularly 정기적으로 operate 작동하다 apparently 명백히 properly 적절하게 reservedly 삼가서 sincerely 진정으로

해설 '모든 컴퓨터가 OO하게 작동하는지를 확인하기 위해' 정비사가 온다는 의미가 완성되어야 하므로 정답은 '적절하게' 혹은 '제대로'라는 뜻인 (B)의 properly가 된다.

4

경기 침체는 농업과 관련된 사람들에게 가장 많은 피해를 주었던 반면에 관광 산업의 사람들에게는 타격을 주지 않았다.

(A) more
(B) many
(C) much
(D) most

어휘 recession 침체 spare (좋지 않은 일을) 겪지 않게 하다

해설 '가장 큰 타격을 주다'라는 표현은 최상급을 이용하여 hurt the most로 나타낸다. 따라서 정답은 (D)의 most이다.

5

Cindy는 학교에서 학기와 학기 사이의 기간에 자원봉사자로 일하면서 실습을 통해 소중한 경험을 얻을 수 있었다는 것을 깨달았다.

(A) volunteer
(B) volunteers
(C) volunteered
(D) volunteering

해설 자격을 나타내는 as(~으로서)의 쓰임을 알고 있고, 관사 a가 단수 명사와 어울려 사용된다는 점을 알고 있으면 쉽게 풀 수 있는 문제이다. 정답은 '자원봉사자'라는 의미를 갖는 (A)의 volunteer이다.

6

Macon 사는 다른 종류의 제품들뿐 아니라 고급 설비와 전자 제품도 판매하는 것으로 알려져 있다.

(A) that
(B) other
(C) little
(D) what

어휘 high-end 고급의 appliance 설비, 장치

해설 빈칸에는 명사인 type를 수식할 수 있는 형용사가 와야 한다. 빈칸 앞의 as well as는 '~뿐만 아니라 …도'라는 뜻이므로, 앞에 언급된 'high-end appliance and electronics'뿐만 아니라 '다른 종류의 제품들'이라는 의미가 되어야 한다. 따라서 '다른'이라는 의미의 지시형용사인 (B)의 other가 정답이다.

7

항공기가 앞으로 30분 이내에 착륙하지 않는다면, 대부분의 승객들은 갈아탈 비행기를 놓치게 될 것이다.

(A) connect
(B) connected
(C) connecting
(D) be connected

어휘 passenger 승객 connecting flight 연결 항공편

해설 '연결 항공편'이라는 의미는 connecting flight로 나타낼 수 있다. 따라서 정답은 (C)의 connecting이다.

8

부서들이 운영하기에 충분한 돈을 보유하도록 자금이 각 부서에 할당되는 것이 중요하다.

(A) distribute
(B) distributing
(C) to distribute
(D) be distributed

어휘 crucial 결정적인, 중요한 fund 자금 department 부서 operate 운영하다 distribute 분배하다

해설 funds(자금)는 distribute(분배하다)의 대상이 되는 것이므로 빈칸에는 수동태 형식이 들어가야 한다. 따라서 정답은 should가 생략되어 있는 형태인 (D)의 be distributed이다. 조동사 should는 crucial, important, natural 등, 이성적인 판단을 나타내는 형용사와 함께 사용되는데, 이때의 should는 생략이 가능하다.

9

출장을 끝마치면, Romanov 씨는 그녀의 몇몇 친척들을 만나려고 고향을 방문하기 위해 휴가를 얻을 것이다.

(A) relation
(B) relating
(C) relatives
(D) relatively

어휘 business trip 출장 conclude 끝나다 time off 휴가, 휴식 relation 관계 relative 친척 relatively 비교적

해설 빈칸 앞에 대명사의 소유격이 있으므로 명사인 (A)와 (C) 중에서 정답을 고른다. '~를 만나기 위해서 고향에 방문한다'는 의미가 되어야 하므로 (C)의 relatives가 정답이다.

10

Everson 기계는 수년 간의 성원에 감사하여 장기 고객들 몇 명에게 배송료 할인을 제공하고 있다.

(A) thank
(B) thanks
(C) thanking
(D) thanked

어휘 shipping discount 배송료 할인 long-term 장기적인 support 지지

해설 to부정사 형태를 갖추기 위해서는 빈칸에 동사 원형이 들어가야 하므로 정답은 (A)의 thank(감사하다)이다.

11

현지 제조업체는 몇몇 최신 제품들의 인기 덕분에 인상적인 성장률을 기록했다.

(A) however
(B) such as
(C) due to
(D) around

어휘 manufacturer 제조사 impressive 인상적인

해설 '인상적인 성장률을 기록하다'라는 의미와 '최신 제품들의 인기'와의 관계는 인과관계이므로 정답은 '~ 때문에'라는 의미인 (C)의 due to이다.

12

쇼핑 센터의 몇몇 점포들은 봄 동안에 판매량이 상당히 증가했다고 발표했다.

(A) significantly
(B) happily
(C) fairly
(D) possibly

어휘 report 발표하다 significantly 상당히 possibly 아마도

해설 빈칸에는 increased를 수식할 수 있는 부사가 들어가야 한다. 보기 중에서 의미상 적절한 부사는 (A)의 significantly(상당히)이다.

13

Traveler 씨는 수 개월 내에 공석이 될 직책들에 대해 신입 사원들을 채용할 생각이다.

(A) recruit
(B) recruiting
(C) will recruit
(D) to recruit

어휘 intend ~하려고 생각하다 position 직책 available 이용할 수 있는 recruit 채용하다

해설 '~할 의도이다' 혹은 '~할 의향을 가지고 있다'라는 의미는 동사 intend와 to부정사를 이용하여 나타낼 수 있다. 따라서 빈칸에는 (D)의 to recruit가 들어가야 한다.

14

항공사에서는 몇몇 승객들 소유의 수화물을 분실했는데, 그들 모두는 배상이 필요하다고 주장했다.

(A) asked
(B) insisted
(C) requested
(D) purchased

어휘 airline 항공사 luggage 수화물 compensation 배상 insist 주장하다

해설 all of whom이 관계대명사절의 주어 역할을 하고 있으므로, 빈칸에는 이에 맞는 동사가 들어가야 한다. 관계대명사 whom이 가리키는 것은 several passengers(몇몇 승객들)인데, 이들의 수화물이 분실되었으므로, 승객들이 배상이 필요하다고 '주장했다'라는 의미가 되어야 한다. 따라서 정답은 '주장하다'라는 뜻인 (B)의 insisted이다.

15

실버 회원 자격을 가진 많은 사람들은 몇 건의 구매를 하자마자 무료로 골드 등급으로 승격되었다.

(A) instead of
(B) in spite of
(C) with regard to
(D) as soon as

해설 내용상 '구매를 하자마자 등급이 승격되었다'는 의미가 되어야 하므로 빈칸에는 (D)의 as soon as(~하자마자)가 들어가야 한다.

16

Ermine 빌딩의 로비에 있는 새로운 카페는 그곳에서 일하는 사업가들에게 인기가 있다.

(A) popular
(B) expensive
(C) empty
(D) delicious

해설 빈칸에는 주어인 the new café를 보충해서 설명할 수 있는 보어가 들어가야 한다. 따라서 '카페'의 특징을 나타낼 수 있는 (A)의 popular(인기 있는)가 정답이다.

17

그 지역에서 많은 양의 금이 발견되어 많은 사람들이 그 지역으로 이동했다.

(A) resulting

(B) resulted

(C) was resulted

(D) has been resulting

해설 빈칸은 동사 자리이므로 (A)는 정답에서 제외된다. 주어인 '금의 발견(the discovery of a large amount of gold)'이 '사람들의 이동(people moving to the area)'이라는 결과를 가져온 것이므로, 능동태인 (B)의 resulted가 정답이다.

18

모든 지원자들은 환불되지 않는 20달러의 수수료를 지불해야 하며, 그렇지 않을 경우 그들의 회원 자격을 얻기 위한 신청서는 검토되지 않을 것이다.

(A) apply

(B) applied

(C) application

(D) applying

어휘 nonrefundable 환불되지 않는 processing fee 제경비, 수수료

해설 빈칸 앞에 대명사의 소유격이 있으므로 명사를 정답으로 골라야 한다. 보기 중에서 명사는 (C)의 application뿐이므로 정답은 (C)이다.

19

주택담보대출금은, 250,000달러의 액수였는데, 12년 만에 Johnson 씨에 의해 상환되었다.

(A) in

(B) off

(C) at

(D) by

어휘 mortgage 주택담보대출 pay off (빚을) 갚다, 청산하다

해설 '(빚을) 갚다'라는 표현은 pay off로 나타내므로 정답은 (B)이다.

20

Hanley 컨설팅은 기업이 서비스의 질을 향상시키려는 노력을 하기 위해 고객들에게 설문 조사를 할 것을 추천했다.

(A) questionnaire

(B) research

(C) experiment

(D) survey

어휘 suggest 제안하다 conduct 시행하다 quality 질 questionnaire 설문지 survey 설문 조사

해설 기업이 '서비스의 질을 향상시키기 위해(to try to improve the quality of its service)' '고객들에 관해(its customers)' 할 수 있는 일을 생각해 보면 정답은 (D)의 survey(설문 조사)이다.

21

연결 문제가 계속되면, 컴퓨터 전문가에게 연락하여 기기를 점검해 달라고 하는 것이 중요하다.

(A) contact

(B) contacted

(C) contacting

(D) contacts

어휘 connection 연결 specialist 전문가 look at 살피다

해설 주절의 동사는 is이며, 빈칸은 주어 자리이다. a computer specialist to look at the machine을 목적어로 취하면서 주어가 될 수 있는 품사는 동명사뿐이므로 정답은 (C)의 contacting이다.

22

시민들은 모든 의심스러운 활동을 최대한 빨리 당국에 보고할 것을 요구받는다.

(A) suspicion

(B) suspicions

(C) suspicious

(D) suspiciously

어휘 urge 강하게 권하다 activity 활동 authority 당국 suspicious 의심스러운

해설 빈칸에는 activities(활동)를 수식할 수 있는 형용사가 들어가야 한다. 보기 중에서 형용사는 (C)의 suspicious(의심스러운)밖에 없다.

23

주지사를 위한 선거 운동의 텔레비전 보도는 도전하는 후보를 지지하는 매우 편향된 것으로 판명되었다.

(A) channel

(B) documentary

(C) show

(D) coverage

어휘 election campaign 선거 운동 governor 주지사 biased 편견을 가진 channel 경로; 텔레비전 채널 documentary 기록영화, 다큐멘터리 coverage 보도

해설 내용상 '선거 운동'에 대한 '보도'가 편향되었다는 의미가 완성되어야 한다. 따라서 정답은 '보도' 혹은 '방송'이라는 의미를 갖는 (D)의 coverage이다.

24

Lattimore 씨는 아이들이 또래의 다른 아이들과 시간을 보낼 수 있도록 하기 위해서 그녀의 아이들을 보육 시설에 보낸다.

(A) they

(B) their

(C) them

(D) those

어휘 daycare 보육 시설

해설 the same as에서 as는 접속사로도 쓰일 수 있고 전치사로도 쓰일 수 있는데, 이 문장에서는 전치사로 쓰였다. 따라서 정답은 they의 목적격인 (C)의 them이다.

25

Hooper 씨가 사무실로 돌아왔을 때, 그의 비서는 회의 약속을 잡기 위해 Boylan 씨로부터 전화가 왔다는 사실을 알려 주었다.

(A) calls

(B) calling

(C) was called

(D) had called

어휘 secretary 비서   inform 알려 주다

해설 '사무실로 돌아온 시점'보다 '전화가 온 시점'이 더 먼저이므로, 빈칸에는 대과거를 나타내는 시제가 들어가야 한다. 따라서 빈칸에는 과거완료 형태인 (D)의 had called가 들어가야 한다.

26

대부분 신문의 판매 부수는 인터넷의 영향으로 최근 몇 년간 감소했다.

(A) Subscription

(B) Renewal

(C) Circulation

(D) Reporter

어휘 circulation 판매 부수   decline 감소하다   on account of ~ 때문에   influence 영향

해설 내용상 '신문의 판매 부수가 감소했다'는 의미가 완성되어야 하기 때문에 빈칸에는 (C)의 circulation(판매 부수)이 들어가야 한다. (A)의 subscription은 '구독' 혹은 '구독료'라는 뜻으로, (A)가 정답이 되기 위해서는 빈칸 다음에 rate 등의 단어가 있어야 한다.

27

관공서에서는 사업 허가증을 받기 위해 식당 소유주에게 많은 서류를 작성할 것을 요구한다.

(A) license

(B) licensed

(C) licensing

(D) licenses

어휘 government office 관공서   document 서류   business license 사업 허가증

해설 빈칸에는 business와 함께 '사업 허가증'이라는 복합 명사를 완성시킬 수 있는 단어가 들어가야 한다. 따라서 정답은 (A)의 license 이다.

28

15개 이상의 회사로부터 거절을 당했음에도 불구하고, Justin은 여전히 엔터테인먼트 산업에서 구직을 하려는 의지가 확고했다.

(A) remained

(B) stopped

(C) considered

(D) abandoned

어휘 reject 거절하다   determine 결심하다

해설 전치사 despite(~에도 불구하고)에 유의하여 정답을 찾도록 한다. '수차례 거절당했음에도 불구하고 여전히 의지가 확고했다'는 의미가 완성되어야 하므로 정답은 (A)의 remained(여전히 ~하다)이다.

29

Peterson 씨는 6개월 이내에 이사로 승진할 것을 기대하고 있다.

(A) for

(B) within

(C) amongst

(D) between

어휘 receive a promotion 승진하다   director 이사

해설 내용상 '6개월 내의 어느 시점에 승진할 것으로 예상한다'는 의미가 되어야 하므로 정답은 '~ 이내에'라는 뜻의 전치사인 (B)의 within이다.

30

그 병원에 처음 방문한 모든 환자들은 그들의 병력에 대한 여러 가지 양식을 작성할 것을 요구 받는다.

(A) making

(B) made

(C) will make

(D) make

어휘 patient 환자   clinic 진료소, 병원   medical history 병력

해설 to the clinic까지가 주어이므로 빈칸에는 all patients를 수식할 수 있는 단어가 들어가야 한다. 보기 중에서 형용사 역할을 할 수 있는 것은 현재분사인 (A)의 making과 과거분사인 (B)의 made인데 all patients와 make의 관계가 능동이기 때문에 정답은 (A)의 making이다.

PART 6

[31-34]

받는 사람: Dan Schliemann 〈dan_s@woodward.com〉
보내는 사람: Anna Perkins 〈aperkins@woodward.com〉
제목: 다음 주 일정
날짜: 5월 11일

친애하는 Schliemann 씨께,

다음 주 일정에 관하여 당신에게 이 글을 씁니다. 저는 제 상관인 Brent Harmon에게 제가 다음 주 수요일에 근무할 수 없다고 말씀 드렸습니다. 저는 그날 병원에 예약이 되어 있습니다. Harmon 씨는 한 달 전에 이에 대해 알고 있었습니다. 하지만, 그는 여전히 수요일에 저의 근무 일정을 잡아 두었습니다. 저는 Harmon 씨에게 저의 문제에 대해 이야기했습니다. 그는 제가 대체 근무자를 찾아야 한다고 말했습니다. 저는 그가 저를 상당히 부당하게 대한다고 생각합니다. 우선 그는 그날 제가 근무하도록 일정을 잡지 않았어야 합니다. 귀하가 그의 상사이므로, 그에게 말씀을 해 주시겠습니까? 대단히 감사합니다.

Anna Perkins 드림

어휘 regarding ~에 관하여   appointment 약속   replacement 대체자   to begin with 우선

31

(A) 휴가를 허가해 주셔서 감사합니다.

(B) 이번 주에 만날 시간이 되시는지 궁금합니다.

(C) 저의 휴가는 다음 주 수요일에 시작될 예정입니다.

(D) 다음 주 일정과 관련하여 당신에게 이 글을 씁니다.

해설 이메일이 시작되는 문장으로 적절한 것을 골라야 하는데, 전체적인 내용이 다음 주 일정에 대한 것이므로 (D)가 정답으로 적절하다.

32

(A) what
(B) which
(C) that
(D) how

해설 동사 tell은 두 가지 목적어를 취할 수 있는 대표적인 동사인데, 하나의 목적어는 주로 사람을 나타내고 다른 목적어는 주로 명사절인 that절의 형태를 취한다. 따라서 빈칸에는 명사절을 이끌 수 있는 접속사 that이 들어가야 하므로 정답은 (C)이다.

33

(A) still
(B) thus
(C) yet
(D) again

해설 이메일 작성자는 이메일의 앞부분을 통해 자신이 근무 시간 변경 요청을 했고, 그에 대해 자신의 관리자인 Harmon 씨도 그에 대해 알고 있다고 했다. 하지만 빈칸이 들어 있는 문장에서 Harmon 씨가 근무 시간 변경 요청을 무시하고 수요일 근무를 배정해 주었다는 사실을 알 수 있다. 따라서 빈칸에는 '아직도' 혹은 '여전히'라는 의미의 부사인 (A)의 still이 들어가야 가장 자연스러운 문맥이 완성된다.

34

(A) presently
(B) incredibly
(C) approvingly
(D) angrily

해설 빈칸에는 unfair를 수식하거나 강조할 수 있는 부사가 들어가야 한다. 보기 중에서 이러한 강조의 의미를 나타낼 수 있는 것은 (B)의 incredibly(믿을 수 없을 정도로, 엄청나게)뿐이므로 (B)가 정답이다.

[35-38]

> 보몬트 (8월 21일) – 보몬트 공공 도서관은 다음 주 월요일에 다시 문을 열 예정이다. 지난 3개월 동안 보수 작업을 하기 위해서 문을 닫은 후, 도서관은 방문객들의 입장 허가를 시작할 준비가 되었다. 수석 사서 Jeremy Davis는 "우리는 도서관에 가져 온 변화에 대해 매우 기쁘게 생각합니다,"라고 말하며, "우리는 서적과 잡지를 위한 보다 많은 공간을 확보하게 되었습니다."라고 말했다.
>
> **시에서는 보수 공사에 120만 달러 이상의 금액을 사용했다.** 몇몇 주민들이 높은 비용에 대해 항의했지만, 대부분의 주민들은 시설을 개선하기 위해 돈을 지출하는 것을 지지했다. 월요일 오전 9시에 도서관에서 특별 재개장 기념식이 있을 것이다.

어휘 undergo (수리를) 받다 renovation 보수 resident 주민 complain 불평하다, 항의하다 ceremony 의식, 식

35

(A) undergo
(B) to undergo
(C) undergone
(D) has undergone

해설 빈칸에는 동사가 올 수 없으므로 (A)와 (D)는 정답에서 제외된다. 빈칸에는 목적의 의미를 나타내는 to부정사가 들어가야 하므로 정답은 (B)의 to undergo이다.

36

(A) area
(B) space
(C) range
(D) zone

해설 공사를 통해 얻을 수 있는 효과가 무엇인지 생각해 보면 정답을 쉽게 찾을 수 있다. 공사로 인해 책과 잡지를 놓을 '공간'이 더 많아졌다는 의미가 완성되어야 하므로 빈칸에는 '공간' 혹은 '자리'를 뜻하는 (B)의 space가 들어가야 한다.

37

(A) 시에서는 보수 공사에 120만 달러 이상의 금액을 사용했다.
(B) 모든 작업에 대해 익명의 기부자가 자금을 지원했다.
(C) 작업이 언제 완료될지 아직 알 수 없다.
(D) 프로젝트는 주민들에 의해 전폭적으로 지지를 받았다.

해설 빈칸 바로 뒤의 문장은 '주민들이 높은 비용에 대해 항의했지만, 대부분의 주민들은 시설의 개선을 위한 돈의 지출을 지지했다'는 내용이다. 따라서 공사 비용의 액수를 언급하고 있는 (A)가 정답이 된다.

38

(A) they
(B) their
(C) them
(D) theirs

해설 문맥상 빈칸에는 residents를 가리키면서 of의 목적어 역할을 할 수 있는 대명사가 들어가야 한다. 따라서 정답은 (C)의 them이다.

[39-42]

> **공지**
>
> 허리케인 Anne이 상륙한 이후에 있었던 최근의 홍수로 인해 도시의 몇몇 도로들이 피해를 입었습니다. 작업반은 피해의 대부분을 복구했지만, 몇몇 도로들에는 상당한 피해가 있었습니다. **그곳에 어떠한 작업도 이루어지지 않았습니다.** 이러한 도로들은 운전하기에 안전하지 않다고 생각됩니다. 이것이 수리될 수 있을 때까지, Sullivan 호수 옆에 있는 Jackson 도로의 일부는 폐쇄됩니다. 그리고 해변가의 Sunset 로 역시 폐쇄됩니다.
>
> 시에서는 5일 이내에 두 도로가 수리되기를 바랍니다. 수리 작업에 관한 최신 정보는 시 웹사이트에 매일 작성될 것입니다. 더 많은 정보를 위해 이를 참고하시거나 631-4385로 전화하세요.

어휘 flooding 홍수 landfall 상륙 work crew 작업반

39

(A) 따라서 그곳들의 교통은 매우 느리게 움직이고 있습니다.
(B) 그곳에 어떠한 작업도 이루어지지 않았습니다.
(C) 그곳들은 오늘까지 보수될 것입니다.
(D) 허리케인은 예상했던 것만큼 나쁘지는 않았습니다.

해설 빈칸 앞의 문장은 '몇몇 도로에 피해가 있었다'는 내용이고, 빈칸 뒤의 문장은 '이 도로에서 운전하는 것은 안전하지 않다'는 내용이다. 그러므로 두 문장 사이에는 '이곳에 어떠한 작업도 이루어지지 않았다'는 내용의 (B)가 오는 것이 흐름상 가장 자연스럽다.

40
(A) consider
(B) are considering
(C) considered
(D) are considered

해설 '도로(roads)'는 consider(고려하다)의 대상이 될 수 있을 뿐 consider의 주체가 될 수는 없으므로 주어진 문장은 수동태 형식을 갖추어야 한다. 따라서 정답은 (D)의 are considered가 된다.

41
(A) as well
(B) on top of
(C) around
(D) as per

해설 앞서 Jackson 로가 폐쇄되어 있다고 했으므로, 주어진 문장은 Sunset 로 '역시' 폐쇄되었다는 의미가 되어야 한다. 보기 중에서 '역시' 혹은 '또한'이라는 의미를 나타내는 표현은 (A)의 as well밖에 없으므로 (A)가 정답이다.

42
(A) Updates
(B) Contracts
(C) Construction
(D) Data

해설 주어진 문장은 '최신 정보가 시의 웹사이트에서 매일 작성될 것이다'라는 의미가 되어야 한다. 보기 중에서 '최신 정보'라는 의미를 나타낼 수 있는 명사는 (A)의 updates이다.

[43-46]

받는 사람: Catherine Sellers 〈csellers@homemail.com〉
보내는 사람: Bud Landis 〈bud_landis@peterson.com〉
제목: 채용 제안
날짜: 11월 11일

친애하는 Sellers 씨께,

고용 위원회는 지난주 귀하의 면접에서 깊은 인상을 받았습니다. 그래서, 우리는 귀하에게 Peterson 주식회사 회계 부서의 관리자 직책을 제안하기로 결정했습니다. 우리는 귀하가 늦어도 12월 1일부터는 이곳에서 근무를 시작하기를 바랍니다.

귀하의 초임은 연봉 78,000달러가 될 것이며, 귀하는 연간 2주의 유급 휴가를 받게 될 것입니다. 이 이메일에 계약서를 첨부하였습니다. 이는 귀하가 직책을 받아들일 경우 받게 될 다른 모든 혜택들을 설명하고 있습니다. **우리는 이 제안이 귀하가 받아들일 만한 것이기를 바랍니다.** 계약서와 귀하의 새로운 직책에 대해 의논하고 싶을 경우 731-0538로 전화해 주세요.

Bud Landis 드림
Peterson 주식회사 부사장

어휘 committee 위원회   extremely 상당히   position 직책
manager 관리자   starting salary 초봉   annually 해마다
benefit 혜택   regarding ~에 관한

43
(A) aware
(B) reserved
(C) decided
(D) impressed

해설 이메일의 앞부분을 통해, 이메일 작성자는 수신인에게 일자리 제안을 하고 있음을 알 수 있다. 따라서 빈칸이 포함된 문장은 면접이 성공적으로 이루어졌다는 의미가 되어야 한다. be impressed with는 '~으로 감명을 받다' 혹은 '~에 의해 깊은 인상을 받다'라는 뜻이므로 빈칸에는 (D)의 impressed가 들어가야 한다.

44
(A) late
(B) later
(C) lately
(D) latest

해설 빈칸 다음에 비교를 나타내는 표현인 than December 1이 있으므로 빈칸에는 비교급 형태의 단어가 들어가야 한다. 따라서 정답은 (B)의 later이다. no later than은 '늦어도 ~까지'라는 의미로서 자주 볼 수 있는 표현이다.

45
(A) sent
(B) attached
(C) replied
(D) prompted

해설 일반적으로 이메일에서 파일 등을 '첨부하다'라는 표현은 동사 attach로 나타낸다. 따라서 빈칸에 들어갈 가장 적절한 단어는 (B)의 attached이다.

46
(A) 귀하는 귀하가 요청했던 인상된 봉급을 받게 될 것입니다.
(B) 우리는 이 제안이 귀하가 받아들일 만한 것이기를 바랍니다.
(C) 저희와 계약하는 데 동의해 주셔서 감사합니다.
(D) 이 사안은 더 이상 논의의 대상이 아닙니다.

해설 빈칸 앞에서는 연봉 및 휴가 등의 근무 조건을 제안하고 있으므로, 빈칸에는 '이 제안을 받아 들이기를 바란다'는 내용의 (B)가 오는 것이 가장 적절하다. (D)의 경우 '이는 논의의 대상이 아니다'라고 했는데, 빈칸 뒤에 '논의하고 싶을 경우 전화를 달라'는 내용이 있으므로 (D)는 정답이 될 수 없다.

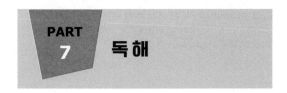

PART 7 독해

Unit 01 | 이메일 / 편지

 항공편이 예약되어 있는데(You have a reservation for Northern Airways Flight 595) 운항이 취소되었다는 (Unfortunately, Northern Airways has just canceled that flight, so it's no longer available) 문제점이 언급되어 있다. 즉, 항공편 예약이 취소된 것이므로 정답은 (b)이다.

 B

1 (b)　　　　2 (a)

[1-2]

친애하는 Cheng 씨께,

제 이름은 Bronwin Roberts입니다. 저는 QPR 주식회사의 인사부 직원입니다. 최근에, 우리는 Joe Staler 씨로부터 입사 지원서를 받았습니다. 그의 지원서에서, Satler 씨는 귀사에서 2018년 8월부터 2021년 4월까지 근무했다고 언급했습니다. 저는 이것이 귀사에서 그가 근무한 정확한 날짜가 맞는지 확인하고 싶습니다. 기회가 있을 때 저에게 알려 주시겠습니까?

Bronwin Roberts 드림

친애하는 Roberts 씨께,

저는 Satler 씨가 알려 드린 날짜가 정확하다는 점을 확인해 드리고자 합니다. 그는 Seaside 컨설팅에서 해당 기간 동안 연구원으로 근무했습니다. 사실, Satler 씨는 저의 동료들 중 한 명이었습니다. 그는 매우 근면한 직원이었으며, 모든 사람이 그가 떠나는 것을 알게 되어 아쉬워했습니다. 하지만, 저는 그가 그의 가족과 더 가까이에 있기 위해서 이주하려고 이곳에서 퇴사했다고 생각합니다.

Irene Cheng 드림
Seaside 컨설팅

어휘 application 지원서　confirm 확인하다　coworker 동료 hardworking 근면한

1
Cheng 씨는 Roberts 씨로부터 무슨 요청을 받았는가?
(a) 직원의 성과에 대한 평가
(b) 채용 기간의 확인

해설 첫 번째 지문 후반부에 'I would like to confirm that these are the correct dates of his employment with your firm.'이라는 내용이 있다. 즉, 채용 기간을 확인해 달라는 요청을 한 것이므로 정답은 (b)이다.

2
Cheng 씨가 Satler 씨에 대해 언급한 것은 무엇인가?
(a) 그는 사람들이 좋아하는 직원이었다.
(b) 그는 직장에서 해고되었다.

해설 두 번째 지문의 'He was a very hardworking employee, and everyone was sad to see him go.'라는 문장을 통해서 사람들이 Salter 씨를 좋아했었다는 것을 알 수 있다. 정답은 (a)이다.

지문 유형 연습　　　　p.176

 A

1 (b)　　　　2 (b)

1

친애하는 Armstead 씨께,

저는 어제 회계직에 대한 귀하의 지원서를 받았습니다. 귀하는 상당히 적임자인 것 같습니다. 저는 지난 8년 동안의 귀하의 경력에 매우 깊은 인상을 받았습니다. 하지만, 귀하의 지원서가 완성되지 않은 상태입니다. 귀하는 신원 보증인이 될 수 있는 두 명의 연락처 정보를 보내지 않았습니다. 그분들의 성함과 연락처 정보를 보내 주실 수 있습니까? 저는 그분들과 이야기를 나누고 싶습니다. 그런 다음, 저는 귀하와의 면접 일정을 정하기 위해 답장을 보내도록 하겠습니다.

Beth Robinson 드림

어휘 application 지원서　qualified 적임의　impress 인상을 주다 reference 추천서; 신원 보증인

Q. 이메일의 목적은 무엇인가?
(a) 면접 시간을 정하기 위해서
(b) 받아야 할 몇 가지 정보를 요청하기 위해서

해설 'Would you please send me their names and contact information?'이라는 문장을 통해 정보를 보낼 것을 요청하기 위해 이메일을 보낸 것을 알 수 있다. 정답은 (b)이다.

2

친애하는 Thompson 씨께,

저는 Pacific 여행사의 Jasmine Lee입니다. 저는 귀하의 시애틀 여행과 관련하여 메일을 쓰고 있습니다. 귀하는 Northern 항공사의 595 항공편에 예약되어 있습니다. 이는 수요일 오전 9시 5분에 출발하기로 예정되어 있습니다. 불행하게도, Northern 항공사가 이 항공편을 취소해서, 이는 더 이상 이용할 수 없습니다. 첨부된 문서를 검토해 주세요. 문서에는 수요일에 아직 좌석이 있는 모든 항공편의 목록이 포함되어 있습니다. 예약하기를 원하시는 항공편이 어느 것인지 저에게 알려 주시기 바랍니다.

Jasmine Lee 드림
Pacific 여행사

어휘 regarding ~에 관하여　airways 항공사　depart 출발하다

Q. 무엇이 문제인가?
(a) 항공기에 이용 가능한 좌석이 없다.
(b) 예약이 취소되었다

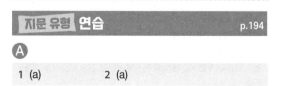

예상 적중 문제 01-02 p.179

☀ MORE & MORE

1 (O)	2 (O)	3 (O)

1. Walters 씨는 디자이너일 것이다.
2. Walters 씨는 Stephens 씨에게 그와 함께 일할 것을 요청한다.
3. Walters 씨는 Stephens 씨와 매일 만나기를 희망한다.

예상 적중 문제 03-05 p.182

☀ MORE & MORE

1 (O)	2 (×)	3 (O)

1. Rupert 호텔은 Milton에 위치해 있을 것이다.
2. Tina의 회사는 전구를 구매하는 데 관심이 있다.
3. Tina와 Smith 씨는 같은 회사에 근무한다.

예상 적중 문제 06-09 p.185

☀ MORE & MORE

1 (×)	2 (O)	3 (×)

1. Dinkins 씨는 이미 Tyndale 씨와 이야기를 했다.
2. Wilson 씨는 샘플 몇 개를 제공해 달라는 요청을 받는다.
3. Wilson 씨는 판매 회의에 참석하겠다는 확인을 해 주었다.

예상 적중 문제 10-14 p.189

☀ MORE & MORE

1 (×)	2 (O)	3 (×)

1. Kensington 시의 주민들은 자원봉사자들에게 일에 대한 대가를 지불할 것이다.
2. 네 건의 설명회가 3월에 열릴 것이다.
3. Martin 씨는 아마도 Silver Lake 고등학교에서 근무하고 있을 것이다.

Unit 02 | 문자 메시지 / 온라인 채팅

지문 유형 연습 p.194

A

1 (a)	2 (a)

1

Lionel Sellers	3:55 P.M.

저의 전근 신청서가 받아들여 졌어요. 하지만 제가 홍콩에서 새롭게 2년을 보내기를 원하는지 확신하지 못하겠어요.

Sarah Bright	3:57 P.M.

진심이에요? 이것은 절호의 기회예요. 당신은 제안을 받아들여야 해요.

Nancy Venarde	3:59 P.M.

Sarah가 옳아요, Lionel. 이는 회사에서 당신의 지위를 올리기 위한 좋은 기회일 뿐만 아니라, 당신은 다른 나라에서 살게 되는 거예요.

Lionel Sellers	4:01 P.M.

당신들이 무슨 말을 하는지 알고 있지만, 그렇게 멀리 이주하는 것은 힘들 것 같아요.

Q. 오후 3시 57분에, Bright 씨가 "It's the chance of a lifetime"이라고 쓸 때, 그녀가 의미하는 것은 무엇인가?

(a) Sellers 씨는 제안을 받아들여야 한다.
(b) 그녀는 홍콩으로의 전근을 신청할 것이다.

해설 주어진 문장은 Sellers 씨가 홍콩으로의 전근을 망설이는 것에 대한 답변이다. 따라서 정답은 (a)이다.

2

Candice Dawson	2:04 P.M.

이번 주 토요일에 회사 야유회에 가는 사람 있나요?

Mark Sanderson	2:05 P.M.

저희 가족 모두 참석할 거예요. 우리 애들은 매는 그곳에서 시간을 보내는 것을 좋아해요.

Candice Dawson	2:06 P.M.

당신의 차에 제가 탈 자리가 있을까요? 제 차는 지금 수리 중이에요.

Sheila Dobbs	2:08 P.M.

제 차를 타는 게 어때요? 저는 그곳에 운전을 해서 갈 것이고, 우리는 같은 동네에 살고 있으니까요.

Q. 무엇이 주로 논의되는가?
(a) 행사에 가기 위한 교통편
(b) Dawson 씨의 자가용

해설 Dawson 씨의 차가 수리 중이어서, 야유회에 가기 위해 차량을 얻어 타려는 내용이다. 따라서 정답은 (a)이다.

B

1 (b)	2 (b)

[1-2]

Trisha Waters	10:09 A.M.

엘리베이터가 왜 작동하지 않는지 아는 사람 있나요?

Robert Compton	10:11 A.M.

작업자가 그것을 점검하러 왔다고 들었어요. 당신은 계단을 이용해야 할 것 같아요.

Trisha Waters   10:13 A.M.

오, 안돼요. 저는 우편물실에서 택배 두 개를 수령해서, 그것들을 가지고 몇 층의 계단을 올라갈 수는 없어요.

June Marshall   10:15 A.M.

Tony에게 도움을 요청하지 그래요? 그는 거절하지 않을 거예요.

Robert Compton   10:16 A.M.

사실, 그는 공장에 있어서 점심시간 이후까지는 사무실에 없어요.

Trisha Waters   10:17 A.M.

Rob, 당신이 저를 도와줄 수 없을까요?

Robert Compton   10:19 A.M.

그러고 싶지만, 저는 10분 뒤에 부서장들에게 발표를 해야 해요. 땀에 젖어서 나쁜 인상을 주고 싶지는 않아요.

June Marshall   10:24 A.M.

보안 데스크에 전화해 봤어요. 엘리베이터는 10시 40분쯤에 작동될 것이라고 하니, 그렇게 오래 기다리지 않아도 될 것 같아요.

1

오전 10시 15분에, Marshall 씨가 "Why don't you ask Tony to help?"라고 쓸 때 그녀가 암시하는 것은 무엇인가?

(a) 그녀는 그 문제에 관심이 없다.

(b) 그녀는 Waters 씨를 도울 수 없다.

해설 Waters 씨가 택배를 들고 계단을 올라갈 수 없다는 말에 대해 'Tony에게 도움을 요청하라'고 말한 것이므로, Marshall 씨 본인은 도와줄 수 없다는 의미라고 볼 수 있다.

2

10시 40분에는 어떤 일이 일어날 것인가?

(a) Waters 씨가 고객을 만날 것이다.

(b) 유지 보수 작업이 마무리될 것이다.

해설 마지막의 'The elevator should be up and running by 10:40'에서 10시 40분에 수리가 완료될 것임을 알 수 있다.

예상 적중 문제 01-02   p.197

☼ **MORE & MORE**

1 (O)	2 (×)	3 (O)

1. Worthy 씨는 곧 회의에 참석하기로 되어 있다.
2. Worthy 씨는 지금 현재 자신의 차를 운전 중이다.
3. Hastings 씨는 곧 Costello 씨에게 연락할 것이다.

예상 적중 문제 03-04   p.199

☼ **MORE & MORE**

1 (×)	2 (O)	3 (O)

1. 작성자들은 회의를 준비하고 있다.
2. Dave는 2주 동안 네 번의 회의에 불참했다.
3. Watts 씨는 아마 Dave에 대하여 그녀의 관리자에게 말할 것이다.

예상 적중 문제 05-08   p.202

☼ **MORE & MORE**

1 (×)	2 (×)	3 (×)

1. Burgess 씨는 아마도 밀워키에 살고 있을 것이다.
2. Stone 씨는 4월에 출장을 갈 것이다.
3. Smith 씨는 Duncan 엔지니어링에서 근무하고 있다.

예상 적중 문제 09-12   p.205

☼ **MORE & MORE**

1 (O)	2 (×)	3 (O)

1. Swanson 씨는 업무 평가를 받는 것을 좋아하지 않는다.
2. Williams 씨는 Anderson 씨의 업무 평가를 수행할 것이다.
3. Landers 씨는 아마도 자신의 업무 평가 동안에 마음 상하지 않을 것이다.

Unit 01-02 | 연습 문제   p.206

1 (C)	2 (A)	3 (B)
4 (A)	5 (C)	6 (C)
7 (C)	8 (B)	9 (C)
10 (A)	11 (C)	12 (C)
13 (A)	14 (A)	15 (B)
16 (A)	17 (B)	18 (C)
19 (A)	20 (B)	21 (A)
22 (C)	23 (A)	24 (D)

[1-2]

Dustin Peters   [8:53 A.M.]

안녕하세요, Patricia. 오늘은 당신이 쉬는 날이라는 것을 알고 있기는 하지만, 오늘 나올 수 있나요?

Patricia Fallow   [8:58 A.M.]

급한 일은 무엇인가요? 저는 박물관에 갈 계획이었어요.

Dustin Peters   [9:00 A.M.]

Mark, Pablo, 그리고 Christine이 병가를 냈는데, 오늘 대규모 할인 행사가 시작돼요.

Patricia Fallow   [9:02 A.M.]

그래도 그곳에는 충분한 수의 직원들이 있잖아요.

Dustin Peters   [9:04 A.M.]

남성복 매장에 경험이 많은 사람은 당신뿐이에요.

Dustin Peters   [9:06 A.M.]

음… 당신이 개점 시간에 맞춰 이곳에 온다면 기본 시급의 두 배를 드릴게요.

50분 뒤에 봬요.

어휘 call in sick 전화로 병가를 내다　regular rate 정상 시급

1

이들은 어디에서 근무할 것 같은가?

(A) 미술관에서

(B) 서점에서

(C) 백화점에서

(D) 박물관에서

해설 Peters 씨는 Fallow 씨에게 '남성복 매장에 경험이 많은 사람은 당신뿐이다'라고 말하고 있는 것으로 보아, 의류를 판매하는 곳에서 일하고 있음을 알 수 있다. 보기들 중 의류를 판매하는 곳은 백화점뿐이므로 정답은 (C)이다.

2

오전 9시 2분에, Fallow 씨가 "You should still have enough staff there"라고 쓸 때 그녀가 암시하는 것은?

(A) 그녀는 자신이 갈 필요가 없다고 생각한다.

(B) 그녀는 출근하는 것에 대해 더 많은 급여를 받아야 한다.

(C) 그녀는 Peters 씨가 다른 사람에게 연락하기를 바란다.

(D) 그녀는 고객의 수가 많지 않을 것이라고 생각한다.

해설 다른 직원들이 병가 신청을 해서 근무하러 나와 달라는 Peters 씨의 말에 대해 '다른 직원들이 충분히 있다'고 말하는 것으로 보아, Fallow 씨는 자신이 없어도 될 것이라는 의도를 밝히고 있다고 보는 것이 타당하다. 따라서 정답은 (A)이다.

[3-6]

받는 사람: Kevin Campbell
　〈k_campbell@walkerresearch.com〉
보내는 사람: Anna Gilchrist 〈annag@mymail.com〉
제목: 연구원 직책
날짜: 6월 1일

친애하는 Campbell 씨께,

제 이름은 Anna Gilchrist으로, 저는 귀사의 연구원 직책에 관심이 있습니다. 귀사의 웹사이트에 공고된 직책을 보았습니다. 광고를 읽었을 때 저에게 이상적인 직책이라는 것을 알게 되었습니다.

귀하께서 제 학력과 경력을 보실 수 있도록 이메일에 이력서를 첨부했습니다. 하지만 제가 Davidson 컨설팅에서 연구원으로 4년간 일했다는 사실을 귀하께서 알아 주셨으면 합니다. 저는 제 업무를 좋아했지만, 고용주는 저에게 다른 주로 전근할 것을 요청했습니다. **저는 이곳 도시를 떠날 수가 없기 때문에 Walker 리서치에서 일하기를 구하고자 합니다.**

저는 언제든지 면접을 볼 수 있습니다. 가야 할 시간과 장소를 알려만 주시면 가도록 하겠습니다. 관심이 있으신 경우 신원 증명서를 제공해 드릴 수 있습니다. 연락을 주시면 제가 귀하에게 그들의 이름과 전화번호를 이메일로 보내 드리겠습니다.

조만간 귀하로부터 소식을 듣기를 고대하겠습니다.

Anna Gilchrist 드림

어휘 researcher 연구원　transfer 전근 가다　personal reference 신상조서, 신원 증명서

3

Gilchrist 씨는 왜 Campbell 씨에게 이메일을 보냈는가?

(A) 전근을 요청하기 위해

(B) 입사 지원을 하기 위해

(C) 임금 인상을 요청하기 위해

(D) 몇 건의 새로운 연구에 대해 논의하기 위해

해설 Gilchrist 씨가 Campbell 씨에게 이메일을 쓴 이유를 묻고 있다. 첫 번째 문단에서 Gilchrist 씨는 자신이 '연구원직(researcher position)'에 관심이 있다고 말하면서, Campbell 씨 회사의 구인 광고 상 빈 자리가 자신에게 '이상적인 자리(ideal position)'라고 주장한다. 이후의 내용에서도 자신의 이력서 및 면접 가능 시간 등에 대해 이야기를 하고 있으므로 정답은 (B) To apply for a job(입사 지원을 하기 위해)이다.

4

첫 번째 문단 세 번째 줄의 ideal이라는 단어와 그 의미가 가장 유사한 것은?

(A) 완벽한

(B) 실용적인

(C) 잠재적인

(D) 있음직한

해설 ideal은 '이상적인'이라는 뜻이므로 정답은 (A)의 perfect(완벽한)이다. (B)의 practical은 '실용적인', (C)의 potential 은 '잠재적인', '가능성이 있는', 그리고 (D)의 possible은 '가능한'이라는 의미이다.

5

이메일과 함께 보내진 것은 무엇인가?

(A) 포트폴리오

(B) 보고서

(C) 이력서

(D) 에세이

해설 두 번째 문단 첫 번째 문장의 'I have attached my résumé to this e-mail'이라는 부분에서 Gilchrist 씨가 이메일에 자신의 이력서를 첨부했다는 사실을 알 수 있다. 따라서 정답은 (C)이다.

6

[1], [2], [3], 그리고 [4] 중에서 다음 문장이 들어가기에 가장 알맞은 곳은 어디인가?

"저는 이곳 도시를 떠날 수가 없기 때문에 Walker 리서치에서 일하기를 구하고자 합니다."

(A) [1]

(B) [2]

(C) [3]

(D) [4]

해설 주어진 문장에 자신은 도시를 떠날 수 없다는 내용이 들어있으므로 Gilchrist 씨가 도시를 떠나야 한다는 내용이 언급된 다음에 들어가야 한다. 첫 번째 문단의 마지막 부분에서 'my employer has requested that I transfer to another state'라고 언급되어 있는데, 이것이 바로 그녀가 도시를 떠나야 하는 이유로 볼 수 있다. 따라서 정답은 (C)이다.

9월 19일

친애하는 Candice 씨께,

Diego Rodriguez를 추천해 줘서 정말 고마워요. 우리 부서에 공석이 생겨서 Diego와 면접을 보았는데, 그에게서 깊은 인상을 받았어요. 그는 말을 잘 하고 업계에 대한 식견이 뛰어났어요. 면접이 끝나자마자 저는 그에게 입사를 제안했고 그는 수락을 했죠.

3주의 근무 기간 동안 Diego는 뛰어난 직원이었어요. 매일 사무실에 가장 먼저 출근하는 직원이자 가장 늦게 퇴근하는 직원이에요. 추가 업무도 자발적으로 하고 있고 원래 업무도 제시간에 효과적인 방식으로 해내고 있어요. 그가 일을 매우 잘하고 있기 때문에 저는 벌써부터 Diego의 승진을 고려하고 있어요.

언제 우리 둘이 점심이라도 함께 하는 것이 어떨까요? 제가 살게요. 이처럼 훌륭한 직원을 소개해 준 것에 대한 감사 표시로 제가 할 수 있는 최소한의 보답이에요. 10월 중에 언제 시간이 되는지 알려 주세요.

Brian Thagard 드림

어휘 recommend 추천하다 knowledgeable 식견이 있는 outstanding 뛰어난 effective 효과적인 manner 방식 treat 대접, 한턱 reject 거절하다 work experience 근무 경력

7
Thagard 씨는 왜 편지를 보냈는가?
(A) 실수한 것을 사과하기 위해
(B) 행사에 초대하기 위해
(C) 도움에 대한 감사를 표현하기 위해
(D) 고용 제안을 거절하기 위해

해설 편지의 첫 번째 문장인 'Thank you very much for recommending Diego Rodriguez to me.'에서 정답의 단서를 찾을 수 있다. 발신자인 Thagard 씨는 수신자인 Candice 씨에게 직원 추천에 대한 고마움을 표시하고 있으므로 편지를 쓴 목적은 (C)의 To thank a person for some assistance이다.

8
Thagard 씨는 언제 Diego Rodriguez에게 일자리를 제안했는가?
(A) 학회에서 그를 만난 이후에
(B) 그와 면접을 본 이후에
(C) 그의 동료와 이야기를 나눈 이후에
(D) 그와 전화 통화를 한 이후에

해설 첫 번째 문단 마지막의 'I offered him a position at my firm as soon as the interview ended, and he accepted.'에서 Thagard 씨는 면접을 본 직후에 Diego Rodriguez에게 일자리를 제안했고 Diego Rodriguez가 이를 수락했다는 점을 알 수 있다. 따라서 정답은 (B)이다.

9
Thagard 씨가 Diego Rodriguez에 대해 말하고 있는 것은 무엇인가?
(A) 그는 근무 경력이 없다.
(B) 그는 Candice의 좋은 친구이다.
(C) 그는 곧 더 좋은 직책을 얻게 될 것이다.
(D) 그는 더 많은 급여를 요구했다.

해설 두 번째 문단의 마지막 문장 'I'm already considering promoting Diego due to the great work he does.'에서 Diego Rodriguez는 곧 승진을 할 수도 있음을 알 수 있다. 따라서 정답은 (C)이다.

10
Thagard 씨는 10월에 무엇을 하기를 원하는가?
(A) Candice 씨와 식사를 한다
(B) 새로운 직원들을 몇 명 고용한다
(C) 출장을 간다
(D) Diego Rodriguez와의 회의를 잡는다

해설 마지막 문단에서 Thagard 씨는 'Why don't the two of us get together for lunch sometime?'라고 말하면서 Candice 씨에게 직원을 추천해 준 대가로 자신이 식사를 대접하겠다고 말한다. 그리고 나서 10월에 언제 시간이 괜찮은지를 묻고 있으므로 정답은 (A)의 Have a meal with Candice이다.

[11-14]

| Harold Swanson | [2:19 P.M.] |
RWR 컨설팅의 Jeff Turner가 계약의 갱신에 대해서 저에게 연락을 해왔어요. 그는 조건에 대해 몇 가지 변경을 제안했어요.

| Tina Goodall | [2:21 P.M.] |
그것들을 수락할 것인가요?

| Harold Swanson | [2:23 P.M.] |
그는 자신의 수수료를 20% 인하하기를 원해요.

| Sandy Rainey | [2:25 P.M.] |
그것은 받아들일 수 없어요.

| Harold Swanson | [2:27 P.M.] |
저의 첫 반응도 그것이었지만, 우리에게는 선택권이 없는 것 같아요. 우리는 이미 다른 두 고객들도 놓쳐버렸는데, RWR마저 잃게 될 경우, 우리는 몇몇 직원들을 해고해야 할지도 몰라요.

| Tina Goodall | [2:28 P.M.] |
10% 할인해 주는 것으로 역제안을 해보지 그래요?

| Harold Swanson | [2:30 P.M.] |
우리는 내일 아침에 직접 만나기로 했어요. 하지만 당신은 좋지 않은 소식을 각오하는 것이 좋을 거예요.

| Sandy Rainey | [2:32 P.M.] |
진행 상황을 계속 알려줘서 고마워요. 제가 함께 가기를 원한다면, 기꺼이 당신과 같이 갈게요.

| Harold Swanson | [2:35 P.M.] |
그럴 필요는 없을 것 같아요.

어휘 terms 조건 unacceptable 받아들일 수 없는 initial 처음의 lay off 해고하다 counter 반박하다, 대응하다 reassign 다시 맡기다

11

사람들은 무엇을 주로 논의하는가?

(A) 곧 있을 해고

(B) 신규 고객

(C) 계약의 조건

(D) 규모를 감축할 필요성

해설 지문의 첫 부분에서 계약 갱신에 대한 전화를 받았고, 계약 조건의 변경에 대한 제안을 받았다는(Jeff Turner at RWR Consulting contacted me about renewing the contract. He proposed a few changes to the terms) 내용이 언급되었다. 이어서 이와 관련된 논의가 이어지고 있으므로 정답은 (C)이다.

12

Swanson 씨는 회사에 대해 무엇을 암시하는가?

(A) 기술 관련 분야의 일을 한다.

(B) 2년 전에 설립되었다.

(C) 재정적으로 좋지 않다.

(D) 현재 하나의 계약만 맺었다.

해설 회사는 이미 두 곳의 고객을 놓쳤으며(We've already lost two other clients), RWR 사와 계약을 갱신하지 못하면 직원들을 해고해야 할 수도 있다고(if we lose RWR, we might have to lay off some employees) 말하는 것으로 보아, 이 회사는 재정적으로 좋지 않다는 것을 알 수 있다. 정답은 (C)이다.

13

Goodall 씨는 무엇을 할 것을 제안하는가?

(A) 계약을 협상한다

(B) 몇 명의 직원을 해고한다

(C) 직원들의 직무를 다시 배정한다

(D) 신규 고객을 찾는다

해설 Goodall 씨가 제안하는 내용은 'Why don't you counter by offering a 10% cut?'인데, 이는 계약 조건을 제안해 보라는 것이다. 따라서 계약을 협상하라는 의미의 (A)가 정답이 된다.

14

오후 2시 35분에, Swanson 씨가 "I don't think that will be necessary"라고 쓸 때 그가 의미하는 것은 무엇인가?

(A) Rainey 씨는 회의에 참석할 필요가 없다.

(B) 대부분의 직원들은 해고되지 않을 것이다.

(C) Goodall 씨는 Turner 씨에게 연락하지 않아도 된다.

(D) 협상이 빨리 이루어질 필요는 없다.

해설 인용된 문장은 Rainey 씨가 자신도 회의에 함께 참석하겠다는 제안에 대한 답변인데, 이는 '그럴 필요가 없을 것 같다'는 거절의 표현이므로 정답은 (A)이다.

[15-19]

11월 4일

친애하는 Martin 씨께,

*Times Daily*의 디자인 아티스트 직책에 대한 귀하의 광고를 보았습니다. 자격 요건을 읽자마자 제가 그 직책의 적임자라는 것을 깨달았습니다. 또한, 저는 밀워키의 지금 제가 살고 있는 지역에서 제 고향 뉴올리언스로 돌아갈 생각입니다.

제가 수행한 업무들의 포트폴리오와 제 이력서 사본을 동봉합니다. 알고 계시는 것처럼, 저는 몇몇 주요 고객들과 함께 일을 했고, 이 직무에 12년간의 경력이 있습니다. 저의 작품은 신문과 잡지, TV, 라디오, 그리고 인터넷에 실렸습니다.

공고된 급여가 협상이 가능한 사항인지 궁금합니다. 광고에 언급된 액수는 제가 현재 받고 있는 급여보다 낮습니다. 면접 때 논의할 수 있을 것 같습니다.

귀하와 면접 일정을 정하게 되기를 고대하겠습니다.

Quincy Morris 드림

받는 사람: Quincy Morris ⟨qmorris@homemail.com⟩

보내는 사람: Walter Martin
⟨w_martin@bayoudesigns.com⟩

제목: 면접

날짜: 11월 10일

친애하는 Morris 씨께,

Bayou Designs의 디자인 아티스트 직에 지원해 주셔서 감사합니다. 귀하의 이력서를 읽어 보았고 포트폴리오도 흥미롭게 살펴보았습니다. 매우 우수한 작업을 하셨더군요. 귀하가 작업을 한 사람이라는 것을 모르고 있었지만, 사실 그 작품들은 이미 잘 알고 있었습니다.

귀하와 면접을 진행하고 싶습니다. 지금까지 입사 지원한 사람들 중에서 귀하가 가장 적임자입니다. 우리는 귀하가 이곳 Bayou Designs의 훌륭한 사원이 될 수 있을 것으로 믿습니다.

첨부된 파일을 확인해 주십시오. 파일에는 뉴올리언스까지의 귀하의 이동 일정표가 포함되어 있습니다. 11월 14일 금요일에 출발해서 11월 16일 일요일에 돌아가시게 될 것입니다. 받아들일 수 없는 상황이라면, 즉시 제게 알려 주시기 바랍니다.

마지막으로, 언급하셨던 문제는 협상할 수 있습니다. 문제가 되지 않을 것입니다.

Walter Martin 드림
Bayou Designs 대표

어휘 job requirement 자격 요건   qualified 적임의   enclose 동봉하다   negotiable 협상할 수 있는   be familiar with ~을 알고 있는   by far 단연코   thus far 지금까지   itinerary 여행 일정

15

Morris 씨는 지원할 수 있는 직책에 대해 어떻게 알게 되었는가?

(A) 온라인 광고를 통해

(B) 신문 광고를 통해

(C) 친구를 통해

(D) Bayou Designs의 직원을 통해

[해설] 첫 번째 지문인 편지를 작성한 Morris 씨는 'I saw your advertisement for the design artist position in the *Times Daily*.'라고 말한 후 취업 의사를 밝히고 있다. 따라서 그가 구인 광고를 접한 곳이 *Times Daily*라는 매체, 즉 신문이므로 정답은 (B)의 From a newspaper ad이다.

16

Morris 씨는 왜 Bayou Designs에서 근무하기를 원하는가?

(A) 그는 다시 뉴올리언스에서 살기를 원한다.

(B) 그는 더 많은 급여를 원한다.

(C) 회사가 업계의 선두주자이다.

(D) 회사에서 그에게 더 나은 직책을 제공할 수 있다.

[해설] Morris 씨는 편지의 첫 번째 문단에서 자신이 모집 부문에 적합한 인물이라고 말한 후, '고향인 뉴올리언스로 돌아가고 싶다(I am looking to return to my hometown of New Orleans)'며 지원 동기를 밝히고 있다. 따라서 그가 Bayou Designs에서 일하려는 이유는 (A)로 볼 수 있다.

17

Martin 씨는 Morris 씨에 대해 무엇을 언급하는가?

(A) 그는 이미 Bayou Designs를 위해 몇몇 일을 했다.

(B) 그는 다른 지원자들보다 더 나은 자격 요건을 갖추고 있다.

(C) 그는 Bayou Designs의 몇몇 직원들을 만났다.

(D) 그는 예전에 Bayou Designs에 입사 지원을 했었다.

[해설] Martin 씨는 이메일의 두 번째 문단에서 'You are by far the most qualified individual who has applied for the job thus far.'라며 Morrison 씨가 다른 지원자들보다 더 나은 자격을 갖추고 있다고 언급한다. 따라서 정답은 (B)이다.

18

Martin 씨는 언제 Morris 씨가 New Orleans에 방문하기를 원하는가?

(A) 11월 4일

(B) 11월 10일

(C) 11월 14일

(D) 11월 16일

[해설] 이메일의 세 번째 문단에서 Morris 씨가 뉴올리언스를 방문할 날짜를 확인할 수 있다. Martin 씨는 Morris 씨의 뉴올리언스 일정표를 첨부 파일에 포함시켰다고 말한 후, '11월 14일 금요일'에 출발하여 '일요일인 11월 16일'에 돌아갈 것으로 예정되어 있다고 말한다. 따라서 그가 뉴올리언스에 도착하게 될 날은 (C)의 11월 14일이다.

19

Bayou Designs에 대해 암시되어 있는 것은 무엇인가?

(A) Morris 씨에게 더 높은 급여를 제시할 것이다.

(B) 곧 확장을 할 것이다.

(C) 밀워키에 사무실이 있다.

(D) 작년에 수익을 냈다.

[해설] 정보 연계 문제이다. 편지에서 Morris 씨는 급여가 '협상 가능한지(negotiable)' 물었고, 이에 대해 Martin 씨는 두 번째 이메일을 통해 급여 협상이 가능하다고 답한 후, 그것이 문제가 되지는 않을 것이

라고 덧붙인다. 이를 통해 급여 인상 요구가 받아들여질 것이라고 예상할 수 있으므로 정답은 (A)가 된다.

[20-24]

수신: 전 직원

발신: Joseph Rudolph

제목: 직원 안전

날짜: 4월 19일

지난 3개월 동안 5명의 직원이 작업 도중 부상을 입었습니다. 우리 Jackson Manufacturing은 안전에 대해 자부심을 가지고 있기 때문에, 최근 부상 사고는 난처한 일로 생각됩니다. 따라서 5월 1일부로 새로운 안전 교육 프로그램이 실시될 예정입니다.

이번 프로그램은 Addison 컨설팅의 사람들에 의해 진행될 것인데, 그들은 이러한 유형의 프로그램을 운영하는 데 상당한 경험을 가지고 있습니다. 직원들이 프로그램을 완료하기까지 이틀이 소요될 것이며, 경영진 및 비정규직 직원을 포함하여 이곳 Jackson의 모든 사람들은 의무적으로 프로그램에 참여해야 합니다. 부서장과 이야기하셔서 해당 부서의 교육이 언제 실시되는지 확인해 주세요.

Addison 컨설팅
Jackson Manufacturing 안전 교육 프로그램 일정

모든 분들께서는 오전 9시까지 Jackson Manufacturing 대강당으로 오셔야 합니다. 오후 12시에서 1시까지 한 시간 동안 점심 시간이 주어질 것입니다. 이번 프로그램은 당일 오후 5시 30분에 종료될 것입니다. 모든 참석자분들께서는 태블릿 PC나 노트북 컴퓨터를 지참하시기 바랍니다.

- 5월 1일–2일: 회계팀
- 5월 4일–5일: 연구개발팀
- 5월 8일–9일: 영업팀 및 마케팅팀
- 5월 11일–12일: 법무팀 및 인사팀

공장 및 창고에서 근무하는 직원들은 이후 시간에 별도의 교육을 받게 될 것입니다.

질문이 있으신 분은 dgross@addison.com으로 David Gross에게 연락을 주십시오.

수신: Jeffery Asbury
〈jasbury@jacksonmanufacturing.com〉

발신: Betsy Stewart 〈betsy@jacksonmanufacturing.com〉

제목: 곧 있을 프로그램

날짜: 4월 23일

친애하는 Asbury 씨께,

곧 있을 교육 프로그램과 관련해서 한 가지 문제가 있습니다. Addison 컨설팅 사람에게 이야기를 했지만, 그는 이것이 내부적인 문제라서 당신과 이야기할 것을 추천하더군요.

저는 5월 1일부터 5일까지 텍사스의 샌안토니오에서 열리는 제조 컨퍼런스에 참가하기 위해 1월에 등록을 해 두었습니다. 따라서 제가 컨퍼런스 등록을 취소하지 않는다면 교육 프로그램에 참석할 수 없을 것입니다. 제가 교육을 받을 날짜를 변경하는 것이 가능한지 궁금합니다. 이곳 인사팀에서 일하는 친구들이 몇 명 있기 때문에, 제가 그들과 함께 교육을 받아도 괜찮을까요? 가능한지 알려 주시기 바랍니다.

Betsy Stewart 드림

어휘 suffer 겪다, 고생하다　pride 자랑스럽게 생각하다, 자부심을 느끼다　commitment 확신　distressing 고통스러운; 난처한　implement 실행하다, 실시하다　as of ~부로　considerable 상당한, 막대한　mandatory 강제적인, 의무적인　executive 경영진　report to ~에 출두하다　conclude 끝내다, 마치다; 결론을 내다　attendee 참석자　warehouse 창고　separate 분리된, 별개의　recommend 추천하다　get in touch with ~와 연락하다　internal 내부의, 내부적인　acceptable 받아들일 수 있는, 용인할 수 있는

20

Addison 컨설팅이 Jackson Manufacturing에 고용된 이유는 무엇인가?

(A) 판매와 관련된 조언을 제공하기 위해

(B) 안전 문제에 관해 자문해 주기 위해

(C) 직원 채용을 위한 구인 활동을 하기 위해

(D) 새로운 장비에 대해 직원들을 교육시키기 위해

해설 회람의 첫 문단에 Jackson Manufacturing이 안전 교육 프로그램을 실시할 것이라는(we will be implementing a new safety training program) 내용이 있다. 두 번째 문단에 Addison 컨설팅이 이 프로그램을 진행할 것이라는(The program will be led by a group from Addison Consulting) 내용이 바로 이어지고 있다. 따라서 (B)가 정답이다.

21

프로그램에 대해 사실인 것은 무엇인가?

(A) 컴퓨터로 하는 활동을 수반할 것이다.

(B) 직원들은 등록을 할 것이 권장된다.

(C) 공장 노동자들은 면제된다.

(D) 전체 일정이 정해졌다.

어휘 involve 수반하다, 관련되다　exempt from ~으로부터 면제된

해설 두 번째 지문에 교육 참석자들은 태블릿이나 노트북을 지참하라는(Each attendee should bring a tablet or laptop) 내용이 있다. 즉, 교육 프로그램에 컴퓨터와 관련된 활동이 있을 것이므로 정답은 (A)이다.

22

Stewart 씨는 왜 Asbury 씨에게 글을 썼는가?

(A) 프로그램 면제를 요청하기 위해

(B) Addison 컨설팅에 대한 불만을 나타내기 위해

(C) 일정 충돌에 관한 문의를 하기 위해

(D) 프로그램에서 개선할 점을 제안하기 위해

해설 세 번째 지문인 이메일에서 Stewart 씨는 컨퍼런스 등록을 취소하지 않는다면 교육 프로그램에 참가할 수 없을 것이라고(I'm not going to be able to attend the training session unless I cancel my registration for the conference) 했다. 따라서 그가 이메일을 작성한 목적은 (C)이다.

23

Stewart 씨에 대해 암시된 것은 무엇인가?

(A) 그녀는 Gross 씨에게 이메일을 보냈다.

(B) 그녀는 영업팀에서 일한다.

(C) 그녀는 컨퍼런스에서 발표를 할 것이다.

(D) 그녀는 종종 해외 출장을 간다.

해설 이메일의 첫 부분에 Stewart 씨는 Addison 컨설팅의 직원에게 이야기해 보았으나, 내부적인 문제이므로 Asbury 씨에게 이야기하라고 추천을 받았다는(I spoke with someone at Addison Consulting, but he recommended that I get in touch with you as this is an internal matter) 내용이 있다. 두 번째 지문은 Addison 컨설팅에서 만든 일정표인데, 마지막 문장을 보면 질문이 있을 경우 David Gross에게 연락을 달라는(Those with questions may contact David Gross at dgross@addison.com.) 내용이 있다. 즉, Stewart 씨는 Gross 씨에게 먼저 이메일을 보내 문의했을 것이라고 추측할 수 있으므로 정답은 (A)이다.

24

Stewart 씨는 언제 교육을 받고 싶어 하는가?

(A) 5월 1일과 2일에

(B) 5월 4일과 5일에

(C) 5월 8일과 9일에

(D) 5월 11일과 12일에

해설 이메일에서 Stewart 씨는 교육 일정 변경이 가능한지 문의하면서, 인사팀에 근무하는 친구들과 함께 교육을 받을 수 있는지(I have several friends who work in HR here, so would it be all right if I did the training with them?) 물어 보고 있다. 두 번째 지문인 일정표에 따르면 인사팀의 교육 일정은 5월 11일부터 12일이므로(May 11-12: Legal Department & Personnel Department) 정답은 (D)이다.

Unit 03 | 공지 / 회람

지문 유형 연습　　　　　　　　　p.218

A

1 (a)	2 (b)

1

받는 사람: IT부서 전 직원

보내는 사람: Carol Rich

제목: 목요일 점심 식사

날짜: 10월 8일

우리가 목요일 정오에 모두 함께 점심 식사를 할 것이라는 점을 기억해 주세요. 이는 Biff Peterson의 마지막 근무일에 있을 것입니다. 그래서 우리는 Ernesto's에서 점심 식사를 하며 그를 축하할 것입니다. 식당은 사무실에서 10분 정도 떨어진 곳에 위치해 있습니다. 우리는 14명이므로, 운전할 사람이 최소한 4명은 필요합니다. 당신이 이 일에 지원하기를 원한다면 저에게 연락해 주세요. 점심 식사비 지불에 대해서는 걱정하지 마세요. 부서의 기금으로 모든 사람을 위한 식사비를 부담할 수 있습니다.

어휘 celebrate 축하하다, 기념하다　at least 최소한　volunteer 자원하다

Q. 직원들은 왜 함께 점심 식사를 할 것인가?
(a) 사임하는 사람을 위한 파티를 하기 위해서
(b) 그들이 하게 될 새로운 프로젝트에 대해 이야기하기 위해서

해설 지문 초반부에 점심 식사 일정을 안내하고 있는데, 이는 Biff Peterson의 마지막 근무일이라는 것을 알리고 있다. 따라서 (a)가 정답임을 알 수 있다.

2

공지
보행자 육교 건설

Weston 대로를 가로지르는 보행자 육교의 건설이 이번 주 수요일인 5월 14일에 시작될 것입니다. 육교는 Apple 가와 Lakeshore 로 사이의 구역에 위치할 것입니다. 최근 몇 주 동안, 몇몇 보행자들이 도로를 건너려고 했을 때 차량에 치였습니다. 육교는 이 지역의 사고 건수를 감소시킬 것입니다. 육교가 완공되는 데 대략 8일 정도 걸릴 것입니다.

어휘 pedestrian 보행자 overpass 육교 section 구역
approximately 대략

Q. 5월 14일에 일어날 일은 무엇인가?
(a) 보행자 육교가 개방될 것이다.
(b) 보행자 육교 공사가 시작될 것이다.

해설 지문 첫 부분에서 보행자 육교 건설이 시작될 것이라는 문장이 있다. 정답은 (b)이다.

Ⓑ

1 (b)	2 (b)

[1-2]

받는 사람: 전 직원
보내는 사람: Yolanda Danzig
제목: 초청 연사
날짜: 7월 12일

이번 주 금요일인 7월 15일에, 우리는 초청 연사를 맞이할 것입니다. 그의 이름은 Ken Moray입니다. 여러분들 중 몇몇은 그의 이름을 들어 봤을 것입니다. 그는 *Grow Your Wealth*라는 현재 베스트 셀러인 경영 지도서의 작가입니다. Moray 씨는 오후 1시에 강당에서 연설을 할 것입니다. 그의 연설은 90분 정도 계속될 것이며, 그다음에 우리의 질문을 받을 것입니다. 이는 의무적인 행사입니다.

7월 20일

친애하는 Moray 씨께,

지난주에 저의 직원들에게 해 주신 강연에 대해 매우 감사드립니다. 귀하의 인생에서 귀하를 성공적인 사업가가 될 수 있도록 이끌어 주었던 사건들에 대한 설명을 듣는 것은 정말로 고무적이었습니다. 우리 직원은 지난 며칠 동안 귀하의 강연에 대해 이야기하고 있습니다. 저는 당신의 충고를 실행해 보려는 몇몇 직원들을 보기도 했습니다. 저는 귀하가 나중에 다시 우리와 이야기할 수 있기를 바랍니다.

Gerald Powell 드림
Gladstone 산업 최고경영자

어휘 guest speaker 초청 연사 mandatory 의무적인 inspiring 고무시키는, 영감을 주는 implement 이행하다

1
Ken Moray 씨는 누구인가?
(a) 최고경영자
(b) 작가

해설 지문 중반부에서 Ken Moray 씨는 베스트셀러인 경영 지도서의 작가라는 정보가 있다. 정답은 (b)이다.

2
Powell 씨는 왜 편지를 썼는가?
(a) Moray 씨의 방문을 요청하기 위해서
(b) Moray 씨에게 그의 시간에 대해 감사하기 위해서

해설 지문 초반에 감사한다는 표현이 있고, 강연에 대해 고마워한다는 내용이 이어지고 있으므로 정답은 (b)이다.

예상 적중 문제 01-02
p.221

☀ MORE & MORE

1 (○)	2 (○)	3 (×)

1. 회의는 시청에서 열릴 것이다.
2. Robertson 공원에 대한 결정은 아직 내려지지 않았다.
3. Robertson 공원에 대한 투표가 이미 진행되었다.

예상 적중 문제 03-05
p.224

☀ MORE & MORE

1 (×)	2 (○)	3 (○)

1. 쇼핑 센터의 건물들 중 하나가 개조 공사 중이다.
2. 직원들에게 대중 교통을 이용할 것을 권고하고 있다.
3. 앞으로 이용 가능한 주차 공간이 더 많아질 것이다.

예상 적중 문제 06-09
p.227

☀ MORE & MORE

1 (○)	2 (○)	3 (×)

1. Shreveport 씨는 사람들이 그들의 동료들을 추천할 것을 원한다.
2. 정규직 직원들만 올해의 사원 상을 수상할 수 있다.
3. 추천서 양식을 받는 방법은 한 가지이다.

☼ **MORE & MORE**

1 (×)	2 (×)	3 (×)

1. 모임은 8월에 열릴 것이다.

2. 모든 직원들은 행사에 참석해야만 한다.

3. Snow 씨는 모임에 참석하는 데 관심이 없다.

Unit 04 | 기사 / 안내문

지문 유형 연습 p.236

1 (a) 2 (b)

1

> 드어먼빌 (8월 20일) – Petro 주식회사에 근무하는 지질학자들은 이틀 전에 놀라운 발견을 했다. 드어먼빌 동부의 넓은 지역을 조사한 후, 그들은 그곳에 위치한 거대한 미개발 상태의 유전이 있다는 것을 알게 되었다. 더 많은 실험이 진행될 필요가 있지만, 유전에는 획득할 수 있는 석유가 최소한 5억 배럴이 있는 것으로 보인다. 석유는 사유지에 매장되어 있다. 그래서 Petro는 석유를 추출할 권리를 얻기 위해 토지 소유주들과 협상해야 한다. 소유주들이 동의하면, 그들은 엄청나게 부유한 사람들이 될 것이다.

어휘 geologist 지질학자 startling 놀라운 discovery 발견 investigate 조사하다 enormous 거대한 untapped 미개발의 recoverable 땅에서 얻을 수 있는 extract 추출하다

Q. 기사는 주로 무엇에 관한 것인가?

(a) 막 발견된 유전

(b) 땅에서 석유를 추출하는 방법

해설 두 번째 문장에서 미개발 상태의 유전이 발견되었다는 정보가 있으므로 정답은 (a)이다.

2

> **공지**
> **선거일 자격 요건**
>
> 선거일은 이번 주 화요일인 11월 5일이 될 것입니다. 투표할 수 있으려면, 18세가 되어야 하며 섀런 스프링스 지역의 주민이어야 합니다. 또한, 늦어도 10월 30일 수요일까지는 등록된 사람이어야 합니다. 거주자들은 시청에 직접 가거나 www.sharonsprings.com/voterregistration에서 온라인으로 등록할 수 있습니다. 그 날 이후에 투표하고자 등록한 사람들은 다음 달 선거에 참여하는 것을 승인 받지 못할 것입니다. 당신의 투표장이 어디에 있는지 알고 싶다면 정규 근무 시간 동안에 305-9054로 전화하세요.

어휘 requirements 자격 요건 election 선거 vote 투표하다 polling place 투표장

Q. 왜 제공된 전화번호로 전화를 할 것인가?

(a) 투표하고자 등록하기 위해서

(b) 투표 장소를 알아보기 위해서

해설 전화번호가 언급되어 있는 마지막 문장에서, 투표장의 위치를 알고 싶을 경우 전화라는 내용을 확인할 수 있다. 정답은 (b)이다.

1 (b)	2 (a)

[1-2]

> **Hammervision 최신 게임 출시**
>
> 샌안토니오 (11월 15일) – 지역의 회사인 Hammervision에서 어제 최신 컴퓨터 게임을 출시했다. Viral Ops라는 이름의 이 액션 어드벤처 게임은 휴가철에 시장에서 가장 뜨거운 반응을 보일 게임이 되기를 기대하고 있다. 회사는 이미 2백만 장 이상의 게임을 주문 받았는데, 이것은 큰 성공이다. 게임의 후기들에서는 줄거리가 훌륭하고, 액션은 놀라우며, 그래픽이 현재 할 수 있는 어느 게임보다도 좋다고 말하고 있다.

> 받는 사람: Erin Wilson 〈ewilson@hammervision.com〉
> 보내는 사람: Douglas Suzuki 〈dougs@hammervision.com〉
> 제목: Viral Ops
> 날짜: 11월 16일
>
> Erin,
>
> 지금까지의 성공적인 판매 촉진 활동에 대해 축하해요. Viral Ops가 이렇게 잘 팔리다니 믿어지지 않는군요. 이것은 주말 무렵에 우리의 모든 기록을 깰 것 같아요. 업계의 전문가들에 따르면, 당신이 만든 광고가 게임의 성공에 있어서 큰 역할을 했어요. 내일 점심 시간에 만날까요? 저는 우리가 출시할 다음 게임에 대해 당신과 이야기를 나누고 싶어요. 저는 그것의 광고 캠페인이 꼭 성공하기를 바라고 있어요.
>
> Douglas Suzuki
> Hammervision 최고경영자

어휘 release 출시하다 storyline 줄거리 campaign 판매 촉진 활동 thus far 지금까지 have a lot to do with 많은 관련이 있다

1

Viral Ops에 대해 사실이 아닌 것은 무엇인가?

(a) 2백만 개 이상 판매되었다.

(b) 많은 후기 작성자들이 이를 좋아하지 않는다.

해설 첫 번째 지문의 마지막 문장에서, 게임의 후기가 긍정적인 내용들이라는 것을 확인할 수 있다. 따라서 (b)가 Viral Ops에 대한 설명으로 일치하지 않는 보기이다.

2

Suzuki 씨에 대해 암시되고 있는 것은 무엇인가?

(a) 그는 Wilson 씨의 성과에 만족하고 있다.

(b) 그는 Viral Ops의 설계자였다.

해설 이메일 중반부의 'the ads you designed have a lot to do with the success of the game'이라는 부분에서 Suzuki 씨는 Wilson 씨가 만든 광고에 만족한다는 것을 알 수 있다. 정답은 (a)이다.

예상 적중 문제 01-02
p.239

☀ MORE & MORE

1 (O)	2 (O)	3 (×)

1. 기사에서는 버스 노선이 경기장을 지나간다고 언급한다.
2. 기사에 따르면, 버스 좌석의 대부분은 가득 찬다.
3. 버스가 경로를 완전히 운행하는 데 1시간 30분이 걸린다

예상 적중 문제 03-06
p.242

☀ MORE & MORE

1 (×)	2 (O)	3 (×)

1. 공원은 일요일에 가끔 문을 닫는다.
2. 공원에는 테니스장과 수영장이 있다.
3. 사람들은 공원에서 소풍을 즐길 수 없다.

예상 적중 문제 07-10
p.245

☀ MORE & MORE

1 (×)	2 (×)	3 (O)

1. 기사에 따르면, 기온이 30년 만에 가장 높다.
2. 농부들의 작물을 위한 충분한 물이 없다.
3. 더위로 인해 많은 곡물들이 고사할 가능성이 높다.

예상 적중 문제 11-15
p.250

☀ MORE & MORE

1 (×)	2 (O)	3 (×)

1. Butler 씨는 박물관에 약간의 돈을 기부했다.
2. 몇몇 미술품은 기증자에 의해 박물관에 기증되었다.
3. 박물관 행사 티켓은 모두에게 20달러에 판매된다.

Unit 03-04 | 연습 문제
p.251

1 (A)	2 (B)	3 (C)
4 (A)	5 (A)	6 (A)
7 (C)	8 (C)	9 (C)
10 (C)	11 (D)	12 (A)
13 (B)	14 (B)	15 (D)
16 (A)	17 (D)	18 (B)

[1-2]

공지

3월 14일 오전 9시에 시작할 예정이었던 소프트웨어 오리엔테이션 프로그램은 연기되었습니다. 주요 발표자인 Gil Howard가 병에 걸려서 행사에 참가할 수 없습니다. 행사에 참석하기로 되어 있었던 직원들은 내일 평상시처럼 사무실로 출근해야 합니다. 동일한 주제의 새로운 오리엔테이션 프로그램은 3월 16일에 열릴 것입니다. 이는 오후 1시부터 오후 3시 30분까지 3층에 있는 Pierson 회의실에서 진행될 것입니다. 여러분들이 여기에 참석할 것이라는 사실을 여러분들의 상사들에게 알려 주시기 바랍니다. 그 시간에 다른 일정이 있다면, 인사과의 Katie Stewart에게 내선번호 56번으로 즉시 연락하시기 바랍니다

어휘 orientation 오리엔테이션, 예비 교육 postpone 연기하다 fall ill 병에 걸리다 be supposed to ~하기로 되어 있다 report 출석하다 as usual 평상시처럼 take place 개최되다, 진행되다 extension 내선 번호

1
공지의 목적은 무엇인가?
(A) 행사가 진행될 시간의 변경을 알리기 위해서
(B) 장소가 이미 예약되었다는 사실을 알려주기 위해서
(C) 오리엔테이션의 진행에 자원해달라고 요청하기 위해서
(D) 사람들에게 새로운 프로그램에 등록할 것을 권유하기 위해서

해설 지문의 첫 번째 문장인 'The software orientation program that was scheduled to start at 9:00 A.M. on March 14 has been postponed.'를 통해, 이 공지의 목적이 오리엔테이션의 일정 변경에 관한 것이라는 점을 알 수 있다. 이후에도 일정이 변경된 이유, 변경된 시간과 장소 등에 관한 안내가 이어지고 있으므로 공지의 목적은 (A)이다.

2
Katie Stewart에게 왜 전화해야 하는가?
(A) 예약하기 위해서
(B) 일정이 겹치는 것을 논의하기 위해서
(C) 행사의 장소에 대해 문의하기 위해서
(D) 프로그램에 관한 의견을 제공하기 위해서

해설 Katie Stewart라는 이름은 공지의 마지막 문장에서 찾을 수 있다. '오리엔테이션 시간에 다른 일정이 정해져 있는 경우(if you have something else scheduled for that time)', 그녀에게 연락을 하라는 내용이 언급되어 있으므로 정답은 (B)이다.

[3-5]

호프웰 (4월 20일) – 한 달 전, Hopewell 쇼핑센터가 개장했다. 많은 지역 주민들은 이 쇼핑몰에 대해 회의적이었다. 그들은 쇼핑센터의 백화점 두 곳과 수많은 상점들과 식당들로 인해 이 지역의 가족들이 운영하는 장사가 피해를 입을 것이라고 주장했다. **하지만, 그들의 우려는 잘못된 판단이었다는 사실이 증명되었다.**

실제로 발생했던 일은 지난 30일 동안 도시 전체에 많은 상점들과 식당들의 실적이 증가했다는 사실이다. 분석가들은 예상했던 것보다 많은 사람들이 다른 도시에서 호프웰을 방문했다고 말한다.

그들은 주로 상점에서 쇼핑을 하기 위해 오고 있다. 그러나 이들 중 많은 사람들은, 호프웰에 있는 건물들의 고풍스러운 아름다움에 매료되어, 이 도시를 여행하기로 결정한다. 그리고 나서 그들은 요리를 즐기기 위해 지역 식당에 들르고, 여러 상점에서 쇼핑을 한다.

Cushing Hardware의 소유주인 Harold Cushing은 "쇼핑몰에 대한 제 의견은 바뀌었어요."라고 말하며 "제가 하는 장사가 분명히 악화될 것이라고 생각했었어요. 하지만 이번 달에 수익이 15% 증가했어요."라고 말했다.

어휘 skeptical 회의적인 turn out 밝혀지다 misguided 잘못 판단된 analyst 분석가 cuisine 요리 revenue 수익

3

많은 사람들은 왜 호프웰을 방문하고 있는가?
(A) 이곳의 박물관들을 관람하기 위해서
(B) 새 주택들을 구매하기 위해서
(C) 쇼핑센터를 방문하기 위해서
(D) 이 지역의 학교에 다니기 위해서

해설 기사는 초반부에서 최근에 Hopewell 쇼핑센터가 개장을 했다는 소식을 전한 후, 두 번째 문단에서 'They are mainly coming to shop at the mall.'이라고 말하면서 사람들이 호프웰을 찾는 이유가 Hopewell 쇼핑센터 때문임을 밝히고 있다. 따라서 정답은 (C)의 To visit a shopping center(쇼핑 센터를 방문하기 위해서)이다.

4

호프웰의 식당들에 대해 무엇이 암시되고 있는가?
(A) 더 많은 돈을 벌고 있다.
(B) 빠르게 폐업하고 있다.
(C) 규모를 확장하고 있다.
(D) 새로운 요리사들을 고용하고 있다.

해설 기사의 두 번째 문단 마지막 문장 'They are then stopping at local restaurants to enjoy the cuisine and shopping at many stores.'를 통해, 쇼핑몰 방문객들이 인근 식당과 인근 상점도 이용하고 있다는 사실을 확인할 수 있다. 따라서 정답은 (A)이다.

5

[1], [2], [3], 그리고 [4] 중에서 다음 문장이 들어가기에 가장 알맞은 곳은 어디인가?
"하지만, 그들의 우려는 잘못된 판단이었다는 사실이 증명되었다."
(A) [1]
(B) [2]
(C) [3]
(D) [4]

해설 문장 삽입 문제에 제시된 문장에 연결어가 있을 경우 이것이 중요한 단서가 된다. 주어진 문장은 '하지만, 그들의 우려는 잘못된 판단이었다는 사실이 증명되었다.'는 내용인데, [1]에서 [4] 중에서 앞 뒤의 내용들이 서로 상반되는 빈칸을 고르면 된다. 빈칸 [1] 앞의 '장사가 피해를 입을 것이라는 주장이 있었다'는 내용과, 바로 뒤의 '도시 전체의 상점들과 식당들의 실적이 증가했다'는 내용이 서로 상반되고 있으므로 정답은 (A)이다.

[6-8]

국제 생물학 협회 컨퍼런스

국제 생물학 협회(IBA)가 12월 1일부터 4일까지 제5회 컨퍼런스를 주최할 예정입니다. 행사의 타이틀은 "생명의 미래"이며, 행사는 스위스 베른에 있는 Matterhorn 호텔에서 진행될 것입니다.

올해의 기조 연설자는 Wilson 대학교의 Robert Rice 박사입니다. Rice 박사는 세계 최고의 생화학 전문가 중 한 명입니다. Andrea Clifford 박사 또한 최근 아마존 우림에서 새로운 종의 동물을 발견한 것에 대해 강연을 할 것입니다. 또한 컨퍼런스에서는 다수의 워크숍과 세미나, 그리고 몇몇 생물학 분야와 관련된 기타 특별 행사들이 진행될 것입니다.

컨퍼런스에서 논문을 발표하고자 하시는 분들께는 심사를 위해 원고 사본을 제출하실 것을 부탁드립니다. 미생물학, 생화학, 그리고 유전학 분야의 논문에 특히 주안점을 둘 것입니다. 제출 마감일은 11월 15일입니다. 제출된 논문은 발표되지 않은 것이어야 하며, 다른 곳에서 발표할 계획이 없는 것이어야 합니다. 모든 논문은 1페이지의 초록과 함께 IBAconference@iba.org로 보내셔야 합니다.

컨퍼런스에 관한 정보 및 컨퍼런스 등록을 위한 정보가 필요하신 경우에는 저희 웹사이트인 www.iba.org/annualconference를 방문해 주십시오.

어휘 host 개최하다 annual 연례의 entitle 제목을 붙이다, 타이틀을 부여하다 take place 일어나다, 발생하다 keynote speaker 기조 연설자 biochemistry 생화학 species 종 encourage 격려하다, 장려하다 manuscript 원고 consideration 고려, 숙고 emphasis 강조 unpublished 출판되지 않은, 출간되지 않은 abstract 초록, 개요

6

IBA 컨퍼런스에 대해 언급되지 않은 것은 무엇인가?
(A) 아마존 우림 지대의 동물들이 그곳에서 전시될 것이다.
(B) 스위스에서 4일 간 열릴 것이다.
(C) 다양한 행사가 그곳에서 진행될 것이다.
(D) Rice 박사의 강연이 있을 것이다.

해설 Andrea Clifford 박사가 아마존 우림에서 발견한 새로운 종의 동물들에 대해 발표할 것이라는(Dr. Andrea Clifford will also be speaking about her recent discoveries of new animal species in the Amazon Rainforest) 내용은 있지만, 동물들이 전시되는 것은 아니므로 (A)는 언급되지 않은 사항이다. 지문의 첫 부분에서 IBA 컨퍼런스는 12월 1일부터 4일까지(from December 1 to 4) 스위스 베른의 Matterhorn호텔에서 열릴 것이라고(take place at the Matterhorn Hotel in Bern, Switzerland) 했으므로 (B)는 언급된 내용이다. 두 번째 문단에 기조연설자가 Robert Rice라고(keynote speaker will be Dr. Robert Rice) 작성되어 있고, 이어서 수많은 워크샵, 세미나, 기타 여러 가지 특별 행사가 있을 것이라는(There will be a number of workshops, seminars, and other special events) 내용이 있으므로 (C)와 (D)도 언급된 내용이다.

7

IBA 컨퍼런스에 제출되는 논문에 대해 암시되어 있는 것은 무엇인가?

(A) 이미 다른 곳에서 발표된 것이어야만 한다.

(B) 분량이 15페이지보다 적어야 한다.

(C) 특정 주제에 관한 논문을 특별히 고려할 것이다.

(D) 2인 이상이 저자인 논문은 받아들여지지 않는다.

해설 세 번째 문단의 'Special emphasis will be placed on papers in the fields of microbiology, biochemistry, and genetics.'라는 문장을 통해 미생물학, 생화학, 그리고 유전학 분야의 논문에 특히 주안점을 둘 것이라는 사실을 알 수 있다. 즉, 특정 주제에 관한 논문이 특별히 고려될 것이라는 내용의 (C)가 정답이다.

8

왜 IBA 웹사이트를 방문하게 될 것인가?

(A) 컨퍼런스 등록비를 결제하기 위해

(B) 컨퍼런스에서 발표할 논문을 제출하기 위해

(C) 컨퍼런스 참가 신청을 하기 위해

(D) 컨퍼런스 행사들의 일정을 보기 위해

해설 지문의 마지막에서 문장 'For more information about the conference and to register for it, please visit our Web site at www.iba.org/annualconference.'에서 문의 사항이 있거나 컨퍼런스에 등록하려면 웹사이트에 방문해야 한다는 것을 알 수 있다. 따라서 정답은 (C)이다.

[9-13]

런던 (4월 11일) – 복수의 정보에 따르면, MRT 주식회사는 런던에 본사를 둔 Geiger 제조사를 인수하기 위한 협상을 하고 있다. 미국 법인인 MRT는 세계 최대의 통신 제품 제조업체들 중 하나이다. Geiger의 수많은 최첨단 제품들 때문에 이 회사가 관심을 받고 있는 것으로 보인다.

Geiger를 인수하기 위해 MRT는 20억 파운드(약 30억 3천만 달러) 이상을 지불해야 할 것으로 보인다. 업계 내의 사람들은 이 가격이 높기는 하지만, 거래가 성사된다면 MRT가 이 금액 정도의 가치를 얻을 수 있을 것이라고 말한다. Geiger는 현재 240명의 직원들을 보유하고 있는데, 이들 모두는 영국에서 근무하고 있다. 본사는 런던에 있고 제조 시설들은 맨체스터와 도버에 있다. MRT의 경우, 전 세계 10개국에서 25,000명 이상의 직원들을 고용하고 있다. 본사는 미국 미주리 주 세인트루이스에 있다. 다른 시설들은 미국의 여러 도시들뿐만 아니라 캐나다, 프랑스, 독일, 러시아, 중국, 그리고 오스트레일리아에 있다. 작년에는 40억 달러 이상의 이익을 기록했으며 매출은 220억 달러 이상이었다.

받는 사람: Mike Van Driessen ⟨mvdriessen@mrt.com⟩

보내는 사람: Alexis Reeves ⟨a_reeves@mrt.com⟩

날짜: 4월 20일

제목: 거래가 성사되었습니다.

Mike,

저는 우리측 변호사들과의 회의에서 방금 나왔는데, 인수가 성사될 것으로 보입니다. 거래 조건에 따르면, 우리는 Geiger에 35억 달러를 지불할 것입니다. 주주들이 다소 항의할 것이라는 점은 알고

있습니다만, 당신은 Geiger가 특허를 갖고 있는 몇몇 제품들을 생각해야 합니다. 이것들의 가치는 매우 큽니다. 우리는 Geiger를 인수하기 위해 쓴 돈을 4년 내에 모두 회수할 수 있을 것입니다.

이 거래가 성사되면, 몇 가지 변화가 있을 것입니다. 당신은 아마도 런던에 있는 Geiger 사무실을 담당해달라는 요청을 받게 될 것입니다. 제가 듣기로는, 그곳의 직원들은 함께 근무하기에 편하다고 합니다. 제 생각에는 당신이 그곳에서 즐겁게 근무할 것 같습니다. 당신이 본사에서 떠나야 한다는 것을 알고 있습니다만, 당신은 어떤 식으로든 다른 곳에서 일하고 싶다고 저에게 말했었습니다. 거래에 대해 문의할 사항들이 있다면, 이메일로 저에게 보내 주세요. 더 많은 정보를 얻게 되면 오늘 밤 늦게 다시 메일을 보내겠습니다.

Alexis 드림

어휘 multiple 복수의 negotiation 협상 corporation 법인 telecommunication (원거리) 통신 cutting-edge 최첨단의 insider 소식통, 사정을 잘 아는 사람 go through 성사되다 acquisition 인수 stockholder 주주 patent 특허 enormous 매우 큰 recoup 되찾다 up-and-coming 전도유망한

9

기사는 주로 무엇에 관한 것인가?

(A) 제조업계의 전도유망한 회사

(B) 두 회사에서의 몇몇 구직 기회

(C) 성사 가능성이 있는 다른 회사에 의한 한 회사의 인수

(D) 통신 업계에서의 중요한 새로운 발명

해설 기사의 첫 문장, 'According to multiple sources, MRT, Inc. is in negotiations to purchase London-based Geiger Manufacturing.'에서 기사의 주제를 예상할 수 있다. MRT 주식회사가 런던의 Geiger Manufacturing을 인수하기 위해 협상을 하는 중이라는 소식을 전하면서, 이후 협상의 조건, 협상의 가치 등에 대해서도 논의가 되고 있으므로 기사의 주제는 (C)의 The possible acquisition of one company by another(성사 가능성이 있는 다른 회사에 의한 한 회사의 인수)이다.

10

MRT 주식회사에 대해 언급되지 않은 것은 무엇인가?

(A) 다국적 기업이다.

(B) 작년에 수익을 얻었다.

(C) 중국, 영국, 그리고 캐나다에 시설들을 보유하고 있다.

(D) 수천 명의 직원들을 보유하고 있다.

해설 기사의 두 번째 문단 후반부에서 MRT는 '전 세계에서 25,000명을 고용하고 있는 회사(it employs more than 25,000 individuals in ten countries around the world)'로 소개되고 있으므로 (A)와 (D)는 사실인 내용이다. 또한 작년 수익이 '40억 달러 이상(more than $4 billion in profits)'이라고 했으므로 (B) 역시 언급된 사항이다. 따라서 정답은 (C)인데, 영국에 생산 시설을 두고 있는 회사는 MRT가 아닌 Geiger이다.

11

이메일에서, 첫 번째 문단 다섯 번째 줄의 recoup이라는 단어와 의미가 가장 유사한 것은?

(A) 투자하다

(B) 예금하다

(C) 모금하다

(D) 만회하다

해설 recoup은 '만회하다' 혹은 '회복하다'라는 뜻이다. (A)의 invest는 '투자하다', (B)의 deposit은 '예금하다' 또는 '쌓다' 그리고 (C)의 raise는 '올리다' 혹은 '모금하다', 그리고 (D)의 recover는 '회복하다'라는 의미이므로, 보기 중 recoup과 가장 의미가 비슷한 단어는 (D)의 recover이다.

12

Van Driessen 씨는 현재 어디에서 근무하는가?

(A) 미국

(B) 영국

(C) 오스트레일리아

(D) 프랑스

해설 이메일의 두 번째 문단에서 이메일 발신자인 Alexis Reeves는 수신자인 Van Driessen 씨에게 기업 인수에 따라 '그가 본사를 떠나(you'll have to leave headquarters)' 런던으로 가게 될 것이라는 소식을 전하고 있다. 따라서 Van Driessen이 현재 있는 곳은 MRT의 본사인데, MRT의 본사는 첫 번째 지문에서 미국의 미주리 주에 있다고 적혀 있으므로 정답은 (A)이다.

13

Reeves 씨는 나중에 Van Driessen 씨에게 어떻게 연락할 것인가?

(A) 그녀는 그에게 팩스를 보낼 것이다.

(B) 그녀는 그에게 이메일을 쓸 것이다.

(C) 그녀는 그에게 전화를 할 것이다.

(D) 그녀는 그와 화상 회의를 할 것이다.

해설 이메일의 마지막 두 문장, 'If you have any questions about the deal, send them by e-mail. I'll write you back later tonight once I get some more information.'을 통해, 두 사람은 이메일로 연락을 주고 받게 될 것이라는 사실을 알 수 있다. 따라서 정답은 (B)이다.

[14-18]

Mayweather가 새로운 유통업체를 찾다

국내 선도적인 식기류 제조업체인 Mayweather 주식회사가 Strider 주식회사와 협정을 맺었다는 점을 기쁜 마음으로 알려 드립니다. 12월 1일부로 Mayweather의 모든 제품에 대한 국내 및 국제 유통은 Strider가 담당하게 될 것입니다. Strider는 지난달 유럽과 아시아에서 지사를 오픈했으며, 전용 비행기들도 구입했습니다. Strider는 Mayweather가 유럽과 아시아 시장으로 진출하는 데 도움을 줄 것입니다. Strider는 Deacon Logistics를 대체하게 될 것입니다.

현재 Mayweather는 우리 제품이 제때에 그리고 완벽한 상태로 도착할 수 있도록 Strider와 함께 일할 수 있는 사람을 찾고 있습니다. 이상적인 후보자는 최소 8년 이상의 관리직 경력을 가지고 있어야 하며, 영어 외에 유럽 혹은 아시아 언어 중 최소한 한 가지의 언어에 유창해야 합니다. 관심이 있는 분들께서는 www.mayweather.com/jobs를 방문하시면 전체 직무 내용 및 모든 자격 요건들을 확인하실 수 있습니다.

수신: Eric Warner, Samantha Hooper, Kenneth Bridges
발신: Jessica Parker
제목: 입사 지원자
날짜: 10월 24일

모든 분들께,

Strider와 함께 일할 사람을 찾는 일에 대한 진행 상황을 보고해야 할 때입니다. 현재까지 52개의 지원서를 받았지만 자격이 충족되는 사람은 단 한 명뿐입니다. 그의 이름은 Chester Cooper로, 그는 잠재력이 큰 것으로 보입니다. 하지만 면접을 볼 사람이 더 많아야 이상적일 것입니다.

Strider와의 합병 날짜가 빠르게 다가오고 있기 때문에 당장 지원자들을 더 찾아야 합니다. Fenris에 연락을 해서 우리가 그곳 도움을 받을 수 있는지 알아볼 것을 제안합니다. 예산상 자금은 충분할 것입니다.

Jessica Parker 드림
인사팀장
Mayweather 주식회사

수신: Jessica Parker
참조: Samantha Hooper, Kenneth Bridges
발신: Eric Warner
제목: Re: 입사 지원자
날짜: 10월 25일

Jessica에게,

당신 제안대로 Connie Peterson와 이야기를 나누었는데, 그쪽 회사가 우리를 도울 수 있다고 말하더군요. 기억하는지 모르겠지만 그녀가 영업부의 Alice Reynolds를 찾아 냈고, Alice는 최고의 직원 중 한 명이 되었죠.

저는 또한 회계부의 Irene Winter와도 이야기를 나누었는데, 그녀는 구인 활동을 확장할 수 있을 정도의 자금이 예산상 충분하다고 제게 알려 주었어요. 제가 일을 진행시켜서 그녀에게 필요한 정보를 알려 줄까요? 또한 지원자들은 언제까지 모집해야 할까요? 그러한 정보가 Connie에게 반드시 필요할 거예요.

Eric Warner로부터
인사팀 차장
Mayweather 주식회사

어휘 come to an agreement with ~와 합의에 이르다 domestic 국내의 take the place of ~을 대신하다 applicant 지원자 minimum 최소 managerial 경영의, 관리의 description 기술 progress report 경과 보고 qualified 자격 요건을 갖춘 plenty of 많은 potential 잠재력 budget 예산 be responsible for ~에 대한 책임이 있다 definitely 분명

14

보도 자료에 의하면 Strider 주식회사는 최근에 무엇을 했는가?

(A) 항공사와 계약을 체결했다.

(B) 해외 지사를 오픈했다.

(C) Deacon Logistics와 합병했다.

(D) 다수의 신입 사원을 채용했다.

해설 첫 번째 지문에서 Strider 사는 지난달에 유럽과 아시아에 지사를 오픈했다는(Strider opened offices in Europe and Asia last month) 정보를 찾을 수 있다. 따라서 정답은 (B)이다.

15

Cooper 씨에 대해 암시된 것은 무엇인가?

(A) 과거에 Strider 주식회사와 일을 했다.

(B) 리더쉽이 뛰어나다.

(C) 10년 동안 매니저로 일했다.

(D) 최소한 두 개의 언어를 구사한다.

해설 두 번째 지문에서 Chester Cooper는 자격을 갖춘 유일한 사람이라는(only one individual is fully qualified. His name is Chester Cooper) 내용이 언급되었다. 그런데 첫 번째 지문에서 이상적인 지원자의 조건 중 하나가 영어 이외에 유럽이나 아시아 국가의 언어 중에서 최소한 하나를 유창하게 구사하는 것(be fluent in a minimum of one European or Asian language other than English)이라는 정보가 있다. 따라서 Cooper 씨는 최소한 두 개의 언어를 구사할 것이므로 정답은 (D)이다.

16

첫 번째 이메일에 의하면 Parker 씨는 무엇을 할 것을 권고하는가?

(A) 지원자들을 추가로 모집한다.

(B) 직원들을 몇 명 더 고용한다.

(C) 새로운 직급의 급여를 인상시킨다.

(D) 일자리에 필요한 자격 요건을 수정한다.

해설 첫 번째 이메일 중반부의 'However, we should ideally have more individuals whom we can interview.'라는 문장과 마지막 문단의 'we need to find more candidates at once'라는 문장을 통해서 Parker 씨가 권고하는 것은 지원자들을 더 모집하는 것임을 알 수 있다. 따라서 정답은 (A)이다.

17

Warner 씨는 왜 Winter 씨에게 연락했는가?

(A) 구인 목록에 대한 검토를 요청하기 위해

(B) 이력서를 보내서 검토를 부탁하기 위해

(C) 면접 일정을 정하기 위해

(D) 자금을 사용할 수 있는지 확인하기 위해

해설 Winter 씨가 언급된 부분은 세 번째 지문의 'I also spoke with Irene Winter in Accounting, and she informed me that we have enough money in our budget to expand the search.'라는 문장이다. 즉, Warner 씨는 Winter 씨에게 자금이 있는지를 물어 본 것이다. 또한 두 번째 지문의 두 번째 문단에서 지원자들을 더 찾기 위한 자금이 충분할 것이라는(There should be enough funds in the budget) 내용이 언급되어 있다. 따라서 정답은 (D)이다.

18

Peterson 씨는 어디에서 일하는 것 같은가?

(A) Strider 주식회사에서

(B) Fenris에서

(C) Deacon Logistics에서

(D) Mayweather 주식회사에서

해설 세 번째 지문의 첫 문장에서 작성자는 Connie Peterson과 이야기를 나누었고, 그녀의 회사에서 도움을 받을 수 있다고(I spoke

with Connie Peterson, and she said her company can assist us) 했다. 두 번째 지문에서 도움 요청과 관련된 내용은 마지막 부분의 'I suggest contacting Fenris and seeing if it can provide us with assistance.'라는 문장에서 찾을 수 있는데, 이는 Fenris에 연락해서 도움을 받을 수 있는지 알아 보라는 내용이다. 따라서 Peterson 씨는 Fenris에 근무하고 있을 것이므로 정답은 (B)이다.

Unit 05 | 광고

지문 유형 연습   p.262

Ⓐ

1 (b)	2 (a)

1

> **저희의 개장 행사를 위해**
> **6월 2일 금요일에**
> **Kevin's 샌드위치 가게로 오세요**
> 저희는 모든 종류의 샌드위치를 제공할 것입니다.
> 여러분은 메뉴에서 주문을 하시거나, 직접 샌드위치를 만들 수도 있습니다.
> 저희는 또한 모든 종류의 곁들임 요리들도 제공할 것입니다.
>
> 개업일에, 모든 품목은 50% 할인됩니다.
> 오전 11시와 오후 9시 사이에 Rosebud 가 90번지로 오세요.

어휘 grand opening 개장, 개업   side dish 곁들임 요리, 반찬

Q. Kevin's 샌드위치 가게에 대해 사실인 것은 무엇인가?

(a) 고객들에게 메뉴에 있는 것만 주문할 수 있도록 하고 있다.

(b) 6월 2일에 품목들을 절반 가격에 판매한다.

해설 지문 마지막 부분에 개업일에 모든 품목이 50% 할인된다고 했는데, 지문의 첫 부분에서 개업일이 6월 2일이라는 사실을 알 수 있다. 따라서 정답은 (b)이다.

2

> **Dozier 수영장에서 수영을 배우세요**
> 올여름, Dozier 수영장에서는 수영 강좌를 제공할 것입니다. 초급, 중급, 그리고 고급 수업이 있을 것입니다. 수업은 아침과 밤에 진행될 것입니다. 모든 연령의 사람들이 등록할 수 있습니다. 하지만, 우리는 어린이와 어른들을 위한 수업을 분리할 것입니다. 수업은 한 번에 한 시간 동안 일주일에 세 번 있을 것입니다. 904-3874로 전화하셔서 시간표를 요청하시거나 수업에 등록해 주세요. 왜 기다리시나요? 수영하는 법을 배우시면, 당신은 올여름에 물에서 훨씬 더 재미있게 보낼 수 있습니다.

어휘 intermediate 중간의   advanced 상급의   enroll 등록하다

Q. 수업에 대해 더 알 수 있는 방법은 무엇인가?

(a) 전화를 함으로써

(b) 수영장에 방문함으로써

해설 지문 후반부에 시간표를 요청하려면 전화해 달라는 정보가 있다. 따라서 정답은 (a)이다.

B

1 (a)	2 (a)

[1-2]

매혹적인 공연
***피터 팬**을 보러 오세요*

이 뮤지컬은 Wilmington 극장에서
12월 10일과 12일 저녁 7시 30분에 에 공연될 것입니다.

티켓 가격은 성인의 경우 30달러이며 아동의 경우 20달러입니다.
예약하시려면 631-9043으로 전화하세요.

***피터 팬*—꼭 관람해야 하는 뮤지컬**

나는 어젯밤에 Wilmington 극장에서 *피터 팬*의 첫 번째 공연을 보았다. 공연은 놀라울 따름이었다. 연기자들은 훌륭했고, 노래들도 대단했다. 연출가 Eric Harper는 자라는 것을 원하지 않는 소년의 이야기를 재구성하는 데 성공했다. 나는 이 뮤지컬의 다음 공연도 사람들이 관람할 것을 강력히 추천한다. 30달러의 티켓에, 그들은 확실히 본전을 찾을 것이다.

어휘 magical 매혹적인 outstanding 걸출한 turn out for ~에 모이다 definitely 확실히

1
광고에 따르면 맞지 않는 것은?
(a) 모든 티켓의 가격은 각 30달러이다.
(b) 두 번의 공연이 있을 것이다.

해설 성인과 아동의 티켓 가격이 서로 다르므로 (a)가 잘못된 정보이다.

2
평론가는 뮤지컬에 대해 어떻게 생각하는가?
(a) 그는 그것을 매우 좋아했다.
(b) 그는 그것이 더 좋아질 수 있었다고 생각했다.

해설 기사에는 뮤지컬이 만족스러웠다는 내용들만 있기 때문에 정답은 (a)이다.

예상 적중 문제 01-02　　　　p.265

☀ **MORE & MORE**

1 (○)	2 (○)	3 (×)

1. 현재 구독중인 사람들만 특별 할인 행사의 대상이 된다.
2. 1년간 갱신을 하는 사람은 25%의 할인을 받을 수 있다.
3. 구독자들은 전화를 걸어서 구독을 갱신할 수 있다.

예상 적중 문제 03-05　　　　p.268

☀ **MORE & MORE**

1 (○)	2 (○)	3 (×)

1. 상점의 장난감들은 40% 할인된 가격에 판매되고 있다.
2. 몇몇 쇼핑객들은 그들이 구매하는 몇몇 물품들을 절반 가격에 구입할 수 있다.
3. 백화점은 쇼핑몰 옆에 위치해 있다.

예상 적중 문제 06-09　　　　p.271

☀ **MORE & MORE**

1 (○)	2 (×)	3 (○)

1. Keystone 주식회사에 고용된 사람들은 의료 보험을 받을 것이다.
2. 판매 사원에 네 개의 공석이 있다.
3. 회계직에 지원하는 사람들은 근무 경력이 있어야만 한다.

예상 적중 문제 10-14　　　　p.275

☀ **MORE & MORE**

1 (○)	2 (×)	3 (○)

1. Henderson House는 고객들에게 뷔페 저녁 식사를 제공한다.
2. 예약한 사람들만 Henderson House에서 식사할 수 있다.
3. 비평가는 그와 식사를 함께 했던 사람들보다 닭고기를 덜 좋아했다.

Unit 06 | 양식 및 기타

지문 유형 연습　　　　p.280

A

1 (b)	2 (a)

1

영수증

Patterson's
Orchard 길 5050번지, 털사, 오클라호마

품목	수량	가격
여성용 파란색 스웨터 (중)	1	45.99달러
여성용 빨간색 자켓 (중)	1	89.99달러
합계		135.98달러

Patterson's에서 쇼핑해 주셔서 감사합니다. 우리는 당신의 거래에 매우 감사를 드립니다. 죄송하지만, 모든 구매는 변경할 수 없습니다.

어휘 receipt 영수증　appreciate 감사하다　purchase 구매
final 변경할 수 없는

Q. 송장에서 암시하고 있는 것은 무엇인가?
(a) 쇼핑객은 자주 구매하는 고객이다.
(b) Patterson's에서는 환불이 되지 않는다.

해설 표 아래에 모든 구매는 변경할 수 없다는 내용이 있으므로 정답
은 (b)이다.

2

벌금 고지서
Centerville 공공 도서관

이름: Larry Bradford
주소: Western 길 99번지, 애틀랜타, 조지아
전화번호: 275-5406

아래의 서적들은 기한이 경과하였으며 즉시 반납되어야 합니다:

제목	저자	기한일
Mysterious Events	Janet Evans	8월 20일
A Guidebook to North American Birds	Stephen Willis	8월 21일

기한이 지난 모든 서적에 대해 하루에 25센트의 벌금이 부과
됩니다.

어휘 fine 벌금　overdue 기한이 지난　immediately 즉시

Q. Bradford 씨는 무엇을 할 것을 요구받는가?
(a) 몇 권의 책을 반납할 것
(b) 도서관에 전화할 것

해설 표 위에 서적들을 반납하라는 내용이 있으므로 정답은 (a)이다.

1 (b)	2 (a)

[1-2]

7월 15일

회원님께,

귀하는 Denver 재단의 3차 연례 자선 경매 행사에 초대되었습니
다. 경매는 7월 31일 토요일에 개최될 것입니다. 이는 오후 6시에
다섯 코스의 식사로 시작될 것입니다. 그리고 나서, 경매는 오후
7시 30분에 시작될 것입니다. 귀하가 입찰할 수 있는 물품들이 많
이 있을 것입니다. 전체 목록을 보시려면
www.denverfoundation.org/charityauction에 방문해 주세
요. 경매 참가자는 50달러를 지불해야 합니다. 우리는 그곳에서 귀
하를 뵙기를 바랍니다.

April Feldman
Denver 재단

받는 사람: Terry Powers ⟨tpowers@homemail.com⟩
보내는 사람: April Feldman ⟨april@denverfoundation.org⟩
제목: 구매한 물품
날짜: 8월 1일

친애하는 Powers 씨께,

어젯밤의 경매에 참여해 주셔서 대단히 감사합니다. 귀하와 같은
분들 덕분에 행사는 대단히 성공적이었습니다. 어젯밤, 귀하는 네
가지 품목에 성공적으로 입찰을 하셨습니다. 귀하께서는 행사장을
떠나시기 전에 모든 품목에 대해 지불을 하셨습니다. 네 가지 모든
품목들은 내일 오후에 귀하께 배송될 것입니다. 원하시는 배송 시
간이 있으면, 오늘 오후 7시까지 저에게 알려 주시기 바랍니다.

April Feldman 드림
Denver 재단

어휘 charity auction 자선 경매　bid 입찰하다　individual 개인,
사람

1
경매는 언제 시작되는가?
(a) 오후 6시에
(b) 오후 7시 30분에

해설 첫 번째 지문에서 경매는 7시 30분에 시작된다는 정보가 있으므
로 정답은 (b)이다.

2
이메일의 목적은 무엇인가?
(a) 배송에 대해 문의하기 위해서
(b) 지불을 요청하기 위해서

해설 두 번째 지문의 마지막 부분에서, 배송을 원하는 시간이 있으면
알려달라고 했다. 따라서 정답은 (a)이다.

예상 적중 문제 01-02　　p.283

☀ **MORE & MORE**

1 (○)	2 (○)	3 (×)

1. 박물관은 약간의 기금을 모금하려 하고 있다.
2. 특별 행사에서 음악이 연주될 것이다.
3. 박물관은 30년 넘게 운영되고 있다.

예상 적중 문제 03-04　　p.285

☀ **MORE & MORE**

1 (○)	2 (×)	3 (○)

1. Landry 씨의 주소는 유타에 있다.
2. Landry 씨는 네 개의 잉크 카트리지를 수령할 것이다.
3. Landry 씨는 모두 730달러를 지불해야 한다.

예상 적중 문제 05-09

p.290

☀ MORE & MORE

1 (O)   2 (O)   3 (O)

1. Green Valley는 인터넷에서만 물품을 판매한다.
2. Green Valley의 몇몇 물품들은 70% 할인된다.
3. 판매 대행사들은 몇몇 고객들에게 상품권을 주는 것이 허가된다.

Unit 05-06 | 연습 문제

p.291

1	(B)	2	(D)	3	(D)
4	(A)	5	(C)	6	(B)
7	(A)	8	(A)	9	(C)
10	(C)	11	(A)	12	(D)
13	(B)	14	(B)	15	(C)
16	(A)	17	(B)	18	(B)
19	(A)	20	(C)	21	(A)

[1-2]

Standish 케이터링
Arlington 가 390번지, 스미스타운, 버지니아
405-2043

10월 15일
이름: Sheila Everson
배송지: Guardian 로 103번지, 힐크레스트, 버지니아
전화번호: 590-9324

주문 품목	수량	가격
샌드위치 플래터 (대)	1	55.99달러
야채 트레이 (중)	2	49.98달러
전채요리 트레이	2	31.98달러
배송료		해당 없음
세금		8.28달러
총계		146.23달러

120달러 이상의 모든 주문은 무료로 배송됩니다.

모든 트레이들은 수령 후 24시간 이내에 점포에 반납되어야 합니다. 그렇지 않을 경우, 반납되지 않은 날의 하루당 25달러의 요금이 부과될 것입니다. 트레이들은 세척된 상태여야 합니다.

청구서나 배달된 음식의 질에 대해 문제가 있으면 405-2043으로 전화하여 Mark에게 문의하세요.

어휘 catering 케이터링(연회나 행사 음식을 제공하는 일) platter 플래터(음식을 담을 때 사용하는 큰 접시) tray 트레이(음식이나 식재료 등을 보관하는 큰 쟁반이나 용기) appetizer 전채요리 free of charge 무료로 receipt 수령, 인수 billing 청구서

1
Sheila Everson는 누구일 것 같은가?
(A) 행사 음식 공급자

(B) 고객
(C) 배달원
(D) 요리사

해설 표의 항목을 살펴보면, 이 양식이 주문서 내지는 영수증이라는 사실을 알 수 있으며, 이름 밑에 '배송지'가 있는 것으로 보아 Sheila Everson은 상품을 주문한 사람임을 알 수 있다. 따라서 정답은 (B)이다. 주문한 상품들이 모두 요리와 관계된 것이기는 하지만, 그녀가 '요리사'라는 결정적인 단서는 찾아볼 수 없으므로 (D)의 A chef는 정답이 될 수 없다.

2
영수증에 따르면 사실이 아닌 것은 무엇인가?
(A) 총 다섯 개의 품목들이 주문되었다.
(B) 배송에 대해 비용이 청구되지 않았다.
(C) 불만 사항을 제기하기 위해 전화를 할 수 있다.
(D) 행사 음식 공급자의 사무실은 힐크레스트에 있다.

해설 주어진 표에서 주문한 상품은 Sandwich Platter 1개, Vegetable Tray 2개, 그리고 Appetizer Tray 2개이므로 총 5개를 주문했다는 내용의 (A)는 올바른 내용이다. 표 바로 아래에서 '120달러 이상의 주문시 배송이 무료(All orders of $120 or more are delivered free of charge)'라고 안내되어 있으므로 (B) 역시 사실인 내용이다. (C) 또한 양식의 마지막 부분에서 확인할 수 있는 내용이므로 사실이 아닌 사항은 (D)이다. 영수증에 따르면 음식 공급자의 사무실은 Smithtown에 있으며 Hillcrest는 상품이 배송되어야 할 장소이다.

[3-5]

올 여름에는 여유 자금을 벌어 보세요

10대이나 20대이신가요? 올 여름에 여유 자금을 벌 생각이 있으시다면 구조대원으로 일하는 것은 어떨까요? 시내의 유일한 공공해변인 White Sands 해변에서 오전, 오후, 그리고 저녁 교대조로 근무할 구조대원이 필요합니다. 지원자들은 구조대원 면허를 소지하고 있어야 하고, 응급 처치 교육을 받은 적이 있어야 하며, 수영을 잘 해야 합니다. 구조대원은 일주일에 최대 25시간까지 근무할 수 있습니다. 시급은 10달러에서 시작하지만 경력이 많은 구조대원은 시간당 15달러를 받을 수 있습니다. **해변은 6월 1일부터 8월 31일까지 개방될 예정입니다.** 모든 직책들은 5월 25일까지 충원되어야 합니다. 더 많은 정보를 얻으시려면 409-7315로 전화를 주십시오. Bruce Wright와의 대화를 요청하세요. 면접은 5월 18일부터 23일까지 진행될 것입니다. 수영 테스트가 필요하기 때문에 반드시 수영복을 지참하세요.

어휘 extra money 여분의 돈 look to ~을 생각해 보다 shift 교대조, 근무 조 applicant 지원자 licensed 면허가 있는 first-aid 응급치료의 bathing suit 수영복

3
광고에 따르면 지원자들에게 요구되고 있지 않은 것은 무엇인가?
(A) 수영 테스트
(B) 면허증
(C) 기초적인 의료 교육
(D) 체력 검정

해설 인명 구조대원을 모집하는 구인광고이다. 자격 요건은 광고의 초중반부에 드러나 있는데, 지원자는 '구조대원 면허를 보유한 사람(licensed lifeguards)'이어야 하고, '응급 처지 교육(first-aid training)'을 받은 적이 있어야 하며, '수영 실력이 우수한 사람(excellent swimmers)'이어야 한다. 따라서 자격 요건으로 언급되지 않은 사항은 (D)의 A physical fitness test(체력 검정)이다.

4
구조대원 직책에 대해 사실인 것은 무엇인가?
(A) 직원들에게 시간당 최소한 10달러를 지급한다.
(B) 사람들에게 주당 25시간 이상 근무할 것을 요구한다.
(C) 오전과 오후에만 근무하는 직책이다.
(D) 4개월 동안 지속될 것이다.

해설 보수에 관한 부분은 'The starting hourly rate is $10, but more experienced lifeguards can earn up to $15 per hour.'라는 문장에서 찾을 수 있는데, 이를 통해 시간당 최소 10달러, 최대 15달러의 보수가 주어진다는 점을 알 수 있다. 따라서 정답은 (A)이다. '최대 주 25시간(up to 25 hours per week)' 근무를 한다고 했으므로 (B)는 잘못된 내용이며, '오전, 오후, 그리고 저녁 근무(morning, afternoon, and evening shifts)'가 있다고 했으므로 (C) 또한 오답이다. 해변이 개장되는 시기는 6월 1일부터 8월 31일까지이므로 (D)도 사실이 아니다.

5
[1], [2], [3], 그리고 [4] 중에서 다음 문장이 들어가기에 가장 알맞은 곳은 어디인가?
"해변은 6월 1일부터 8월 31일까지 개방될 예정입니다."
(A) [1]
(B) [2]
(C) [3]
(D) [4]

해설 주어진 문장은 해변 개장 기간에 대한 정보인데, 본문에서 날짜와 관련된 내용이 'All positions need to be filled by May 25'와 'Interviews will be held from May 18 to 23'에 있다. 그런데 해변 개장 기간이 6월 1일부터이므로 5월 25일까지 직책이 충원되어야 한다고 이어지는 것이 글의 흐름상 자연스럽다. 5월 18일부터 23일까지의 기간은 면접 일정이므로 해변 개장 기간이 언급된 뒤에 오는 것은 적절하지 않다. 따라서 정답은 (C)이다.

[6-7]

Duncan 부동산
임차 신청서

이름: Stella Martin
주소: Mulberry 가 955
전화번호: 823-8372
이메일 주소: stella_martin@goldmail.com
1. 어떤 종류의 임대 매물을 찾고 계신가요?
☐ 아파트 ☑ 단독 주택 ☐ 사무실
☐ 기타 (상세히 적어 주세요) _____

2. 계약 기간은 어떻게 하고 싶으신가요?
☐ 6개월 ☐ 1년 ☑ 2년
☐ 기타 (상세히 적어 주세요) _____
3. 현재 부동산을 임차하고 계신가요?
☑ 네 ☐ 아니오
'네'에 표시한 경우, 현재의 계약 종료일: *8월 31일*
4. 생각하시는 가격대는 얼마인가요? *월 500달러에서 750달러*
5. 선호하시는 연락 방법은 무엇인가요? *이메일*
6. 하고 싶으신 말씀을 여기에 적어 주세요:
9월 1일부터 Western 대학에서 대학원 수업을 들을 예정이어서 앞으로 2년 간 지낼 곳이 필요합니다.
서명: *Stella Martin*
날짜: *8월 12일*
감사합니다. Duncan 부동산 직원이 가능한 한 빨리 연락을 드릴 것입니다.

어휘 single-family home 단독 주택 specify 상세히 말하다 current 현재의 expire (기간이) 만료하다 graduate school 대학원 up to ~까지 own 소유하다

6
Martin 씨에 대해 언급되어 있는 것은 무엇인가?
(A) 현재 Duncan 부동산으로부터 임차하고 있다.
(B) 임대료로 월 750달러까지 지불할 수 있다.
(C) 지금부터 두 달 후에 입주하기를 원한다.
(D) 현재 사는 곳을 소유하고 있다.

해설 지문에서 4번 항목을 보면, 생각하고 있는 임대료의 범위가 500 ~ 750달러이므로 정답은 (B)이다. Duncan 부동산은 임차 신청서의 제목 부분에 명시된 업체인데, Martin 씨가 지금 임차한 곳이 이 업체와 거래했는지는 알 수 없으므로 (A)는 정답이 될 수 없다. 신청서 작성일은 8월 12일이며 입주를 원하는 날짜는 9월 1일이므로 (C)도 정답이 될 수 없다. 3번 항목에서 그녀가 현재 부동산을 임차하고 있다는 것을 알 수 있으므로 (D)도 오답이다.

7
Martin 씨는 무엇을 요청하는가?
(A) 온라인으로 연락하는 것
(B) 학교 근처에서 사는 것
(C) 룸메이트와 함께 살 수 있는 곳을 찾는 것
(D) 아파트에서 사는 것

해설 5번 항목에 Martin 씨는 이메일을 통해 연락받기를 원한다고 작성되어 있으므로 정답은 (A)이다.

[8-11]

지금 Markakis 여행사에서 채용을 진행 중입니다
이국적인 터키의 이스탄불에서 사는 것은 어떨까요? 어느 정도의 모험을 좋아하신다면, Markakis 여행사에 입사 지원을 하는 것은 어떨까요? 우리는 30년 동안 수만 명의 사람들과 함께 이스탄불뿐만 아니라 터키와 그리스 전역, 그리고 지중해의 섬들을 여행해

왔습니다. 우리는 아야 소피아 성당, 톱카프 궁전, 그리고 블루모스크와 같은 흥미로운 비잔틴 제국과 오스만 제국의 유적지에 중점을 둔 역사 여행 상품을 보유하고 있습니다. 앙카라, 에페수스, 그리고 아테네 여행 또한 매우 인기가 있습니다.

우리는 두 명의 가이드를 채용하려고 합니다. 이상적인 가이드는 젊고, 활기차며, 외향적인 사람입니다. 가이드는 영어 이외에도 주요 유럽 언어들 중 최소한 하나는 할 수 있어야 합니다. 대학 학위는 필요하지 않습니다만, 터키어를 할 수 있는 능력은 필요합니다. 그리스어를 할 수 있다면 우대됩니다. 역사에 대한 지식과 관심은 필수적인 사항입니다. 지원하시려면, 정규 근무 시간에 408-5943으로 Mustafa Aydin에게 연락하세요. 면접시, 이력서와 두 장의 추천서를 가지고 오세요. 급여는 경력과 자격증에 따라 결정됩니다. 외국인 지원자들을 위한 비자 스폰서십이 제공될 것입니다.

어휘 exotic 이국적인 apply for a job 입사 지원을 하다 decade 10년 energetic 활동적인 outgoing 외향적인 regular 정규의 résumé 이력서 reference 추천서 qualification 자격증 fluency 유창함 citizenship 시민권

8
이 광고는 누구를 위한 것인가?
(A) 구직자들
(B) 외국인 여행자들
(C) 호텔 직원들
(D) 여행사 직원들

해설 광고의 두 번째 문장인 'If you'd like a bit of adventure, why not apply for a job at Markakis Tours?'를 통해, 이 광고는 Markakis Tours의 구인 광고임을 알 수 있다. 두 번째 문단에서도 지원자의 자격 조건과 지원 방법이 안내되고 있으므로 이 광고의 대상은 (A)의 Jobseekers(구직자들)이다.

9
Markakis 여행사에 대해 언급되지 않은 것은?
(A) 30년 동안 영업을 해오고 있다.
(B) 두 개의 국가에서 여행을 실시하고 있다.
(C) 근무하고 있는 여행 가이드는 두 명이다.
(D) 여행자들을 인솔하여 섬으로 여행을 간다.

해설 첫 번째 문단의 'We've taken tens of thousands of people on tours of Istanbul as well as throughout Turkey and Greece and on islands in the Mediterranean Sea for three decades.'를 통해, Markakis 여행사는 30년 동안 터키와 그리스, 그리고 지중해 섬들에 관한 관광 상품을 판매해 왔다는 사실을 알 수 있다. 따라서 (A), (B) 그리고 (D)는 언급된 내용이다. 채용하려는 인원이 두 명일 뿐, 현재 근무하고 있는 가이드가 두 명인 것은 아니므로 (C)는 사실과 다른 내용이다.

10
다음 중 가이드를 위한 요구 사항은 무엇인가?
(A) 유창한 그리스어
(B) 대학 학위
(C) 세 개의 언어에 대한 지식
(D) 터키 시민권

해설 지원 자격은 두 번째 문단에서 확인할 수 있다. 지원자는 '젊고, 활동적이며, 외향적(young, energetic, and outgoing)이어야 한다'는 점과 함께, '영어와 유럽 언어 하나를 구사할 수 있어야(speak English and at least one major European language) 하며', '터키어를 할 수 있는 능력(the ability to speak Turkish)'과 '역사에 관한 지식 및 관심(knowledge of or interest in history)'이 필수라고 안내되어 있다. 따라서 지원자는 영어, 유럽 언어, 그리고 터키어를 할 수 있어야 하므로 정답은 (C)이다.

11
Aydin 씨에 대해 무엇이 암시되고 있는가?
(A) 그는 Markakis 여행사의 직원이다.
(B) 그는 여행 가이드로 일하고 있다.
(C) 그는 터키어와 그리스어를 할 수 있다.
(D) 그는 터키에서 여행할 수 있는 비자를 보유하고 있다.

해설 두 번째 문단의 'To apply, contact Mustafa Aydin at 408-5943 during regular business hours.'라는 문장에서 Mustafa Aydin은 지원서 접수를 담당하는 여행사 직원임을 알 수 있다. 따라서 정답은 (A)이다.

[12-16]

> ### Ranger 주식회사
> ### 보증 조건
>
> Ranger 주식회사의 제품을 구매해 주셔서 감사합니다. Ranger의 모든 제품에는 1년간의 제한 없는 보증이 포함되어 있습니다. 보증 기간은 2년, 3년, 또는 4년으로 연장될 수 있습니다. 이렇게 하는 방법에 대한 더 많은 정보를 위해 www.ranger.com/warranty를 방문해 보세요.
>
> 보증의 조건은 다음과 같습니다. Ranger는 귀하가 구매하신 제품에 하자나 결함이 없음을 보증합니다. 만약 제품이 올바르게 작동하지 않는다면, Ranger는 소유자에게 비용을 청구하지 않고 그것을 수리해 드리거나 동일한 다른 제품으로 교환해 드릴 것입니다.
>
> 이 보증은 제품이 구매된 국가에서 사용되었을 경우에만 유효합니다. 제품을 해외로 가지고 나갈 경우 보증은 즉시 무효가 됩니다. 또한, 소유자가 어떠한 방식으로든 제품을 변경할 경우, 보증은 더 이상 유효하지 않습니다.
>
> 보증을 시작하기 위해서, 제품이 들어 있는 상자에서 바코드를 제거해 주시기 바랍니다. 본 페이지의 맨 아래에 있는 양식을 작성해 주세요. 바코드, 작성을 완료한 양식, 그리고 영수증 사본을 우편을 통해 노스다코타 주, 파고 시, Baker 가 45번지, Ranger 주식회사 보증 부서로 보내 주세요.

3월 30일

Jack Weatherly
Grapefruit 로 300번지
마이애미, 플로리다

친애하는 Weatherly 씨께,

저희는 3월 20일자로 된 귀하의 편지를 받았습니다. 편지에서, 귀하는 가족 휴가로 해외에 계시던 중에 유럽에서 귀하의 Ranger XC4000 디지털 카메라가 올바르게 작동하지 않았다는 내용을 작성하셨습니다. 귀하는 물품을 구매한 지 7개월 밖에 되지 않았으므로

저희에게 카메라의 수리를 요청하셨습니다. 안타깝지만, 귀하는 보증 조건들 중 하나를 위반하셨습니다. 따라서, 저희에게는 더 이상 귀하의 카메라를 수리하거나 교체해야 할 의무가 없습니다.

첨부된 양식을 봐주세요. 양식에는 마이애미 지역에 있는 Ranger 제품을 수리하는 모든 공인 대리점들의 목록이 포함되어 있습니다. 이곳들 중 한 곳에 카메라를 가져가시면, 그들은 적은 비용으로 기꺼이 그것을 수리해 드릴 것입니다. 더 많은 도움이 필요하실 경우, 답장을 보내 주시거나 고객 서비스 전화 1-888-506-2485로 연락해 주세요.

Jasmine Chin 드림
고객 서비스 담당자
Ranger 주식회사

어휘 warranty 보증 term 조건 guarantee 보증하다 fault 잘못된 점 defect 결함 properly 올바르게 identical 동일한 invalidate 무효로 하다 modify 변경하다 remove 제거하다 fill out a form 양식을 작성하다 violate 어기다, 위반하다

12
보증에 대해 사실인 것은 무엇인가?
(A) 보증은 물품을 구입한 후 10개월까지 유효하다.
(B) 제한된 수의 문제들에 대해서만 보증이 유효하다.
(C) 보증은 연간 50달러의 비용으로 연장될 수 있다.
(D) 소유자가 어떠한 방식으로든 제품을 변경하면 보증은 즉시 끝날 것이다.

해설 첫 번째 지문인 보증서의 첫 문단에 모든 제품은 '1년간의 제한 없는 보증 기간(a full one-year warranty)'을 갖는다고 적혀 있으므로 (A)는 사실이 아니다. full warranty는 '제한 없는 보증'을 의미하므로 (B) 또한 정답이 될 수 없으며, 보증 연장 신청에 얼만큼의 비용이 드는지도 찾아볼 수 없기 때문에 (C) 역시 정답이 될 수 없다. 따라서 정답은 (D)인데, 보증서의 세 번째 문단 중 'In addition, if the owner modifies the product in any way, the warranty is no longer in effect.'라는 문장에서 제품을 개조할 경우 보증이 적용되지 않는다는 점을 알 수 있다.

13
제품에 문제가 있을 경우 Ranger 주식회사는 무엇을 할 것인가?
(A) 허가 받은 수리공에게 그것을 보낸다
(B) 제품을 무료로 수리하거나 교환한다
(C) 고객에게 수리하는 방법을 알려 준다
(D) 고객에게 개선된 제품을 준다

해설 보증서의 두 번째 문단 중, 'If the product fails to work properly, Ranger will either repair it or replace it with another identical product at no cost to the owner.'라는 문장을 통해, 문제가 있는 제품은 수리나 교환의 대상이 된다는 점을 알 수 있다. 따라서 정답은 (B)이다.

14
다음 중 보증을 시작하기 위해 고객에게 필요 없는 것은 무엇인가?
(A) 영수증 사본
(B) 제품의 사진
(C) 상자의 바코드
(D) 신청 양식

해설 보증을 받기 위해 제출해야 할 대상은 보증서의 마지막 문단에서 확인할 수 있다. 보증 서비스를 받기 위해서는 '바코드(barcode), 작성한 양식(completed form), 그리고 영수증 사본(a copy of the receipt)'을 우편으로 보내야 하므로 보기 중에서 제출할 필요가 없는 것은 (B)의 A picture of the item(제품 사진)이다.

15
Weatherly 씨는 어떻게 보증을 위반했는가?
(A) 그는 카메라에 새로운 부품을 추가하여 개조했다.
(B) 그는 직접 카메라 수리를 시도했다.
(C) 그는 국외로 카메라를 가지고 나갔다.
(D) 그는 올바른 서류들을 제출하지 않았다.

해설 보증서의 세 번째 문단에서 보증의 조건을 알 수 있다. 보증을 받기 위해서는 첫째, 제품을 구입한 국가에서만 제품을 사용해야 하며, 둘째, 제품을 개조해서는 안 된다. 하지만 두 번째 지문에서 Ranger 회사 측은 Jack Weatherly에게 그가 제품을 '유럽 가족 여행(abroad on a family vacation in Europe)'에서 사용하다가 문제가 발생했다는 점을 지적하고 있으므로 그가 위반한 것은 첫 번째 조건이다. 따라서 정답은 (C)이다.

16
Chin 씨는 Weatherly 씨에게 무엇을 할 것을 제안하는가?
(A) 그의 카메라를 지역의 수리점에 가져갈 것
(B) 새 카메라를 구매할 것
(C) 그의 카메라를 Ranger 주식회사의 공장으로 보낼 것
(D) 직접 카메라를 수리해볼 것

해설 편지의 두 번째 문단에서 Ranger 회사측은 수리점의 위치를 첨부하고 그곳으로 카메라를 가지고 가면 '그들이 적은 요금으로 수리를 해 줄 것(they will gladly repair it for a small fee)'이라고 안내하고 있다. 따라서 Chin 씨가 제안하고 있는 사항은 (A)이다.

[17-21]

Sampson 수영장 클리닝 서비스
가장 인기 있는 개인 주택 수영장 클리닝 서비스를 확인해 보세요.

원타임 클리닝 서비스: 수영장 표면의 부유물을 걷어내고, 수영장 사이드를 빗자루로 청소하고, 바구니를 비우고, 장비를 점검해 드립니다. 또한 염소를 첨가하고, 여과 장치를 세척해 드립니다. 220달러

주1회 기본 클리닝 서비스: 수영장 표면의 부유물을 걷어 내고, 수영장 사이드를 빗자루로 청소하고, 바구니를 비우고, 장비를 점검해 드립니다. 또한 염소를 첨가해 드립니다. 한 달에 한 번 여과 장치를 세척해 드립니다. 90달러

2주 1회 기본 클리닝 서비스: 주1회 기본 클리닝과 동일한 서비스를 받으실 수 있습니다. 150달러

딥 클리닝 서비스: 다량의 염소로 수영장을 청소하고, 이끼가 낀 부분이 있으면 이끼를 제거해 드리며, 염소 표백 작업을 해 드립니다. 350달러

추가적인 서비스도 제공해 드립니다. 보통 시간당 50달러의 비용이 발생합니다.

모든 가격은 표준 규격의 수영장에 대한 것입니다. 대형 수영장에는 추가적인 요금이 부과될 수 있습니다. 498-4983으로 전화하셔서 필요한 작업을 알아 보시고 클리닝 서비스 스케줄을 잡으세요.

Sampson 수영장 클리닝 서비스

고객 성명: Anna Chapman
주소: Dobson 로 564, 메사, 애리조나 85204
서비스 날짜: 4월 15일
다음 서비스 날짜: 4월 22일

제공 서비스	서비스 범위	추가 서비스
부유물 제거 및 빗자루 청소	포함	
바구니 비우기	포함	
장비 점검	포함	
염소 첨가	포함	
수영장 바닥 세척		50.00달러
계	90.00달러	50.00달러
총계	140.00달러	

영업일 기준으로 5일 내에 요금을 지불해 주십시오. www.sampsoncleaning.com을 방문하시면 지불 방법을 확인하실 수 있습니다. 질문이 있으신 경우에는 498-4983으로 전화해 주세요.

좋은 하루 보내세요.

---

http://www.rateyourserviceproviders.com/reviews
서비스 리뷰
★★★★☆
Anna Chapman / 4월 16일

이웃의 추천으로 뒷마당에 있는 수영장 청소를 Sampson 수영장 클리닝 서비스에 맡겼는데, 제가 이용했던 이전 업체의 서비스보다 요금이 더 저렴합니다. 전체적으로, 두 분의 직원들이 해 주신 작업에 만족했습니다. 두 분 다 공손했고 3시간 동안 열심히 작업을 하셨습니다. 그 분들이 떠난 뒤 수영장은 예전보다 훨씬 더 좋아 보였습니다. 정시에만 오셨다면 제가 딸을 데리러 학교에 가는 데 늦지 않았을 것입니다.

어휘 backyard 뒷마당 skim (물위에 뜬 부유물 등을) 걷어내다 chlorine 염소 backwash 세척하다 filtration system 여과 장치 algae 해조류 accumulate 축적하다 acid washing 염소 표백 standard-sized 표준 크기의 scrub 문지르다

17
전단지에 따르면 무엇 때문에 리스트의 요금이 변경될 수 있는가?
(A) 주택의 위치
(B) 수영장 크기
(C) 작업의 난이도
(D) 사용되는 화학 물질의 양

해설 요금의 변경과 관련된 정보는 전단지의 마지막 부분에서 찾을 수 있다. 'All prices are for standard-sized pools. Larger pools may require additional payment.'라는 내용을 통해서 수영장의 크기가 더 클 경우 추가 요금이 발생한다는 것을 알 수 있다. 정답은 (B)이다.

18
Chapman 씨는 어떤 클리닝 서비스를 받았을 것 같은가?
(A) 원타임 클리닝 서비스
(B) 주1회 기본 클리닝 서비스
(C) 2주 1회 기본 클리닝 서비스
(D) 딥클리닝 서비스

해설 정보 연계 문제이다. 청구서 항목에 따르면 서비스에 포함되는 목록의 합계 비용이 90달러이며, 추가 서비스 비용이 50달러이다. 첫 번째 지문에 따르면 비용이 90달러인 서비스는 'Basic Cleaning Weekly Plan'이므로 정답은 (B)이다.

19
청구서에 언급된 웹페이지는 왜 방문하게 될 것인가?
(A) 결제에 관한 안내를 보기 위해
(B) 예약을 하기 위해
(C) 리스트에 없는 서비스를 요청하기 위해
(D) 불만을 제기하기 위해

해설 청구서에서 표 아래에 영업일 기준으로 5일 이내에 비용을 지불해 달라고 (Please submit your payment within five business days) 요청한 다음, 지불 방법을 알아 보려면 홈페이지를 방문해 달라고(Visit www.sampsoncleaning.com to see how you can do that) 했다. 따라서 정답은 (A)이다.

20
Chapman 씨에 대해 언급되어 있는 것은 무엇인가?
(A) 최근에 수영장을 만들었다.
(B) 클리닝 업체에서 멀리 떨어진 곳에 산다.
(C) 시간당 요금이 부과되는 서비스를 요청했다.
(D) 다음 달에 두 번째 클리닝 서비스가 예정되어 있다.

해설 두 번째 지문인 청구서에 따르면 Chapman 씨는 추가 서비스로 50달러를 지불해야 한다. 그런데 첫 번째 지문에서 추가 서비스는 시간당 50달러라는(Those typically cost $50 per hour) 정보를 찾을 수 있다. 따라서 그녀는 시간당 요금이 부과되는 서비스를 요청했을 것이므로 정답은 (C)이다.

21
온라인 리뷰에 의하면 Chapman 씨는 자신이 받은 서비스 중 무엇이 마음에 들지 않았는가?
(A) 작업자들이 도착한 시간
(B) 이루어진 작업의 수준
(C) 서비스에 대해 지불해야 하는 요금
(D) 작업자들의 태도

해설 리뷰의 마지막 문장 'I only wish they had arrived on time because I was late picking up my daughter from school.'에서 Chapman 씨는 작업자들이 정시에 도착했다면 좋았을 것이라고 했다. 따라서 (A)가 정답이다.

1	(B)	2	(C)	3	(C)
4	(A)	5	(A)	6	(A)
7	(B)	8	(D)	9	(C)
10	(D)	11	(B)	12	(A)
13	(C)	14	(A)	15	(B)
16	(D)	17	(A)	18	(C)
19	(A)	20	(C)	21	(B)
22	(C)	23	(C)	24	(A)
25	(A)	26	(C)	27	(D)
28	(A)	29	(C)	30	(C)
31	(D)	32	(C)	33	(A)
34	(C)	35	(D)	36	(B)
37	(C)	38	(B)	39	(C)
40	(D)	41	(B)	42	(D)
43	(A)	44	(C)	45	(B)
46	(A)	47	(C)	48	(D)
49	(B)	50	(C)	51	(B)
52	(C)	53	(C)	54	(C)

[1-2]

> 스포캔 (8월 30일) – 이번 달의 마지막 날인 내일 Tilton 극장에서 마지막 공연이 열린다. 이 극장은, Gus McMurray가 소유 중인데, McMurray 씨가 은퇴하고 하와이로 이주할 것이기 때문에 문을 닫을 예정이다. "이 극장을 매입할 사람을 물색했지만 관심을 보이는 사람이 없었어요. 이 지역에서 마지막으로 극장을 소유한 가족이 우리라는 사실이 매우 안타까워요."라고 McMurray 씨는 말했다. 이 극장은 70년이 넘도록 운영되어 온 지역의 역사적인 건물이다. McMurray 씨는 극장을 매입할 사람을 찾지 못하는 경우 극장을 시에 매각할 것이라고 말했다. 내일 열리는 공연은 셰익스피어의 고전인 *햄릿*이 될 것이다. 8시 30분 공연 티켓은 아직 구매가 가능하다.

어휘 performance 공연 retire 은퇴하다 landmark 역사적인 건물 renovate 개조하다

1
기사는 주로 무엇에 관한 것인가?
(A) 연극의 상연
(B) 극장의 폐업
(C) 역사적인 건물의 매각
(D) 건물의 개조

해설 기사는 초반부에서 Tilton 극장이 '마지막 공연(final performance)'을 선보일 것이라는 소식을 전한 후, 극장 소유자의 은퇴로 인해 극장이 '문을 닫게 될 것(will close)'이라고 보도하고 있다. 이후에도 극장 소유자의 인터뷰 내용 등을 다루고 있으므로 기사의 주제는 (B)의 The closing of a theater(극장의 폐업)로 볼 수 있다.

2
McMurray 씨에 대해 언급되어 있는 것은 무엇인가?
(A) 연극에서 배우를 맡을 것이다.
(B) 시의회에서 일한다.
(C) 더 이상 일을 하지 않을 것이다.
(D) 현재 하와이에 살고 있다.

해설 Tilton 극장이 문을 닫는 이유는 극장 소유주인 McMurray 씨가 '은퇴를 해서 하와이로 갈 것이기 때문(since Mr. McMurray is retiring and moving to Hawaii)'이라고 언급되어 있다. 따라서 정답은 (C)이다.

[3-4]

> **First-Class 패션**
> **교환/반품 양식**
>
> 이름: *Sheila Asbury*
> 전화번호: *236-6504*
> 이메일 주소: *sheila_a@thismail.com*
>
> 저는 한 벌의 옷을 ☑교환 ☐ 반품하기를 원합니다.
> 품목 (기술해 주세요): *흰색 캐시미어 스웨터, 라지 사이즈*
>
> 구매 일자: *1월 10일*
> 오늘 날짜: *1월 12일*
> 영수증 소지 여부: ☑예 ☐아니오
> 이유 (자세히 설명해 주세요.): *스웨터 뒷면에 커다란 얼룩이 있습니다. 집에 도착해서야 발견했습니다. 이상이 없는 다른 스웨터를 받고 싶습니다.*
>
> **매장 관리인을 위한 부분**
> ☑요청 수락 ☐ 요청 거절
> 설명: *고객에게 정당한 이유가 있으며 영수증도 소지하였습니다. 고객은 7일 이내에 교환을 받게 될 것입니다.*
> 서명: *Susan Wingo*

어휘 exchange 교환 return 반품 article 한 품목 stain 얼룩 valid 정당한 refund 환불

3
양식의 목적은 무엇인가?
(A) 구매에 대해 환불을 받기 위해
(B) 물품의 할인을 신청하기 위해
(C) 스웨터 한 벌을 다른 것으로 교환하기 위해
(D) 매장에 불만 사항을 제기하기 위해

해설 양식의 타이틀과 첫 번째 항목을 통해 정답의 단서를 찾을 수 있다. 먼저 타이틀이 Exchange/Return Form이라는 점에서 이 양식은 제품 교환이나 반품을 위한 것이라는 점을 알 수 있다. 또한 첫 번째 항목에서 작성자는 return이 아니라 exchange에 체크를 했으므로 이 양식의 목적은 '제품 교환'임을 알 수 있다. 따라서 정답은 (C)이다.

4
Susan Wingo는 누구인가?
(A) 매장 관리인
(B) 의류 제조업자
(C) 드라이클리닝 업자
(D) 고객

해설 Susan Wingo라는 이름은 양식의 맨 마지막 부분에서 찾을 수 있다. 이 부분은 '매장의 매니저만(FOR STORE MANAGER ONLY)' 기입을 할 수 있는 항목이므로 Susan Wingo는 (A)의 A store manager(매장 매니저)일 것이다.

[5-6]

London Calling
시내 최고의 영국 음식을 맛보러 오세요.

피쉬 앤 칩스, 로스트 비프, 그리고 양고기 파이와 같은
전통적인 인기 요리들을 즐기세요.

수상 경력이 있는 요리사가 만든 새로운 요리를 맛보세요.

London Calling은 Winston 로 76번지의 부두에
위치해 있습니다.

일주일 내내 오전 11시에서 밤 10시까지 영업을 합니다.

저희의 특별 점심 메뉴를 주문하세요.

메인 요리는 오전 11시부터 오후 2시까지 20% 할인됩니다.

6월 30일 이전에 이 광고를 보여 주시면
디저트를 무료로 드립니다.

예약은 필요하지 않지만 주말에는 예약을 권해 드립니다.

833-6574로 전화하세요.

어휘 recipe 조리법 waterfront 해안가, 부두 entrée 주 요리
meal 식사

5
고객들은 언제 할인된 가격으로 식사를 주문할 수 있는가?
(A) 오후 1시에
(B) 오후 3시에
(C) 오후 5시에
(D) 오후 10시에

해설 '할인'과 관련된 부분을 광고에서 찾도록 한다. 할인과 관련된 내용은 'Entrées are 20% off from 11:00 A.M. to 2:00 P.M.'이라는 문장에서 찾을 수 있는데, 이에 따르면 오전 11시에서 오후 2시까지 '메인 요리(entrée)'가 20% 할인된다는 것을 알 수 있다. 보기 중 이 시간대에 해당되는 시각은 (A)의 At 1:00 P.M.뿐이다.

6
고객들은 왜 London Calling으로 연락하라는 요청을 받는가?
(A) 예약하기 위해
(B) 할인받기 위해
(C) 특별 주문에 대해 알아 보기 위해
(D) 길 안내를 받기 위해

해설 마지막 부분에서 정답의 단서를 찾을 수 있다. 'Reservations are not necessary but are recommended for weekends.'라는 안내 다음에 London Calling의 전화번호가 소개되어 있다. 즉 전화를 해야 하는 경우는 주말 예약을 하고자 할 때이므로 정답은 (A)의 To make reservations(예약하기 위해서)이다.

[7-9]

친애하는 Fujiyama 씨께,

5월 27일 오사카에서 저와 만나 주셔서 감사합니다. 귀하를 만날 수 있어서 정말 기뻤습니다. 저의 발표를 통해 저희 회사와 제품들에 대해 더 많이 알게 되셨기를 바랍니다. 더 많은 정보가 필요하시면 제게 알려 주십시오. 이 편지에 제 명함을 동봉하오니, 전화를 하시거나 이메일을 보내실 때에는 거기에 있는 연락처를 사용하시면 됩니다.

저는 6월 중순에 도쿄에 있을 예정입니다. 시간이 되시면 사업을 논의하기 위해 귀하를 다시 뵙고 싶습니다. 저희 회사에서 생산한 제품이 바로 귀사에서 필요로 하는 것이라고 확신합니다. 저희 회사는 또한 제품 가격에 관해서도 유연한 자세를 취하고 있습니다. 또한 고객과의 합의를 통해 고객의 요구를 최대한 충족시키려고 노력하고 있습니다.

귀하로부터의 소식을 기다리겠습니다.

Thomas Emerson 드림
Falcon 제조사

어휘 presentation 발표 business card 명함 firm 기업
flexible 융통성 있는 compromise 절충하다 look to 고려하다

7
편지와 함께 발송된 것은 무엇인가?
(A) 카탈로그
(B) 명함
(C) 주문서
(D) 이력서

해설 첫 번째 문단의 'I have attached a business card to this letter, so you can use the contact information on it to call or e-mail me.'라는 문장에서 발신자인 Thomas Emerson은 자신의 연락처를 알리기 위해 편지에 명함을 동봉했음을 알 수 있다. 따라서 (B)의 A business card가 정답이다.

8
편지에 따르면 6월에 일어날 일은 무엇인가?
(A) Falcon 제조사가 새 고객들을 모집할 것이다.
(B) Fujiyama 씨가 오사카에 있을 것이다.
(C) Falcon 제조사에서 발표가 있을 것이다.
(D) Emerson 씨가 도쿄를 방문할 것이다.

해설 질문의 핵심어구인 '6월(June)'이 언급되고 있는 부분을 중점적으로 살펴보도록 한다. 두 번째 문단의 첫 번째 문장 'I am going to be in Tokyo in the middle of June.'에서 Thomas Emerson은 6월에 도쿄에 있을 것이라는 점을 알 수 있으므로 (D)가 정답이다.

9
Falcon 제조사에 대해 암시되어 있는 것은 무엇인가?
(A) 컴퓨터 하드웨어를 제조한다.
(B) 아시아에서 선도적인 기업이다.
(C) 때때로 고객들에게 할인을 해 준다.
(D) 일본 시장 진입을 고려하고 있다.

편지 마지막 부분의 'My company is also flexible on its prices.'라는 문장을 통해 이 회사가 가격에 '유연한(flexible)' 태도를 가지고 있음을 알 수 있다. 이 말은 곧 정가보다 낮은 가격을 제시할 수 도 있다는 뜻이므로, 보기 중 Falcon Manufacturing이라는 회사에 관해 유추할 수 있는 내용은 (C)이다.

[10-11]

Rachel Patterson	4:50 P.M.

이제 결과가 나왔나요? Fields 씨에게 보고를 해야 해서요.

Craig Anderson	4:52 P.M.

죄송하지만 아직도 실험을 진행하는 중이에요.

Rachel Patterson	4:55 P.M.

언제쯤 끝날 것 같나요?

Craig Anderson	4:57 P.M.

말씀드리기 어려워요. 아마도 한두 시간 뒤일 것 같아요. 하지만 그때 가서 어떤 일이 발생했는지 알아내야 해요.

Rachel Patterson	4:59 P.M.

그렇다면 당신이 오늘 저에게 줄 수 있는 건 없겠네요, 그렇죠? 상사에게 알려야겠어요.

Craig Anderson	5:01 P.M.

맞아요. 늦어도 내일 오전 10시까지 당신에게 이메일로 무언가 보내드릴게요.

어휘 report 보고하다 conduct 수행하다 experiment 실험 figure out 알아내다 supervisor 상사

10

Fields 씨는 누구인 것 같은가?
(A) 과학자
(B) 고객
(C) 연구실 기술자
(D) Patterson 씨의 상사

해설 지문의 초반부에서 Patterson 씨는 'Field 씨에게 보고해야 한다'고 했으며, 후반부에서는 '상사에게 알려야 한다'고 말하는 것으로 보아 Field 씨는 Patterson 씨의 상사라는 점을 알 수 있다. 정답은 (D)이다.

11

오후 4시 57분에, Anderson 씨가 "It's difficult to say"라고 쓸 때 그는 무엇을 의미하는가?
(A) Patterson 씨의 상사와 이야기를 나누지 않았다.
(B) Patterson 씨에게 답변을 해줄 수 없다.
(C) 어떤 일이 발생했는지 기억하지 못한다.
(D) 언제 실험이 시작되었는지 알지 못한다.

해설 '언제쯤 실험을 끝낼 수 있는지(When do you think you're going to be done?)' 묻는 질문에 '말하기 어렵다'라고 대답한 것이 다. 따라서 그가 의미한 바는 (B)이다.

[12-14]

받는 사람: Clark Hampton
〈champtom@watersmanufacturing.com〉
보내는 사람: Lydia Jones 〈lj@watersmanufacturing.com〉
제목: 조사
날짜: 10월 14일

Clark,

저는 오전 내내 Bayside 공장에서 시간을 보냈어요. **공장의 형편 없는 상태에 놀랐어요.** 조립 라인의 다수의 장비들이 작동을 멈췄 어요. 몇몇 장비들이 그렇게 오래 되었다니 정말 놀랐죠. 제가 그곳 에 있는 동안, 장비가 고장이 나서 수리를 해야 했던 적이 세 번이 나 있었어요. 몇몇 직원들은 제게 지난 4개월 동안 몇 건의 상해 사고도 있었다고 말해 주더군요.

저는 우리 직원들이 안전하지 않은 장비들을 사용하고 있었다는 사실을 모르고 있었어요. 그곳에서 즉각적인 조사를 해야 필요가 있었어요. 이는 긴급한 일로, 미룰 수 없는 일이에요. 내일 아침에 공장에 안전 감독관이 왔으면 좋겠어요. 결함이 있는 장비들을 모두 교체할 때까지 조립 라인의 가동 역시 중지했으면 해요. 우리 는 직원들에게 정상적인 임금을 계속 지불할 수 있어요. 하지만 중대한 상해나 사망 사고를 감당할 수는 없어요. 감독관들이 내일 아침에 공장에 올 수 있도록 지금 즉시 그들에게 연락해 주세요.

Lydia

어휘 inspection 조사 run down (기계 등을) 멈추게 하다 stun 깜짝 놀라게 하다 injury 상해 urgent 긴급한 faulty 결함이 있는 fatality 사망 hospitalize 입원시키다

12

이메일에 언급되어 있는 것은 무엇인가?
(A) 몇몇 장비들은 교체될 필요가 있다.
(B) 한 직원이 상해를 당해 입원했다.
(C) 직원들이 임금 인상을 요구하고 있다.
(D) 정부는 조사를 실시하기를 원한다.

해설 이메일 작성자인 Lydia Jones는 이메일의 초반부에서 공장의 열악한 시설에 대해 놀랐다고 말한 후, 많은 장비들이 '멈춰 있고(run down)', 일부는 '낡았으며(old)', 그리고 기기가 '고장이 나서(broke)' 수리를 해야 하는 상황이 있었다는 사실을 알리고 있다. 따라서 정답 은 (A)이다. '몇 건의 상해 사고(a few injuries)'가 있었다고는 했지만, 부상자들이 입원을 했는지에 대해서는 알 수 없으므로 (B)는 정답이 될 수 없다.

13

조립 라인의 직원들에 대해 언급되어 있는 것은 무엇인가?
(A) 많은 직원들이 야근을 하고 있다.
(B) 몇몇 직원들은 위험한 환경 때문에 퇴사했다.
(C) 그들은 일을 하지 않을 때에도 급여를 지급 받을 것이다.
(D) 그들은 최고경영자와의 면담을 요청했다.

해설 Lydia Jones는 조립 라인을 중단시킨 후 설비를 교체해야 한다고 주장한다. 그와 동시에 'We can continue to pay the employees their normal rates.'라고 말하고 있는데, 이를 통해서 조립 라인의 가동이 중단된 후에도 직원들은 정상적인 급여를 받게 될 것임 알 수 있다. 따라서 정답은 (C)이다.

14

[1], [2], [3], 그리고 [4] 중에서 다음 문장이 들어가기에 가장 알맞은 곳은 어디인가?

"공장의 형편없는 상태에 놀랐어요."

(A) [1]

(B) [2]

(C) [3]

(D) [4]

해설 주어진 문장은 '공장의 상태가 형편없어서 놀랐다'는 의미인데, [1] 뒤에 이어지는 문장들이 '조립 라인의 장비들이 작동을 멈추었다', '장비가 오래 되었다', 그리고 '장비가 고장 나서 세 번이나 수리를 했다'와 같은 공장의 좋지 않은 상황에 대한 구체적인 사례들이다. 그러므로 정답은 (A)이다.

[15-17]

> **공지**
>
> 7월 10일부터 17일까지 시청의 리모델링 공사가 실시될 예정입니다. 7월 10일 목요일부터 7월 13일 일요일까지 건물 전체가 폐쇄될 것입니다. 이 기간에는 시청의 어떤 서비스도 시민 여러분께 제공되지 않을 것입니다. 7월 14일부터 16일까지는 2층과 3층이 수리로 인해 폐쇄됩니다. 이 사흘 동안 이곳 사무실에서는 아무도 근무하지 않을 것입니다. 7월 17일에는 4층이 수리될 것입니다. 이곳은 시의 자료실이 있는 곳입니다. 이 기간에는 누구에게도 자료실 출입이 허가되지 않을 것입니다.
>
> 리모델링 공사 기간 내내 시민 여러분들께서는 시청 웹페이지에 계속 방문하실 수 있다는 것을 기억해 주십시오. 이는 24시간 동안 운영될 것입니다. 또한, 시민들께서 통화를 원하시는 경우 405-5000으로 전화하실 수 있습니다. 직원들은 이 시간 동안 다른 곳에서 근무할 것입니다. 그러므로 시민 여러분을 위해 계속해서 일을 할 수 있을 것입니다.

어휘 undergo 받다, 당하다 renovation 보수 공사 available 이용할 수 있는 archive 자료 보관소 access 출입 offsite (특정 장소의) 밖에서

15

무엇이 안내되고 있는가?

(A) 시청의 업무 재개

(B) 리모델링 공사가 시청에 미칠 영향

(C) 시청의 몇몇 사무실의 이전

(D) 시청의 직원들이 건물 밖에서 근무할 장소

해설 첫 문장에서 시청의 '리모델링 공사(renovations)' 소식을 알린 후, 이어서 공사 기간에 따른 업무 중단, 시설 이용 제한, 공사 기간 중 연락을 취할 수 있는 방법 등이 안내되고 있다. 따라서 이 공지는 공사로 인해 시청 업무가 어떻게 변경될지에 관한 안내로 볼 수 있으므로 정답은 (B)의 How renovations will affect City Hall(보수 공사가 시청에 미칠 영향)이다.

16

공지에서 언급되어 있지 않은 것은 무엇인가?

(A) 건물 전체가 4일 동안 폐쇄될 것이다.

(B) 2층은 7월 15일에 폐쇄 중일 것이다.

(C) 주민들은 공사 기간 동안 시청 웹사이트를 이용할 수 있다.

(D) 시장은 7월 10일부터 17일까지 시청에서 근무할 것이다.

해설 (A)와 (B)의 내용은 첫 번째 문단에서, 그리고 (C)의 내용은 두 번째 문단 첫 번째 문장에서 확인할 수 있다. 하지만 (D)의 '시장의 근무 시기'는 전혀 언급되지 않았다.

17

두 번째 문단 두 번째 줄의 access라는 단어와 그 의미가 가장 유사한 것은?

(A) 방문하다

(B) 이메일을 보내다

(C) 요청하다

(D) 위치시키다

해설 access는 '접근하다' 혹은 '입장하다'라는 의미이다. (A)의 visit는 '방문하다', (B)의 e-mail은 '이메일을 보내다', (C)의 request는 '요청하다', 그리고 (D)의 locate는 '두다' 혹은 '위치시키다'라는 뜻이므로, 이 중 access와 가장 의미가 비슷한 것은 (A)의 visit이다.

[18-21]

> 받는 사람: 전 직원
> 보내는 사람: Frank Gathers, 회계 부서
> 제목: 환급
> 날짜: 2월 5일
>
> 직원들이 경비를 환급받을 수 있는 절차에 몇 가지 변경 사항이 생겼습니다. 여러분들 모두 이해하실 수 있도록 설명해 드리겠습니다. 첫째, 5달러 이상의 경비를 환급받기 위해서는 반드시 영수증을 소지하고 있어야 합니다. **그보다 적은 액수의 경비의 경우, 증빙 서류를 제출할 필요는 없습니다.** 기준 액수가 10달러였지만, 이를 더 낮추기로 결정했습니다. 이 규정은 내일부터 적용됩니다. 둘째, 모든 환급 신청은 경비를 지출한 날로부터 영업일 기준으로 3일 이내에 이루어져야 합니다. 여러분이 출장 혹은 휴가 중이거나 아파서 결근할 경우에만 예외가 적용됩니다. 출장에서 돌아오면 영업일 기준으로 3일 이내에 양식들을 제출해야만 합니다. 셋째, 더 이상 저에게 직접 양식들을 제출하지 마십시오. 대신 여러분들의 상사에게 제출하시기 바랍니다. 여러분의 상사가 양식을 승인한 다음 저에게 양식을 가져다 줄 것입니다.

어휘 reimbursement 환급, 상환 expenditure 지출, 경비 submit 제출하다 business day 영업일 supervisor 상사, 감독관

18

회람은 누구를 위한 것인가?

(A) 회계 직원들

(B) 고객들

(C) 회사의 모든 직원들

(D) 회사의 모든 임원들

해설 회람의 수신인란에서 회람을 읽어야 할 사람은 '직원들 전체(All Employees)'임을 알 수 있다. 따라서 정답은 (C)이다.

19

직원들은 언제 환급 양식을 제출해야 하는가?

(A) 영업일 기준으로 돈을 지출한지 3일 이내

(B) 영업일 기준으로 돈을 지출한지 5일 이내

(C) 영업일 기준으로 돈을 지출한지 7일 이내

(D) 영업일 기준으로 돈을 지출한지 10일 이내

해설 회람에는 경비를 지급받기 위한 세 가지 조건이 명시되어 있는데, 그중 두 번째 조건에서 양식의 제출 기간에 대한 내용을 찾아볼 수 있다. 즉, 'Second, all reimbursement requests must be made no more than 3 business days after you spend the money.'라는 문장을 통해 양식은 경비를 지출한 후 3일 이내에 제출되어야 함을 알 수 있으므로 정답은 (A)가 된다.

20

직원들은 누구에게 환급 양식을 제출해야 하는가?

(A) Frank Gathers

(B) 회계 부서장

(C) 자신의 상사

(D) 회사의 재무 담당 최고 책임자

해설 경비를 지급받기 위한 세 번째 조건에서 양식을 제출할 곳이 설명되어 있다. 회람의 작성자는 더 이상 자신에게 양식을 제출하지 말고, '상사에게 제출해야 할 것(turn them into your supervisor)'을 요청하고 있으므로 정답은 (C)의 Their supervisor이다.

21

[1], [2], [3], 그리고 [4] 중에서 다음 문장이 들어가기에 가장 알맞은 곳은 어디인가?

"그보다 적은 액수의 경비의 경우, 증빙 서류를 제출할 필요는 없습니다."

(A) [1]

(B) [2]

(C) [3]

(D) [4]

해설 주어진 문장의 'less than that'에서 that이 가리키는 액수가 무엇인지를 찾아야 한다. 액수가 언급된 곳은 [2] 앞의 5달러와 [3] 앞의 10달러인데, 10달러는 증빙 서류를 제출할 필요가 없었던 기존의 기준 액수이므로 (C)는 정답이 아니다. 정답은 (B)이다.

[22-25]

받는 사람: Karen Minelli ⟨karenm@huronindustries.com⟩
보내는 사람: Lysander Gray ⟨lgray@huronindustries.com⟩
제목: 신규 프로젝트
날짜: 11월 14일

Karen,

10분 전에 Kenneth Burgess를 만났어요. 그는 프로젝트를 위한 제안서에 승인했고, 늦어도 12월 1일까지 우리가 프로젝트를 시작하기를 원하고 있죠. 시작하기에 앞서 해야 할 일이 몇 가지 있어요: 40만 달러를 초과하지 않는 범위의 예산안을 제출해야 해요. 그리고 우리 둘을 제외하고 여섯 명으로 구성된 팀을 꾸려야 해요.

예산과 관련해서, 저는 한도 초과에 대해 걱정하고 있지 않아요. 우리가 계산했을 때 35만 달러 이하의 자금으로 모든 것을 해낼 수 있을 것으로 추산했어요. 그래서 사실, 원한다면, 5만 달러를 더 쓸 수 있게 되었어요. 프로젝트를 위해 우리에게 필요하다고 생각하는 것이 있다면 저에게 알려 주세요. 아마 구할 수 있을 거예요.

팀원들에 관한 아이디어가 있나요? 저는 Ralph Dresden이 좋은 선택이 될 것이라고 생각해요. Cindy Curtiss 역시 잘할 수 있을 것 같고요. 어떤 경우라도 Josh Arnold는 절대로 원하지 않아요.

이 두 가지 문제에 대해 논의하기 위해서 가능한 빨리 만나도록 해요. 전화해 줘요.

Lysander

어휘 no later than 늦어도 budget 예산 exceed 초과하다 concern 걱정하다 estimate 추정하다 under no circumstances 어떠한 일이 있어도 ~해서는 안 된다

22

프로젝트는 언제 시작될 예정인가?

(A) 11월 14일

(B) 11월 28일

(C) 12월 1일

(D) 12월 14일

해설 이메일 작성자인 Lysander Gray는 이메일 초반부에서 상사로 보이는 Kenneth Burgess라는 사람으로부터 프로젝트 제안에 대한 승인을 받았다고 말한 후, 그가 '늦어도 12월 1일까지(no later than December 1)' 프로젝트가 시작되기를 바란다는 점을 알리고 있다. 따라서 프로젝트가 시작되는 날짜는 (C)의 '12월 1일'이다.

23

프로젝트 예산의 한도는 얼마인가?

(A) 50,000달러

(B) 350,000달러

(C) 400,000달러

(D) 500,000달러

해설 첫 번째 문단의 'We have to submit a budget proposal that cannot exceed $400,000.'라는 문장에서 예산 한도는 (C)의 '40만 달러'라는 것을 확인할 수 있다.

24

Gray 씨는 누구와 함께 일하는 것을 원하지 않는가?

(A) Josh Arnold

(B) Ralph Dresden

(C) Kenneth Burgess

(D) Cindy Curtiss

해설 세 번째 문단에서 팀원 구성에 대한 내용을 찾을 수 있다. 이메일 작성자인 Lysander Gray는 함께 일하고 싶은 팀원 후보로 몇 사람의 이름을 언급한 뒤, 'Under no circumstances do I want Josh Arnold.'라고 말하면서 Josh Arnold에 대해서는 거부감을 나타내고 있다. 따라서 정답은 (A)이다.

25

Gray 씨는 Minelli 씨에게 무엇을 하라고 요청하는가?

(A) 자신에게 연락한다

(B) 자신의 이메일에 답장한다

(C) 최고 경영자와 논의한다

(D) 예산을 세운다

이메일의 마지막 부분에서 Gray 씨는 프로젝트와 관련된 문제를 빨리 논의하자고 제안하면서 수신자인 Minelli 씨에게 전화를 부탁하고 있다. 따라서 정답은 call을 contact로 바꾸어 쓴 (A)이다.

[26-29]

Andy Sellers	[10:38 A.M.]

복사기에 용지가 없다는 걸 방금 알았네요. 어떻게 해야 할까요?

Natalie Popov	[10:41 A.M.]

안내 데스크의 Tina에게 말하세요. 그녀가 더 주문할 거예요.

Andy Sellers	[10:43 A.M.]

알겠어요. 용지가 얼마나 빨리 도착할까요? 점심 시간 이전에 복사를 해야 해서요.

Ricardo Ramirez	[10:45 A.M.]

운이 없군요. 그녀가 지금 주문한다 해도 용지는 빨라야 내일 도착할 거예요. 길 건너에 있는 Walter's에 가보는 게 좋을 것 같아요. 환급을 받을 수 있도록 영수증을 꼭 받으시고요.

Andy Sellers	[10:48 A.M.]

좋은 정보 고마워요, Ricardo.

Andy Sellers	[10:51 A.M.]

나가는 길에 Tina에게 제가 말할게요. 그녀에게 다른 것들도 부탁할까요?

Ricardo Ramirez	[10:53 A.M.]

검정색 펜도 거의 없어요.

Natalie Popov	[10:55 A.M.]

저는 필요한 것이 없지만, 잠깐만 기다려 주세요. 저도 복사를 조금 해야 하거든요.

어휘 out of luck 운이 없는   receipt 영수증   compensate 보상하다   fill out 작성하다

26
무엇이 문제인가?
(A) 기계가 고장 났다.
(B) 용지의 규격이 잘못되었다.
(C) 기기를 사용할 수 없다.
(D) 펜이 없다.

해설 '복사기에 용지가 없다(there's no more paper for the copier)'는 것이 문제이므로 복사기를 equipment로 바꾸어 쓴 (C)가 정답이다.

27
Ramirez 씨는 Sellers 씨에게 무엇을 하라고 말하는가?
(A) 회사에 지급액을 청구한다
(B) 주문서를 작성한다
(C) 지금 지원을 요청한다
(D) 다른 업체를 방문한다

해설 용지를 주문해도 내일 아침에나 도착한다는 대화가 오고 간 뒤 Ramirez 씨는 Sellers 씨에게 'You'd better go to Walter's across the street'이라고 말하면서 다른 상점에 가볼 것을 권하고 있다. 따라서 정답은 (D)이다.

28
Popov 씨는 이다음에 무엇을 할 것인가?
(A) Walter's에 간다
(B) Tina와 이야기를 나눈다
(C) 공급 업체에 연락한다
(D) Sellers 씨의 사무실에 방문한다

해설 Popov 씨는 Sellers 씨에게 잠시 기다려 달라고 한 후, '자신도 복사를 해야 한다(I need to make some copies myself)'고 말한다. 이를 통해 그는 Sellers 씨와 동행할 것을 알 수 있으므로 그가 다음에 할 일은 (A)이다.

29
오전 10시 51분에, Sellers 씨가 "I'm going to talk to Tina on my way out"이라고 쓸 때 그가 암시한 것은 무엇인가?
(A) 그는 점심 식사를 일찍 할 것이다.
(B) 그는 곧 프로젝트를 끝내야 한다.
(C) 그는 물품의 주문을 요청할 것이다.
(D) 그는 지금 고객을 만나야 한다.

해설 지문의 초반부에서 용지를 주문하려면 Tina에게 말하면 된다는 내용이 언급되어 있다. 그런데 Sellers 씨가 나가는 길에 Tina에게 말할 것이라고 했으므로 그는 Tina에게 용지 주문을 부탁할 것임을 알 수 있다. 정답은 (C)이다.

[30-34]

Central 대학교 구인

Central 대학교에서 수학과 사무실에서 근무할 사람을 찾고 있습니다. 비서로 근무하게 될 것입니다. 전화 응대, 복사, 그리고 학과 교수님들의 요구 사항 처리가 업무에 포함될 것입니다. 비서는 학과의 문제에 대한 학생들의 질문에도 답변을 해야 합니다. 업무에 수학 관련 지식과 대학 학위는 요구되지 않습니다. 하지만 상냥한 태도를 갖추고 있어야 하며 협조적인 사람이어야 합니다. 타이핑 능력이 요구되며 엑셀과 파워포인트 같은 컴퓨터 프로그램에 대한 지식은 필수 요건입니다. 직책은 정규직이며 연봉은 28,000달러입니다. 복지 혜택에는 대학 건강 보험 프로그램에 등록되는 것과 3주간의 휴가가 포함됩니다. 지원 방법을 알고 싶으신 분들께서는 409-5643으로 Sarah Brighton에게 전화해 주십시오.

7월 28일

친애하는 Santiago 씨께,

Central 대학교 수학과의 비서직을 제안하기 위해 귀하께 편지를 씁니다. 어제 귀하와의 면접을 통해 좋은 인상을 받아서 일자리를 제안하기로 결정했습니다.

새 학기를 준비하고 있기 때문에, 귀하가 최대한 빨리 근무를 시작했으면 합니다. 원하시는 경우 내일부터 일을 시작할 수도 있습니다. 아무리 늦어도 8월 1일부터는 근무를 시작하기를 바랍니다. 촉박한 통보라는 것을 알고는 있지만, 귀하는 현재 휴가 중이어서 일을 시작하는 것을 간절히 원하고 있다고 언급하셨습니다. 또한 귀하는 이 지역에 살고 계시기 때문에, 이사의 문제도 없을 것 같습니다.

또한 귀하의 연봉으로 광고에 언급되었던 액수보다 2,000달러를 더 지급해도 좋다는 허락을 받았습니다. 저의 상사인 John Deacon 교수님께서 귀하의 자격 요건으로 인해 급여 인상을 허가하셨습니다.

제게 가능한 한 빨리 연락하셔서 Central 대학교에 입사하실 것인지 확인해 주시기 바랍니다.

Sarah Brighton 드림

어휘 be responsible for ~에 책임이 있다 pleasant 예의 바른, 상냥한 enrollment 등록 impress 인상을 주다 semester 학기 authorize 허가하다

30

광고는 누구를 위한 것인가?
(A) Central 대학교에서 공부하고 싶어 하는 사람들
(B) 수학을 배우는 것에 관심이 있는 사람들
(C) 비서직 채용을 원하는 사람들
(D) 교수가 될 것을 생각 중인 사람들

해설 광고의 대상이 누구인지 묻고 있다. 'Central University is looking for a person to work in the Department of Math office.'라는 시작 부분의 문장을 통해 이 광고는 수학과에서 일할 직원을 모집하는 구인 광고라는 점을 알 수 있다. 또한 두 번째 문장에서 구인 직종을 secretary라고 명시하고 있으므로 광고의 대상은 (C)의 People who would like to have secretarial positions(비서직 채용을 원하는 사람들)이다.

31

광고에 따르면 직책에 요구되지 않는 것은 무엇인가?
(A) 컴퓨터 능력
(B) 타이핑 능력
(C) 좋은 태도
(D) 이전 경력

해설 비서직에 대한 자격 요건은 광고 중반부에서 확인할 수 있다. 광고에서는 지원자가 '상냥한 태도(a pleasant manner)'를 지녀야 하고 '타이핑 능력(typing skills)' 및 '특정 컴퓨터 프로그램에 대한 지식(a knowledge of computer programs)'을 갖추고 있어야 한다고 설명한다. 따라서 보기 중 자격 요건으로 언급되지 않은 사항은 (D)의 Prior experience이다.

32

광고에서 10번째 줄의 단어 enrollment와 그 의미가 가장 유사한 것은?
(A) 지원
(B) 교체
(C) 가입
(D) 고려

해설 enrollment는 '등록' 혹은 '입학'이라는 뜻이다. (A)는 '지원', (B)는 '대체', (C)는 '입학', 그리고 (D)는 '고려'라는 뜻이므로 이 중에서 enrollment와 가장 의미가 비슷한 단어는 (C)의 admission이다.

33

편지에 언급되어 있는 것은 무엇인가?
(A) Santiago 씨는 7월 29일부터 새로운 직장에서 일할 수 있다.
(B) Santiago 씨는 현재 다른 곳에서 근무하고 있다.
(C) Santiago 씨는 이 일을 하려면 이사를 해야 한다.
(D) Santiago 씨의 직속 상사는 John Deacon이 될 것이다.

해설 편지의 두 번째 문단에서 발신인인 Sarah Brighton은 Santiago 씨에게 가능한 한 빨리 일을 시작할 것을 독려하면서 'You could begin work tomorrow if you want.'라고 말한다. 편지를 작성한 날이 7월 28일이므로, Santiago 씨는 원한다면 그 다음 날인 29일부터 일을 시작할 수 있을 것이므로 정답은 (A)이다. 편지의 두 번째 문단의 내용을 통해 Santiago 씨는 '현재 실직 상태이며(are currently unemployed)' 또한 '같은 지역에서 살고 있다(live in the area)'는 사실을 알 수 있기 때문에 (B)와 (C)는 사실과 다른 내용이다. (D)의 John Deacon은 Brighton 씨의 상사로, 급여 인상을 허가해 준 인물이다.

34

Santiago 씨의 연봉으로 제시된 금액은 얼마인가?
(A) 26,000달러
(B) 28,000달러
(C) 30,000달러
(D) 32,000달러

해설 첫 번째 지문의 후반부에 비서직의 급여는 '연봉 28,000달러(an annual salary of $28,000)'로 제시되어 있다. 하지만 두 번째 지문의 'I have also been authorized to offer you $2,000 more than the advertisement stated for your salary.'라는 문장을 통해, 실제 제시된 연봉은 그보다 2,000달러가 더 높다는 점을 알 수 있다. 따라서 정답은 (C)의 30,000달러이다.

[35-39]

받는 사람: Jane Peterson 〈jpeterson@galt.com〉
보내는 사람: Bruno Walker 〈bwalker@galt.com〉
제목: 휴가 신청
날짜: 3월 10일

Peterson 씨께,

3일간의 휴가를 신청합니다. 3월 11일부터 휴가를 떠났으면 합니다. 이 날은 수요일이어서 나머지 날에도 쉬려고 합니다. 저는 3월 16일 월요일에 다시 출근할 것입니다.

이와 관련해서 더 일찍 사전 통지를 받지 못하신 것에 대해 정말로 유감스럽게 생각합니다. 하지만 제 아내가 큰 폭의 할인 가격으로 멕시코행 티켓 두 장을 가까스로 구했습니다. 우리는 출발 날짜를 선택할 수가 없습니다. 특가 제공의 혜택을 누리기 위해서는 오늘 밤에 출발할 수밖에 없습니다.

이번 주 목요일과 금요일에 두어 건의 회의가 예정되어 있습니다. 이는 다음 주로 연기할 수 있습니다. 아니면 Amy Kelly에게 저의 고객들을 만나라고 할 수도 있습니다. 그녀가 저를 위해 그렇게 하는 것을 꺼리지 않을 것으로 확신합니다.

Bruno Walker 드림

회람

받는 사람: 전 직원
보내는 사람: Carl Hampton
제목: 휴가
날짜: 3월 18일

저는 여러분 중 몇몇 사람이 적절한 휴가 신청 절차를 따르지 않는다는 것을 알게 되었습니다. 어느 때라도 여러분이 휴가를 보내고 싶을 때에는 근무일 기준으로 최소한 5일 이내에 ― 구두가 아닌 ― 서면으로 신청해야만 합니다. 예를 들면, 오늘은 수요일입니다. 여러분이 오늘 휴가 신청을 하면, 빨라도 다음 주 수요일에 휴가를 떠날 수 있습니다.

이 규정에는 극히 소수의 예외만 적용됩니다. 가정사나 응급 의료 상황이 두 가지 예외적인 사항입니다. 갑자기 해외 여행을 떠나겠다는 결정은 예외에 해당되지 않습니다. 이러한 규정을 따르지 않은 모든 신청은 즉시 거절될 것입니다. 가족에게 문제가 생기거나 의료적인 응급 상황이 발생한다면 휴가를 허가받을 수 있을 것입니다. 하지만 여러분은 돌아와서 문제를 증빙할 수 있는 서류를 제시해야 할 것입니다. 규정에 어긋나는 휴가 신청으로 여러분들의 상사를 힘들게 하지 마십시오.

[어휘] manage to 간신히 ~하다 special offer 특가 판매 postpone 연기하다 procedure 절차 orally 말로, 구두로 in advance 미리 instantly 즉시 workload 업무량 in a row 연이어

35

이메일의 목적은 무엇인가?
(A) 다가올 휴가를 설명하기 위해
(B) 결근을 해명하기 위해
(C) 주간 업무량을 논의하기 위해
(D) 휴가를 신청하기 위해

[해설] 이메일의 목적을 묻고 있으므로 첫 번째 지문의 시작 부분을 유의해서 보도록 한다. 이메일 제목이 Request for time off(휴가 신청)이고, 첫 번째 문장 역시 'I am requesting that I be given three days of time off.'로 시작하고 있으므로 이메일 작성자인 Bruno Walker가 이메일을 쓴 이유는 (D)의 To ask for some vacation time(휴가를 요청하기 위해)이다.

36

Walker 씨는 3월 13일에 무엇을 하기로 예정되어 있는가?
(A) 멕시코로 비행한다
(B) 고객을 만난다
(C) Kelly 씨에게 이야기한다
(D) 여행사 직원에게 연락한다

[해설] '3월 13일(March 13)'에 예정된 일을 묻고 있다. 이메일의 첫 번째 문단을 보면 3월 11일이 수요일인 것을 알 수 있고, 세 번째 문단을 통해서는 목요일과 금요일에 고객과의 미팅이 예정되어 있다는 점을 알 수 있다. 이 두 가지 내용을 종합하면 3월 13일인 금요일에는 고객과의 미팅이 예정되어 있다는 사실을 알 수 있으므로 정답은 (B)의 Meet with a client(고객을 만난다)이다.

37

Kelly 씨에 대해 암시되어 있는 것은 무엇인가?
(A) 그녀는 Walker 씨의 직속 상사이다.
(B) 그녀는 이번 주 남은 기간 동안 사무실에 있지 않을 것이다.
(C) 그녀는 아직 Walker 씨로부터 도움 요청을 받지 않았다.
(D) 그녀는 금요일에 멕시코에서 고객을 만나려고 한다.

[해설] 이메일의 마지막 부분에서 Bruno Walker는 Amy Kelly가 자기 대신 고객들을 만날 수 있을 것이라고 말한 후, 'I'm sure she won't mind doing that for me.'라고 자신의 의견을 나타낸다. 이를 통해 Amy Kelly가 정식으로 요청을 받은 상황은 아니라는 것을 알 수 있으므로 정답은 (C)이다.

38

메모에 따르면 휴가 신청은 어떻게 해야 하는가?
(A) 온라인으로
(B) 서면으로
(C) 대면하여
(D) 전화로

[해설] 회람의 첫 번째 문단에서 휴가 신청 절차에 대한 안내가 이루어지고 있다. 휴가를 신청할 때에는 '서면으로 신청해야 하고(you must make the request in writing)', '최소한 5일 전에(at least five business days in advance)' 통지를 해야 한다. 따라서 (B)의 In written form(서면으로)이 정답이다.

39

Walker 씨의 신청은 왜 거절되었을 것 같은가?
(A) 예정되어 있는 회의에 불참할 수 없다.
(B) 그의 근무조에서 일할 대체 인력을 찾지 못했다.
(C) 충분히 일찍 신청하지 않았다.
(D) 연속으로 너무 많은 일수의 휴가를 신청하고 있다.

[해설] 이메일의 작성일은 3월 10일이고 Walker 씨가 휴가를 신청한 날은 3월 11일이다. 따라서 Walker 씨의 휴가 신청은 규정상 '5일 전'에 이루어진 것이 아니므로 정답은 (C)이다.

[40-44]

수신: Darla Nelson ⟨darlan@mymail.com⟩
발신: Kevin Dubois ⟨k_dubois@powell.com⟩
제목: 환영합니다.
날짜: 8월 11일

친애하는 Nelson 씨께,

저희의 제안을 수락해 주셔서 감사합니다. 계약서와 직원 안내서는 등기 우편으로 귀하에게 발송되었습니다. 계약서에 서명하신 다음 즉시 저희에게 다시 보내 주십시오. 또한 안내서 내용을 숙지하셔야 합니다. 질문이 있다면 언제든지 제가 답변해 드리겠습니다.

Devers 연구소에 들어올 수 있는 유일한 직원으로서, 귀하는 Jacob Lee 박사의 팀원이 될 것입니다. 그분께서는 주로 희귀 금속과 합금에 관심을 기울이고 계십니다. 귀하는 그분의 지도 하에 실험을 진행하게 될 것이며 독창적인 연구들도 수행하게 될 것입니다. 다른 여러 주에서 개최되는 세미나에 참석해야 할 수도 있고, 주중 야간과 주말에 수업에 등록해야 할 수도 있습니다.

근무 첫날, 귀하는 오리엔테이션 교육에 참석하게 될 것입니다. 첨부된 파일을 확인하시면 관련 정보가 포함되어 있을 것입니다.

Kevin Dubois 드림
인력관리부, Powell 산업

Powell 산업
가을 신입사원 오리엔테이션 일정 (9월 3일)

시간	담당자	설명
9:00 A.M. – 10:00 A.M.	Kevin Dubois (인력관리부)	환영사와 서류 서명
10:00 A.M. – 10:30 A.M.	Julie Martinson (인력관리부)	규칙과 규정 설명
10:30 A.M. – 11:00 A.M.	Jacob Lee (연구개발부)	컴퓨터와 정보 보안
11:00 A.M. – 12:00 P.M.	Pierre Bernard (홍보부)	회사 설명
12:00 P.M. – 1:30 P.M.	해당 없음	최고경영자 Stuart Thompson, 부사장 Marilyn Summers, 그리고 모든 부서장들과 점심 식사

점심 식사를 제외한 모든 행사는 Carver 빌딩의 강당에서 진행될 것입니다. 점심 식사는 Folsom 빌딩의 구내식당에서 하게 될 것입니다.

수신: 인력관리부 전 직원
발신: Kevin Dubois
날짜: 8월 28일

강당이 Watson 학회로 인해 9월 3일부터 5일까지 예약이 되어 있는 것 같습니다. 그래서 그 행사가 끝난 다음 날 이후로 오리엔테이션 교육을 연기해야 합니다. 다음 달에 근무를 시작하는 직원은 120명이 넘습니다. 첫 근무일이 연기되었다는 사실을 알리기 위해 그들 모두에게 연락을 취해야 합니다. 아래의 인원들은 신입 사원들에게 연락해 주시기 바랍니다.

- Bob Smythe: 성이 A–D로 시작하는 직원들
- Kelly Hunter: 성이 E–I로 시작하는 직원들
- Jorge Geller: 성이 J–O로 시작하는 직원들
- Lucy Wang: 성이 P–S로 시작하는 직원들
- April Thompson: 성이 T–Z로 시작하는 직원들

점심 시간 직후에 전화번호 목록을 보낼 것입니다. 퇴근 전까지 모두에게 연락이 이루어지기를 바랍니다.

어휘 employee handbook 직원 안내서 registered mail 등기우편 exotic 색다른; 이국적인 enroll 등록하다 comment 해설, 설명 recruit 신입 사원

40
이메일에 따르면 Dubois 씨가 Nelson 씨에게 보내지 않은 것은 무엇인가?
(A) 일정표
(B) 계약서
(C) 책
(D) 브로셔

해설 이메일에는 '계약서와 직원 안내 책자가 보내졌다(A contract and employee handbook have been sent to you)'고 쓰여 있으며, Nelson 씨는 '오리엔테이션에 참석할 예정(you will attend an orientation session)'인데, '그와 관련된 자료가 첨부되어 있다(Please see the attached file, which contains the relevant information)'고 설명되어 있다. 보기 중 여기에 포함되지 않는 것은 (D)의 '브로셔'이다.

41
이메일에서 첫 번째 문단 세 번째 줄의 단어 "familiarize"와 그 의미가 가장 유사한 것은?
(A) 암기하다
(B) 숙지하다
(C) 만나다
(D) 다가가다

해설 문장에서 familiarize는 '숙지하다'라는 의미이므로, 이와 같은 뜻을 지닌 (B)가 정답이다.

42
오전 10시의 오리엔테이션에서 누가 발언을 할 것인가?
(A) Pierre Bernard
(B) Kevin Dubois
(C) Jacob Lee
(D) Julie Martinson

해설 일정표에 따르면 오전 10시에서 10시 30분까지의 시간을 진행하는 사람은 Julie Martinson이다. 따라서 정답은 (D)이다.

43
Nelson 씨에 대해 암시되어 있는 것은 무엇인가?
(A) 연구개발부에서 근무하게 될 것이다.
(B) 최근에 석사 학위를 취득했다.
(C) 오리엔테이션 교육에 참석하지 않을 것이다.
(D) 9월 3일부터 근무를 시작하게 될 것이다.

해설 이메일에서 'Nelson 씨는 Jacob Lee의 팀에 소속될 것(you will be a member of Dr. Jacob Lee's team)'이라고 했는데, 두 번째 지문에서 Jacob Lee는 연구개발부서 소속임이 명시되어 있다. 따라서 그녀는 연구개발부에 근무하게 될 것이라고 추론할 수 있으므로 정답은 (A)이다.

44
Devers 연구실의 신입 직원에게 누가 연락하게 될 것인가?
(A) Bob Smythe
(B) Kelly Hunter
(C) Jorge Geller
(D) Lucy Wang

해설 첫 번째 지문의 'As our sole incoming employee in the Devers Lab'이라는 표현에서 Nelson 씨는 Devers 연구실의 유일한 신입 직원임을 알 수 있다. 세 번째 지문에서 성이 N으로 시작하는 사람에게 연락을 할 직원의 이름은 Jorge Geller로 작성되어 있으므로 정답은 (C)이다.

[45-49]

4월 22일

친애하는 Carpenter 씨께,

귀하의 말씀에 따라 귀하께서 오픈하시고자 하는 매장의 위치를 찾기 위해 시내를 조사해 보았습니다. 네 곳의 최적의 장소에 대해 간략히 소개해 드립니다:

- **Silverdale**: 시내에서 가까움; 높은 임대료; 낮은 경쟁률
- **Watertown**: 대학가; Roswell 가에서 유일하게 가격이 낮은 곳; 근처에 다른 커피숍들이 몇 군데 있음
- **Harbor Point**: Abernathy 몰에서 가까움; 다수의 상점들; 높은 유동 인구; Korrey 거리와 Duncan 로에서 이용이 가능한 장소
- **Marshall**: 금융가; 가격 높음; 근처에 카페가 두 곳밖에 없음

더 자세한 정보를 알고 싶으시면 제가 동봉한 문서들을 살펴봐 주십시오. 모든 것을 읽으신 후 저에게 전화하시면 몇몇 장소에 대한 방문 일정을 잡을 수 있습니다.

Sandy Jefferson
Jefferson 부동산

수신: Maurice Pullman ⟨mpullman@homemail.com⟩
발신: Eric Carpenter ⟨ericc@personalmail.com⟩
제목: 임대 물건
날짜: 4월 25일

Maurice,

저는 Jefferson 부동산의 Sandy가 우리에게 보낸 내용을 모두 검토했어요. 그녀는 일을 잘 해 주었고 가능성이 있는 몇 군데의 장소들을 찾아 주었죠. 개인적으로는 우리가 Korrey 거리에 있는 장소에 관심을 가져야 할 것 같아요. 매일 많은 사람들이 지나다니기 때문에 다수의 고객을 확보하는 데 문제를 겪지 않을 거예요. 장소를 살펴볼 수 있도록 그녀와 함께 준비를 해 둘게요. 어떻게 하든, 기한인 6월 전에 오픈하고자 한다면 다음 주 내에 장소를 확보하는 편이 좋을 것 같아요.

Eric 드림

독특한 카페 개업

플레즌트빌 (6월 10일) – 어제 시내에 새 카페가 문을 열었다. Abernathy 몰에서 걸어서 5분 거리에 위치한 Poko 카페는 확실히 방문할 가치가 있다. 카페로 들어가면 마치 과거로 걸어 들어가는 것 같다. 이 카페는 1800년대의 황량한 서부처럼 장식되어 있다. 분위기가 마음에 들겠지만 그곳에 머물게 되는 이유는 음료 때문일 것이다. Poko 카페는 전 세계에서 온 150개 이상의 다양한 유형의 커피를 제공함으로써, 시내 전체에서 고객들에게 가장 많은 선택권을 주고 있다. 가격은 평균보다 다소 높지만, 서비스가 훌륭하고 직원들도 친절하다. 동업자인 Maurice Pullman은 "이곳은 우리가 개업한 세 번째 Poko 카페이지만 플레즌트빌에서는 첫 번째입니다. 지역 주민들이 이곳에 오셔서 저희가 그분들께 제공하고자 하는 것들을 최대한 즐기셨으면 좋겠습니다."라고 말했다.

어휘 establishment 시설, 기관 downtown 시내 enclose 동봉하다 realty 부동산 clientele 고객들 decorate 장식하다 ambiance 분위기 outstanding 뛰어난

45

편지의 목적은 무엇인가?
(A) 도움을 요청하기 위해
(B) 정보를 제공하기 위해
(C) 길을 알려 주기 위해
(D) 회의를 확정하기 위해

해설 첫 번째 지문은 Jefferson 부동산이라는 부동산 중개소에서 고객에게 매장 후보지에 관한 정보를 알려 주기 위해 쓴 편지이다. 그러므로 편지의 목적은 (B)로 볼 수 있다.

46

이메일에서 네 번째 줄의 "check out"과 의미가 가장 유사한 것은?
(A) 살펴보다
(B) 빌리다
(C) ~에 대해 말하다
(D) 발견하다

해설 check out은 '확인하다'라는 의미인데, 보기들 중에서는 '검토하다', '살펴보다'라는 뜻인 (A)의 look at이 가장 가까운 의미이다.

47

Carpenter 씨가 카페를 개업하자고 제안하는 지역은 어디인가?
(A) Silverdale
(B) Watertown
(C) **Harbor Point**
(D) Marshall

해설 두 번째 지문에서 Carpenter 씨는 'Korrey 거리에 관심을 가져야 한다(I think we should focus on the place on Korrey Avenue)'는 의견을 제시하고 있다. 그런데 첫 번째 지문에서 Korrey 거리가 있는 장소는 Harbor Point로 적혀 있으므로 정답은 (C)이다.

48

Poko 카페에 대해 언급되지 않은 것은 무엇인가?
(A) 가격이 높다.
(B) 다양한 종류의 음료가 있다.
(C) 장식이 옛날 생각을 나게 한다.
(D) **플레즌트빌에서 개업하는 세 번째 카페이다.**

해설 기사의 마지막 부분에서 해당 Poko 카페가 전체적으로는 세 번째로 개업하는 곳이지만, '플레즌트빌에서는 첫 번째 매장(This is the third Poko Café we've opened but the first in Pleasantville)'이라고 언급되어 있다. 따라서 (D)는 잘못된 정보이다.

49

Poko 카페에 대해 암시되어 있는 것은 무엇인가?
(A) 시에서 가장 큰 카페이다.
(B) 일정보다 늦게 개업했다.
(C) Jefferson 씨에 의해 구매되었다.
(D) 음료와 함께 식사를 판매한다.

해설 이메일의 마지막 문장 중 'if we want to meet our deadline by opening before June begins'라는 부분을 통해 Carpenter 씨와 Pullman 씨가 개업의 시한으로 정했던 시기는 6월

전임을 알 수 있다. 그런데 기사를 살펴보면, 기사의 작성일은 6월 10일인데 카페는 어제 문을 열었다고 했으므로 이 카페는 6월 9일에 개업했다는 사실을 알 수 있다. 따라서 Poko 카페는 일정보다 늦게 개업했음을 알 수 있으므로 정답은 (B)이다.

[50-54]

Carter Unlimited

6월 15일부터 8월 31일까지
여름 의류에 대해 특별 할인 행사를 실시합니다.

선택된 품목들에 대해 20%에서 60%까지의 할인 혜택을 누리세요.

수영복 30% 할인
반바지 50% 할인
티셔츠 20% 할인
모자 60% 할인
기타 모든 종류의 상품들을 정말로 낮은 가격에 구입하세요.

100달러 이상 구매하시면 구매 시 사은품을
받으실 수 있습니다.*

Randolph 가 483번지에 있는 저희 매장을 방문해 주세요.
금요일부터 수요일까지, 오전 10시부터 오후 7시까지 영업합니다.

*온라인 구매는 해당되지 않습니다.

수신: customerservice@carterunlimited.com
발신: frangiovanni@wheston.com
제목: 저의 주문
날짜: 8월 31일

관계자분께,

4일 전에 귀하의 웹사이트에서 몇몇 물품들을 구입했습니다. 저의 주문 번호는 9584-494였습니다. 저는 오늘 아침에 우편으로 물품들을 받았습니다. 제가 구매한 모든 것에 만족했지만, 상자에 사은품이 들어 있지 않아서 실망했습니다. 주문하는 데 230달러를 썼기 때문에 저는 무언가 받게 될 것으로 생각했습니다. 가능한 한 빨리 빠진 물품을 보내 주십시오.

Francesca Giovanni 드림

수신: frangiovanni@wheston.com
발신: wilmagathers@carterunlimited.com
제목: 전달: 저의 주문
날짜: 9월 1일

친애하는 Giovanni 씨께,

어제 보내신 이메일이 저에게 방금 전에 전달되었습니다. 안타깝게도, 귀하는 사은품을 받으실 자격이 없으십니다. 하지만, 수년 동안 저희의 단골 고객이시기 때문에, 제가 특별히 특별 코드를 보내 드리고자 합니다. 저는 귀하가 여러 벌의 반바지를 구매한 것을 확인했습니다. 다음에 저희 반바지를 구매하실 때 "MYSHORTS"라는 코드를 사용하시면 귀하는 해당 상품들에 대해 어제 마감된 할인 판매에서 제공된 것과 동일한 할인 혜택을 받게 되실 것입니다. 이 쿠폰 코드를 사용함으로써 100달러까지 받으시게 될 것입니다. 이는 올해 마지막 날에 만료됩니다. 쿠폰 코드나 귀하의 최근 제안과 관련하여 문의 사항이 있을 경우에는 언제든지 (404) 954-2920으로 제게 바로 전화해 주십시오.

Wilma Gathers 드림
고객 서비스 담당자
Carter Unlimited

[어휘] bathing suit 수영복 qualify 자격을 얻다 regular customer 단골 고객 expire 만료되다 directly 직접 checkout 계산대 specify 구체적으로 명시하다

50
Carter Unlimited에 대해 언급되어 있는 것은 무엇인가?
(A) 여름마다 할인 행사를 한다.
(B) 매장의 모든 품목을 할인한다.
(C) 상점은 1주일에 한 번 문을 닫는다.
(D) 할인 행사는 3개월 동안 계속된다.

[해설] 매장의 영업일이 '금요일부터 수요일까지(We are open from Friday to Wednesday)'로 적혀 있으므로 1주일에 목요일 하루만 휴무라는 것을 알 수 있다. 따라서 정답은 (C)이다.

51
어떤 제품이 30% 할인되는가?
(A) 모자
(B) 수영복
(C) 셔츠
(D) 반바지

[해설] 첫 번째 지문에서 각 품목의 할인율이 제시되어 있다. 30%의 할인이 적용되는 것은 bathing suits로 작성되어 있으므로 정답은 (B)의 '수영복'이다.

52
Giovanni 씨는 왜 사은품을 받지 못했는가?
(A) 충분한 돈을 지불하지 않았다.
(B) 계산대에서 사은품을 요청하지 않았다.
(C) 매장에서 물품 구입을 하지 않았다.
(D) 자신이 무엇을 원하는지 구체적으로 명시하지 않았다.

[해설] 첫 번째 지문에서 '100달러 이상을 구매할 경우 무료 선물을 받을 수 있다(Spend more than $100, and you'll receive a free gift when you make your purchase)'는 내용이 있기는 하지만, 마지막 문장에서 사은품 지급은 '온라인 구매 시 적용되지 않는다(*Online sales do not qualify)'고 안내되어 있다. 그런데 두 번째 지문에서 Giovanni 씨는 '웹사이트에서 구매했다(I purchased several items on your Web site)'고 밝히고 있기 때문에 그녀가 선물을 받지 못한 이유는 (C)이다.

53
Gathers 씨가 Giovanni 씨에 대해 언급한 것은 무엇인가?
(A) 그녀는 특별 고객 클럽에 속해 있다.
(B) 그녀는 몇 벌의 티셔츠를 구매했다.
(C) 그녀는 Carter Unlimited에서 몇 년 동안 쇼핑해 오고 있다.
(D) 그녀는 Randolph 가에 있는 상점을 자주 방문한다.

[해설] 세 번째 지문의 초반부에서 Gathers 씨는 'you have been a regular customer with us for several years'라고 말하고 있

다. 이를 통해 Giovanni 씨는 수년 동안 이 매장의 단골 고객이었음을 알 수 있으므로 정답은 (C)이다.

54

Giovanni 씨가 받은 쿠폰 코드의 할인율은 얼마인가?

(A) 20%
(B) 30%
(C) 50%
(D) 60%

해설 마지막 지문의 'Use the code "MYSHORTS" the next time you purchase any shorts from us, and you will get the same discount on those items that was offered at the sale that ended yesterday.'라는 설명은 쿠폰을 이용하여 반바지를 구입할 경우 어제 끝난 할인 행사와 동일한 할인 혜택을 받게 된다는 뜻이다. 첫 번째 지문에서 반바지에 적용되는 할인율은 50%라는 점을 알 수 있으므로 결국 그녀가 받게 될 할인 혜택은 (C)이다.

ACTUAL TEST

p.321

PART 5

1 (B)	2 (A)	3 (B)
4 (D)	5 (C)	6 (C)
7 (A)	8 (A)	9 (A)
10 (B)	11 (C)	12 (B)
13 (A)	14 (C)	15 (C)
16 (C)	17 (A)	18 (C)
19 (A)	20 (A)	21 (B)
22 (A)	23 (B)	24 (C)
25 (D)	26 (B)	27 (C)
28 (D)	29 (B)	30 (D)

PART 6

31 (C)	32 (C)	33 (B)
34 (A)	35 (B)	36 (D)
37 (D)	38 (D)	39 (B)
40 (D)	41 (A)	42 (A)
43 (B)	44 (B)	45 (A)
46 (B)		

PART 7

47 (C)	48 (C)	49 (C)
50 (B)	51 (B)	52 (C)
53 (D)	54 (D)	55 (B)
56 (C)	57 (A)	58 (D)
59 (D)	60 (B)	61 (C)
62 (B)	63 (B)	64 (A)
65 (B)	66 (B)	67 (A)
68 (B)	69 (A)	70 (D)
71 (B)	72 (A)	73 (B)
74 (D)	75 (C)	76 (B)
77 (D)	78 (B)	79 (A)
80 (B)	81 (C)	82 (A)
83 (C)	84 (A)	85 (D)
86 (D)	87 (B)	88 (A)
89 (A)	90 (D)	91 (A)
92 (D)	93 (B)	94 (C)
95 (B)	96 (D)	97 (C)
98 (A)	99 (A)	100 (D)

1

일기예보에 따르면, 주말에 유럽 대부분의 국가에 수 센티미터의 비가 내릴 것으로 예상된다.

(A) estimated
(B) expected
(C) assumed
(D) urged

어휘 weather forecast 일기예보 estimate 추정하다 expect 예상하다 assume 가정되다 urge 재촉하다

해설 '~할 것으로 예상되다'라는 표현은 be expected to로 나타낸다. 따라서 정답은 (B)이다. (A)의 estimated는 '추정하다', (C)의 assumed는 '가정하다', (D)의 urged는 '재촉하다' 혹은 '촉구하다'라는 뜻이다.

2

몇몇 항공사들은 좋지 않은 경제 상황으로 인해 더 적은 사람들이 그들의 항공권을 예약하지 않게 되었을 때 항공권의 가격을 할인했다.

(A) fewer
(B) little
(C) any
(D) another

어휘 airline 항공사 economy 경제 book 예매하다

해설 항공사들이 항공 요금을 인하한 이유가 무엇일지 생각해 보면 정답을 쉽게 찾을 수 있다. 좋지 않은 경제 상황으로 인해 항공권 예매를 하는 사람들이 줄어들어서 요금이 인하되었다는 내용이 되어야 하기 때문에, 정답은 few의 비교급인 (A)의 fewer(보다 적은)이다.

3

자사 제품의 품질이 경쟁사들의 품질과 동등하지 않아서 Standard 제조사는 폐업했다.

(A) equaling
(B) to equal
(C) to be equaled
(D) was equaling

어휘 go out of business 폐업하다 quality 품질 competitor 경쟁자 equal ~와 같다

해설 fail은 to부정사와 어울려 '~하는 데 실패하다' 혹은 '~하지 못하다'라는 의미를 나타낸다. 따라서 정답은 (B)와 (C) 중 하나인데, 여기에서 equal(~와 같다, ~와 동등하다)은 목적어를 필요로 하는 타동사로 쓰였기 때문에 정답은 (B)의 to equal이다.

4

선임 엔지니어인 Hampton 씨는 문제 해결 방법을 찾을 때 더욱 더 창의적이어야 한다고 그의 직원들을 독려한다.

(A) create
(B) creating
(C) created
(D) creative

어휘 engineer 엔지니어, 기술자 encourage 고무하다, 독려하다 search 찾다 solution 해결

해설 빈칸에는 be동사의 보어 역할을 할 수 있는 형용사가 들어가야 하기 때문에 (A)는 정답이 될 수 없다. create는 '창조하다' 혹은 '만들다'라는 뜻인 반면, creative는 '창의적인'이라는 의미의 형용사이다. 따라서 문맥상 빈칸에는 create의 분사형이 아니라 형용사인 (D)의 creative가 들어가야 한다.

5

회사의 몇몇 식료품들이 사람들이 소비하기에 안전하지 않다는 사실을 조사관들이 발견했을 때, 회사는 이것들을 회수할 수밖에 없었다.

(A) consume
(B) consumer
(C) consumption
(D) consumed

어휘 be forced to 강제로 ~하다 recall 리콜하다(결함이 있는 제품을 회수하다) inspector 조사자 consume 소비하다 consumer 소비자 consumption 소비

해설 빈칸에는 human의 수식을 받으면서 전치사 for의 목적어 역할을 할 수 있는 명사가 들어가야 한다. 따라서 (B)와 (C)가 정답이 될 수 있는데, 이 중 '사람들이 소비하기에 안전하지 않았다'라는 의미를 완성시킬 수 있는 단어는 (C)의 consumption(소비)이므로 (C)가 정답이다.

6

진행되고 있는 협상들에 대해 질문이나 우려 사항이 있다면 주저하지 말고 Sheldon 씨에게 연락하세요.

(A) negotiate
(B) negotiable
(C) negotiations
(D) negotiators

어휘 hesitate 망설이다 concern 관심, 염려 regarding ~에 관하여 ongoing 진행되는 negotiate 협상하다 negotiable 협상할 수 있는 negotiation 협상 negotiator 교섭자

해설 이 문제에서는 regarding이 전치사로 사용되었음을 알고 있어야 정답을 고를 수 있다. 전치사 뒤에는 명사가 위치해야 하기 때문에 정답은 (C)나 (D) 중 하나인데, 문맥상 '진행 중인 협상'이라는 의미가 되어야 하므로 (C)의 negotiations(협상)가 정답이다.

7

다수의 홍보 회사들은 그들을 고용한 기업들의 제품을 광고하기 위해 소셜 미디어를 활용하고 있다.

(A) hire
(B) hires
(C) hiring
(D) are hired

어휘 publicity 홍보 make use of ~을 활용하다 social media 소셜 미디어(양방향 의사소통이 가능한 인터넷 미디어) hire 고용하다

해설 빈칸 앞의 that이 관계대명사라는 사실을 알면 정답을 쉽게 찾을 수 있다. that의 선행사가 the businesses(사업체, 기업)이므로 빈칸에는 이를 주어로 삼을 수 있는 동사, 즉 (A)의 hire가 와야 한다.

8

Easy 여행사에서 그들의 휴가를 예약함으로써, 여행자들은 돈을 아낄 수 있었으며 그들이 원했던 유형의 여행을 정확하게 예약할 수 있었다.

(A) exactly
(B) appropriately
(C) apparently
(D) expressively

어휘 book 예약하다　reserve 예약하다　exactly 정확하게　appropriately 적절하게　apparently 명백하게　expressively 의미 있게

해설 '여행자들은 비용을 절약하고 원하는 여행을 할 수 있었다'는 의미가 완성되어야 한다. 따라서 빈칸에는 동사 reserve를 자연스럽게 수식할 수 있는 (A)의 exactly(정확하게)가 들어가야 한다. (B)의 appropriately는 '적절하게', (C)의 apparently는 '명백하게' 그리고 (D)의 expressively는 '의미 있게'라는 뜻이므로 이들은 정답이 될 수 없다.

9

분석가들은 Kirby 기업의 지난 분기의 재정적인 수치들의 발표를 기다리는 중이다.

(A) release
(B) award
(C) commission
(D) invitation

어휘 analyst 분석가　await ~을 기다리다　financial 재정적인　release 발표, 공개　award 수상　commission 위임　invitation 초대

해설 문맥상 '분석가들이 재정적인 수치의 발표를 기다리고 있다'는 의미가 완성되어야 한다. 따라서 정답은 '발표' 혹은 '공표'라는 의미를 갖는 (A)의 release이다. (B)의 award는 '수상', (C)의 commission은 '위임', (D)의 invitation은 '초대'라는 뜻이므로 이들은 모두 정답이 될 수 없다.

10

Urban Fitters 주식회사는 전국 대학교의 우수한 패션 디자인 학과들로부터 많은 신입 사원들을 모집하고 있다.

(A) among
(B) throughout
(C) during
(D) alongside

어휘 recruit 신입 사원을 모집하다　department 학과

해설 '전국에 걸쳐서', '전역에서'라는 표현은 throughout the country로 나타낸다. 따라서 정답은 (B)이다. (A)는 '~ 중에서', (C)는 '~ 동안', 그리고 (D)의 alongside는 '~의 옆에'라는 뜻을 갖는 전치사들이다.

11

Keller 씨는 지난주에 세 건의 자산을 매각했던 것 이외에도, 그녀는 신입 사원을 모집하는 것에 대한 책임도 있었다.

(A) In addition
(B) As well as
(C) Aside from
(D) Adding to

어휘 property 재산, 자산　be responsible for ~에 책임이 있다

해설 '~을 제외하고'라는 의미는 aside from으로 나타낸다. 따라서 정답은 (C)이다. (A)의 In addition은 '게다가', '또한'이라는 의미인데, 이는 부사구로서 빈칸 뒤의 the fact와 함께 어울려 쓰일 수 없다. (B) 의 As well as는 '~뿐만 아니라, ~도 역시'라는 뜻이다.

12

Elliot Software의 최신 운영체제는 사용하기에 매우 쉬워서 사용자들에게 상당한 주목을 받았다.

(A) simply
(B) simple
(C) simplistic
(D) simplest

어휘 operating system 운영체제　regard 주시하다　simplistic 지나치게 단순화한

해설 빈칸은 be동사 is의 보어 자리이므로 부사인 (A)는 정답에서 제외되며, 빈칸 앞에 부사인 so가 있으므로 최상급인 (D) 역시 빈칸에 올 수 없다. simple은 '단순한'이라는 뜻이며 simplistic은 '지나치게 단순화한'이라는 의미인데, 문맥상 (B)의 simple이 오는 것이 자연스럽다.

13

유권자들은 애슈빌의 시장 직을 수행할 다음 사람을 선출하기 위해 다음 주 화요일에 투표하게 될 것이다.

(A) will head
(B) heading
(C) have headed
(D) were heading

어휘 voter 유권자　poll 투표　mayor 시장

해설 빈칸에는 voters를 주어로 삼을 수 있으면서 next Tuesday라는 미래의 의미와도 어울릴 수 있는 단어가 들어가야 하므로 현재분사인 (B)와 과거의 의미를 담고 있는 (C)와 (D)는 정답이 될 수 없다. 따라서 정답은 (A)이다. 참고로 head는 '향하다'라는 의미의 자동사로도, '향하게 하다'라는 의미의 타동사로도 사용될 수 있다.

14

큐레이터는 특별 방문객에게 개별 맞춤형 미술관 관람을 제공해야 한다고 주장했다.

(A) personalize
(B) personalizes
(C) personalized
(D) personalization

어휘 curator 큐레이터　gallery 미술관　personalize 개인화하다

해설 빈칸에는 명사인 tour를 수식할 수 있는 형용사가 들어가야 한다. 보기 중에서 형용사로 쓰일 수 있는 것은 (C)의 personalized(개인화된, 개인에게 맞춘)뿐이므로 (C)가 정답이다.

15

전시품들은 모두 오래되었고 매우 망가지기 쉽기 때문에 어느 것도 만지지 않도록 주의해 주세요.

(A) but
(B) which
(C) as
(D) however

어휘 exhibit 전시품 fragile 망가지기 쉬운

해설 '부서지기 쉽다'는 의미와 '만지지 말아라'는 상관 관계를 나타내는 접속사로 연결되어야 가장 자연스러운 문장을 완성시킨다. 따라서 정답은 '~이므로'라는 원인의 의미를 나타내는 (C)의 as이다.

16

Walsh 씨는 그녀가 일자리를 제안한 사람이 광고에 실린 것보다 높은 급여를 요구할 것이라고 예상한다.

(A) requests
(B) is requesting
(C) will request
(D) has requested

어휘 salary 급여 request 요청하다

해설 주절의 동사 expect에 유의하여 정답을 찾도록 한다. 내용상 높은 급여를 요구할 것이라는 '미래'의 상황을 예측하고 있으므로 정답은 미래 시제를 나타내는 (C)의 will request이다. (B)의 경우, 현재진행형이 미래의 의미를 나타내는 경우가 있기는 하지만, 현재진행형은 주로 가까운 미래나 확실한 미래를 나타낼 때 사용되므로, 이 문제의 경우 (B)는 정답이 될 수 없다.

17

곧 개봉하는 영화 *Blue Mountain*에는 영화계의 몇몇 최고 스타들이 주연으로 출연할 것이다.

(A) feature
(B) portray
(C) cast
(D) act

어휘 upcoming 다가오는 motion picture business 영화 산업 feature 주연시키다 portray 배역을 맡다 cast 배역을 맡기다

해설 보기들이 모두 영화와 관련해서 사용될 수 있는 단어들이므로 정답을 찾기가 쉽지 않다. 각 단어의 정확한 의미를 살펴봄으로써 정답을 찾도록 한다. (A)의 feature는 동사로 사용되는 경우, 주로 '특색을 이루다'라는 의미로 사용되는데, 공연이나 영화를 나타내는 표현과 함께 사용되면 '~을 주연으로 삼다'라는 뜻을 나타낸다. 따라서 정답은 '영화계 최고의 배우들을 주연으로 삼을 것이다'라는 의미를 완성시키는 (A)의 feature이다. (B)의 portray는 '초상을 그리다'라는 의미이나, 이 역시 공연 및 영화와 관련해서는 '배역을 맡다'라는 뜻을 나타낸다. (C)의 cast 또한 '깁스를 하다'라는 의미로 많이 사용되지만, '배역을 맡기다' 혹은 '캐스팅하다'라는 뜻을 갖고 있기도 하다.

18

Wilson 씨는 영국 출신의 지원자를 채용하는 것을 좋아하지만, 다른 모든 사람은 인근 지역 출신의 지원자를 선호한다.

(A) anyone
(B) someone
(C) everyone
(D) no one

어휘 applicant 지원자 prefer 선호하다 candidate 지원자

해설 문맥상 빈칸 앞의 but(그러나)과 빈칸 뒤의 else(그밖에)와 자연스럽게 어울릴 수 있는 단어를 찾도록 한다. 보기 중에서 이러한 조건에 부합되는 것은 (C)의 everyone뿐이므로 (C)가 정답이다.

19

영업부는 두 달 내에 최소한 세 명의 새로운 사람들을 고용하려고 한다.

(A) least
(B) around
(C) little
(D) about

어휘 intend ~하려고 한다 individual 개인, 사람

해설 '최소한' 또는 '적어도'라는 의미는 at least로 나타낸다. 따라서 정답은 (A)이다.

20

Powers 씨의 추가적인 휴가 요청은 그가 이미 너무 많은 휴가를 사용했기 때문에 승인되지 않았다.

(A) approved
(B) waived
(C) rejected
(D) announced

어휘 leave 휴가 day off 쉬는 날 approve 승인하다 waive 철회하다 reject 거절하다 announce 발표하다

해설 '휴가를 너무 많이 사용했기 때문에' 휴가 요청이 어떻게 되었을지 생각해 보면 정답을 쉽게 찾을 수 있다. 빈칸 앞에 not이 있으므로 정답은 (A)의 approved(승인하다)이다. 만약 not이 없었다면 (C)의 rejected(거절하다)가 정답이 될 것이다.

21

정부는 Tao 기업에서 결함이 있는 배선이 포함된 제품들을 리콜해야 한다고 주장했다.

(A) fault
(B) faulty
(C) faulted
(D) faultily

어휘 contain 포함하다 faulty 결함이 있는 wiring 배선

해설 빈칸에는 wiring(배선)을 자연스럽게 수식할 수 있는 형용사가 들어가야 한다. 따라서 명사인 (A)와 부사인 (D)를 제외하면 정답은 (B)와 (C)중 하나인데, (C)의 faulted는 '비난을 받은'이라는 의미이므로 (B)의 faulty(결함이 있는)가 정답이다.

22

좋지 않은 운행 여건에도 불구하고, 많은 운전자들은 눈보라의 한가운데에서 여전히 도로 위에 있다.

(A) Despite
(B) Perhaps
(C) With regard to
(D) Although

어휘 condition 상황 motorist 운전자 snowstorm 눈보라 despite ~에도 불구하고 perhaps 아마도 with regard to ~에 관해서는

해설 still(여전히)이라는 부사에 유의하여 정답을 찾도록 한다. 문맥상 열악한 상황에서도 운전자들이 도로에서 여전히 운전을 하고 있다는 내용이 완성되어야 하므로 빈칸에는 '~에도 불구하고'라는 의미를 갖는 전치사, 즉 (A)의 Despite가 들어가야 한다. (D)의 Although 역시 '~에도 불구하고'라는 의미이지만 이는 접속사이기 때문에 정답이 될 수 없다.

23

부동산업자들은 수수료를 받기 때문에, 고객들과의 거래를 성사시키는 것이 그들에게는 매우 중요하다.

(A) reach
(B) reaching
(C) reached
(D) be reached

어휘 realtor 부동산업자 commission 수수료 reach a deal 거래를 성사시키다 customer 소비자

해설 빈칸에는 동사인 is의 주어 역할을 할 수 있으면서, deals라는 목적어를 취할 수 있는 명사가 들어가야 한다. 따라서 정답은 (B)의 reaching이다.

24

신제품에 대한 포커스 그룹 구성원들의 열광적인 지지로 인해 회사는 그것을 출시하는 것에 대해 고무되었다.

(A) enthused
(B) enthusiasm
(C) enthusiastic
(D) enthusiastically

어휘 support 지지 focus group 포커스 그룹(시장 조사나 여론 조사를 위해 뽑힌 사람들의 집단) release 출시하다 enthuse 열광시키다 enthusiasm 열광 enthusiastic 열광적인 enthusiastically 열광적으로

해설 빈칸에는 명사인 support를 수식할 수 있는 말이 들어가야 하므로 정답은 '열광적인'이라는 뜻을 나타내는 (C)의 enthusiastic이다. (A)의 enthused(열광한)는 단어의 의미상 주로 '사람'을 수식할 때 사용되는 형용사이므로, 이 문제에서는 정답이 될 수 없다.

25

충성스러운 고객들의 지지에 보답하기 위한 방편으로, Fast Life Clothes는 이번 주 토요일에 무료 선물을 제공할 것이다.

(A) referring
(B) proclaiming
(C) replacing
(D) thanking

어휘 loyal 충성스러운 refer 조회하다; 관계하다; 위탁하다 proclaim 선언하다 replace 교체하다

해설 '무료 선물(free gifts)'을 제공하는 행사의 목적이 무엇일지 생각해 보면서, 빈칸 뒤의 its loyal customers for their support와 어울릴 수 있는 단어를 찾도록 한다. (A)의 referring은 '가리키다' 혹은 '조회하다', (B)의 proclaiming은 '선언하다', (C)의 replacing는 '교체하다', 그리고 (D)의 thanking은 '감사하다'라는 뜻이므로, 이 중 빈칸에 들어갈 가장 적합한 단어는 (D)의 thanking이다.

26

고객은 세일 기간에 소파를 구매했기 때문에, 그것은 환불이 되지않고, 다른 가구로 교환될 수도 없다.

(A) rebated
(B) refundable
(C) returned
(D) responsible

어휘 exchange 교환하다 rebate 일부를 환불하다 refundable 환불 가능한 responsible 책임이 있는

해설 nor라는 접속사에 유의하여 정답을 찾도록 한다. 문맥상 '또한 교환도 되지 않는다(nor can it be exchanged)'라는 의미가 이어지고 있기 때문에 빈칸에는 not과 함께 '환불이 되지 않는'이라는 의미를 완성시키는 (B)의 refundable이 들어가야 한다.

27

보안 요원은 절도범이 상점에서 아무것도 훔치지 못하게 하기 위해서 신속하게 대응했다.

(A) swift
(B) swifter
(C) swiftly
(D) swiftness

해설 생략되어 있는 문장 성분이 없으므로 빈칸에는 reacted를 수식할 수 있는 부사가 들어가야 한다. 보기 중 부사는 (C)의 swiftly(신속하게, 빠르게)밖에 없으므로 (C)가 정답이다.

28

감독자들은 그들이 조사하던 기계 장치에서 상당히 많은 문제점을 발견했다.

(A) what
(B) how
(C) when
(D) that

어휘 supervisor 감독자 investigate 조사하다

해설 빈칸에는 the machinery를 선행사로 취할 수 있는 관계대명

사가 들어가야 한다. 따라서 정답은 (D)의 that이다. 선행사가 있기 때문에 (A)의 what은 정답이 될 수 없고, were investigating의 목적어가 생략되어 있으므로 관계부사인 (B)와 (C) 역시 정답이 될 수 없다.

29

갑자기 가동을 멈춰서 두 사람이 부상을 입은 후에 수리팀은 에스컬레이터의 문제를 고치기 위해 호출되었다.

(A) alarmed
(B) summoned
(C) resulted
(D) appeared

어휘 repair 수리 injury 부상 alarm 위급을 알리다 summon 호출하다; 요청하다

해설 '에스컬레이터의 문제를 고치기 위해' 수리팀이 어떻게 되었을지 생각해 보면 정답을 찾을 수 있다. (A)의 alarmed는 '위급을 알리다', (B)의 summoned는 '호출하다', (C)의 resulted는 '결과가 되다', 그리고 (D)의 appeared는 '나타나다' 혹은 '등장하다'라는 뜻이므로 정답은 (B)이다. (D)도 정답이 될 수 있을 것 같지만 appear는 자동사로 쓰이기 때문에 이 문제의 경우에는 정답이 될 수 없다.

30

안내 데스크는 터미널의 중앙에 위치하고 있는데, 이로 인해 대부분의 사람들이 이곳에 접근하기 쉽다.

(A) locates
(B) is locating
(C) located
(D) is located

어휘 information desk 안내 데스크 accessible 접근하기 쉬운

해설 빈칸에는 the information desk를 주어로 삼을 수 있는 동사가 들어가야 한다. 또한 locate는 '위치시키다'라는 의미의 타동사이므로 정답은 수동태 문장을 완성시키는 (D)의 is located이다.

PART 6

[31-34]

받는 사람: Kay Feldman 〈kay_f@powers.com〉
보내는 사람: Christy Johnson 〈christy@powers.com〉
제목: 12월 29일 행사
날짜: 12월 15일

Kay,

소식 들었어요? Kevin Martinez가 조금 전에 사임했어요. 그는 이번 주 금요일에 회사를 떠날 예정이라더군요. Cunningham 씨가 방금 Kevin이 더 이상 근무하지 않을 것이기 때문에 저에게 송년회를 담당하라고 말했어요.

저는 한 시간 후에 Kevin을 만나기로 했어요. 우리는 그가 지금까지 해놓은 모든 것에 대해 논의할 예정이에요. 저는 이와 같은 일을 해 본 적이 없어서, 약간 걱정이 되네요. 저는 당신이 이전에 이러한 행사를 준비했었다는 것을 알고 있어요. 가끔씩 조언을 구해도 괜찮을까요?

Christy

어휘 be supposed to ~하기로 되어 있다 thus far 이제까지 organize (행사를) 준비하다 from time to time 가끔 resign 사임하다 retain 유지하다 assertive 독단적인 concerned 염려되는 distracted 주의가 산만해진 responsible 책임이 있는 advice 조언 advisory 자문의 advisor 조언자

31

(A) reported
(B) refused
(C) resigned
(D) retained

해설 빈칸 다음 문장의 leaving the company라는 표현에 유의하면 빈칸에 들어갈 알맞은 말은 '사임하다'라는 의미를 갖는 (C)의 resigned임을 알 수 있다.

32

(A) 저는 그날 모든 행사를 취소했어요.
(B) 작년 파티는 상당히 성공적이었어요.
(C) 저는 한 시간 후에 Kevin을 만나기로 했어요.
(D) 더 이상 할 말이 남아 있지 않아요.

해설 빈칸 뒤에는 'We're going to discuss everything he has done for the party thus far.'라는 문장이 있는데, 이는 '그가 지금까지 해놓은 모든 것에 대해 논의할 예정이다'라는 내용이다. 그리고 빈칸 앞에는 Kevin이 그만 둔다는 내용이 있으므로, 빈칸에는 Christy가 Kevin을 만날 것이라는 내용이 들어가는 것이 가장 자연스럽다. 정답은 (C)이다.

33

(A) assertive
(B) concerned
(C) distracted
(D) responsible

해설 이메일 작성자인 Christy Johnson은 전에 송별회 준비를 해 본 적이 없다고 말한다. 따라서 송별회를 준비해 본 경험이 없을 때 느낄 수 있는 감정을 생각해 보면 정답을 쉽게 찾을 수 있다. (A)의 assertive는 '독단적인', (B)의 concerned는 '염려되는', (C)의 distracted는 '주의가 산만해진', (D)의 responsible은 '책임이 있는'이라는 의미이므로 정답은 (B)의 concerned이다.

34

(A) advice
(B) advisory
(C) advisor
(D) advising

해설 빈칸에는 전치사 for의 목적어 역할을 할 수 있는 명사가 들어가야 한다. 따라서 정답은 (A)의 advice(조언)이다. (B)의 advisory는 형용사로서 '자문의'라는 뜻이고, (C)의 advisor는 명사이기는 하지만 '조언자'라는 뜻으로서 자연스러운 문장의 의미를 완성시키지 못한다. (D)의 advising은 현재분사나 동명사로 볼 수 있는데, 동명사인 경우라도 이 문장에서는 '동작'의 의미가 들어갈 필요가 없으므로 이 역시 정답이 될 수 없다.

[35-38]

> ### Jasmine's 요리 학교
> **Jasmine's 요리 학교에서 신학기를 위한 학생들을 받고 있습니다.** 수업은 3월 1일에 시작해서 5월 31일에 끝날 것입니다. Jasmine's 요리 학교는 초보 요리사와 고급 식당에 취직하고자 하는 요리사 모두에게 최고의 장소입니다. 우리에게는 다양한 수업들이 있습니다. 어떤 수업들은 일반적인 요리를 다루고 있으며 다른 수업들은 프랑스, 이탈리아, 그리고 베트남 요리를 포함한 특정한 요리들에 중점을 두고 있습니다. 우리의 선생님들은 모두 전문 요리사들이며, 그들의 대부분은 예전에 식당을 운영했었습니다. 수업에 대한 더 많은 정보를 위해, 저희 웹사이트 www.jasminescookingschool.com을 방문하시거나, Webster 가 65번지를 직접 방문해 주세요.

어휘 term 학기 high-end 고급의 a variety of 다양한 cuisine 요리 professional 직업적인, 전문적인 novice 초보자

35
(A) Jasmine's 요리 학교는 수업들 중 하나를 취소했습니다.
(B) Jasmine's 요리 학교에서 신학기를 위한 학생들을 받고 있습니다.
(C) Jasmine's 요리 학교에서는 학교 건물의 문을 닫고 이제 온라인 강좌를 제공합니다.
(D) Jasmine's 요리 학교에서는 이탈리아 요리 수업을 더 이상 제공하지 않습니다.

해설 빈칸은 지문의 첫 번째 문장이므로 지문 전체의 내용을 파악한 다음 정답을 고르는 것이 바람직하다. 지문에서 요리 학교의 수업 기간, 수업의 대상, 수업의 종류 등이 언급되어 있는데, 이러한 내용들로 미루어 보아 '신학기를 위한 학생들을 받고 있다'는 내용의 (B)가 첫 문장으로 오는 것이 가장 자연스럽다. (A)는 지문과 무관한 내용이며, (C)와 (D)는 지문의 정보와 상반된 내용이다.

36
(A) rookie
(B) experienced
(C) conditional
(D) novice

해설 첫 문장에서 '학생(students)을 모집한다'는 내용을 찾을 수 있으므로 빈칸에도 이와 어울리는 단어가 들어가야 한다. (A)의 rookie는 신인, (B)의 experienced는 '경험이 많은', (C)의 conditional은 '조건부의', 그리고 (D)의 novice는 '초보'라는 의미이므로 정답은 (D)의 novice이다. 참고로 (A)의 rookie는 '신인 운동 선수'를 지칭하는 경우에 사용된다.

37
(A) report
(B) describe
(C) learn
(D) cover

해설 빈칸 앞의 some이 무엇을 가리키는지 이해하면 문제를 쉽게 풀 수 있다. 빈칸 앞 문장을 통해 some은 class를 가리킨다는 것을 알 수 있으므로 정답은 '~을 다루다'라는 의미인 (D)의 cover이다.

38
(A) With
(B) To
(C) By
(D) For

해설 '더 많은 정보를 얻기 위해'라는 의미가 완성되어야 하기 때문에 빈칸에 들어갈 알맞은 단어는 (D)의 for이다.

[39-42]

> ### 공지
> Goodman 빌딩의 모든 입주자 여러분, 건물의 전기 관련 작업이 6월 12일 토요일에 시행될 것임을 숙지해 주시기 바랍니다. 6월 12일 오전 6시부터 오전 11시까지 단전될 것입니다. 그리고 6월 13일 일요일 오전 6시부터 오후 7시까지 전기가 끊길 것입니다. 우리는 이것이 주말에도 영업을 하시는 분들께 불편을 끼친다는 점을 알고 있습니다. **하지만, 건물의 배선은 개선되어야만 합니다.** 우리는 이를 지난 몇 개월 동안 미뤄 왔지만, 더 이상 기다릴 수 없습니다. 문의 사항이 있으신 분들은 관리 사무실의 Peter Saville과 이야기해 주세요.

어휘 tenant 임차인 electrical 전기에 관한 upgrade 개선하다 change off ~와 교대하다 turn off 끄다 move off 움직이기 시작하다 clear off 달아나다 embarrass 당황하게 하다 overcome 극복하다 improvise 즉석에서 하다 inconvenience 불편

39
(A) changed
(B) turned
(C) moved
(D) cleared

해설 '끄다'라는 의미는 turn off로 나타낸다는 것을 알고 있으면 정답을 쉽게 찾을 수 있다. 따라서 정답은 (B)의 turned이다. 참고로 '켜다'라는 의미는 turn on으로 나타낸다.

40
(A) embarrass
(B) overcome
(C) improvise
(D) inconvenience

해설 빈칸 앞의 this가 무엇을 가리키는지 이해해야 정답을 찾을 수 있다. this가 가리키는 것은 앞서 이야기한 상황, 즉 전기 작업으로 인한 정전이므로 빈칸에는 '불편을 끼치다'라는 의미를 가진 (D)의 inconvenience가 들어가야 자연스러운 문장이 완성된다. (A)의 embarrass는 '당황하게 만들다', (B)의 overcome은 '극복하다', (C)의 improvise는 '즉석에서 하다' 혹은 '즉흥 연주를 하다'라는 의미이다.

41
(A) 하지만, 건물의 배선은 개선되어야만 합니다.
(B) 그래서, 개조 공사는 하루 동안에 이루어질 것입니다.
(C) 결과적으로, 실행되고 있는 작업으로 인해 영향을 받는 사람은 없을 것입니다.
(D) 아마도, 꽤 오랫동안 전기가 끊긴 상태인 것 같습니다.

해설 빈칸 앞의 문장은 '이것이 영업하는 사람들에게 불편을 끼친다'는 내용이며, 빈칸 뒤의 내용은 '몇 달 동안 미뤘지만, 더 이상 기다릴 수는 없다'는 것이다. 즉, 빈칸 앞과 뒤의 내용이 서로 상반되므로 역접을 의미하는 연결어인 However를 포함하고 있는 (A)가 정답이 된다.

42
(A) any
(B) so
(C) more
(D) some

해설 '더 이상 ~ 않게'라는 의미는 no longer 혹은 not ~ any longer로 나타낼 수 있다. 따라서 정답은 (A)의 any이다.

[43-46]

10월 5일

친애하는 Jackson 씨께,

Athens 컨설팅에 입사 지원해 주셔서 감사합니다. 저는 귀하의 이력서와 업무 포트폴리오를 검토했고 매우 깊은 인상을 받았습니다. 귀하는 해당 분야에서의 풍부한 경력을 갖고 있어서 훌륭한 직원이 될 수 있을 것이라고 생각합니다.

안타깝지만, 우리는 해당 직책에 대해 내부에서 채용을 하기로 결정을 내려서, 이 직책은 더 이상 지원 가능한 상태가 아닙니다. 우리는 다음 달에 네 명의 신규 직원들을 채용하려고 합니다. 우리는 이 직책들에 대해 아직 공고를 내지 않았습니다. **저는 귀하가 이들 중 두 직책에 더할 나위 없이 잘 어울린다고 생각합니다.** 저는 귀하의 이름을 책임자들에게 보낼 것이며 귀하에게 면접을 위해 연락할 것을 강력히 권할 것입니다.

Ed Harmon 드림
Athens 컨설팅

어휘 apply for 지원하다   résumé 이력서   internal 내부적인   available 이용할 수 있는   match 어울리다   forward 보내다   impress 깊은 인상을 받다   dismiss 해산하다

43
(A) respected
(B) impressed
(C) dismissed
(D) approached

해설 첫 문장을 통해 이 지문이 입사 지원서에 대한 답신임을 알 수 있다. 이력서와 업무 포트폴리오를 보고 느낄 수 있는 감정을 생각해 보면 정답은 '인상적이다'라는 의미를 갖는 (B)의 impressed임을 알 수 있다. 빈칸 이후의 문장에서도 글쓴이는 지원자에 대해 긍정적인 평가를 내리고 있다.

44
(A) because
(B) so
(C) and
(D) but

해설 '내부 채용을 하기로 결정했다'는 의미와 '더 이상 지원 가능한 상태가 아니다'라는 의미를 가장 자연스럽게 연결시킬 수 있는 접속사를 찾도록 한다. 보기 중에서 그러한 의미는 (B)의 so(그래서)가 나타내므로 정답은 (B)이다.

45
(A) 저는 귀하가 이들 중 두 직책에 더할 나위 없이 잘 어울린다고 생각합니다.
(B) 당신은 이들 중 어느 것에 관심이 있는지 알려 주시기 바랍니다.
(C) 그것들의 가용성에 대해 저희에게 알려 주셔서 감사합니다.
(D) 그렇기 때문에 그것들의 명칭은 아직 공개되지 않았습니다.

해설 빈칸 앞에는 '네 명의 신규 직원을 채용하려 하는데, 아직 이에 대한 공고를 내지 않은 상태'라는 내용이 있고, 빈칸 뒤에는 '당신의 이름을 담당자들에게 보내고 면접을 위해 연락하라고 강력히 권할 것'이라는 내용이 이어지고 있다. 그러므로 문맥상 '당신이 이 직책에 잘 어울린다'는 내용의 (A)가 오는 것이 가장 적절하다. (D)도 정답이 될 가능성이 있어 보이지만 (A)와 비교하여 흐름상 어울리지 않는다.

46
(A) demand
(B) encourage
(C) stress
(D) force

해설 them이 가리키는 것은 the responsible people, 즉 '신입 사원 채용 담당자'이다. 따라서 '담당자들에게 연락을 하라고 강력히 촉구하겠다'는 의미가 완성되어야 전체적인 문장이 자연스러워진다. 또한 보기 중에서 to contact you라는 to부정사구와 어울려 쓰일 수 있는 것은 (B)의 encourage와 (D)의 force인데, (D)의 force는 '강제하다'라는 뜻을 나타내므로 여기서는 자연스러운 의미를 완성시키지 못한다. 따라서 정답은 '고무시키다' 혹은 '장려하다'라는 의미를 지닌 (B)의 encourage이다.

PART 7

[47-48]

공지

Parthenon 자동차는 Troy 승용차의 2019년과 2020년 전체 모델에 대한 리콜을 실시하고 있습니다. 차량 뒷좌석의 안전벨트에서 문제가 발견되었습니다. 차량이 고속에서 갑자기 감속하는 몇몇 경우에, 안전벨트가 작동하지 않을 수 있습니다. 결과적으로, 안전벨트가 풀려버릴 수 있으며, 이는 벨트를 사용하는 사람들을 다치게 할 수 있습니다. 지금까지 안전벨트로 인해 발생한 부상 사고는 없었습니다. 이번 리콜은 예방의 수단으로 시행되고 있습니다. 2019년식과 2020년식 Troy 승용차의 모든 소유자들께서는 Parthenon 공식 대리점에 차량을 가져 오시기 바랍니다. 각각의 안전벨트를 수리하는 데에는 대략 20분 정도 소요될 것입니다. 수리는 차량 소유자들께 비용이 청구되지 않고 진행될 것입니다. 문의 사항이 있는 분들은 정규 근무 시간에 1-888-5430-4050으로 전화하여 주시기 바랍니다.

어휘 sedan 세단형 자동차, 승용차   seatbelt 안전벨트   detect
발견하다   decelerate 감속하다   vehicle 차량   authorized 공인된
approximately 대략   be urged to ~할 것이 요구되다   call a
number 전화하다

47
자동차의 안전벨트들에 대해 맞는 것은 무엇인가?
(A) 그것들은 몇 건의 부상을 초래했다.
(B) 그것들은 자동차가 속도를 높일 때 작동되지 않는다.
(C) 그것들은 때때로 작동을 멈출 수 있다.
(D) 그것들은 뒷좌석에 설치되어 있지 않다.

해설 지문 초반부의 'In some cases when the car quickly
decelerates from high speeds, the seatbelts may fail.'이라
는 문장을 통해, 정답은 (C)임을 알 수 있다. 중반부의 'The seatbelts
have thus far not resulted in any injuries.'라는 문장에서는
아직까지 안전벨트로 인한 사고가 없었다는 점을 알 수 있으므로 (A)는
사실이 아니다. 또한 안전벨트가 '고속에서 감속할 때(when the car
quickly decelerates from high speeds)' 작동하지 않는다고
했으므로 (B) 역시 사실과 다른 내용이다. 두 번째 문장에서 결함은 '뒷
좌석 안전벨트(the seatbelts in the back of the car)'에서 발견
되었다고 했으므로 (D) 또한 정답이 될 수 없다.

48
리콜되고 있는 차량의 소유자들은 무엇을 해야 하는가?
(A) 직접 안전벨트를 수리한다
(B) 그들의 개인 정비사와 이야기한다
(C) Parthenon 대리점에서 안전벨트를 수리한다
(D) 그들이 겪은 문제들을 알리기 위해 전화한다

해설 지문 후반부의 'All owners of 2019 and 2020 Troy
sedans should take their vehicles to an authorized
Parthenon dealer.'라는 문장에서 해당 차종 소유자들은
Parthenon 대리점으로 차를 가져 가서 수리를 해야 한다는 점을 알
수 있다. 따라서 정답은 (C)이다. 지문 후반부에서 '문의 사항이 있는 사
람은(people with questions)' 전화를 하라는 내용은 있지만, 자신
이 겪은 문제를 알리기 위해 전화를 하라는 내용은 찾아볼 수 없으므로
(D)는 정답이 될 수 없다.

[49-50]

5월 4일

담당자님께,

제 이름은 Melanie Wright이며, 저는 지난 15년 동안 *Home
Improvement Magazine*의 구독자였습니다. 당신의 기사들과
집을 더 좋은 장소로 만들기 위한 제안들은 저에게 상당히 많은 즐
거움의 시간들을 선사했습니다. 저는 잡지에 있는 몇 가지 제안들
을 실행해 보았습니다. 귀사의 잡지 제목에서 언급하고 있는 것처
럼, 잡지 덕분에 저의 집은 실제로 개선되었습니다.

그렇기 때문에 제가 구독을 취소할 수밖에 없게 되어 매우 슬픕니
다. 지난 3년 동안 매년, 잡지의 가격이 상당히 올랐습니다. 올해의
인상률은 15%였습니다. 유감입니다만, 귀사에서는 저에게 너무 많
은 돈을 지불하도록 요구하고 있습니다. 제 구독 기간은 아직 4개월
이 남아 있습니다. 저는 더 이상 발행되는 잡지들을 받고 싶지 않고

그 대신 환불을 받고 싶습니다. 저의 우편 주소로 수표를 보내시면
됩니다.

Melanie Wright 드림

어휘 subscriber 구독자   implement 이행하다   indicate
가리키다   subscription 구독   substantially 상당히   refund 환불

49
편지의 목적은 무엇인가?
(A) 구독 기간을 연장하기 위해서
(B) 기사에 대해 언급하기 위해서
(C) 구독을 끝내기 위해서
(D) 기사의 내용을 바로잡기 위해서

해설 편지의 목적은 두 번째 문단의 첫 번째 문장에서 확인할 수 있다.
편지의 작성자인 Melanie Wright는 '구독을 취소해야 해서(I must
cancel my subscription)' 안타깝다고 말한 후, 그 이유를 밝히고
있다. 따라서 편지의 목적은 (C)의 To end a subscription(구독을
끝내기 위해서)이다.

50
Wright 씨가 요청한 것은 무엇인가?
(A) 전화 통화
(B) 수표
(C) 새 잡지
(D) 이메일

해설 편지의 마지막 부분에서 Wright 씨는 아직 받지 못한 잡지
들에 대한 환불을 요청하면서 'You can send the check to my
mailing address.'라고 환불 금액을 수표로 보내 줄 것을 부탁하고
있다. 따라서 정답은 (B)의 A check(수표)이다.

[51-52]

Julia's의 꽃 가게
W. Main 가 77번지, 덜루스
전화번호: 586-2011 팩스: 586-2012

결혼식, 생일 파티, 또는 그 밖의 다른 특별한 행사에
곧 참여하시나요?
사람들이 항상 기억하는 선물을 보내세요: 꽃입니다.

저희는 모든 꽃 장식에 특별 할인을 제공하고 있습니다.
6월 1일부터 30일까지, 20% 할인된 가격에 모든
꽃 장식을 구입하실 수 있습니다.

귀하가 참석하는 행사의 종류를 저희에게 알려 주세요.
꽃의 종류, 장식의 종류, 그리고 화분을 추천해 드릴 수 있습니다.

100달러 이상 구입하시면 저희는 여러분의 꽃을 시내의
어느 지역이든 무료로 배송해 드릴 것입니다.

24시간 내내 언제든지 W. Main 가 77번지로 방문해 주세요.
586-2011로 연락 주세요.
또는 저희의 웹사이트 www.juliasflowershop.com을
방문해 주세요.

저희의 꽃들로 당신의 하루를 행복하게 해 드리겠습니다.

어휘 floral arrangement 꽃꽂이, 꽃 장식 recommend 추천하다 brighten 행복하게 하다, 유쾌하게 하다 relative 친척 graduation ceremony 졸업식

51

누가 이 광고에 관심을 가질 것 같은가?

(A) 꽃밭을 소유하고 있는 사람

(B) 친척의 졸업식에 참석하는 사람

(C) 꽃을 판매하려는 사람

(D) 장미 열두 송이를 구매하려는 사람

해설 광고의 대상을 묻고 있다. 광고 초반부의 'Are you attending a wedding, birthday party, or some other special event soon?'이라는 문구를 통해 결혼식, 생일 파티, 혹은 기타 행사에 참여할 사람이 이 광고에 관심을 가질 것이라는 점을 알 수 있다. 보기 중에서 여기에 해당되는 사람은 (B)의 A person attending a relative's graduation ceremony(친척의 졸업식에 참석하는 사람)뿐이므로 정답은 (B)이다.

52

고객은 100달러를 소비할 경우 상점에서 무엇을 할 것인가?

(A) 꽃을 더 준다

(B) 20%의 할인을 제공한다

(C) 무료 배송을 제공한다

(D) 고객에게 화분을 준다

해설 'We'll deliver your flowers anywhere in the city for free if you spend $100 or more.'라는 문장을 통해 100달러 이상 구매하는 고객에게는 무료 배송 서비스가 제공될 것이라는 점을 알 수 있다. 따라서 정답은 (C)의 Provide free delivery이다.

[53-54]

Stanley Tille	**[1:45 P.M.]**

안녕하세요, Deutsch 씨. 제가 당신의 상점에서 주문했던 가구가 오늘 도착했어요.

Evan Deutsch	**[1:49 P.M.]**

좋은 소식이군요, Tiller 씨. 작업자들이 원하셨던 대로 모든 것을 설치했나요?

Stanley Tiller	**[1:51 P.M.]**

네, 하지만 약간의 문제가 있어요. 책상에 큰 흠집이 있어요.

Evan Deutsch	**[1:53 P.M.]**

흠집요? 제가 사진 한두 장을 볼 수 있을까요?

Stanley Tiller	**[1:55 P.M.]**

잠시 뒤에 그렇게 할게요. 하지만 저는 교환을 해야겠어요.

Evan Deutsch	**[1:59 P.M.]**

물론이죠. 배송팀에 이야기해서 어떤 일이 있었는지 파악하도록 할게요. 곧 전화 드릴게요.

어휘 crew 작업반 set up 설치하다 scratch 긁힌 자국 compensation 보상금

53

Tiller 씨는 왜 Deutsch 씨에게 연락했는가?

(A) 보상금의 지급 연장을 요청하기 위해서

(B) 가구 배송 일정을 정하기 위해서

(C) 불만 사항에 답변하기 위해서

(D) 그가 받은 상품에 대해 논의하기 위해서

해설 Tiller 씨는 자신이 구입한 가구에 문제가 있어서 Deutsch 씨에게 연락하여 해결 방안을 논의하고 있다. 따라서 정답은 (D)이다.

54

오후 1시 55분에, Tiller 씨는 왜 "I'll do that in a minute"이라고 썼는가?

(A) 그가 자신의 일정을 확인할 것이라고 말하기 위해서

(B) 그가 Tiller 씨를 방문할 것이라고 말하기 위해서

(C) 그가 납부할 것이라고 말하기 위해서

(D) 사진을 보내는 것에 동의하기 위해서

해설 인용된 문장은 'Can I see a picture or two, please?'에 대한 답변이므로 정답은 (D)이다.

[55-57]

받는 사람: 영업부 전 직원

보내는 사람: Francis Carter, 부사장

제목: 최근의 변경 사항

날짜: 2월 15일

Larry Winston이 어제 사표를 제출했을 때 모든 사람처럼 저도 놀랐습니다. Larry는 7년 동안 영업부장으로 근무했습니다. 그가 담당했던 기간에 매년 우리의 판매가 증가했을 만큼 그는 훌륭하게 업무를 수행했습니다. **여러분들 중 몇몇은 그에게 마음이 상해 있다는 것을 알고 있습니다만, 그러지 마십시오.** Larry에게는 해결해야 하는 급한 가정사가 있는데, 이 때문에 우리는 즉시 그가 그만두는 것을 승인했습니다.

새로운 임시 영업부장은 Wilma Mathewson입니다. Wilma는 영업부에 12년 이상 오래 근무해 왔습니다. 그녀에게는 관리 경험이 있으며, 그녀는 업무를 잘 수행할 것이라는 저의 절대적인 신뢰를 받고 있습니다. 그 사이에, 우리는 정식 부서장을 찾을 것입니다. 우리는 회사의 내부와 외부 모든 곳에서 찾아 볼 것입니다. 이러한 변화와 관련하여 저와 논의하고 싶은 문제가 있다면, 제 사무실은 항상 열려 있습니다.

어휘 tender 제출하다, 신청하다 resignation 사직서, 사임 in charge 담당인 on the spot 즉시 interim 임시의 fixture 오래 정착한 사람 confidence 확신, 신뢰 in the meantime 그 사이에 be admitted to a hospital 병원에 입원하다

55

회람은 주로 무엇에 관한 것인가?

(A) 새로운 상근직 부서장의 채용

(B) 영업부에 일어나고 있는 몇 가지 변화

(C) 몇몇 영업사원들의 현재의 기분

(D) Larry Winston이 더 이상 근무하지 않는 이유

해설 회람 작성자는 첫 번째 문단에서 Larry Winston이라는 영업부장이 퇴사했다는 소식을 전한 후, 두 번째 문단에서는 임시 영업부장인 Wilma Mathewson에 대해 소개하고 앞으로의 계획을 알리고 있다. 따라서 회람의 주제는 (B)의 Some changes going on in the Sales Department이다. (A)와 (D)는 회람의 주제로 보기에는 너무 지엽적인 내용이고, (C)는 회람에서 언급되지 않은 내용이다.

56

Larry Winston에 대해 무엇이 언급되어 있는가?

(A) 그는 병원에 입원해 있었다.

(B) 그는 Wilma Mathewson보다 오래 회사에서 근무했다.

(C) 그의 마지막 근무일은 어제였다.

(D) 그의 부서의 대부분의 사람들이 그를 좋아했다.

해설 지문의 첫 문장에서 '그가 어제 사임을 했다(Larry Winston tendered his resignation yesterday)'고 밝히고 있으므로 정답은 (C)의 'His last day of work was yesterday'이다.

57

[1], [2], [3], 그리고 [4] 중에서 다음 문장이 들어가기에 가장 알맞은 곳은 어디인가?

"여러분들 중 몇몇은 그에게 마음이 상해 있다는 것을 알고 있습니다만, 그러지 마십시오."

(A) [1]

(B) [2]

(C) [3]

(D) [4]

해설 주어진 문장은 '그에게 마음이 상하겠지만, 그러지 말라'는 내용이다. 그런데 직원들이 마음이 상할 가능성이 있는 사람은 새로 부임하는 Mathewson 씨가 아니라 그만 두는 사람인 Winston 씨일 것이다. [1] 앞의 내용을 보면 Winston 씨가 사표를 제출했다는 내용이 있고, 그 뒤에는 그가 갑자기 사직할 수밖에 없는 이유가 언급되어 있으므로, 주어진 문장은 문맥상 [1]에 들어가는 것이 가장 자연스럽다.

[58-60]

> **브래드퍼드 시립 박물관에 오신 것을 환영합니다.**
>
> 브래드퍼드 시립 박물관에서, 여러분은 1845년에 설립되었을 때부터 오늘날까지 브래드퍼드의 역사와 관련된 전시품들을 관람하실 수 있습니다. 브래드퍼드의 역사상 유명했던 사람들과 관련된 전시품들이 있습니다. 설립자인 Steve Bradford뿐만 아니라, Julie Armstead, Walt Weaver, Theo Lewis, 그리고 Peggy Lee Smith가 여기에 포함됩니다. 여러분은 이곳 박물관에서 그들의 소지품들과 옷들을 보실 수 있습니다. 소규모 농촌 사회에서 현재 광업에 의존하여 기술의 중심지로서의 위치로 변화된 도시의 발전 과정을 보여 주는 전시도 있습니다. 박물관은 Steve Bradford의 어린 시절의 가옥에 위치하고 있으며 그가 소유했던 많은 가구들도 보관되어 있습니다.
>
> 박물관은 월요일부터 금요일까지 오전 10시부터 오후 6시까지 문을 엽니다. 토요일에는, 10명 이상의 사람들이 예약할 경우에만 문을 엽니다. 박물관은 일요일과 모든 국가 공휴일에 문을 닫습니다. 입장료는 성인의 경우 5달러이며 어린이와 노인들의 경우에는 무료입니다. 저희는 기부를 받고 있으며 이에 대해 세금을 공제받을 수 있습니다. 더 많은 정보를 위해, questions@bradfordcitymuseum.org로 Emily Bradford에게 연락하세요.

어휘 found 설립하다 possession 소지품 progress 발달 childhood 어린 시절 retain 보유하다, 보존하다 make a reservation 예약하다 donation 기부금 deductable 공제받을 수 있는 brochure 브로셔, 소책자

58

소책자는 누구를 위한 것 같은가?

(A) 지역 주민들

(B) Bradford 가족 구성원들

(C) 미술품 수집가들

(D) 박물관 방문자들

해설 첫 문장인 'At the Bradford City Museum, you can see exhibits covering the history of Bradford from its founding in 1845 to the present day.'에서 소책자의 대상은 전시물을 볼 사람들임을 알 수 있다. 따라서 정답은 (D)의 Museum visitors(박물관 방문자들)이다.

59

소책자에 따르면, 박물관에 전시되지 않는 것은 무엇인가?

(A) Steve Bradford 소유의 가구

(B) Peggy Lee Smith가 입었던 옷

(C) 브래드퍼드의 발전에 대한 정보

(D) 브래드퍼드 초기에 사용되었던 농기구

해설 소책자는 브래드퍼드의 유명 인사의 전시물을 소개하면서 Steve Bradford, Julie Armstead, Walt Weaver, Theo Lewis, Peggy Lee Smith라는 인사들의 소지품과 옷을 볼 수 있다고 안내한다. 또한 첫 번째 문단의 마지막 문장에서는 Steve Bradford의 가구들도 박물관이 보유하고 있다고 언급하고 있기 때문에 (A)와 (B)는 전시되어 있는 품목이다. 그리고 첫 번째 문단의 중반부에서는 '도시의 발전 과정(the progress the city made)'도 관람할 수 있다는 내용을 찾아볼 수 있으므로 (C) 역시 전시된 물품으로 볼 수 있다. 하지만 '농기구'에 관한 소개는 언급되어 있지 않으므로 정답은 (D)이다.

60

박물관에 대해 무엇이 언급되었는가?

(A) 국경일에만 문을 닫는다.

(B) 토요일에 때때로 문을 연다.

(C) 모든 방문객들은 입장하기 위해 돈을 내야 한다.

(D) 해마다 모금을 위한 행사를 개최한다.

해설 두 번째 문단을 살펴보면, 브래드퍼드 박물관은 월요일부터 금요일까지 개관을 하지만, '10명 이상의 단체가 예약하는 경우(only if a group of ten or more people make a reservation)'에는 토요일에도 개관을 한다고 안내되어 있다. 따라서 정답은 (B)이다. 국경일뿐만 아니라 일요일에도 휴관한다고 나와 있으므로 (A)는 정답이 될 수 없고, 아동 및 노인은 무료라고 했으므로 (C)도 정답이 될 수 없다. 기부를 할 수 있는 방법은 안내되어 있지만, '연간 기부 행사'에 대한 언급은 찾아볼 수 없으므로 (D) 역시 오답이다.

[61-63]

> **Cutting-Edge 패션**
> **내일의 스타일을 위해서라면 오늘 저희에게 오세요.**
>
> 잠시 시간을 내어 여러분이 Cutting-Edge 패션에서 쇼핑을 한 경험에 대해 저희에게 알려 주세요. 저희의 관리자들 중 한 명에게 완성된 설문지를 주시면, 관리자가 여러분께 Latte Grande에서 무료 음료를 선택할 수 있는 쿠폰을 드릴 것입니다.

1. Cutting-Edge 패션의 스타일은:
- ☑ 패션 감각이 매우 뛰어난
- ☐ 패션 감각이 뛰어난
- ☐ 패션 감각이 뛰어나지 않은
- ☐ 유행이 지난

2. Cutting-Edge 패션에서 내가 가장 좋아하는 상표는:
- ☐ Hooper's
- ☐ Crawford
- ☑ Black Label
- ☐ Wilmington
- ☐ 기타 (상표를 알려주세요)

3. Cutting-Edge 패션에서의 가격은:
- ☐ 문제 없이 받아들일 만하다
- ☐ 나의 예산과 정확히 일치한다
- ☑ 다소 비싸다
- ☐ 나의 가격대를 벗어나 있다

Cutting-Edge 패션에는 없지만 내가 정말로 원하는 품목은:
여성용 스카프

4. 옷을 구입할 때, 내가 보통 사용하는 금액은:
- ☐ 0-20달러
- ☐ 21달러-50달러
- ☑ 51달러-100달러
- ☐ 100달러-250달러
- ☐ 250달러 이상

Cutting-Edge 패션이 점포를 개선하기 위한 가장 좋은 방법은:
더 이른 시간에 점포의 문을 여는 것이다. 나는 오전 9시나 10시에 쇼핑하기를 원하지만, 점포는 오전 11시가 되어서야 문을 연다.

어휘 brief 잠시 동안의 fashionable 최신 유행의 affordable 가격이 알맞은 stock (상품 등을) 갖추고 있다

61
설문지를 작성한 사람에게는 무엇이 주어질 것인가?
(A) 무료 음료
(B) 상품권
(C) 쿠폰
(D) 무료 스카프

해설 설문지의 안내 부분에서 설문 조사에 참여하면 '무료 음료 쿠폰(a coupon for a free drink of your choice at Latte Grande)'을 받을 수 있다는 사실을 알 수 있으므로 정답은 (C)이다. 음료를 '직접' 주는 것은 아니므로 (A)를 정답으로 선택해서는 안 된다.

62
이 사람은 Cutting-Edge 패션을 위해 무엇을 제안하는가?
(A) 가격을 낮출 것을
(B) 점포의 시간을 연장할 것을
(C) 최신 유행의 옷을 더 많이 확보할 것을
(D) Black Label의 옷을 더 많이 판매할 것을

해설 설문지의 마지막 부분에서 참여자가 제안하고 있는 사항을 확인할 수 있다. 설문 작성자는 '영업을 더 일찍 시작할 것(open the store earlier in the day)'을 제안하고 있으므로 정답은 (B)이다. 세 번째 설문 항목에서 가격이 비싼 편이라는 점은 알 수 있지만, 이것 자체를 제안 사항으로 볼 수는 없기 때문에 (A)는 정답이 될 수 없다.

63
설문을 작성한 사람에 대해 무엇이 암시되고 있는가?
(A) 이 사람은 옷을 구입하는 데 100달러 이상 소비하지 않을 것이다.
(B) 이 사람은 스카프를 구매하고 싶어 한다.
(C) 이 사람은 가족들을 위해 쇼핑하는 것을 즐긴다.
(D) 이 사람은 Black Label의 옷만을 구입한다.

해설 The item Cutting-Edge Fashions doesn't stock but which I really want is라는 질문에 작성자는 women's scarves(여성용 스카프)라고 답하고 있으므로 정답은 (B)이다. 마지막 질문에서 이 작성자가 보통 사용하는 액수가 51-100달러라는 점은 알 수 있지만, 반드시 그 정도의 금액만 소비한다고 볼 수는 없으므로 (A)는 정답이 될 수 없다. 두 번째 질문을 통해, Black Label은 선호되는 브랜드일 뿐, 반드시 이 브랜드의 제품만 구입된다고 볼 수는 없기 때문에 (D) 역시 정답이 아니다.

[64-67]

Supersonic 시장에 출시

마시필드 (10월 3일) – Philos Athletics가 이틀 전에 드디어 운동화의 최신 제품군을 공개했다. 세계적인 경쟁업체가 되기 위해 도전하고 있는 이 현지 신발 제조업체는 6개월이 넘게 이 신발의 출시를 미뤄왔다. Supersonic이라고 불리는 이 신발은 전국의 애호가들에 의해 열렬히 구매되었다. Supersonic 신발 제품군에는 여러 가지 모델이 있다. 농구화와 러닝화가 있는데, 이들에는 각각 네 가지의 서로 다른 디자인이 있다. Supersonic은 최저 99달러 99센트에서 최고 209달러 99센트의 가격에 판매된다.

보도에 따르면, Supersonic에 대한 관심은 대단히 높다. 이는 도시 지역에서 특히 그러한데, 이곳에서 Supersonic을 가지고 있다는 것은 지위의 상징으로 여겨진다. Philos는 Supersonic이 4년 만에 처음으로 연간 이익을 내는 데 도움이 될 것으로 예상하고 있다. 현지 재정 전문가인 Darius Morehead는 "Philos는 올해 Supersonic에 기대를 걸고 있습니다."라고 말하며 "제 생각에는 이 신발이 기대치를 초과할 것 같습니다. 한 가지 이유는 Patrick Robinson의 뜻밖의 계약과 관련이 있는데, 그는 이제 Supersonic의 판매 촉진 활동을 하게 될 것입니다. 그가 세계에서 가장 유명한 농구선수이기 때문에, 그는 많은 신발을 판매하는 데 도움이 될 것입니다."라고 했다.

어휘 release 공개하다 sneakers 스니커즈 운동화 eagerly 열광적으로 retail 소매하다, (~가격에) 팔리다 extremely 대단히 urban 도시의 turn a profit 이익을 내다 count on 기대하다; ~을 믿다 exceed 초과하다 expectation 기대 promote 홍보하다 prestigious 고급의, 일류의 endorse 상품을 홍보하다

64
Supersonic은 언제 출시되었는가?
(A) 10월 1일
(B) 10월 2일
(C) 10월 3일
(D) 10월 4일

해설 기사의 첫 문장에서 신제품, 즉 Supersonic이라는 신발이 이틀 전에 출시되었다고 했는데, 기사의 작성일이 10월 3일이므로 정답은 (A)의 10월 1일이다.

65
Supersonic에 대해 언급된 것은 무엇인가?
(A) 이 나라에서 가장 인기 있는 러닝화이다.
(B) 대도시의 사람들은 이것을 고급이라고 생각한다.
(C) 이것을 가지고 있는 사람들은 이것이 편안하다고 칭찬한다.
(D) 디자인하는 데 6개월 이상이 소요되었다.

해설 기사의 두 번째 문단에서 Supersonic이 도시 지역에서 인기가 높으며, 그곳에서는 'Supersonic이 지위의 상징으로 받아들여지고 있다(ownership of the Supersonic is seen as a status symbol)'는 내용을 찾을 수 있다. 따라서 정답은 (B)이다.

66

Morehead 씨는 Supersonic에 대해 무엇을 이야기했는가?
(A) 이것은 Philos Athletics가 올해 이익을 내는 데 도움이 되었다.
(B) 사람들이 예상했던 것보다 고객들에 의해 더 많이 구매될 것이다.
(C) 더 많은 관심을 끌기 위해서 더 낮은 가격에 판매되어야 한다.
(D) 이것은 멋지고 편안한 운동화이다.

해설 Darius Morehead는 기사 두 번째 문단의 후반부에서 재정 전문가로 소개되고 있다. 그가 한 말 중, 'My belief is that the shoe will exceed expectations.'라는 문장에서 그는 예상보다 더 크게 Supersonic이 성공할 것으로 예상하고 있다는 것을 알 수 있다. 따라서 정답은 (B)이다.

67

두 번째 문단 일곱 번째 줄의 promote라는 단어와 그 의미가 가장 유사한 것은?
(A) 홍보하다
(B) 입다
(C) 논의하다
(D) 고려하다

해설 promote는 '승진시키다'라는 뜻도 가지고 있지만, 여기서는 '홍보하다'라는 의미로 사용되었다. 따라서 '홍보하다'라는 의미를 가진 (A)의 endorse가 정답이다.

[68-71]

Jermaine Reynolds	[9:38 A.M.]

Hampton 씨가 몇 명의 임시 직원을 고용하자는 저의 요청을 승인해 주었어요. 우리는 세 명의 새로운 사람들을 부서에 데려올 수 있어요.

Maria Sylvester	[9:41 A.M.]

그 소식을 듣게 되어 기쁘네요. 우리 모두는 너무 많은 시간을 근무하고 있어요.

Fred Kelley	[9:42 A.M.]

우리는 그에 대한 공고를 언제쯤 내게 되나요? 지금 당장 더 많은 사람이 필요한데요.

Jermaine Reynolds	[9:45 A.M.]

여러분들은 혹시 일자리가 필요한 사람을 알고 있나요? 만약 그렇다면, 그 사람에게 저한테 연락하라고 하세요. 그렇지 않다면, 우리는 임시직 취업 대행 업체에 연락할 거예요.

Irene Davis	[9:47 A.M.]

저의 사촌인 Anita가 실직 중이에요.

Fred Kelley	[9:51 A.M.]

저는 그러한 사람을 알고 있지는 않지만, Job Finder의 사장이 제 친구예요. 조만간 그의 서비스가 필요하게 될 수도 있다고 그에게 알려줄 수 있어요.

Jermaine Reynolds	[9:53 A.M.]

당신이 그렇게 해주면 고맙겠어요, Fred. 좋아요, 저는 다른 회의가 있어요. 다시 일을 하도록 하죠. 그리고 곧 도움을 받을 수 있게 될 거예요.

어휘 temp worker 임시 직원 out of work 실직 중인 help is on the way 도움의 손길이 온다 apply for 지원하다 ongoing 진행 중인 work overtime 시간외 근무를 하다 candidate 후보자

68

사람들은 주로 무엇을 논의하고 있는가?
(A) 새로운 직책에 지원하는 것
(B) 추가 직원들을 데려오는 것
(C) 그들의 업무를 다른 이들에게 할당하는 것
(D) 진행 중인 몇몇 프로젝트를 끝내는 것

해설 메시지는 'Ms. Hampton approved my request to hire some temp workers.'라는 내용으로 시작하며, 이어지는 대화를 보면 임시 직원의 채용과 관련된 것들이다. 따라서 정답은 (B)이다.

69

Sylvester 씨에 대해 무엇이 암시되고 있는가?
(A) 그녀는 시간외 근무를 해오고 있다.
(B) 그녀는 Kelley 씨의 관리자이다.
(C) 그녀는 인력관리부에 소속되어 있다.
(D) 그녀는 Job Finder에 채용되었다.

해설 Sylvester 씨는 'We're all working too many hours.'라고 말하고 있으므로 그녀를 비롯한 나머지 직원들이 너무 많은 시간을 근무하고 있다는 것을 알 수 있다. 따라서 정답은 (A)이다.

70

Kelley 씨는 무엇을 할 것을 제안하는가?
(A) 공고를 제작한다
(B) 몇몇 입사 지원자들을 면접한다
(C) 몇몇 직원들을 고용한다
(D) 구인 대행사에 연락한다

해설 Kelly 씨는 자신이 Job Finder의 사장을 알고 있다고 말한 뒤, 그의 서비스가 필요할 수도 있다고 알려 주겠다고(I don't know anyone like that, but I'm friends with the owner of Job Finder. I can let him know that we might need his services soon) 말하고 있다. 따라서 정답은 (D)이다.

71

오전 9시 47분에, Davis 씨가 "My cousin Anita is out of work"라고 쓸 때 그녀가 암시하는 것은 무엇인가?
(A) 그녀는 자신의 사촌에게 임시 직원에게 연락하라고 말할 것이다.
(B) 그녀는 자신의 사촌이 Reynolds 씨에게 연락하도록 할 것이다.
(C) 그녀는 자신의 사촌에게 지원서를 줄 것이다.
(D) 그녀는 자신의 사촌에게 면접을 보러 오라고 전화할 것이다.

해설 인용된 문장은 일자리를 찾는 사람을 알고 있다면 자신에게 연락하도록 하라는(If so, have that person contact me) Reynolds 씨의 말에 대한 답변이다. 즉, 사촌에게 얘기해서 Reynolds 씨에게 연락하도록 하겠다는 의미이므로 정답은 (B)이다.

[72-75]

> 받는 사람: Elmer Landry 〈elandry@thismail.com〉
> 보내는 사람: Thao Ngoc 〈thaongoc@homemail.com〉
> 제목: Hampton 가 56번지
> 날짜: 7월 12일
>
> 친애하는 Landry 씨께,
>
> 안녕하세요. 저는 Thao Ngoc입니다. 저는 당신이 소유하고 있는 Hampton 가 56번지의 집을 임차하고 있습니다. 오늘 당신과 전화로 이야기했던 것에 대한 후속 조치를 위해 메일을 쓰고 있습니다. 저는 주택의 문제들을 당신이 확실 알고 계시기를 바랍니다. 문제들은 다음과 같습니다:
>
> ■ 에어컨이 오늘 아침에 작동을 멈췄습니다.
> ■ 위층 욕실에 물이 새는 수도관이 있습니다.
> ■ 거실과 주방의 몇몇 벽지가 벗겨지고 있습니다.
> ■ 주 침실의 문과 지하실로 이어지는 문에 페인트칠을 해야 합니다.
>
> 당신이 저에게 페인트와 벽지를 제공할 수 있다면, 제가 직접 이 문제들을 해결할 수 있습니다. **저는 인테리어 장식 회사에서 근무했었고, 많은 업무를 했습니다.** 하지만, 저는 기계와 수도관에 대해 거의 아는 것이 없어서, 에어컨과 수도관을 수리할 전문가들을 보내 주셔야 할 것 같습니다. 계속되는 장기간의 더위 때문에, 가능한 빨리 첫 번째 문제를 해결할 사람을 보내 주실 것을 요청합니다. 저는 내일 하루 종일 집에 있을 것입니다. 수리 기사에게 도착하기 한 시간 전에 831-5456으로 저에게 연락하도록 해 주실 수 있다면 좋겠습니다.
>
> 당신으로부터 긍정적인 답신을 기다리겠습니다. 우리가 즉시 이 문제들을 고칠 수 있기를 바랍니다.
>
> Thao Ngoc 드림

어휘 rent 임차하다 follow up 후속 조치하다 leaky (물 등이) 새는 wallpaper 벽지 peel 벗겨지다 ongoing 진행되는 heat wave 장기간의 혹서 rectify 고치다 hardware store 철물점 toolkit 연장 세트 pinpoint 위치를 나타내다

72
Ngoc 씨는 이 이메일을 쓰기 전에 무엇을 했는가?
(A) 그녀는 Landry 씨와 전화로 이야기했다.
(B) 그녀는 철물점에 갔다.
(C) 그녀는 인테리어 장식 회사에 연락했다.
(D) 그녀는 직접 집주인을 만났다.

해설 이메일 발신자인 Thao Ngoc이 한 일을 묻고 있다. 이메일의 초반부에서 그녀는 자신이 세입자임을 밝힌 후, 'I am writing to follow up on our telephone discussion from earlier today.'라고 적고 있다. 따라서 그녀가 이메일을 작성하기 전에 한 일은 전화로 집주인과 이야기를 나눈 것이므로 정답은 (A)이다.

73
Ngoc 씨는 Landry 씨가 그녀에게 무엇을 줄 것을 제안하는가?
(A) 몇 가지 장비를 구매하기 위한 자금
(B) 약간의 벽지와 페인트
(C) 그녀가 수도관을 고치는 데 사용할 수 있는 연장 세트
(D) 최신 에어컨

해설 이메일에서 Ngoc 씨는 자신이 임차한 집에 문제가 있다는 사실을 집주인에게 알린 후, 'If you can provide me with paint and wallpaper, I can fix those problems myself.'라고 말한다. 즉, 그녀는 페인트와 벽지가 있으면 스스로 문제를 해결하겠다는 의사를 표명하고 있으므로 정답은 (B)의 Some wallpaper and paint(약간의 벽지와 페인트)이다.

74
Ngoc 씨가 가장 먼저 해결하기를 원하는 문제는 무엇인가?
(A) 벽지
(B) 수도관
(C) 페인트
(D) 에어컨

해설 이메일의 마지막 문단에서 정답의 단서를 찾을 수 있다. Ngoc 씨는 집주인에게 에어컨과 파이프를 수리해 줄 전문가를 보내 달라고 요청한 후, 'I request that, due to the ongoing heat wave, you have someone repair the first problem as soon as possible.'이라고 적고 있다. 즉 더위 때문에 첫 번째 문제인 에어컨 수리를 가장 먼저 요구하고 있으므로 정답은 (D)의 The air conditioner이다.

75
[1], [2], [3], 그리고 [4] 중에서 다음 문장이 들어가기에 가장 알맞은 곳은 어디인가?
"저는 인테리어 장식 회사에서 근무했었고, 많은 업무를 했습니다."
(A) [1]
(B) [2]
(C) [3]
(D) [4]

해설 주어진 문장은 Ngoc 씨 본인이 '인테리어 장식 회사에 근무한 경험이 있고, 이러한 일들을 많이 해 보았다'는 내용이다. 즉, Ngoc 씨가 겪고 있는 문제들 중 인테리어 장식과 관련된 일들은 스스로 할 수 있다는 의미이므로, 페인트와 벽지를 제공해 준다면 언급된 문제들을 직접 해결할 수 있다는 내용의 [3]이 정답으로 가장 적절하다.

[76-80]

> **안내**
>
> Baker House는 오하이오 주 콜럼버스에 있는 자선 단체입니다. 1946년에 설립된 Baker House는 콜럼버스와 주변에 사는 사람들을 돕고 있습니다. 설립된 이래로, Baker House는 사람들을 돕는 데 260만 달러가 넘는 돈을 썼습니다. Baker House는 보조금, 낮은 이자의 융자금, 그리고 식품과 의복 기증품의 형태로 자선을 제공하고 있습니다. Baker House의 주요한 목적은 현재 직장을 잃고 새로운 일자리를 찾으려는 사람들에게 도움을 주는 것입니다. Baker House는 스스로 도우려는 사람들에게 도움을 주는 것이 옳다고 강력히 믿고 있습니다.
>
> 12월 4일에, Baker House는 모금 행사를 개최할 것입니다. 행사는 Claremont 호텔에서 열릴 것입니다. 이는 오후 6시에 시작되어 오후 9시 30분까지 계속될 것입니다. 저녁 식사, 비공개 경매,

그리고 몇몇 음악과 코미디 공연이 있을 것입니다. 더 많은 정보를 얻거나 기부를 하시려면 904-8274로 Wes Hamilton에게 연락하세요.

11월 28일

친애하는 Cummings 씨께,

Baker House에 아낌 없는 기부를 해 주셔서 대단히 감사합니다. 귀하의 선물인 최신형 Omega 자동차의 4도어 승용차에 대해 이곳의 모든 사람들이 정말 감사하고 있습니다. 우리는 이것이 12월 4일에 있을 모금 행사의 비공개 경매에서 특별한 품목이 될 것으로 예상하고 있습니다. 바라건대, 이 차량에 상당히 높은 입찰이 있으면 좋겠습니다.

여러 해에 걸쳐서, 귀하는 Baker House의 가장 큰 후원자들 중 한 명이었습니다. 우리는 귀하가 지난 20년 동안 우리에게 해 주었던 모든 일에 대해 진심으로 감사하고 있습니다. 귀하는 당연히 Baker House의 대표이자 창립자인 Ryan Harper의 옆 테이블에 앉으시게 될 것입니다. 귀하의 남편인 Tim과 따님인 Ruth를 위한 자리도 테이블에 마련되어 있습니다.

시간이 있다면, 행사가 시작하기 한 시간 전에 도착해 주세요. 그러면 Harper 씨가 개인적으로 귀하와 이야기를 나누고 올해 Baker House가 하고 있는 모든 것을 말씀드릴 수 있을 것입니다.

Betty Craig 드림
Baker House

어휘 charity 자선 단체 primary 주요한, 첫째의 fundraiser 모금 행사 silent auction 비공개 경매 generous 후한, 관대한 appreciate 고맙게 여기다 feature item 특별 품목 bid 입찰 caterer 행사 음식 공급자 be associated with ~와 관련되다 prominent 저명한

76
Baker House는 누구를 도와주려고 하는가?
(A) 고아들
(B) 직업이 없는 사람들
(C) 가난한 학생들
(D) 이민자들

해설 Baker House가 도움을 줄 대상을 묻고 있다. 첫 번째 지문인 공지의 중반부를 살펴보면, Baker House는 '구직을 희망하는 실직자들(those individuals who have lost their jobs but are currently attempting to find new ones)'에게 도움을 주고 있다는 사실을 알 수 있다. 따라서 정답은 (B)의 Unemployed individuals(직업이 없는 사람들)이다.

77
모금 행사에서 개최되지 않을 행사는 어느 것인가?
(A) 코미디 연기
(B) 저녁 식사
(C) 경매
(D) 퀴즈 쇼

해설 모금 행사에서 진행될 일은 첫 번째 지문의 두 번째 문단 중 'There will be a dinner, a silent auction, and some musical and comedic performances.'라는 문장에서 확인할 수 있다. 여기에서 언급되지 않은 행사는 (D)의 A quiz show이다.

78
Cummings 씨는 누구일 것 같은가?
(A) 연기자
(B) 기부자
(C) 자원봉사자
(D) 행사 음식 공급자

해설 Cummings 씨는 두 번째 지문인 편지의 수신인이므로 편지의 내용을 우선적으로 살펴보도록 하자. 편지의 첫 문장에서 발신인인 Betty Craig는 Cummings 씨에게 '많은 기부(your generous donation to Baker House)를 해 주어서 감사하다'는 인사를 건네고 있으므로, Cummings 씨는 (B)의 A donor(기부자)임을 알 수 있다.

79
Cummings 씨에 대해 암시되고 있는 것은 무엇인가?
(A) 그녀는 여러 해 동안 Baker House와 관련이 있었다.
(B) 그녀는 오하이오주 콜럼버스의 가장 저명한 시민들 중 한 명이다.
(C) 그녀는 Harper 씨의 가까운 개인적인 친구이다.
(D) 그녀는 모금 행사에서 Omega 자동차에 입찰하려고 한다.

해설 편지의 두 번째 문단의 첫 문장인 'Over the years, you have been one of the biggest supporters of Baker House.'에서 Cummings 씨는 수년 동안 Baker House에 기부를 해 왔음을 알 수 있다. 따라서 정답은 (A)이다.

80
Craig 씨는 Cummings 씨에게 언제 모금 행사에 와달라고 요청하는가?
(A) 오후 4시에
(B) 오후 5시에
(C) 오후 6시에
(D) 오후 7시에

해설 편지의 마지막 문단에서 Craig 씨는 please arrive an hour before the event starts라고 말하면서 Cummings 씨에게 행사 시작 1시간 전에 와 달라는 요청을 하고 있다. 행사의 시작 시간은 첫 번째 지문의 두 번째 문단에 '오후 6시'로 작성되어 있으므로, Craig 씨가 Cummings 씨에게 와 달라고 요청한 시간은 오후 5시라는 것을 알 수 있다. 정답은 (B)이다.

[81-85]

받는 사람: Marcy Jenner ⟨mjenner@foreman.com⟩
보내는 사람: Stuart Reed ⟨s_reed@foreman.com⟩
제목: 실험실 사고
날짜: 10월 23일

Jenner 씨께,

우리는 목격자의 진술을 검토해 보았고 10월 18일에 실험실에서 발생한 화재의 과학수사 증거들을 조사했습니다. 우리는 화재가 사람의 실수로 발생했다는 결론을 내렸습니다. Wayne Martin 박사와 Bruce Nelson 씨는 화재가 시작되었을 때 너무나도 부주의했던 것으로 보입니다. 다행스럽게도, Kumar Patel 씨와 Jenny Faber 씨의 신속한 대응 덕분에, 화재가 그렇게 많이 번지지 않았고 빨리 진압되었습니다. 하지만, 실험실에서 35만 달러 이상의 피해가 발생했고, 연구개발부의 다른 부서원들이 실시하던 두 건의 실험이 완전히 파괴되었습니다.

연구개발부장으로서, 당신과 함께 근무하는 직원들의 행동에 대해 최종적인 책임은 당신에게 있습니다. 이 문제를 해결하는 것과 이와 유사한 화재가 재발하지 않을 것이라는 점에 대해 저를 납득시키는 데 이틀의 시간을 드리겠습니다. 또한 당신이 화재 발생에 연관된 사람들을 어떻게 처벌할 생각인지도 알고 싶습니다.

Stuart Reed, 부사장
Foreman 주식회사

받는 사람: Stuart Reed 〈s_reed@foreman.com〉
보내는 사람: Marcy Jenner 〈mjenner@foreman.com〉
제목: 안전 기준
날짜: 10월 24일

친애하는 Reed 씨께,

저는 보고서를 읽고 부사장님과 같은 결론을 내렸습니다. 그래서 저는 아래의 내용을 시행했습니다:

- 실험실에서 근무하는 모든 사람들이 따라야 하는 안전 조치에 대한 몇 가지 새로운 규칙을 만들었습니다. 제가 시행할 모든 새로운 조치들을 읽어 보실 수 있도록 하기 위해 첨부한 파일을 확인해 주세요.
- 재검토를 더 하고 나서, Bruce Nelson 씨가 최소한 지난 3개월 동안 연구실의 가장 기본적인 안전 규정들조차 무시해 왔다는 결론을 내렸습니다. 저는 그를 즉시 해고했습니다.
- Wayne Martin 박사는 40시간의 안전 교육을 이수할 때까지 실험실에서 근무하는 것이 금지됩니다.
- 연구개발부의 모든 직원들은—비서들과 접수 담당자들을 포함하여—2일간의 안전 교육을 받을 것입니다. 이는 다음 주 월요일부터 화요일까지 있을 것입니다.

제가 취하고 있는 조치들에 대해 어떻게 생각하시는지 알려 주시기 바랍니다.

Marcy Jenner, 연구개발부장
Foreman 주식회사

어휘 go over 검토하다, 조사하다 eyewitness 목격자 statement 진술 forensic 과학수사의 evidence 증거 laboratory 실험실 conclude 결론을 내리다 negligent 부주의한, 태만한 extinguish 끄다 utterly 완전히 ultimately 최종적으로 convince 납득시키다 under control 통제하는 safety measure 안전 조치 implement 시행하다 disregard 무시하다 secretary 비서 receptionist 접수 담당자

81
첫 번째 이메일에서, 첫 번째 문단 두 번째 줄의 단어 concluded와 그 의미가 가장 유사한 것은?
(A) 추측했다
(B) 조사했다
(C) 결론을 내렸다
(D) 언급했다

해설 conclude는 '결론을 내리다'라는 뜻이므로 이와 가장 의미가 비슷한 단어는 '결정하다'라는 뜻의 (C)의 determined이다. (A)의 guessed는 '추측하다', (B)의 researched는 '조사하다' 혹은 '연구하다', 그리고 (D)의 stated는 '진술하다' 혹은 '주장하다'라는 뜻이다.

82
Reed 씨는 Kumar Patel과 Jenny Faber에 대해 무엇을 언급하는가?
(A) 그들은 화재가 악화되는 것을 막았다.
(B) 그들의 실험은 화재로 인해 피해를 입었다.
(C) 그들은 몇 가지 안전 규정을 따르지 않았다.
(D) 그들은 실험실에 35만 달러의 피해를 입혔다.

해설 Kumar Patel과 Jenny Faber라는 이름은 첫 번째 이메일의 첫 번째 문단에서 찾아볼 수 있다. 이메일 발신자인 Stuart Reed는 실험실의 화재 사건에 대해 언급한 후, 'Fortunately, thanks to the quick responses by Mr. Kumar Patel and Ms. Jenny Faber, the fire did not spread too far and was extinguished quickly.'라고 말한다. 즉 이 두 사람 덕분에 화재가 확산되지 않았다는 사실을 밝히고 있으므로 정답은 (A)이다.

83
Reed 씨가 Jenner 씨에게 하도록 지시한 것은 무엇인가?
(A) 그녀의 몇몇 직원들을 해고한다
(B) 최고경영자에게 화재를 보고한다
(C) 그녀가 문제를 어떻게 해결할지 그에게 알린다
(D) Martin 박사와 Nelson 씨를 만난다

해설 첫 번째 이메일의 두 번째 문단에서 Reed 씨는 Jenner 씨에게 'You have two days to convince me that you have this matter under control and that a similar fire will not happen again.'이라고 말하면서 이번 사건을 어떻게 처리할 것인지와 유사한 사건이 재발하지 않도록 하기 위해 어떤 조치를 취할지를 알려 달라고 지시한다. 따라서 정답은 (C)의 Tell him how she will fix the problem(그녀가 문제를 어떻게 해결할지 그에게 알린다)이다.

84
Jenner 씨는 Reed 씨에게 이메일로 무엇을 보내는가?
(A) 새로운 규정의 목록
(B) 화재 사건의 개요
(C) 몇 가지 증인들의 진술
(D) 실험실의 사진들

해설 Reed 씨가 작성한 두 번째 이메일의 첫 번째 항목, 'Please see the attached file to read all of the new measures I will be implementing.'에서 정답의 단서를 찾을 수 있다. 여기에서 첨부된 파일은 그가 시행할 새로운 조치들에 관한 것임을 알 수 있으므로 정답은 (A)의 A list of new rules(새로운 규정의 목록)이다.

85
다음 중 Jenner 씨가 하지 않은 것은 무엇인가?
(A) 한 명의 직원을 해고했다

(B) 몇 가지 새로운 규정을 만들었다
(C) 한 직원에게 안전 교육을 이수할 것을 지시했다
(D) 화재를 일으킨 직원들에게 벌금을 부과했다

해설 두 번째 이메일에 적혀 있는 조치 사항들을 하나씩 살펴보면 정답을 쉽게 찾을 수 있다. 관련자를 해고했다는 내용은 두 번째 항목에서 찾을 수 있으므로 (A)는 Jenner 씨가 한 일이다. 또한 첫 번째 항목에서는 새로운 규칙을 만들었다는 내용을 확인할 수 있으므로 (B) 역시 그녀가 한 일이다. 안전 교육을 실시했다는 내용 또한 마지막 항목에서 발견할 수 있으므로 (C)도 그녀가 취한 조치이다. 하지만 '화재를 일으킨 직원에게 벌금을 부과했다'는 내용은 찾아볼 수 없으므로 (D)가 정답이다.

[86-90]

The Ranch
영수증

날짜: 8월 1일
담당자: Justine
테이블 번호: 11
시간: 오후 7시 38분

품번	상품	수량	가격
485	닭 날개 (12개)	1	9.99달러
327	등심 스테이크	1	28.99달러
283	티본 스테이크	1	32.99달러
983	후라이드 치킨(3조각)	2	19.98달러
129	립아이 스테이크	1	29.99달러
		소계	121.94달러
		세금	6.10달러
		봉사료	20.00달러
		총계	148.04달러

지불: ☐ 현금   ☐ 수표   ☑ 신용카드

Ranch에서 저녁 식사를 해 주셔서 감사합니다. 곧 다시 뵙기를 바랍니다.

The Ranch
의견 작성 카드

Ranch의 저희들은 모든 고객님들의 의견을 소중히 여깁니다. 잠시 시간을 내서 저녁 식사에 대한 한 두 가지 의견을 남겨 주세요. 여러분은 Ranch의 어느 직원에게나 이 카드를 주시면 됩니다. 감사합니다.

의견: 저는 Ranch에 대해 여러 가지 긍정적인 평가를 들었기 때문에, 직접 이곳의 음식을 맛보기 위해 방문하기로 결심했습니다. 저는 오늘 밤에 가족 모두와 함께 저녁 식사를 하기 위해 방문했습니다. 음식은 훌륭했지만, 저의 식사에 대해서는 약간 실망했습니다. 저는 메뉴판의 사진 때문에 립아이 스테이크를 주문하기로 결정했습니다. 하지만 그것이 나왔을 때, 제가 기대했던 것보다 훨씬 작았습니다. 유감스럽게도 그것은 양에 차지 않아서, 저는 집에 가서 다른 것을 먹어야 할 것 같습니다.

이름: *Sam Hyde*
연락처: *samhyde@mailbox.com*

수신: samhyde@mailbox.com
발신: arnoldnewcomb@theranch.com
제목: The Ranch
날짜: 8월 2일

친애하는 Hyde 씨께,

저는 어젯밤에 귀하가 남겨 주신 의견의 내용을 관심을 가지고 읽었습니다. Ranch의 설립자로서, 저희 식당의 모든 한 분의 손님들이 즐겁게 식사하실 수 있도록 한다는 것에 상당한 자부심을 가지고 있습니다. 귀하의 의견을 읽고 나서, 저는 메뉴판을 보았습니다. 실망스럽게도, 그 사진은 손님들께서 받으시는 실제 음식을 그대로 보여주고 있지 않았습니다. 저는 메뉴판을 더 정확하게 하기 위해 교체할 것입니다. 제가 그것에 관심을 갖도록 해 주셔서 감사합니다. 아울러 귀하의 전체 식사 비용을 전액 환불해 드리겠습니다. 귀하가 저희 식당에 다시 방문해 주시기를 바랍니다.

Arnold Newcomb 드림

어휘 sirloin 등심   check 수표   sample 맛보다   mildly 약간

86
영수증에서 알 수 있는 무엇인가?
(A) Hyde 씨는 음식값을 현금으로 지불했다.
(B) Hyde 씨는 11명의 사람들과 식사를 했다.
(C) Hyde 씨 일행은 Ranch에서 점심 식사를 했다.
(D) Hyde 씨 일행은 Justine의 서빙을 받았다.

해설 영수증을 보면 Hyde 씨는 신용카드로 결제를 했고, 일행이 몇 명인지는 알 수 없으며, 이들은 저녁식사를 했으므로 (A), (B), (C) 모두 정답이 될 수 없다. 영수증에 Hyde 씨 일행을 담당한 직원의 이름이 Justine이라고 적혀 있으므로 정답은 (D)이다.

87
의견 작성 카드에서, 두 번째 문단 두 번째 줄의 "sample"과 그 의미가 가장 유사한 것은?
(A) 실험하다
(B) 시식하다
(C) 시도하다
(D) 고려하다

해설 sample은 '음식을 맛보다'라는 의미를 갖고 있다. 보기들 중에서 음식을 시식한다는 의미로 사용될 수 있는 것은 (B)의 try이다.

88
Hyde 씨는 어떤 품목에 대해 불만을 제기했는가?
(A) 129
(B) 283
(C) 327
(D) 485

해설 Hyde 씨가 불만을 제기한 부분은 'I decided to order the rib eye steak because of the picture in the menu. But when it arrived, it was much smaller than I had expected it to be.'이다. 그가 만족하지 못한 음식은 립아이 스테이크인데, 메뉴판에서 이 음식의 품번은 129이므로 정답은 (A)이다.

89

Newcomb 씨는 무엇을 할 것을 약속하는가?

(A) 메뉴판을 변경한다

(B) Newcomb 씨에게 무료 식사를 제공한다

(C) 메뉴의 모든 품목들을 재점검한다

(D) 고객들을 위한 신규 품목들을 개발한다

해설 Newcomb 씨는 메뉴판을 더 정확하게 하기 위해 교체하겠다고(I will be having the menu replaced to be more accurate) 말하고 있으므로 정답은 (A)이다.

90

Newcomb 씨가 Hyde 씨에게 환불한 금액은 얼마인가?

(A) 29.99달러

(B) 32.99달러

(C) 121.94달러

(D) 148.04달러

해설 이메일에서 Newcomb 씨는 식사 비용 전체를 환불해 주겠다고(I have also refunded the cost of your entire meal) 했다. 영수증에서 총 식사비는 148.04달러이므로 정답은 (D)이다.

[91-95]

수신: 모든 부서장
발신: Shirley O'Toole
날짜: 4월 17일

다음 주 컴퓨터 업그레이드를 위한 일정이 확정되었습니다. 일정은 아래와 같습니다:

날짜	부서
4월 22일 월요일	회계부
4월 23일 화요일	발송부
4월 24일 수요일	연구개발부
4월 25일 목요일	인력관리부/마케팅부
4월 26일 금요일	영업부

다른 부서들은 다음 달까지 업그레이드 작업이 없을 것입니다. 하루 종일 작업이 진행될 예정이지만 목요일은 예외입니다. 그날, 인력관리부서는 정오에 마무리되고 마케팅 부서는 1시 무렵에서 6시까지 작업이 진행될 것입니다. 직원들에게 일정을 알려 주시기 바랍니다. 그들은 부서에서 작업이 진행되는 전체 시간 동안 컴퓨터를 사용하는 것이 허가되지 않을 것입니다. 문제가 될 만한 사항이 있으면 늦어도 목요일까지는 해결되어야 합니다.

수신: Shirley O'Toole 〈shirleyo@granderson.com〉
발신: Emma Purcell 〈e_purcell@granderson.com〉
제목: 일정
날짜: 4월 18일

Shirley,

우리는 업그레이드 일정이 잡혀 있는 다음 날에 연구실에서 개발 중인 제품에 대한 발표를 할 예정이에요. 우리는 하루 종일 발표 내용을 변경할 것이기 때문에 그날 우리의 컴퓨터를 사용할 필요가 있을 거예요. 발표를 한 다음 날로 업그레이드하는 날을 변경해야

할까요? 당신이 Dan에게 확인을 해야겠지만, 당신이 저의 요청을 수용할 수 있게 되면 좋겠어요.

Emma Purcell 드림
부서장, 연구개발부

수신: Emma Purcell 〈e_purcell@granderson.com〉
발신: Shirley O'Toole 〈shirleyo@granderson.com〉
제목: RE: 일정
날짜: 4월 18일

Emma,

저는 영업부장과 당신의 요청에 대해 이야기를 나누었는데, 그는 자신들의 업무 일정이 이미 정해져서 그의 부서의 업그레이드 작업 날짜를 변경할 수 없다고 했어요. 다른 날들도 적당하지 않은 것 같으니, 당신 부서의 업그레이드 작업을 다음 달로 미루는 것이 어떨까요? 당신 부서에 업그레이드가 꼭 필요한 직원이 있을 경우, 저에게 알려 주시면, 제가 다음 주에 되도록 준비해 드릴게요. 그렇지 않다면, 당신 부서의 모든 작업을 5월에 하도록 할게요.

Shirley O'Toole 드림
유지보수부

어휘 address (문제를) 제기하다 desperately 몹시 file a complaint 불만을 제기하다

91

인력관리부에 대해 무엇이 암시되고 있는가?

(A) 회계부서보다 직원 수가 적다.

(B) 회사에서 가장 오래된 컴퓨터들을 보유하고 있다.

(C) O'Toole 씨가 이끌고 있다.

(D) 마케팅부서와 같은 층에 있다.

해설 다른 부서들과 달리 인력관리부와 마케팅부의 컴퓨터 업그레이드 작업은 반나절밖에 걸리지 않으므로, 이 두 부서는 다른 부서들보다 인원수가 적다는 사실을 유추할 수 있다. 따라서 정답은 (A)이다.

92

회람에서, 두 번째 문단 다섯 번째 줄의 "addressed"와 의미가 가장 가까운 것은?

(A) 제거된

(B) 발송된

(C) 작성된

(D) 해결된

해설 address a problem은 '문제를 처리하다'라는 의미이다. 보기들 중 solve가 '해결하다'라는 의미를 지니므로 정답은 (D)이다.

93

Purcell 씨는 왜 첫 번째 이메일을 보냈는가?

(A) 발표에 대해 문의하려고

(B) 일정을 변경하려고

(C) 업그레이드 절차를 알아 보려고

(D) 불만을 제기하려고

해설 첫 번째 이메일의 중반부에서 Purcell 씨는 'Do you think you could move our upgrade to the day after we give our presentation?'이라고 작성했다. 이는 발표를 한 다음 날로 업그레이드 일정을 옮길 수 있는지 여부를 묻는 내용이므로 정답은 (B)이다.

94

Purcell 씨의 부서는 언제 업그레이드 작업이 예정되어 있는가?

(A) 4월 22일에

(B) 4월 23일에

(C) 4월 24일에

(D) 4월 25일에

해설 Pucell 씨가 보낸 이메일에서 그녀의 부서는 연구개발부서라는 것을 알 수 있다. 첫 번째 지문에서 연구개발부서의 작업은 4월 24일로 예정되어 있으므로 정답은 (C)이다.

95

Dan 씨는 어느 부서에서 근무할 것 같은가?

(A) 마케팅부

(B) 영업부

(C) 연구개발부

(D) 회계부

해설 Purcell 씨는 작업 일정을 발표 다음 날인 4월 26일로 미루고자 하는데, 이날 작업이 예정되어 있는 부서는 영업부이다. 그녀가 보낸 이메일의 마지막 부분에 'I suppose you'll have to check with Dan'이라는 내용이 있는데, Dan에게 먼저 확인을 해봐야 하는 것으로 보아 Dan은 영업부에 근무한다는 것을 알 수 있다. 정답은 (B)이다.

[96-100]

그랜드 레이크스의 5차 연례 야외 행사를 즐기세요

그랜드 레이크스는 Lakeshore 공원에서 다음 주 토요일인 7월 25일에 연례 야외 행사를 개최할 것입니다. 모든 주민들의 참여를 환영합니다. 올해에는, 참가자들이 아래의 경기 스포츠 행사를 즐길 수 있습니다.

★ 5km 달리기 경주 (오전 8시)
★ 야구 토너먼트 (오전 9시 – 오후 7시)
★ 농구 대회 (오전 10시 – 오후 5시)
★ 배구 토너먼트 (오후 1시 – 오후 6시)

관심 있는 개인이나 단체는 미리 등록을 해야 합니다. 달리기 경주 등록은 25일 오전 7시 30분에 마감됩니다. 단체 행사의 등록은 7월 22일 수요일에 마감됩니다. 선수 명단은 그날 제출되어야 합니다. 25일에 있을 다른 행사들에는 바비큐, 수영, 음악회, 공예, 농산물 직판장, 그리고 불꽃놀이가 포함됩니다. 더 많은 정보를 얻으시려면 765-9403으로 전화하세요. 등록하시려면, Main 가 900번지의 시청에 방문하세요.

**그랜드 레이크스 야외 행사
등록 서류**

이름: *Chris Thompson*
주소: *그랜드 레이크스 Mountain 길 586번지*
전화번호: *685-9504*
이메일 주소: *christhompson@personalmail.com*

등록 유형: ☑개인　　　　☐단체

행사		등록비
5km 달리기	☑	10달러 (개인)
야구 토너먼트	☐	50달러 (팀)
농구 대회	☐	40달러 (팀)
배구 토너먼트	☐	45달러 (팀)
납부 여부: ☑예		☐아니오

나, *Chris Thompson*은, 그랜드 레이크스 야외 행사의 모든 스포츠 행사에 참여하지 못할 만한 건강 문제가 없습니다. 나는 행사에 참가하는 동안 당하는 어떠한 부상에 대해서도 그랜드 레이크스 시에 법적인 책임을 지게 하지 않겠습니다.

서명: *Chris Thompson*
날짜: *7월 20일*

수신: 영업부 전 직원
발신: Chris Thompson
날짜: 7월 21일

본 회람은 이번 주 토요일 야외 행사를 상기시키는 것입니다. 야구 경기에 관심이 있는 사람들을 충분히 확보했으므로, 저는 내일 등록 서류를 제출할 것입니다. 우리가 서명한 다음 등록 서류를 제출해야 해서 오늘 오후에 여러분이 각자 서명할 수 있도록 명단을 돌리도록 하겠습니다. 토너먼트가 시작하기 30분 전에 만나는 것이 어떨까요? Lakeshore 공원 중앙에 있는 분수대에서 모일까요? 이것은 찾기 쉬워서, 길을 잃는 사람은 없을 것입니다. 제가 경주를 언제 끝낼지 확실하지 않아서, 저는 약간 늦을 것 같으니, 제가 없을 경우, 기다려 주시기 바랍니다. 회계부서에서 등록비를 지원해 준다고 해서, 우리가 등록할 때 제가 그것을 처리할 것입니다.

어휘 field day 야외 활동의 날, 야외 행사　participant 참가자　competitive 경쟁하는　beforehand 미리, 사전에　registration 등록　roster 명단　arts and crafts 공예　liable 법적 책임이 있는　pass around ~을 돌리다

96

안내문에 따르면, 야외 행사일에 개최되지 않는 행사는?

(A) 야외 식사 파티

(B) 달리기 경주

(C) 음악 행사

(D) 낚시 대회

해설 안내문에서 언급된 주요 야외 행사는 'running race'를 비롯한 운동 경기들이며, 그 밖의 행사들로 언급된 것들은 'barbecue, swimming, music concerts, arts and crafts, a farmers' market, a fireworks show'이다. 보기들 중 여기에 해당되지 않는 것은 (D)이다.

97

가장 늦게 끝나는 행사는 무엇일 것 같은가?

(A) 달리기 경주

(B) 농구 경기

(C) 야구 토너먼트

(D) 배구 토너먼트

해설 첫 번째 지문의 정보에 따르면 가장 늦은 시간에 끝나는 종목은 야구 토너먼트이므로 정답은 (C)이다.

98

Thompson 씨는 야외 행사일에 몇 시까지 가야 하는가?

(A) 오전 8시

(B) 오전 9시

(C) 오전 10시

(D) 오후 1시

해설 Thompson 씨는 야구 경기 전에 달리기 행사에 참가한다. 첫 번째 지문에 따르면 달리기 경주의 시작 시간이 오전 8시이므로 정답은 (A)이다.

99

등록 서류에서 Thompson 씨에 대해 언급된 것은 무엇인가?

(A) 그는 건강에 문제가 없다.

(B) 그는 등록비를 지불하지 않았다.

(C) 그는 그랜드 레이크스의 주민이 아니다.

(D) 그는 Lakeshore 공원 근처에 살지 않는다.

해설 두 번째 지문의 마지막 부분에 'have no health problems preventing me from participating in any sporting events'라는 내용에 Thompson 씨가 서명을 한 것으로 보아, 그에게는 건강 문제가 없음을 알 수 있다. 따라서 정답은 (A)이다.

100

Thompson 씨는 얼마를 지원받을 것인가?

(A) 10달러

(B) 40달러

(C) 45달러

(D) 50달러

해설 회람의 마지막 부분에 'we can get compensated for the registration fee'라는 내용을 통해 야구 토너먼트의 등록비를 지원받을 수 있다는 사실을 알 수 있다. 두 번째 지문에서 야구 토너먼트의 등록비는 50달러이므로 정답은 (D)이다. 야구 이외의 다른 종목의 등록비를 지원받을 수 있는지에 대한 정보는 언급되어 있지 않다.